U0909173

# 现代酒店管理

## （第五版）

XIANDAI JIUDIAN GUANLI

主　编　徐桥猛
副主编　苗淑萍　葛金磊　张新峰

本书另配教学课件等资源

中国教育出版传媒集团
高等教育出版社·北京

## 内容提要

本书是“十四五”职业教育国家规划教材。

本书主要内容包括酒店管理认知、酒店管理职能运用、酒店直接对客部门管理、酒店间接对客部门管理和酒店持续发展管理五个模块。本书编写结合了现代酒店业的现状和发展趋势，借鉴了高职酒店管理与数字化运营专业、旅游管理专业教育教学改革成果，强化了理论知识向管理能力的迁移，通过典型案例引导学习者掌握酒店管理的理论、方法和操作实务，全书内容具有创新性、前瞻性和实用性。

本书可作为高等职业本科院校、高等职业专科院校旅游大类专业相关课程教学用书，也可作为成人专科、自学考试的辅导用书以及旅游酒店服务类企业的职工及管理人员的培训用书。

图书在版编目(CIP)数据

现代酒店管理 / 徐桥猛主编. —5 版. —北京：高等教育出版社，2024.1（2024.8 重印）
ISBN 978-7-04-061755-9

Ⅰ. ①现… Ⅱ. ①徐… Ⅲ. ①饭店－企业管理－高等职业教育－教材 Ⅳ. ①F719.2

中国国家版本馆 CIP 数据核字(2024)第 020714 号

策划编辑 刘悦珍 刘智豪　责任编辑 刘智豪 毕颖娟　封面设计 张文豪　责任印制 高忠富

| 出版发行 | 高等教育出版社 | 网　　址 | http://www.hep.edu.cn |
| --- | --- | --- | --- |
| 社　　址 | 北京市西城区德外大街 4 号 | | http://www.hep.com.cn |
| 邮政编码 | 100120 | 网上订购 | http://www.hepmall.com.cn |
| 印　　刷 | 杭州广育多莉印刷有限公司 | | http://www.hepmall.com |
| 开　　本 | 787mm×1092mm 1/16 | | http://www.hepmall.cn |
| 印　　张 | 21.5 | 版　　次 | 2005 年 6 月第 1 版 |
| 字　　数 | 524 千字 | | 2024 年 1 月第 5 版 |
| 购书热线 | 010-58581118 | 印　　次 | 2024 年 8 月第 2 次印刷 |
| 咨询电话 | 400-810-0598 | 定　　价 | 49.50 元 |

本书如有缺页、倒页、脱页等质量问题，请到所购图书销售部门联系调换

版权所有 侵权必究

物 料 号 61755-00

# 第五版前言

本书是“十四五”职业教育国家规划教材，历届版本分别是“十三五”职业教育国家规划教材、“十二五”职业教育国家规划教材。

党的二十大明确提出“育人的根本在于立德”。本书全面贯彻党的二十大精神，落实立德树人根本任务，以“增进民生福祉，提高人民生活品质”为己任，依据新发布的行业标准、政策、法规、职业技能等级证书要求等修订而成。

我国酒店业伴随着改革开放和社会主义现代化建设取得了巨大成就，酒店品牌已经有了突破性的发展，进入了新一轮转型升级期，国际化、集团化、数字化和个性化发展步伐明显加快，中国特色的现代酒店管理理论体系和经营模式日趋成熟，民族自信、历史自信和文化自信增强，跻身世界酒店管理先进水平。随着现代酒店业的健康发展，酒店高等职业教育教学改革不断深入，酒店管理与数字化运营等专业与现代酒店业深度融合，主动适应现代酒店业对技术技能型人才的新要求，肩负着探索酒店职业教育教学新理念、新方法，全面推进“三教”改革的重任，为酒店业可持续发展提供人才保障。

本书基于新时代酒店管理人才培养需求进行修订，主要特点体现在以下几个方面。

(1) 定位准。依据高职院校生源特点和专业定位，确定中层和基层酒店管理人才培养方向。全面贯彻《国家职业教育改革实施方案》精神，以学生为中心，突出将思想品德教育融入现代酒店管理者职业素养培养中去，教材融入课程思政，满足现代旅游业发展对旅游人才日趋高端、复合、智慧化和高品质的需求。

(2) 体例新。构建了框架结构合理的五个模块。从酒店基础管理理论到酒店运营体验，再到酒店可持续发展实践，贴近现代酒店经营管理实际，以实现学生知识能力逐步递进。模块结构采取“模块+任务”的呈现形式，充分体现了工作过程(任务)引导的课程设计思路，有利于激发学生的学习兴趣，提高学习效果。

(3) 内容精。基础理论知识按酒店企业中层和基层管理者的需求量身打造，力求精练。部门经营管理实务体验内容充分融合酒店企业经营管理实际，力求精准。酒店持续发展管理的四项任务内容选择紧扣酒店经营管理最新研究成果和对酒店未来发展趋势的研判，力求精辟。针对酒店经营管理理论知识点和每一项管理任务，精选了生动、鲜明的案例，配置了二维码酒店数字化视频教学资源，突出真实案例教学、情景体验、管理实践示范、职业精神和工匠精神培育，强化了管理理论知识向管理实践能力的迁移，凸显了理实一体、教学做合一的职业教育教学特色。

本书由徐桥猛任主编，苗淑萍、葛金磊、张新峰任副主编。各模块编写分工如下：模块一、模块四、模块五由无锡商业职业技术学院徐桥猛、无锡江南尚品酒店管理有限公司葛金磊、常州中吴宾馆刘郁春编写；模块二由无锡商业职业技术学院张新峰、齐琳，无锡新发生态园有限公司蒋忠明编写；模块三由无锡商业职业技术学院苗淑萍、缪佳作，无锡艾迪花园酒店陈善军编写。徐桥猛负责教材的案例编写、视频资源编辑和统稿工作。

在本书编写过程中，我们得到了无锡江南尚品酒店管理有限公司、常州中吴宾馆、无锡艾迪花园酒店的大力支持，参考了许多相关资料，在此对他们一并表示衷心的感谢。由于编者的水平有限，书中的疏漏之处在所难免，敬请专家和广大读者批评指正，我们将不胜感激。

编 者

2024 年 1 月

# 第一版前言

为适应新世纪中国旅游服务业的发展要求，满足旅游、酒店高等职业教育的需要，我们根据"全国高职高专旅游服务类专门课开发指导委员会"统一规划，编写了新世纪旅游服务类专业规划系列教材之一《现代酒店管理》。本书以现代酒店业管理过程为主线，揭示现代酒店业经营管理的基本规律和基本方法，是旅游、酒店管理专业的一门重要专业课程。

酒店（饭店）管理类教材相当多，要编出特色和水准是非常艰难的工作。全国高职高专旅游服务类专门课开发指导委员会针对迅速发展壮大的旅游服务类高等职业教育需求，经过两年多时间的准备，在专业教学计划、课程教学大纲反复修改确定后，以高等职业技术学院和高等专科院校的教学一线的专业教师为主，规划编写一套切合高等职业教育的旅游服务类专业教材。本着这一编写指导思想，《现代酒店管理》编写组成员博众家之长，注重理论联系实践，体现教材的时代特色，尽可能避免与其他专业课程的冲突，并力求酒店管理体系的完整性，充分体现高职高专学生培养目标，使学生能够全面理解和掌握酒店管理基本规律和方法。

本书主要使用对象是旅游服务类高职高专学生（包括高中、职校起点三年制、初中起点五年制），本书也可以作为在职高级管理人员的培训教材。

在教材编写过程中，编者参考了许多相关的资料，并在书后列出资料书目，在此表示衷心的感谢。由于编者的水平有限，书中的缺点和错误之处在所难免，敬请专家和广大读者批评指正，我们将不胜感激。

作　者

2004 年 3 月

# 目　录

# 案例目录

# 资源导航

# 模块一 酒店管理认知

- 任务一　酒店认知
- 任务二　经典管理理论认识
- 任务三　酒店管理理论认知
- 任务四　酒店管理模式认知

## 职业能力目标

1. 能描述酒店的概念、类型、分级、产品和特性等内涵，把握酒店企业的特质；
2. 能运用管理经典理论分析解决酒店管理运行问题，具有一定的管理理论功底；
3. 能分析酒店管理模式、管理方式、管理理念和管理环境，具有一定的宏观把控能力；
4. 能根据不同酒店管理情境正确运用酒店管理方法；
5. 能了解酒店发展简史，把握酒店发展趋势，初步具备推动酒店发展的能力。

## 典型工作任务

1. 对酒店内涵感性认识丰富、理性认识到位，在酒店管理工作过程中，能保持理论与实践相结合；
2. 正确和快速判断所在酒店的类型、管理模式和经营管理理念，能根据酒店现实情况，分析和选择与其适应的经营管理模式和理念、战略和战术、方式和方法；
3. 洞察酒店管理的内外部环境变化，能快速作出正确分析判断，适时地调整和优化；
4. 培养强烈的遵纪守法意识，会制订酒店的经营管理制度，运用酒店的经营管理方法，实现科学管理。

# 任务一 酒店认知

## 任务引例

### 阿拉伯塔酒店(BurjAl-Arab)

阿拉伯塔酒店是世界上唯一一座七星级酒店，坐落在阿拉伯联合酋长国的迪拜。它建立在离海岸线280米处的人工岛Jumeirah Beach Resort上，是一个56层、321米高的帆船形塔状建筑。因为酒店设备实在太过高级，远远超过五星级酒店标准，只好破例称它为七星级酒店。

到过触目皆金的这里之后，你才能真正体会到什么叫作金碧辉煌、极尽奢华。中庭是金灿灿的，最豪华的780平方米的总统套房也是金灿灿的。客房面积从170平方米到780平方米不等，连门把、厕所的水管，甚至是一张便条纸，都"爬"满黄金。最低房价也要900美元，最高的总统套房则要18 000美元。总统套房在第25层，家具是镀金的，设有一个电影院、两间卧室、两间起居室、一个餐厅，墙上挂的画全是真迹。

酒店在海里有餐厅，空中也有餐厅，客人只需搭乘快速电梯，33秒内便可直达屹立于阿拉伯海湾上200米高空的AI-Maharani餐厅。进入太空设计的餐厅，以蓝绿为主的柔和灯光，再加上波浪设计的衬托，仿佛进入另一世界。晚餐之际，夜空璀璨，环观迪拜的天空和海湾，享受地中海风味的美食。

（案例来源：根据阿拉伯塔酒店官方网站资料改编）

酒店是以舒适和时尚、超前且一流的硬件设施和卓越服务来赢得顾客而获取利益的。如此豪华的酒店只是酒店中的特殊案例。生活中的酒店种类很多，吸引顾客的方式也五花八门。酒店是在长期发展过程中形成的一种特殊产业，已成为经济社会不可或缺的重要组成部分，是世界各国公认的朝阳产业。

## 【任务执行】

酒店已经成为现代人工作、学习、生活的重要场所。在满足住宿、餐饮等基本需求情况下，酒店在社交活动中的中心地位逐步被有其他不同需求的人士所认同。一家酒店或许就是一个国家、一个城市的名片、一个民族和区域文化的缩影。

酒店的经营管理者，不仅要用消费者的眼光认识和评价酒店，更要从经营管理者的视角剖析和认知酒店。作为一名酒店管理初学者，对酒店的认知是片面的、肤浅的和非专业的，通过本模块学习，将从不同角度帮助初学者掌握酒店的本质、内涵。

### 一、酒店概念

酒店是在古代的"亭驿""客舍"和"客栈"的基础上，随着人类的进步、经济社会的发展而发展起来的。现代经济社会的发展，带来了旅游业的兴旺，酒店业也随之迅速发展，而且是越来越时尚、豪华和现代化。

酒店在不同的地区和国家有不同的称呼，如饭店、宾馆、度假村、山庄等，其实质是企业，属于第三产业，是提供住宿、餐饮、会议、娱乐、健身等综合服务的企业。

酒店是一座现代化的、设备完善的高级建筑物。它和一般旅店不同之处是除提供豪华、舒适的住宿条件外，还提供高级餐饮服务，并具备完善的娱乐、健身等综合服务设施。现代生活服务——衣、食、住、行、乐也尽在其中。它通过提供高水准的服务，来实现酒店企业营利的目的。现代酒店是社交、信息、文化活动中心，是社会的酒店，是社会发展的必然产物。

科学技术的发展，提高了现代人的生活质量。随着世界旅游业发展及国际交往的增多，酒店业在国民经济中的地位日趋重要，起到了促进国民经济发展的重要作用，主要体现在以下几方面。

(1) 酒店以一种特殊的商品形式，吸引着人们的消费，去享受在家庭和其他地方享受不到的东西。酒店以提供贸易场地、会议场所、住宿、餐饮、康乐等优良服务来营利，直接促进了经济社会的发展。

(2) 酒店是一种不出口的商品外贸经营方式，因此酒店业是赚取外汇的一个重要行业，可以帮助国家平衡外汇收支。

(3) 酒店业是一个综合性的服务行业，它的大力发展必然会促进社会上其他行业的发展，如建筑业、家具业、装修业、纺织业、化工业、食品加工业等行业。

(4) 现代化的酒店必须要运用现代化的科学技术设备及现代化的科学管理，本国或本地区没有的必然要从其他国家或地区引进。其他相关行业可以从中学习、模仿和借鉴，从而带动其他行业向现代化迈进。

(5) 酒店的客人来自世界各地，他们中有各行业、各阶层的人士，有科学家、艺术家、政治家、企业家等。他们的来访不仅可以促进科学技术交流、文化艺术交流、经济交流，同时也可以增进各国人民之间的相互了解和友谊。

(6) 酒店业的发展，扩大了就业范围，给待业人员提供了就业机会。一方面酒店业是劳动密集型企业，餐厅、客房服务需要大量的劳动力；另一方面，酒店业带动了酒店设备制造业、养殖业、物流业等行业的发展，提供了许多间接的就业机会。

## 二、酒店类型

世界上酒店的类别繁多，可根据其经营地点、经营方式、住客种类、规模大小、用途性质不同进行分类。

### (一) 以用途性质分类

(1) 商业酒店。商业酒店是指建于城市之内的酒店。它必须具有带浴室的单人房、双人房、套房；有电脑订房；有完善的通信服务；中央空调；中央音响；闭路电视；中央消防系统；各种类型的餐厅及宴会场所，会议场所及娱乐设施；24 小时送餐服务；24 小时洗衣服务等。

(2) 住宅(公寓)酒店。此种酒店是为长住客人而建的，它除拥有商业酒店的一般设备外，在房间里还必须有厨房和办公设备以及供小孩游戏的设施，使住客能充分享受家庭之乐。

(3) 度假酒店。顾名思义，它是为旅游度假者而建的。它必须建在交通方便的风景名胜地区,如海滨、著名山区、温泉附近。它一般拥有良好的沙滩和游泳场;有良好的滑雪、溜冰场;有高尔夫球场和运动场。人们可在这里游泳、晒太阳、滑雪、溜冰、骑马、打球、划艇、玩风帆,尽情享受度假之乐。这种酒店的经营受季节影响较大。

**(二) 以停留目的分类**

(1) 过渡式酒店。这是为过路客提供的一种酒店。旅客在这种酒店暂住一天或数天后即离去。

(2) 终站式酒店。这是旅客要到的目的地酒店。一般是旅客度假旅程中主要的目的站。

**(三) 以酒店地点分类**

(1) 机场酒店。由于现代航空事业的快速发展,乘机的客人越来越多,但由于某种原因,如飞机故障、天气变化,飞机不能按时起飞,或客人只是转机,不想进城等,造成旅客在机场滞留。为了适应旅客暂住的需要,建立起机场酒店,其设施与商业酒店大致一样。

(2) 公路酒店或汽车酒店。在一些公路发达的国家,游客利用汽车旅行非常普遍。为了适应他们的需要,人们在一些主要公路或岔路口边兴建起酒店,向他们提供食宿及停车场所。这种酒店的设施与城市商业酒店差不多,驾车旅行的客人可中途休息。

(3) 都市酒店。这类酒店主要建设在城市内,也称为城市酒店,利用城市商业密集,流动人口大等优势而建造。都市酒店分低、中、高级,规模大小不同,用途有商用、旅游、会议等,是现代都市的重要组成部分和美丽的风景线。

**(四) 以房租计价方式分类**

(1) 欧洲式计价酒店:指房价内不包括餐费计价的酒店。

(2) 美国式计价酒店:指房价包括了三餐在内计价的酒店。

(3) 修正美式计价酒店:指房价包括早餐及一顿正餐(午餐或晚餐)计价的酒店。

(4) 大陆式计价酒店:指房价包括早餐在内计价的酒店。

(5) 百慕大式计价酒店:指房价包括美式早餐在内计价的酒店。

**(五) 以拥有权及管理分类**

(1) 独立经营酒店。这是个人独资或政府投资委任经理独立经营的酒店。

(2) 合作经营的酒店。这是由两个以上投资者合作兴建并联合经营的酒店,利润除还本付息外,按双方或几方投资额,或协议进行分配。

(3) 连锁经营的酒店。这是一个总公司以同一个商标在不同的地区和国家拓展其相同的风格或水准来进行经营管理的酒店。

**(六) 以酒店规模的大小分类**

酒店的大小没有明确的规定,世界上也没有相关条约来规范。一般来说,它是以房间数或床位数来分的。如只有 199 个房间及以下的称为小型酒店;200～699 个房间的称为中型酒店;700 个房间以上的称为大型酒店。

**(七) 以酒店的服务对象分类**

(1) 商务酒店:接待商务客人为主的酒店。

(2) 度假酒店:接待度假客人为主的酒店。

(3) 会议酒店:以接待会议客人为主的酒店,也称为会议中心。

**【释疑解惑】**

酒店是特殊的企业，很多人对酒店内涵的理解是模糊的，以至于把餐饮企业等能吃喝的场所均称为酒店，有时餐饮、酒店企业投资人也混淆酒店的内涵，把只能供 1～20 人用餐的餐馆，取名为“某某大酒店”，你能正确划分餐饮企业、住宿业、酒店企业等概念吗？

依据中华人民共和国国家标准《餐饮企业的等级划分和评定》(GB/T13391—2009)，酒家包括饮食店、餐馆、酒楼等；酒店则包括酒店、宾馆、旅店、旅馆等。前者属饮食业，负责向消费者提供餐饮服务；后者属旅店业，负责向消费者提供住宿服务。于 2002 年 10 月 1 日开始实施的国民经济行业分类国家标准(GB/T4754—2017)，对餐饮业和酒店业的划分作出了明确界定：住宿业包括“旅游饭店、经济型连锁酒店、一般旅馆、其他住宿服务”；餐饮业包括“正餐服务、快餐服务、饮料及冷饮服务、餐饮配送服务、外卖送餐服务、其他餐饮服务”。

## 三、酒店分级

世界上的酒店繁多，档次不一，为了向外推销和方便旅客选择酒店，各国政府或旅游业的团体机构，根据酒店的豪华程度、设施水平、服务范围和服务质量等条件，将酒店划分为不同的等级，并用符号(星、钻石、梅花等)、数字(一、二、三等)、字母(A、B、C 等)以及文字描述(豪华、舒适、现代等)来加以区分。

目前，国际上在划分酒店等级上还未有正式的统一标准，但有些标准是众所公认的，如清洁、设施水平、家具品质及维修保养、服务与豪华的程度。各国和地区在划分酒店等级上都有自己的标准。例如，中国台湾省以梅花数量分等级，四朵和五朵梅花为国际旅游酒店，三朵梅花为旅游酒店。瑞士酒店协会采用五星等级制度。美国汽车协会采用五粒钻石等级制度，该制度将酒店分为好、佳、优及突出等级。奥地利采用“A1、A、B、C、D”来区分不同等级的酒店。

许多酒店的登记标准要求只是涉及物资设备和服务项目方面的，任何酒店只要经过更新改造是可以达到的。但应当记住，只有提供优良的服务，高水准的饮食，美好的环境，才有可能进入世界优秀酒店的行列。我国涉外旅游酒店参照国际标准，1988 年制定了 GB/T14308—2010《旅游饭店星级的划分与评定》，并于 1988 年 9 月 1 日起实施酒店星级评定制度。如今，GB/T14308－2023《旅游饭店星级的划分与评定》，为饭店业档次衡量提供标准。

## 四、酒店产品

酒店产品是指酒店出售的能满足旅游者需要的有形物品、环境与无形服务的总和。ISO9000：2003.4.2 条的定义中，“产品”被定义为“过程的结果”。其中包含四类产品：服务、软件、硬件和流程性材料。本国际标准中的“产品”一词，均含有“服务”的意思。

### (一) 酒店产品的分类

(1) 基本产品，或主要产品、实际产品、有形产品，它是指从物质上能展示产品核心利益的多种因素。它是酒店产品的核心利益的有形表现，表现为包装、特性、功能和品牌等，包括酒店的设计风格、建筑特色、地理区位、设施设备、服务项目服务水平、餐饮产品等。

(2) 期望产品或核心产品，它是指顾客从酒店提供的产品与服务中得到的根本利益和服务，即希望由酒店所解决的各种基本问题中最希望的东西，是顾客各种需要的满足。是酒店产品整体概念中的最基本的、最主要的部分，是最吸引顾客的部分，是其他酒店难以满足的或不容易满足的。它可以是最实用的,也可以是最抽象的。

(3) 延伸产品,或附加产品,它是指顾客在购买酒店实际产品和服务时所得到的附加利益,表现为交付、保证、信用和售后服务(酒店的客户关系管理、忠诚顾客的培养)。例如酒店为顾客记录出租车号码。

(4) 潜在产品,由酒店提供的产品所带来的潜在的、看不见或无法预见的利益或价值,更多地表现为人际关系、归属感和自我实现等需要的满足。

**(二) 酒店产品的构成**

按酒店产品的表现形式分,可以把酒店产品分为有形设施和无形服务两类。有形设施是指酒店的空间环境、外观形象、陈设、装修与装饰、健身房与康乐中心的设备、商务设施、公共服务中心以及餐饮设施等。无形服务是指服务员的仪表、仪容与仪态,礼节、礼貌与礼仪,技能与技巧,服务程序与标准,交际能力、知识视野与应变能力,服务效率与效果等。酒店的管理者只有将高质量的有形设施和优质的服务有机地结合起来,才能使酒店产品的品质得以体现。

**案 例**

**华住旗下经典酒店品牌产品**

华住酒店集团旗下有30个品牌产品、8 100多家酒店,遍布1 000多个城市,精准的市场定位成就了华住的快速发展,在国内外住宿业影响力迅速提升。

汉庭酒店是华住旗下的经济型酒店产品的代表。汉庭酒店好而不贵、物超所值。始终坚持为国人打造亲和便利、好而不贵的出行体验,高效便捷的自助服务,干净可靠的产品体验,一城一味的特色早餐,亲切友善的社区式服务。汉庭酒店一站式满足国民出行需求,是14亿国民的远亲与近邻。

全季酒店被华住精准定位为经典中档酒店品牌产品。倡导"东方·适度·人文"的生活方式,提升消费者在旅途中的生活品质。独特的东方美学空间成为现代都市第三空间,自然而然的生活方式和东方待客之道成为制胜法宝。截至2022年6月,已遍布全国31个省级行政区、200多个城市、1 500多家门店。

星程酒店和桔子酒店等精选中档酒店是华住品牌产品定位力作。星程酒店是专注本地生活的酒店大品牌,2008年诞生,以灵感空间、特色早餐,满足多样出行需求,打造城市专属体验。而桔子酒店则是活力、阳光、健康酒店生活的代名词。

禧玥酒店是华住旗下定位于高端消费人群的一家五星级酒店产品。禧玥作为华住旗下传承中国世代风雅的高端酒店品牌,立足于中国一二线城市核心区域,致力于打造风雅时空,共享源于东方文化的雅致生活。

施柏阁和施柏阁大观是华住旗下经典高端和奢华酒店品牌产品的代表,秉承百年匠心精神,打造精致的酒店产品和服务。施柏阁酒店在尊重传统的同时,用新的视角重塑现代化的欧洲经典服务。施柏阁大观是富有融合之美的奢华国际酒店品牌,集文化、艺术、娱乐、设计、时尚、美食之大成,东方与西方、经典与现代、物质与精神、科技与人性在此碰撞,融为一体。

(案例来源:根据华住酒店集团官网改编)

## 五、酒店特性

特性一:劳动密集。虽然酒店的许多工作已经实现了机械化、自动化,通过各种各样的工具来完成，但是现代酒店的关键工作仍然需要通过人的手工操作和人与人的交流来完成，与其他企业相比较，人力成本在整个生产成本中占有很大的比例。

特性二：产品特殊。酒店产品也称为酒店服务产品，在现代社会里，服务已经成为一种不可或缺的产品。酒店服务产品与工业等其他类型的产品相比较具有以下特殊成分。

（1）时间成分。即随着时间的流逝，酒店某种产品的价值就会消失，如酒店客房，酒店提供的会场等。酒店产品不可能像工业产品那样，在生产出来后可以储存一定的时间，然后在市场上出售。

（2）无形成分。酒店产品是酒店管理过程中为顾客在酒店期间消费而提供的使用价值总和。在“使用价值总和”中，有相当一部分是我们无法看到的服务人员劳务和劳务质量等。当我们去商店购物，我们可以购买到一个使用价值、产品质量和劳动价值凝聚在一起的实物产品，而在酒店消费，顾客所消费的产品的使用价值、产品质量和劳动价值分散和隐含在整个消费过程中，当顾客离开酒店时，他没有带走实物产品，显然，酒店产品包含无形成分。

（3）情感成分。与消费实物产品不同，人们在消费酒店产品过程中，除了服务设施、菜肴酒水等以外，还涉及人与人之间的情感互动，以情感的满足实现酒店消费过程中完整意义的酒店产品的“使用价值总和”。这种酒店服务人员与顾客之间的情感沟通，使顾客产生情感的倾向性，这样既满足了顾客情感需求，同时也实现甚至超值实现了酒店产品的使用价值。

特性三：不可转移。由于酒店产品依托固定的建筑物，酒店无法超越建筑物的空间来出售酒店产品，出售酒店产品意味着出让一种在特定的时空上使用的权利。这一特征制约了酒店的发展，使酒店产品在市场竞争中处于不利的位置，许多酒店经营者通过酒店的连锁、家庭餐厅等灵活的经营手段来改变酒店的这一“缺陷”，但收效不大。

特性四：评价多元。当我们在购买实物产品时，完全可以依据实物产品所表现出来的质量判断产品质量的好坏，或者在购买以后通过使用来鉴别其质量。酒店产品质量受到两方面的局限：一方面是酒店产品的生产过程和消费过程几乎同时进行，酒店的产品质量分成不同时段（如进入酒店时、住宿中、离开酒店时）体现，顾客需要把整个过程贯穿在一起做出一个整体的质量评价；另一方面，酒店产品质量的高低与顾客自身感受有着密切的关系，同一酒店产品在不同的顾客身上会作出不同的质量评价结果。

特性五：生产复杂。酒店产品生产过程是一个复杂的生产系统，这个系统的特点是手工劳动、脑力劳动相结合，以劳务输出为主，员工的独立操作性很强，生产过程中员工随时可以出现改变生产程序的情况，员工必须围着顾客的需求转。由于这些特点，使得酒店产品的生产过程很难像工业生产那样实现大生产化、流水线等先进的工业产品生产管理模式，从而需要酒店的从业人员具有很强的自我控制能力，较强的随机应变能力，才能保证酒店过程的流畅和产品质量的稳定。同时酒店是一个综合协调性很强的企业，各部门、各岗位需要通力合作才能生产出一个完整的高质量的酒店产品，由于酒店产品生产的工序繁杂，同时顾客个性化的需求，每道工序之间的配合就显得十分重要，任何一个环节发生问题，都将会影响到整个酒店产品的质量。

## 六、酒店简史

### （一）世界酒店业发展简史

旅游和商务活动自古有之，为满足外出人们的吃住需要，酒店应运而生。其发展进程经历了古代客栈时期、大酒店时期、商业酒店时期等阶段，逐步形成了庞大、独立的酒店行业。

（1）古代客栈时期。客栈在千百年前就出现了，至中世纪后期，旅行和贸易兴起，外出的传教士、信徒、外交官吏、信使、商人等激增，客栈需求大增。由于当时的交通方式主要是步行、骑马或乘坐驿车，因此，客栈大多设在古道边、车马道路边或是驿站附近。最早的客栈设施简陋，仅提供基本食宿，无非是一幢大房子，内有几间房间，每个房间里摆了一些床，旅客们往往挤在一起睡，并没有什么更多的要求，当然，由于服务项目少，服务质量差，也确实没有什么可供消遣。到了15世纪，有些客栈已拥有20～30间客房，有些比较好的客栈设有一个酒窖、一个食品室、一个厨房，为客人提供酒水和食品。还有一些客栈已开始注意周围环境状况，房屋前后辟有花园草坪，客栈内有宴会厅和舞厅等，开始向多功能发展。总的来看，当时的客栈声誉差，被认为是赖以糊口谋生的低级行业。客人在客栈内缺乏安全感，诸如抢劫之类的不法事情时有发生。

（2）大酒店时期。18世纪后期，随着工业化的进程加快和民众消费水平的提高，为方便贵族度假者和上层人物以及公务旅行者，酒店业有了较大的发展。由于火车、轮船的兴起，已逐渐形成一些世界上较好的酒店。在纽约，1794年建成的首都酒店，内有73套客房，这在当时无疑是颇具规模的。而堪称第一座现代化酒店的特里蒙特酒店于1829年在波士顿落成，为整个新兴的酒店行业确立了标准。该酒店不仅客房多，而且设施设备较为齐全，服务人员亦经过培训，客人有安全感。19世纪末20世纪初，美国出现了一些豪华酒店。这些酒店崇尚豪华和气派，布置高档的家具摆设，供应精美的食物。大酒店时期的酒店，具有规模大，设施豪华，服务正规，具有一定的接待仪式，讲究一定规格的礼貌礼仪等特点。

（3）商业酒店时期。20世纪开始不久，当时世界上最大的酒店业主埃尔斯沃思·弥尔顿·斯塔特勒(Ells Worth Miton Statler)为适应旅行者的需要，在斯塔特勒酒店的每套客房都设有浴室，并制定统一的标准来管理他在各地开设的酒店，增加了不少方便客人的服务项目。20世纪20年代，酒店业得到了迅速发展，美国的大中小城市，纷纷通过各种途径集资兴建现代酒店，而且汽车酒店也在美国各地涌现。到20世纪30年代，由于经济大萧条，旅游业面临危机，酒店业亦不可避免地陷入困境。在兴旺时期开业的酒店，几乎尽数倒闭，酒店业受到极大挫折。商业酒店时期，汽车、火车、飞机等给交通带来很大便利，许多酒店设在城市中心，汽车酒店就设在公路边。这一时期的酒店，设施方便、舒适、清洁、安全。服务虽仍较为简单，但已日渐健全，经营方向开始以客人为中心，酒店的价格也趋向合理。

（4）现代新型酒店时期。第二次世界大战结束后，由于经济繁荣，人们生活富裕，交通工具十分便利，从而引起了对酒店需求的剧增，一度处于困境的酒店业又开始复苏。1950年后开始出现世界范围的经济发展和人口增长，而工业化的进一步发展增加了人民大众的可支配收入，为外出旅游和享受酒店、餐馆服务创造了条件。至20世纪50年代末60年代初，旅游业和商务的发展趋势对传统酒店越来越不利，许多新型酒店大批出现。现代新型酒店时期，酒店面向大众旅游市场，许多酒店设在城市中心和旅游胜地，大型汽车酒店设在公路边和机场附近。这个时期，酒店的规模不断扩大，类型多样化，开发出各种类型的住宿设施，服务向综合性发展，酒店不但提供食、住，而且提供旅游、通信、商务、康乐、购物等多种服务，力求尽善尽美，酒店集团占据着越来越大的市场。

**（二）中国酒店业发展简史**

中国饭店的产生与发展

（1）早期旅店时期。从殷商时代到清朝灭亡，中国酒店业发展慢，水平低，我们把这段漫长的时期称为中国早期旅店时期。主要形式有驿站、迎宾馆、民间旅店和城市旅店等形式。这一时期的旅店具有以下共同的特征：选址和建筑便于旅游者投宿；经营上注重招牌、唯利是图；服务上以“宾至如归”作为标准，特色鲜明、精华和糟粕兼有。

(2) 近代酒店时期。从19世纪初至新中国成立，这段时间的中国酒店发展速度较快，是中国酒店与世界酒店接轨的开端时期。主要形式有西式酒店、中西结合式酒店和民族资本投资的新兴酒店。这一时期的酒店的特点是：酒店建筑风格独特、西化明显，经营管理国际化，酒店规模大、规格高，追求豪华舒适。西式酒店是西方列强侵入中国的产物，为其政治、经济、文化侵略服务，但是，西式酒店的出现也在客观上对中国近代酒店业的发展起了一定的促进作用。

(3) 行政酒店时期。是指我国1949年后到改革开放前这段时期的酒店。1949年后，尤其是通过1956年的社会主义改造高潮，酒店在企业性质、职业地位、服务对象等方面都发生了根本的变化。这期间，原有的老酒店不仅得到了改造，一批新宾馆、酒店也逐步建立起来，这些酒店一般都建于全国各省的省会城市和风景游览胜地，承担着接待外宾的任务。这段时期可以说是1949年后，我国酒店发展史上的一个重要时期。行政酒店时期的酒店具有鲜明的特征：酒店为国家所有，数量少，接待顾客的面窄，这时期的许多酒店不对普通老百姓开放，经济效益不是酒店的经营管理的目标。

(4) 现代酒店时期。党的十一届三中全会以后(即1978年以后)，我国实行对外开放经济政策，促进了我国旅游业的发展，我国的酒店业进入了一个新的发展时期。这时期酒店的硬件改造，软件升级，老店换新颜，职工素质得到提高，经营手段有了改进，实现了较好的经济效益，呈现出投资多元化、管理科学化、风格特色化的特征。为适应旅游业的发展，我国采取了国家投资、地方集资和中外合资等多种投资形式，兴建了一批规模宏大、设备先进的四星、五星级酒店，并实行现代化的科学管理。改革开放后，我国的酒店都走上了自负盈亏的企业化道路。至20世纪末期，我国的酒店业基本完成股份制和私有化转型，酒店业得到迅猛发展，服务规范逐渐完善，服务质量也不断提高，使酒店的管理和服务日趋现代化。

### (三) 中国酒店业发展趋势

(1) 竞争激烈，规模扩张变缓。由于供大于求，导致酒店企业之间过度竞争，挫伤了投资积极性，酒店产业的规模扩张速度降低，适度控制酒店总量战略成为业界共识。

(2) 投资西移，地域结构优化。由于中西部发展不平衡、西部丰富旅游资源的吸引和国家西部大开发政策的导向作用，西部成为酒店投资热土，成为中国酒店业新的、最有希望的增长区域。

(3) 水平提升，经济酒店受宠。随着带薪休假等新政实施、交通条件的改善、民众收入水平的提高，国内旅游迅速发展，国内客人已经成为酒店不可忽视的客源。装修朴素、干净卫生、设施便利、价位适中的经济型酒店将成为国内游客所看重的酒店业类型，具有国际水准的经济型酒店将成为未来竞争和建设的重点。

(4) 风险增大，业内问题增多。国内酒店在完成改制后，受全球酒店市场、国内经济运行态势和业内激烈竞争等因素影响，经营风险明显增大。酒店面临着竞争、改组、兼并、破产等多重压力，人才缺乏、经营失衡、管理失调、业绩下降等问题考验着酒店管理者智慧和能力。

(5) 发展瓶颈，优秀人才缺乏。中国酒店竞争力不强，关键因素不是技术问题，而是管理和服务人员素质问题。我国酒店业由数量的发展转向质量的发展时期，酒店行业的发展水平与人力资源开发程度的相关性越来越强。酒店业需要敬业精神强、管理和技术水平高、职业心理素质优的优秀人才和团队，人才在很长时间内影响着酒店业的竞争力和持续发展。

(6) 集团经营，国际步伐加快。在很长一段时期内，集团化和国际化将是我国酒店业的显著特征。一方面，国内酒店的集团化步伐加快，酒店业集中度提高，主动走出去，与国际酒店集团竞争，以竞争求生存。另一方面，国际酒店集团加快了进入中国的步伐，多种合作形式渗透到中国酒店业，加快了中国酒店业的国际化和集团化进程，我国酒店业全球化时代已经到来。

## 【任务框图】

本任务从六个不同的视角，对酒店的基础知识进行介绍，主要内容框架如图 1－1 所示。

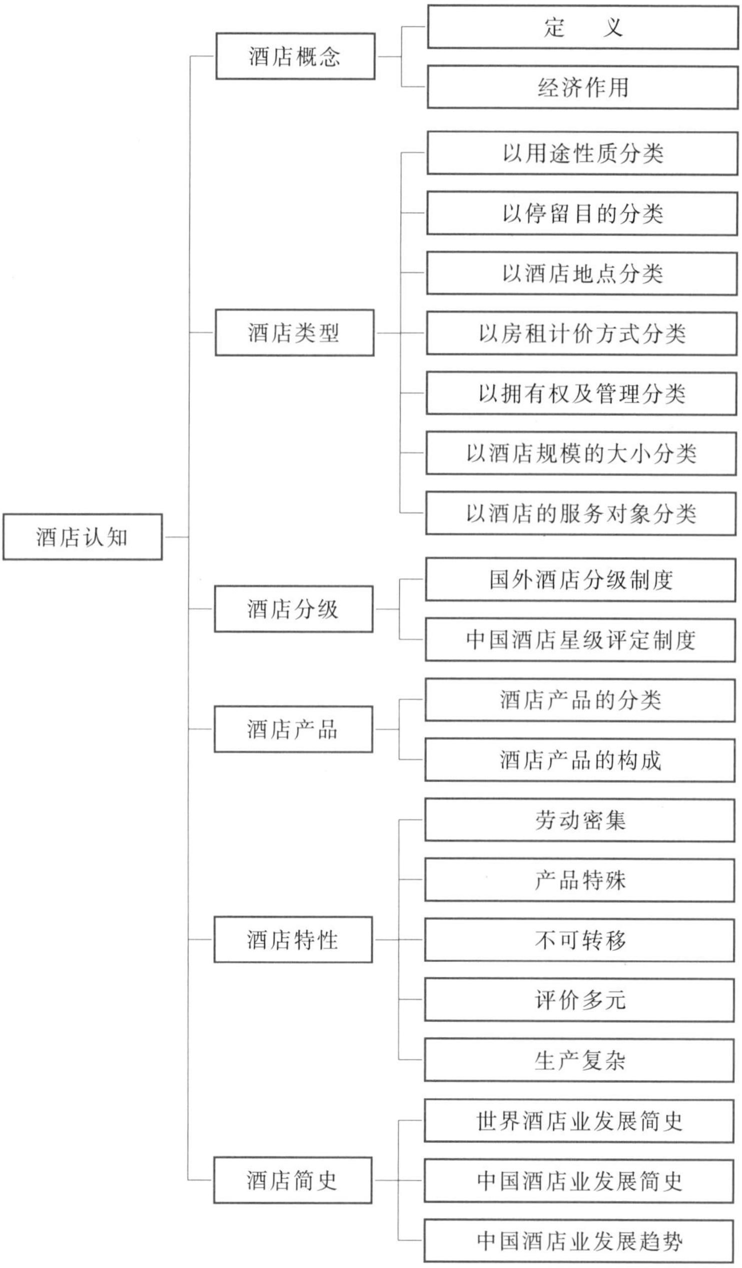

- 酒店认知
  - 酒店概念
    - 定　义
    - 经济作用
  - 酒店类型
    - 以用途性质分类
    - 以停留目的分类
    - 以酒店地点分类
    - 以房租计价方式分类
    - 以拥有权及管理分类
    - 以酒店规模的大小分类
    - 以酒店的服务对象分类
  - 酒店分级
    - 国外酒店分级制度
    - 中国酒店星级评定制度
  - 酒店产品
    - 酒店产品的分类
    - 酒店产品的构成
  - 酒店特性
    - 劳动密集
    - 产品特殊
    - 不可转移
    - 评价多元
    - 生产复杂
  - 酒店简史
    - 世界酒店业发展简史
    - 中国酒店业发展简史
    - 中国酒店业发展趋势

**图 1－1　模块一任务一框图**

## 【任务拓展】

掌握酒店的概念、特征、产品、种类和分级，才能深入地理解酒店内涵。作为企业，酒店必须以营利为目的，追求利益最大化。酒店具有不同等级、不同类别，投资者采取不同经营管理模式经营着不同的酒店产品，采取不同的投资策略和模式，推动了酒店业的繁荣和进步。酒店的产品、种类、经营管理模式是酒店个性所在，为深入了解酒店，结合本任务内容，通过网络等途径，请你做以下调研：

(1) 列出国内 10 种你认为最新的酒店产品名称，并简述入选的理由。

(2) 列出你所在地区不同类型的 5 家酒店，并指出其经营管理风格不同之处。

(3) 调查本地区最具影响力的一家五星级酒店，并评价其经营管理模式。

## 【任务测试】

**一、判断题**

1. 酒店企业产品和工业企业产品一样，其共性和个性相同。（ ）
2. 酒店的核心产品是住宿服务。（ ）
3. 酒店产品具有时间成分，不能储存。（ ）
4. 酒店种类很多，但其内部设施、服务产品、服务对象是完全一致的。（ ）
5. 酒店企业应随着社会政治经济形势的变化而不断转型升级。（ ）

**二、单选题**

1.（ ）是指房价包括早餐在内计价的酒店。

A. 欧洲式计价酒店　B. 美国式计价酒店

C. 修正美式计价酒店　D. 大陆式计价酒店

2. 酒店的核心产品是（ ）。

A. 娱乐　B. 餐饮　C. 购物　D. 住宿

3. 以下选项中（ ）不属于酒店产品的特性。

A. 劳动密集　B. 产品特殊　C. 评价多元　D. 存储保值

4. 19 世纪 50—60 年代属于我国酒店的（ ）。

A. 商业酒店时期　B. 行政酒店时期　C. 现代酒店时期　D. 近代酒店时期

5. “酒店为顾客记录出租车号码”服务属于（ ）。

A. 酒店核心产品　B. 酒店基本产品　C. 酒店延伸产品　D. 酒店潜在产品

# 任务二　经典管理理论认识

**任务引例**

**两位老总实战得失**

A 酒店的王总办事果断，敢罚敢管。他刚上任时，员工劳动纪律涣散、经营秩序混乱，连年亏损。他狠抓劳动纪律，上半年初见成效，超额 35% 完成经营任务。下半年开始重奖重罚，对满意的员工开出高达 1 500 元的奖励，对稍有失误的员工立即扣除其当月奖金，有时还扣工资。结果怨声载道，出现部分员工为发泄不满情绪磨洋工的情况，个别员工还偷拿酒店物品出去卖。王总十分恼火，一次处分了 31 名员工，但处分布告一夜之间被撕光，员工向上级主管部门递交了联名请愿书，要求罢免王总。酒店年终时亏损由去年的 250 万元增加到 420 万元，结果王总被免，李总经理接替他。

李总经理进酒店后深入基层听取意见。员工们说：“谁不希望把 A 酒店搞上去啊，但老总应信任我们，不要把我们当犯人一样对待！这样狠罚工人比资本家还资本家！”部分基层管理人员说：“职工收入低，困难很多，领导应关心他们的疾苦，把严格管理与感情激励相结合。”李总召开酒店总经理和党委联席办公会，随后又召开职代会，宣布自己的施政方针：“严格管理加微笑管理。在 A 酒店让普通员工坐前排，让 A 酒店充满爱。”李总说到做到。在严格执行规章制度的同时，每天早晨上班时他和其他副总在店门口迎接全店职工，下班后进行家庭走访。酒店规定：坐上下班接送车的管理人员自带板凳，把座位让给普通员工，与此同时在全酒店开展了“爱党、爱国、爱人民、爱劳动、爱公物”的五爱竞赛，党员带头，群策群力，年终时不仅还清了欠款，而且盈利 680 万元。员工收入提高，积极性高涨。干群关系和谐、融洽、宽厚、团结。结果第二年利税突破千万元大关。李总经理把这种工作方法概括为“以爱为核心的第一要素工作法”。

（案例来源：酒店管理经典案例分析.广州：广东经济出版社）

## 【任务执行】

酒店管理是企业经营管理的一个分支，同时酒店管理又是从酒店本身的业务特点和经营管理的特点出发而形成的一门独立的学科。酒店管理把经营管理学的一般原理及其方法，运用于酒店管理实践，形成了酒店管理理论。酒店管理者要进行有效的经营管理，就必须了解人类经营管理思想的发展过程，了解酒店管理的理论来源。

### 一、科学管理理论

早期管理实践与管理思想

19 世纪末 20 世纪初产生的科学管理思想，使管理实践活动从经验管理跃升到一个崭新的阶段。对科学管理思想的产生和发展作出突出贡献的人物主要有泰罗、法约尔和韦伯，他们分别对生产作业活动的管理、组织的一般管理、行政性组织的设计等方面提出了成体系的管理理论。

#### (一) 泰罗的科学管理理论

美国的弗雷德里克·温斯洛·泰罗(Frederick Winslow Taylor)是古典科学管理的创始人，被管理界誉为科学管理之父。泰罗出生于美国费城一个富裕的律师家庭，从小醉心于科学研究和科学试验。他 18 岁进入钢铁厂，从一名学徒工开始，先后被提拔为车间管理员、技师、小组长、工长、设计室主任和总工程师。在他的管理生涯中，他不断在工厂进行实地试验，系统地研究和分析工人的操作方法和动作所花费的时间，逐渐形成其管理体系——科学管理。泰罗在他的主要著作《科学管理原理》中所阐述了科学管理理论，使人们认识到了管理是一门建立在明确的法规、条文和原则之上的科学。在这本书中，泰罗总结出以下 4 条基

1

本的科学管理原理。

(1) 对工人操作的每个动作进行科学研究，制定出标准的操作方法，用以规范工人的工作活动和工作定额。

(2) 科学地挑选工人，并进行专门培训和教育，使之成长，并根据各自的可能进行自我培训。

(3) 真诚地与工人们合作，以确保劳资双方都能从生产效率的提高中得到好处，为此泰罗实行了“差别工资制”。

(4) 明确管理者和工人各自的工作和责任，实现管理与操作工作的分工。

**(二) 法约尔的组织管理理论**

与泰罗等人主要侧重研究基层的作业管理不同，“组织管理理论”是站在高层管理者的角度研究整个组织的管理问题。该理论的创始人是亨利·法约尔(Henri Fayol)，他是西方古典管理理论在法国的最杰出代表，1885 年起任法国最大的冶矿公司总经理达 30 年，在实践和大量调查研究的基础上，于 1916 年出版了《工业管理与一般管理》一书，这是他一生管理经验与管理思想的总结。本书提出了适用于各类组织的管理五大职能(计划、组织、指挥、协调、控制)和有效管理的 14 条原则。

(1) 劳动分工。应该通过分工来提高管理工作的效率，劳动分工不只适用于技术工作，而且也适用于管理工作。

(2) 权责对等。有权利的地方，就有责任，应该有有效的奖励和惩罚制度，即“应该鼓励有益的行动而制止与其相反行动”。实际上，这就是现在讲的权、责、利相结合的原则。

(3) 纪律严明。员工必须服从和尊重组织的规定，领导者要以身作则，使管理者和员工都对组织规章有明确的理解并实行公平的奖惩。

(4) 统一指挥。一个下级人员只能接受一个上级的命令，并向这个上级汇报自己的工作。

(5) 统一领导。统一领导原则是指对于力求达到同一目的的全部活动，只能有一个领导人和一项计划。

(6) 个人利益服从整体利益。任何员工个人或员工群体的利益都不能够超越组织整体的利益。

集权与分权

(7) 报酬。对员工的劳动必须付以公平、合理的报酬。

(8) 集权。法约尔指的是组织的权力的集中与分散的问题，管理层的任务是找到适合于该企业的集权程度。

(9) 等级制度。从组织的基层到高层，应建立一个关系明确的等级制度，使信息的传递按等级链进行。

(10) 秩序。无论是物品还是人员，都应该在恰当的时候处在恰当的位置上。

(11) 公平。所谓“公平”原则就是在规章制度的基础上善意地对待员工，要根据实际情况对员工的劳动表现进行“善意”的评价。当然，在贯彻“公平”原则时，还要求管理者不能“忽视任何原则，不忘掉总体利益”。

(12) 人员稳定。对于企业来说要掌握人员的稳定和流动的合适的度，以利于企业中成员能力得到充分地发挥。

(13) 首创精神。应鼓励员工发表意见和主动地开展工作。

(14) 团结精神。强调团结精神会促进组织内部的和谐与统一。

**(三) 韦伯的行政组织理论**

德国的社会学家、政治学家马克斯·韦伯(Max Weber)在《社会组织和经济组织理论》一书中提出了理想官僚组织体系理论,他认为建立一种高度结构化的、正式的、非人格化的理想的官僚组织体系是提高劳动生产率的最有效形式。为此,韦伯首推官僚组织。官僚制在19世纪已盛行于欧洲。韦伯提出的官僚组织理论为社会发展提供了一种高效率、合乎理性的管理体制。这一行政组织体系包括6个方面的内容。

(1) 将组织活动细分给不同的人。

(2) 给每个职务以明确的权利和义务。

(3) 根据职务要求进行培训。

(4) 管理者有明确的工资和升迁机会。

(5) 管理者严格执行规则与纪律。

(6) 管理以理性为指导,不带个人情感目标。

韦伯设计的组织在精确性、稳定性、纪律性和可靠性方面具有绝对的优势,正因为如此,行政组织被后来人通称为"机械型组织"。

## 二、行为科学理论

古典管理思想把人看作是简单的生产要素,即像机器一样的"工具人",只考虑如何利用人来达成组织的目标,忽视了人性的特点。20世纪20年代中期以后,人际关系学说和行为管理理论的产生,开始注意到"人"具有不同于"物"的因素的许多特殊方面,需要管理决策层采取一种不同的方式来加以管理。对"人"的因素的重视,首先应该归功于梅奥和他在霍桑工厂所进行的试验。

**(一) 梅奥的人际关系理论**

梅奥(George Elton Mayo)是美国哈佛大学的心理学教授。1927年,梅奥应邀参加并指导在芝加哥西方电气公司霍桑工厂进行有关科学管理的试验,研究工作环境、物质条件与劳动生产率的关系,通常称"霍桑试验"。试验结果表明,生产率提高的原因不在于工作条件的变化,而在于人的因素;生产不仅受物理、生理因素的影响,而且受社会环境、社会心理因素的影响。《工业文明的人类问题》是梅奥的代表作。他总结了亲身参与并指导的霍桑试验及其他几个试验的成果,并阐述了人群关系理论的主要思想,从而为提高生产效率开辟了新途径,其主要观点如下:

(1) 职工是"社会人"。梅奥等人是在"经济人"的人性模式下进行试验的,试图找出工作条件与生产效率的关系。但随着实验的深入,"经济人"的假设受到动摇。梅奥最终提出,人性模式是"社会人",即职工不单纯追求经济收入,还有社会方面和心理方面的需求,如同后来的马斯洛指出的一样,需求是多层次的多方面的。因此,必须首先从社会心理方面来鼓励工人提高劳动生产率。

(2) 正式组织中存在"非正式组织"。梅奥认为企业中不仅存在"正式组织",还存在人们在共同劳动中形成的非正式团体,他们有自己的规范、情感和倾向,并且左右着团体内每个成员的行为。譬如学校里的同乡会。“非正式组织”对组织既有利，也有弊。管理人员要想实施有效的管理，要注意在非正式组织的感情逻辑和正式组织的效率逻辑之间保持平衡。

(3) 新的领导方式在于提高职工的满足度。梅奥认为，管理者的目的在于使人们为实现组织的共同目标而合作。为了实现合作，必须发展一种新的领导方式。在这种新的领导方式下，管理者必须一方面为满足成员物质的、经济的需要而进行生产和分配物质资料，即发挥技术性技能；另一方面，为实现满足成员物质需要的目标而确保成员间的自发性合作，使每个人获得满足，即发挥社会性技能。

梅奥的这些结论使人们对组织中的“人”有了一种全新的认识。在此之后，人际关系运动在企业界蓬勃开展起来，致力于人的因素研究的行为科学家也不断涌现。其中有影响的代表人物及其主张包括马斯洛的需要层次论、赫茨伯格的双因素理论和麦格雷戈的 X－Y 理论等。

### (二) 马斯洛的需要层次理论

美国心理学家马斯洛(Abraham H. Maslow)在 1934 年和 1954 年先后发表了《人类动机的理论》与《动机和人》等著作，系统地提出了需要层次理论。他认为人们的行为都有一定的动机，而动机又是由需要决定的，需要是人类行为的原动力。如果人们某种需要得到满足，于是这种需要就消失了，同时，另一种需要又出现了，人们就会继续采取行动来满足新的需要。马斯洛的需要层次论的主要内容有：

(1) 生理需要。这是人类生存所必需的一种基本需要，包括水、空气、阳光、食物等。

(2) 安全需要。安全的含义既有生理方面的，如生命安全、财产安全等，也有心理方面的，如职业安全等。

(3) 感情和归属的需要。要与他人进行交往，交流感情，建立信任，并且情感有归属，或者组织归属，或者团体归属，或者宗派归属等。

(4) 尊重的需要。尊重包括自我尊重和获得他人的尊重。

(5) 实现自我价值的需要。要使自己的志向、理想、抱负获得实现。这是人的最高级需要。

根据这种理论，管理者应当了解下属的激励因素是什么，并设法把实现企业的目标和满足职工个人的需要结合起来，以激发职工完成企业目标的积极性。

### (三) 赫茨伯格的双因素理论

双因素理论又称激励保健理论，是美国的行为科学家弗雷德里克·赫茨伯格(Frederick Herzberg)提出来的。双因素理论认为引起人们工作动机的因素主要有两个：一是保健因素，二是激励因素。只有激励因素才能够给人们带来满意感，而保健因素只能消除人们的不满，但不会带来满意感。

(1) 保健因素是指造成员工不满的因素。保健因素不能得到满足，则易使员工产生不满情绪、消极怠工，甚至引起罢工等对抗行为；但在保健因素得到一定程度改善以后，无论再如何进行改善的努力往往也很难使员工感到满意，因此也就难以再由此激发员工的工作积极性，所以就保健因素来说“不满意”的对立面应该是“没有不满意”。

(2) 激励因素是指能造成员工感到满意的因素。激励因素的改善而使员工感到满意的结果，能够极大地激发员工工作的热情，提高劳动生产效率；但激励因素即使管理层不给予其满意满足，往往也不会因此使员工感到不满意，所以就激励因素来说“满意”的对立面应该是“没有满意”。

赫茨伯格双因素理论把激励理论与人们的工作和工作环境直接联系起来了，这就更便于管理者在工作中对员工进行激励。

**(四) 麦格雷戈的 X-Y 理论**

道格拉斯·麦格雷戈(Douglas McGregor)是美国著名的行为科学家，他在 1957 年 11 月号的美国《管理评论》杂志上发表了《企业的人性方面》一文，提出了有名的“X-Y 理论”。该文 1960 年以书的形式出版。麦格雷戈认为，有关人的性质和人的行为假设对于决定管理人员工作方式来讲是极为重要的。各种管理人员以他们对人的性质的假设为依据，可用不同的方式来组织、控制和激励人们。

(1) X 理论的观点是：人的本性是坏的，一般人都有好逸恶劳，尽可能逃避工作的特性。由于人有厌恶工作的特性，因此对大多数人来说，仅用奖赏的办法不足以战胜其厌恶工作的倾向，必须进行强制、监督、指挥，甚至惩罚进行威胁，才能使他们付出足够的努力去完成既定的工作目标。一般人都胸无大志，通常满足于平稳地完成工作，而不喜欢具有“压迫感”的创造性的困难工作。根据 X 理论的假设，管理人员的职责和相应的管理方式是：如何提高劳动生产率、完成任务；管理人员主要是应用职权，发号施令，使对方服从，让人适应工作和组织的要求，而不考虑在情感上和道义上如何给人以尊重；以金钱报酬来收买员工的效力和服从。由此可见，此种管理方式是胡萝卜加大棒的方法，一方面靠金钱的收买与刺激，另一方面严密地控制、监督和惩罚迫使其为组织目标努力。

麦格雷戈发现当时企业中对人的管理工作以及传统的组织结构、管理政策、实践和规划都是以 X 理论为依据的。麦格雷戈认为，需要有一个关于人员管理工作的新理论，把它建立在对人的特性和人的行为动机更为恰当的认识基础上，于是他提出了 Y 理论。

(2) Y 理论的观点是：人并不懒惰，他们对工作的喜欢和憎恶决定于这工作对他是一种满足还是一种惩罚，在正常情况下人们愿意承担责任，人们都热衷于发挥自己的才能和创造性。根据以上假设，相应的管理措施为：管理者的重要任务是创造一个使人得以发挥才能的工作环境，发挥出职工的潜力；对员工的激励主要是给予来自工作本身的内在激励，让他担当具有挑战性的工作，担负更多的责任，促使其工作做出成绩，满足其自我实现的需要；在管理制度上给予工人更多的自主权，实行自我控制，让工人参与管理和决策，并共同分享权力。

我们也可以说，X 理论和 Y 理论是一个问题的两个方面。我们从两者之中可以看出，不管你怎样看待员工，对员工提出目标并进行管理是完全必要的，既要尊重员工，诱导他们自觉地工作，又要制定科学严谨的管理制度，对员工进行一定的纪律约束。管理的重点应根据员工素质、公司管理基础和工作特点等条件灵活机动地进行滑动。在员工素质比较差、公司管理基础比较薄弱、生产力低下的公司，管理重点应该滑向左端；反之，应向右端滑动。优秀的管理者应该根据企业的实际状况和员工的素质特点，善于运用这个杠杆，讲究管理艺术，将员工管理维持在一个高水平上。

## 三、现代管理理论

**(一) 巴纳德的社会系统理论**

社会系统学派的代表人物是美国著名的管理学家巴纳德(Chester Irving Barnard)，他认为组织是一个复杂的社会系统，应从社会学的观点来分析和研究管理的问题。由于他把各类组织都作为协作的社会系统来研究，后人把由他开创的管理理论体系称作社会系统学派。社会系统学派的主要内容可以归纳为以下四个方面：

(1) 组织是一个由个人组成的协作系统，个人只有在一定的相互作用的社会关系下，同他人协作才能发挥作用。

(2) 巴纳德认为组织作为一个协作系统都包含三个基本要素：能够互相进行信息交流的人们；这些人们愿意作出贡献；实现一个共同目的。因此，一个组织的要素是：信息交流；作贡献的意愿；共同的目的。

(3) 组织是两个或两个以上的人所组成的协作系统，管理者应在这个系统中处于相互联系的中心，并致力于获得有效协作所必需的协调。因此，经理人员要招募和选择那些能为组织目标的实现而做出最好贡献并能协调地工作在一起的人员。为了使组织的成员能为组织目标的实现作出贡献和进行有效的协调，巴纳德认为应该采用“维持”的方法，包括“诱因”方案的维持和“威慑”方案的维持。“诱因”方案的维持是指采用各种报酬奖励的方式，来鼓励组织成员为组织目标的实现作出他们的贡献，“威慑”方案的维持是指采用监督、控制、检验、教育和训练的方法来促使组织成员为组织目标的实现作出他们的贡献。

(4) 经理人员的作用就是在一个正式组织中充当系统运转的中心，并对组织成员的活动进行协调，指导组织的运转，实现组织的目标。根据组织的要素，巴纳德认为，经理人员的主要职能有三个方面：① 提供信息交流的体系；② 促成必要的个人努力；③ 提出和制定目的。

**(二) 西蒙的决策理论**

决策管理学派的主要代表人物是曾获诺贝尔经济学奖的赫伯特・西蒙(Herbert Alexander Simon)。这一学派是在社会系统学派的基础上发展起来的，他们把第二次世界大战以后发展起来的系统理论、运筹学、计算机科学等综合运用于管理决策问题，形成了一门有关决策过程、准则、类型及方法的较完整的理论体系。其主要观点是：

(1) 组织首先是个决策过程，组织的基本功能就是决策，即“管理就是决策”。西蒙对传统组织理论所推崇的一些组织原则进行了批评，例如统一指挥与专业分工、管理幅度与管理层次等，他认为这些原则是彼此矛盾的，究竟哪一种组织原则最为有效，传统组织理论没有回答。西蒙认为，组织是一个决策系统，有效的组织应以正确的决策为基础，传统组织理论一个很大的不足，就在于他们忽视了对组织决策问题的研究。

(2) 组织的目标就是追求决策的合理性，而合理性取决于为实现某一目的而合理选择的手段。西蒙认为无论任何组织或个人，在手段和目的的关系上都达不到完全的整合。这是因为人的理性是有限的，这就是他提出的“有限理性”决策的著名原理。由于决策者受主观认识能力、知识、价值观念等方面的限制，由于客观上的时间、经费、情报来源等方面的限制，任何组织不可能追求到“最理想”“最优化”的决策。只能追求在当时条件下“令人满意”的决策。

(3) 组织平衡论是西蒙发展了巴纳德的组织平衡思想总结得出的，他认为组织是由人组成的集体平衡系统，组织为组织成员个人提供诱因和组织成员个人对组织的贡献之间存在互依互动的关系：一方面，组织要根据个人的贡献提供诱因，即物质的、精神的报酬；另一方面，组织之所以能提供诱因，又来自成员个人对组织的贡献。为此他特别研究了“诱因效用”和“贡献效用”这两个新概念。

（4）组织影响论，即研究组织如何影响个人的决策行为。西蒙认为组织影响个人决策行为的因素有：权威、组织认同、信息沟通、培训、效率。

（5）组织设计论，组织设计是组织理论中的一个老问题，西蒙对组织设计理论的新贡献，在于他的组织设计理论是建立在他的决策理论基础上的。组织设计要有利于组织决策，以及为决策进行必需的信息传递、信息处理工作。

总之，西蒙的以决策为核心的行政组织研究方法，使行政组织的研究焦点由对制度、法制、结构等静态层面的研究转变到对决策过程的动态研究，目前，这种以决策理论为主导的公共行政学研究潮流已经成为西方行政学的流派之一。

**（三）约翰逊等的系统管理理论**

这一理论是卡斯特（Fremont E. Kast）、罗森茨韦克（James E. Rosenzweig）和约翰逊（Richard A. Johnson）等美国管理学家在一般系统论的基础上建立起来的，该理论主要应用系统理论的范畴、原理，全面分析和研究企业和其他组织的管理活动和管理过程，重视对组织结构和模式的分析，并建立起系统模型以便于分析。系统管理理论向社会提出了整体优化、合理组合、规划库存等管理新概念和新方法，因而，系统管理理论被认为是20世纪最伟大的成就之一，是人类认识史上的一次飞跃。系统管理理论的主要观点如下：

（1）组织作为一个开放的社会技术系统，是由五个不同的分系统构成的整体，这五个分系统包括：目标与价值分系统；技术分系统；社会心理分系统；组织结构分系统；管理分系统。这五个分系统之间既相互独立，又相互作用，不可分割，从而构成一个整体。这些系统还可以继续分为更小的子系统。

（2）企业是由人、物资、机器和其他资源在一定的目标下组成的一体化系统，它的成长和发展同时受到这些组成要素的影响，在这些要素的相互关系中，人是主体，其他要素则是被动的。管理人员需力求保持各部分之间的动态平衡、相对稳定、一定的连续性，以便适应情况的变化，达到预期目标。同时，企业还是社会这个大系统中的一个子系统，企业预定目标的实现，不仅取决于内部条件，还取决于企业外部条件，如资源、市场、社会技术水平、法律制度等，它只有在与外部条件的相互影响中才能达到动态平衡。

（3）如果运用系统观点来考察管理的基本职能，可以把企业看成是一个投入—产出系统，投入的是物资、劳动力和各种信息，产出的是各种产品（或服务）。运用系统观点使管理人员不至于只重视某些与自己有关的特殊职能而忽视了大目标，也不至于忽视自己在组织中的地位与作用，可以提高组织的整体效率。

**（四）罗森茨韦克等的权变理论**

罗森茨韦克是从系统观点来考察问题的，它的理论核心就是通过组织的各子系统内部和各子系统之间的相互联系，以及组织和它所处的环境之间的联系，来确定各种变数的关系类型和结构类型。它强调在管理中要根据组织所处的内外部条件随机应变，针对不同的具体条件寻求不同的最合适的管理模式、方案或方法。

权变理论的核心概念是指世界上没有一成不变的管理模式。管理与其说是一门理论，更不如说是一门实操性非常强的技术；与其说它是一门科学，更不如说它是一门艺术，权变管理能体现出艺术的成分。一名高明的领导者应根据环境的不同而及时变换自己的领导方式。权变理论告诉管理者应不断地调整自己,使自己不失时机地适应外界环境的变化。

作为一种行为理论,权变理论认为根本没有所谓的最好的办法去组织企业、领导团队或者制定决策。组织形式或许(领导风格、决策方式)在某种情况下效果卓著,然而,换一种情况可能就不那么成功。换句话说,这种组织形式(领导风格、决策方式)依赖于组织内部的或外部的约束(因素)。

## 四、当代管理理论

### (一) 企业战略和企业文化理论

(1) 企业战略。美国哈佛大学迈克尔·波特(Michael Porter)教授是企业战略传统定义的典型代表。他认为,“战略是公司为之奋斗的一些终点与公司为达到他们而寻求的途径的结合物”(1980)。波特的定义概括了20世纪60年代和70年代对企业战略的普遍认识。它强调企业战略的一方面属性——计划性、全局性和整体性。

企业战略是对企业各种战略的统称,其中既包括竞争战略,也包括营销战略、发展战略、品牌战略、融资战略、技术开发战略、人才开发战略、资源开发战略等。企业战略是层出不穷的,例如信息化就是一个全新的战略。企业战略虽然有多种,但基本属性是相同的,都是对企业的谋略,都是对企业整体性、长期性、基本性问题的计谋。各种企业战略有同也有异,相同的是基本属性,不同的是谋划问题的层次与角度。总之,无论哪个方面的计谋,只要涉及的是企业整体性、长期性、基本性问题,就属于企业战略的范畴。

(2) 企业文化。20世纪80年代初,美国哈佛大学教育研究院的教授泰伦斯·迪尔和麦肯锡咨询公司顾问艾伦·肯尼迪在长期的企业管理研究中积累了丰富的资料。他们在6个月的时间里,集中对80家企业进行了详尽的调查,写成了《企业文化——企业生存的习俗和礼仪》一书,成为论述企业文化的经典之作。它用丰富的例证指出:杰出而成功的企业都有强有力的企业文化,即为全体员工共同遵守,但往往是自然约定俗成的而非书面的行为规范;并有各种各样用来宣传、强化这些价值观念的仪式和习俗。正是企业文化的这一非技术、非经济的因素,导致了这些决策的产生、企业中的人事任免,小至员工们的行为举止、衣着爱好、生活习惯。在两个其他条件都相差无几的企业中,由于其文化的强弱,对企业发展所产生的后果就完全不同。

迪尔和肯尼迪把企业文化整个理论系统概述为5个要素,即企业环境、价值观、英雄人物、文化仪式和文化网络。企业环境是指企业的性质、企业的经营方向、外部环境、企业的社会形象、与外界的联系等方面。价值观是指企业内成员对某个事件或某种行为好与坏、善与恶、正确与错误、是否值得仿效的一致认识。英雄人物是指企业文化的核心人物或企业文化的人格化,其作用在于作为一种活的样板,给企业中其他员工提供可供仿效的榜样,对企业文化的形成和强化起着极为重要的作用。文化仪式是指企业内的各种表彰、奖励活动、聚会以及文娱活动等,它可以把企业中发生的某些事情戏剧化和形象化,来生动地宣传和体现本企业的价值观,使人们通过这些生动活泼的活动来领会企业文化的内涵,使企业文化“寓教于乐”之中。文化网络是指非正式的信息传递渠道,主要是传播文化信息。它是由某种非正式的组织和人群，以及某一特定场合所组成，它所传递出的信息往往能反映出职工的愿望和心态。

### （二）学习型组织理论

学习型组织是一个能熟练地创造、获取和传递知识的组织，同时也要善于修正自身的行为，以适应新的知识和见解。当今世界上所有的企业，不论遵循什么理论进行管理，主要有两种类型：一类是等级权力控制型，另一类是非等级权力控制型，即学习型企业。

学习型组织最初的构想源于美国麻省理工学院佛瑞斯特（Robert Forrester）教授。1965年，他发表了一篇题为《企业的新设计》的论文，运用系统动力学原理，非常具体地构想出未来企业组织的理想形态——层次扁平化、组织信息化、结构开放化，逐渐由从属关系转为工作伙伴关系，不断学习，不断重新调整结构关系。彼得·圣吉（Peter M. Senge）是学习型组织理论的奠基人。作为佛瑞斯特的学生，他一直致力于研究以系统动力学为基础的更理想的组织，他用了近10年的时间对数千家企业进行研究和案例分析，于1990年完成其代表作《第五项修炼——学习型组织的艺术与实务》。他指出现代企业所欠缺的就是系统思考的能力，之所以会如此，正是因为现代组织分工、负责的方式将组织切割，而使人们的行动与其时空上相距较远。当不需要为自己的行动的结果负责时，人们就不会去修正其行为，也就是无法有效地学习。

（1）学习型组织基础：团结、协调及和谐。组织学习普遍存在"学习智障"，个体自我保护心理必然造成团体成员间相互猜忌，这种所谓的"办公室政治"导致高智商个体，组织群体反而效率低下。从这个意义上说，班子的团结，组织上下协调以及群体环境的民主、和谐是建构学习型组织的基础。

（2）学习型组织核心：在组织内部建立完善的"自学习机制"。组织成员在工作中学习，在学习中工作，学习成为工作新的形式。

（3）学习型组织精神：学习、思考和创新。此处学习是团体学习、全员学习，思考是系统、非线性的思考，创新是观念、制度、方法及管理等多方面的更新。

（4）学习型组织的关键特征：系统思考。只有站在系统的角度认识系统，认识系统的环境，才能避免陷入系统动力的旋涡里去。

（5）组织学习的基础：团队学习。团队是现代组织中学习的基本单位。许多组织不乏就是组织现状、前景的热烈辩论，但团队学习依靠的是深度会谈，而不是辩论。深度会谈是一个团队的所有成员，摊出心中的假设，而进入真正一起思考的能力。深度会谈的目的是一起思考，得出比个人思考更正确、更好的结论；而辩论是每个人都试图用自己的观点说服别人同意的过程。

（6）学习型组织的五项要素：建立共同愿景、团队学习、改变心智模式、自我超越、系统思考。

### （三）业务流程重组理论

业务流程重组（business process reengineering，BPR）最早由美国的迈克尔·哈默（Michael Hammer）和詹姆斯·钱皮（James Champy）提出，在20世纪90年代达到了全盛的一种管理思想。强调以业务流程为改造对象和中心、以关心客户的需求和满意度为目标、对现有的业务流程进行根本的再思考和彻底的再设计，利用先进的制造技术、信息技术以及现代的管理手段，最大限度地实现技术上的功能集成和管理上的职能集成，以打破传统的职能型组织结构，建立全新的过程型组织结构，从而实现企业经营在成本、质量、服务和速度等方面的巨大改善。

(1) 企业内部业务流程重组核心内容：在BPR定义中，根本性、彻底性、戏剧性和业务流程成为备受关注的四个核心内容。

(2) 企业内部业务流程重组的原则：清除、简化、整合、自动化。

(3) 企业内部业务流程重组的原理：消除浪费、减少浪费、简化流程，需要时可能组合流程步骤、设计具有可选路径的流程、并行思考、在数据源收集数据、应用信息技术改进流程、让用户参与流程重组。

### (四) 柔性管理理论

柔性管理是现代酒店业经营管理的新趋势。所谓"柔性管理"是相对于"制度管理"提出来的。"柔性管理"是"以人为中心"，依据企业的共同价值观和文化、精神氛围进行的人格化管理。它是在研究人的心理和行为规律的基础上，采用非强制性方式，在员工心目中产生一种潜在的说服力，从而把组织意志变为个人的自觉行动。"柔性管理"的特征是：内在重于外在，心理重于物理，身教重于言教，肯定重于否定，激励重于控制，务实重于务虚。而其最大特点，是依靠人性解放、权力平等、民主管理，从内心深处来激发每个员工的内在潜力、主动性和创造精神，使他们能真正做到心情舒畅、不遗余力地为企业不断开拓新的优良业绩，成为企业在全球性激烈的市场竞争中取得竞争优势的力量源泉。"柔性管理"在现代酒店企业管理中发挥着重要的作用。

(1)"柔性管理"能够激发人的创造性。在工业社会，主要财富来源于资产，而知识经济时代的主要财富来源于知识。要让员工自觉、自愿地将自己的知识、思想奉献给企业，实现"知识共享"，单靠"制度管理"不行，只能通过"柔性管理"。

(2)"柔性管理"能帮助企业适应瞬息万变的外部经营环境。在知识经济时代，必须打破传统的严格的部门分工的界限，实行职能的重新组合，让每个员工或每个团队获得独立处理问题的能力，独立履行职责的权利。因而仅仅靠规章制度难以有效地管理，而只有通过"柔性管理"，才能提供"人尽其才"的机制和环境，才能在激烈的竞争中立于不败之地。

(3)"柔性管理"能满足柔性生产的需要。人们的消费观念、消费习惯和审美情趣处在不断地变化之中，满足"个性消费者"的需要，对内赋予每个员工以责任，这可以看作是当代生产经营的必然趋势。知识型企业生产组织上的这种巨大变化必然要反映到管理模式上来，导致管理模式的转化，使"柔性管理"成为必然。

## 五、企业经营理论

### (一) 关于经营

经营含有筹划、谋划、计划、规划、组织、治理、管理等含义。经营和管理相比，经营侧重指动态性谋划发展的内涵，而管理侧重指使其正常合理地运转。经营和管理合称经营管理。

企业的经营是根据企业的资源状况和所处的市场竞争环境对企业长期发展进行战略性规划和部署、制定企业的远景目标和方针的战略层次活动。它解决的是企业的发展方向、发展战略问题，具有全局性和长远性。企业的经营是企业或经营者有目的的经济活动，是经营者在国家的方针政策指导下，根据国家计划任务、市场需求状况及企业自身的需要，从本身所处的内外环境条件出发，对企业的经济活动进行的筹划、设计与安排等。

**（二）经营要素**

经营要素是指企业投入生产经营过程中的各种资源。任何企业的生产经营都必须先投入一定种类和数量的资源，才能最终生产和经营一定的产品或提供服务。因此，经营要素是企业进行正常生产经营活动必不可少的客观条件和物质基础。企业的经营要素主要有以下几点。

(1) 土地。在农业中，土地是基本的生产资料，它既是农业生产活动的基地，又是农业生产的劳动对象和劳动手段，而在工商、服务等行业中，土地只是作为生产经营的基地和场所发挥作用。在目前科学技术条件下，土地的功能是其他任何生产资料都无法替代的。土地质地和肥力不同，地理位置不同，其经济价值就不同，它们对企业的生产经营及经济效益的影响也各不相同。

(2) 劳动力。劳动力是指企业内部生产产品或为企业提供智力和服务的人。它包括管理人员、技术人员、工人等。劳动者在生产力要素中居支配地位，是最活跃、最富有创造力的因素。企业的任何一项经济活动都要靠人来组织，它的任何一台设备都要靠人来操纵指挥，所以劳动者的数量和质量、劳动力的组织和搭配均会直接影响企业的效益。在现代社会中，劳动者素质的高低、劳动积极性和创造性的大小，在很大程度上决定着企业未来的前途和命运。

(3) 资本。资本是指企业事先用于生产经营所垫付的货币资金和生产资料，又称本金。一定数量的货币资本是企业创立时所必需的条件之一，它也是企业生产经营全过程中始终都必需的。在商品经济中，由于货币是一般等价物的特殊商品，故备受人们的青睐。企业的任何经济活动，都离不开货币资金。此外，企业经济活动效益的好坏往往也要通过货币来衡量。因此，在某种程度上可以说企业生产经营的目标是确保企业资本的增值。生产资料是一定数量货币物的表现形式，又称劳动手段，它是企业生产经营的物质基础，它需要企业用货币在市场上购买。同劳动一样，生产资料也是创造物质财富的源泉，它包括劳动资料和劳动对象。劳动资料是人们在劳动过程中用来改变或影响劳动对象的一切物质资料和物质条件。企业正是利用这些劳动资料才使劳动对象发生预期的变化，生产出市场所需产品。因此，劳动资料特别是机器设备的数量和质量、工艺技术的先进程度，对企业生产经营的进行及效率影响甚大。劳动对象是指人们在生产中将劳动加于其上的一切东西，它包括自然物和原材料两大类，其中自然物的品位、蕴藏量、开采的难易程度，原材料的品种、质量是影响企业生产效率和产品质量的关键因素。随着科学技术的发展，人们将会发现自然物更多的有用属性，创造出许多新材料，从而会使原材料种类更加多样化，替代范围更加广泛。

(4) 技术。技术是人们所掌握的知识在生产中的具体应用，泛指根据生产实践经验和自然科学原理而发展成的各种工艺操作方法和技能。除此之外，它包括相应的生产工具和其他物资设备、生产的工艺过程或作业程序方法。技术常常蕴藏在人们的头脑之中，并通过人们的四肢等器官表现出来。更多的是，技术常常物化在生产资料之中，以生产资料为载体，通过其质量、种类、性能等表现出来。科学技术的发展可以使人们操纵更多的机器设备，极大地提高劳动效率。新技术、新工艺、新材料不仅能节约时间、费用和材料，而且还能增加生产总量，创造出许多新的产品，提高产品的功能，开拓新的市场。因此，科学技术对企业的生存及发展至关重要，也正是由于现代科学技术飞速发展，才出现了功能齐全、日益先进、各种各样的现代化生活消费品。

(5) 信息。信息就是接受者预先不知道的音信和消息，这里主要指经济信息。信息同材料、能源一起被称为现代化科学技术的三大支柱。在市场经济高度发达的今天，市场有关信息，如需求种类、数量，产品价格，竞争对手的实力、策略，新工艺、新项目、新产品等，其中任何一个信息都有可能使一个企业迅速摆脱困境，出现新的转机，获得高额的利润。正是由于信息的巨大价值，现在社会上出现了许多专门以提供信息为生的企业，如信息咨询公司、点子公司等。在现代化的社会大生产条件下，企业的上述经营要素必须紧密结合，有效配置，才能充分发挥它们各自的作用，为企业创造更多的利润。在上述要素中，土地、资本、劳动力均属于有形资源，而技术和信息则属于无形资源。随着社会生产力的发展和科学技术的进步，无形资源在企业中所起的作用越来越大。土地、劳动力或资本众多的国家，并不一定就富；反之，土地、资本或劳力短缺的国家也不一定就穷。其原因就在于其资源的发挥和运用。因此，对于现代企业的经营者来说，只计较土地、劳力和资本的多寡，而忽略技术和信息，必将给企业带来灾难性的损失。

### (三) 经营决策

1. 决策的内涵

决策一词的意思就是为了达到一定目标，采用一定的科学方法和手段，从两个以上的方案中选择一个满意方案的分析判断过程。管理就是决策，是指通过分析、比较，在若干种可供选择的方案中选定最优方案的过程。

2. 决策的分类

决策可以按决策的作用、性质、问题的条件和结构进行分类，如表 1-1 所示。

**表 1-1　　决策的分类表**

| 分类标准 | 分　类 | 内　　涵 |
|---|---|---|
| 作　用 | 战略决策 | 是指有关企业的发展方向的重大全局决策，由高层管理人员作出 |
| | 管理决策 | 为保证企业总体战略目标的实现而解决局部问题的重要决策，由中层管理人员作出 |
| | 业务决策 | 是指基层管理人员为解决日常工作和作业任务中的问题所作的决策 |
| 性　质 | 程序化决策 | 即有关常规的、反复发生的问题的决策 |
| | 非程序化决策 | 是指偶然发生的或首次出现而又较为重要的非重复性决策 |
| 问题的条件 | 确定性决策 | 是指可供选择的方案中只有一种自然状态时的决策。即决策的条件是确定的 |
| | 风险型决策 | 是指可供选择的方案中，存在两种或两种以上的自然状态，但每种自然状态所发生概率的大小是可以估计的 |
| | 不确定型决策 | 指在可供选择的方案中存在两种或两种以上的自然状态，而且这些自然状态所发生的概率是无法估计的 |

续 表

| 分类标准 | 分 类 | 内 涵 |
| --- | --- | --- |
| 结 构 | 结构化决策 | 是指对某一决策过程的环境及规则，能用确定的模型或语言描述，以适当的算法产生决策方案，并能从多种方案中选择最优解的决策 |
| | 非结构化决策 | 是指决策过程复杂，不可能用确定的模型和语言来描述其决策过程，更无所谓最优解的决策 |
| | 半结构化决策 | 是介于以上两者之间的决策，这类决策可以建立适当的算法产生决策方案，使决策方案中得到较优的解 |

3. 决策的程序

（1）确定决策目标。决策目标是指在一定外部环境和内部环境条件下，在市场调查和研究的基础上所预测达到的结果。决策目标是根据所要解决的问题来确定的，因此，必须把握住所要解决问题的要害。只有明确了决策目标，才能避免决策的失误。

（2）拟订备选方案。决策目标确定以后，就应拟订达到目标的各种备选方案。拟订备选方案，第一步是分析和研究目标实现的外部因素和内部条件，积极因素和消极因素，以及决策事物未来的运动趋势和发展状况；第二步是在此基础上，将外部环境各不利因素和有利因素、内部业务活动的有利条件和不利条件等，同决策事物未来趋势和发展状况的各种估计进行排列组合，拟订出实现目标的方案；第三步是将这些方案同目标要求进行粗略的分析对比，权衡利弊，从中选择出若干个利多弊少的可行方案，供进一步评估和抉择。

（3）评价备选方案。备选方案拟订以后，随之便是对备选方案进行评价，评价标准是看哪一个方案最有利于达到决策目标。评价的方法通常有三种：经验判断法、数学分析法和试验法。

（4）选择方案。选择方案就是对各种备选方案进行总体权衡后，由决策者挑选一个最好的方案。

（5）执行方案。任何方案只有真切地得到实施后才有其实际的意义，执行方案是决策的落脚点。

（6）回馈评估方案。通过对决策的追踪、检查和评价，可以发现决策执行的偏差，以便采取措施对决策进行控制。

4. 企业经营决策

企业经营决策就是企业等经济组织决定企业的生产经营目标和达到生产经营目标的战略和策略，即决定做什么和如何去做的过程。

企业经营决策的要素包括决策者、决策目标、决策备选方案、决策条件和决策结果。决策者是企业经营决策的主体，是决策最基本的要素。决策者是系统中积极、能动也是最为关键的因素。实际上组织中的决策者就是组织的领导者。现代组织中个人决策逐渐被群体决策所取代，集体决策或团队决策成为现代决策的主体。决策目标的确立是科学决策的起点。为决策指明了方向、为选择行动方案提供了衡量标准、为决策实施的控制提供依据。针对一个具体的决策事宜准备两个以上的决策备选方案。决策条件是指决策过程中面临的时空状态，即决策环境（内外部）。决策结果是指决策实施后产生的效果和影响。

1

## 【任务框图】

本任务详细讲述了酒店管理所涉及的经典管理理论和当代管理理论，主要管理理论的框架如图 1 - 2 所示。

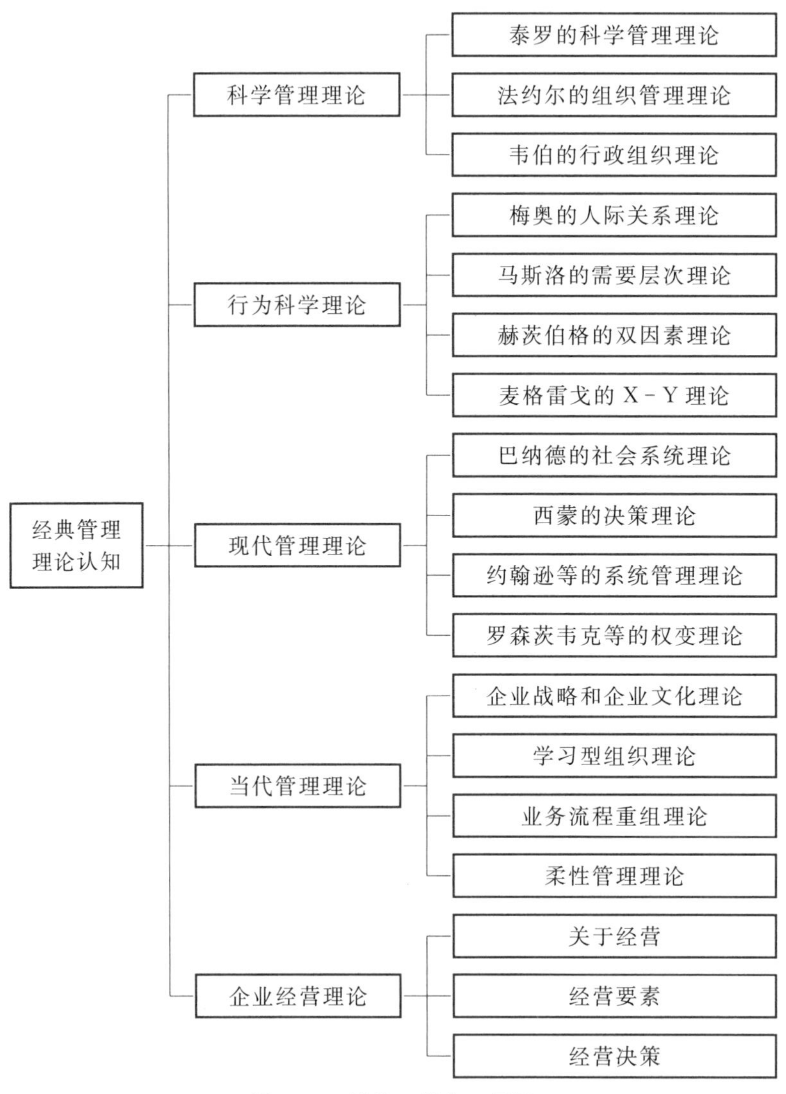


**图 1 - 2　模块一任务二框图**

## 【任务拓展】

通过经营管理经典理论的学习，对泰罗、法约尔、梅奥、巴纳德等一批著名经营管理学家的思想有一个全面的了解。一百多年来，这些经营管理大家的实践和思想对世界企业经营管理产生了巨大的影响，为世界经济发展做出了巨大的贡献。总之，管理是一门科学，更是一门艺术。要走出经验管理的泥潭，迈向科学管理的台阶，步入文化管理的殿堂。在当今世界经济一体化、信息技术飞速发展的今天，经典的经营管理理论仍然具有强大的生命力，是经营管理现代企业的重要理论支柱。正确认知经典经营管理理论是每一位经营管理者的必修课。

自由分析讨论下面的两个案例，帮助您对经典经营管理理论理解，检验您对经典经营管理理论的掌握和理解程度。

**案例**

### 该不该处罚？

某酒店在开业前各部门仓促制定了一系列的规章制度，并于开业后正式实施。半年来，酒店制度管理的情况不尽如人意，主要问题有两个方面：一是由于开业准备仓促，酒店及部门的制度不切实际，有些条文缺乏实施的客观条件，导致执行困难。二是由于在制度管理问题上认识不一致，导致处理意见分歧或感到左右为难。

(1) 某日客房值台服务员小张在楼层工作间休息，因客人未能得到及时服务而投诉酒店。据调查，小张生病并有两天病假，但小张考虑到酒店团队特别多，人手紧张，故第二天早上又拖着虚弱的身体前来上班。下午 1:00 小张觉得十分疲惫，借客人午休时间进入工作间休息片刻，以便下午有充沛的体力为客人服务。谁知刚休息就有客人因找不到服务员而投诉到大堂经理处。

(2) 某日一位酒店管理专家来酒店，临走时，对酒店的盛情款待表示感谢，并提出了几条建议，其中提到从管理人员到普通员工，行为举止比较随便，如手插口袋，工作场所拨弄头发等。酒店总经理听后觉得很有道理，当天就布置总经理办公室拟订一个员工的行为规范，并立即贯彻执行，为了加强执行的力度，规定凡是违反行为规范者，扣发当月奖金，执行的第一天相当一部分人违反了规范。

思考题：如果你是当日值班经理或者是大堂副理，以上两种情形你认为该不该处罚？应该如何处罚？结合所学理论知识，说出自己的观点。

（案例来源：酒店管理经典案例分析.广州：广东经济出版社）

**案例**

### 赵某的两难境地

赵某是某酒店负责员工考勤的行政工作人员，某日，他正常在员工考勤打卡处负责员工的考勤。正在此时，他收到了该酒店某员工蔡某的短信，大意是今天起晚了，来不及考勤，可能要迟到，请他帮忙考勤。赵某陷入了两难境地……原因是这样的，该酒店为了丰富员工的业余生活，组织了篮球俱乐部，而蔡某正是该篮球俱乐部的负责人，有一身较好的球技。赵某也是篮球爱好者，尤其是对蔡某的球技和组织能力非常佩服。如果不帮蔡某考勤，势必在日后篮球俱乐部组织的各种活动中难以面对负责人蔡某；但是他的职责告诉他不应该玩忽职守，擅自帮他人开后门，从而影响正常的管理和考勤的威信。赵某简直是一筹莫展。

思考题：① 如果你是赵某，你应该作何选择？② 酒店管理者应该采取哪些措施避免“非正式组织”对“正式组织”冲击？

（案例来源：酒店管理经典案例分析.广州：广东经济出版社）

1

## 【任务测试】

**一、判断题**

1. 泰罗的研究侧重点是基层作业，法约尔研究的重点是高层管理者的组织管理问题。（ ）

2. 梅奥的人际关系理论的形成基于“霍桑实验”的研究成果。（ ）

3. “管理即决策”是巴纳德的主要观点。（ ）

4. 学习型组织最初的构想源于美国麻省理工学院佛瑞斯特教授。（ ）

5. 所谓“柔性管理”是相对于“制度管理”提出来的。“柔性管理”是“以制度为中心”的当代管理新趋势。（ ）

**二、单选题**

1. 科学管理之父是指（ ）。

A. 泰罗 B. 法约尔 C. 梅奥 D. 韦伯

2. 马斯洛的需要层次理论属于（ ）。

A. 科学管理理论 B. 当代管理理论 C. 行为科学理论 D. 社会科学理论

3. 西蒙因为（ ）获得诺贝尔经济学奖。

A. 决策管理理论 B. 心理需求层次理论

C. 双因素理论 D. 社会系统理论

4. 学习型组织认为，组织学习的基础是（ ）。

A. 个人学习 B. 学校学习 C. 团队学习 D. 创新学习

5. 企业经营的要素不包括（ ）。

A. 土地 B. 劳动力 C. 资本 D. 领导思想

# 任务三 酒店管理理论认知

## 任务引例

### 扬子酒店的差异化战略

改革开放以来，上海大批现代化酒店崛起，扬子酒店因设施设备陈旧，虽地处繁华的市中心，但已失去了昔日的风采，出租率、平均房价出现了从未有过的滑坡。

酒店在进行大量市场调研后得出这样的结论：经济全球化趋势必将加速上海国际化进程，商务客市场将逐渐膨胀，商务酒店有效需求存在。酒店所要做的就是解决改善供应，并有所为和有所不为，在功能上增加现代通信功能，为商务客人提供便捷的通信服务。改造方案经整体规划后，实行分步实施的原则，这样既规避了产品创新带来的市场风险，又解决了资金不足的问题。

一期改造做了酒店外墙、大堂、二楼餐厅及40套行政客房的改造，采用光纤加超五类布线，形成了覆盖于每一角落的综合布线系统。外部改造充分体现老酒店的历史文化底蕴，客房内布设了四个信息点，可分别接驳电话、传真、电脑及其他信息设备。商务客人在客房内可同时上网、收发传真、打电话。商务会议室配有先进的大屏幕投影机和带有同声传译接口的数字化会议系统，24台多媒体电脑实现联网操作，提供因特网宽带接入和多媒体视频等服务，极大地方便了商务客人在沪的工作与生活。

一期改造成功后，扬子酒店在经营中注重收集宾客信息，针对商务客人的需求进行一系列创新，不断完善，丰富差异化改造方案，在设施设备上体现好客性。每个开关和插座的位置都经过反复调试，将原来安装在桌前低位的电源插座改在写字台面正前方墙面，背面用大块木制板面处理，既美观又极大地方便了客人接插手提电脑、接驳数据接口、完成各种电器充电，同时增加了插座的稳定性，便于维修保养和日常清洁。

此次战略的实施逐步确立了扬子酒店市场竞争优势地位，很多大公司与酒店签订了订房协议，便捷和富有特色的商务服务得到商务客的普遍赞扬。有次一位第二天将飞回公司总部的住店外资公司客人，提出上网要求。原来他们公司在山东一项工程遇到技术问题需紧急处理。要在十几个小时内赶个来回，又不能错过次日航班显然是不可能的，只有通过网络解决难题。很快通过在客房内提供的上网服务，客人在电脑上一阵忙碌后，解决了技术难题，并对酒店的特色服务赞不绝口。通过近年来的具体实践，扬子酒店取得了可喜的成绩，出租率、平均房价逐年提升，连续出现年度经营利润两位数增长，去年出租率超86%，初步建成智能型商务酒店，宾客满意率、回头率显著提高。

（案例来源：现代饭店经营智慧与成功案例.广州：广东旅游出版社）

扬子酒店通过实施差异化战略重新焕发了青春、赢得了生机、确立了竞争优势地位，酒店实施差异化战略关键在于推出不同于竞争对手的特色产品，能为顾客创造价值，而创造价值又必须基于对酒店目标市场客源层需求的理解和对酒店市场趋势的把握。

## 【任务执行】

经营管理基础理论知识是酒店管理的基础。酒店是特殊的企业，除一般企业经营管理规律外，有其独有的特点和规律。

酒店经营和管理是两个密不可分的概念，但有着不同的内涵。经营是在国家政策指导下，以市场为导向，充分利用市场规律，通过与市场的双向信息交流，对酒店的经营方向、目标、内容、方式、市场策略等作出决策。经营的重点是“眼睛向外”，针对市场、针对需求。管理是为了达到酒店的经营目标，对酒店的人、财、物力进行合理的组织、调配和组合，形成酒店的接待能力，最大限度地满足市场需求。管理的重点是“眼睛朝内”，针对具体业务，针对内部的人、财、物、组织、制度等方面。经营的内容包括：市场状况分析、开发组合酒店产品以求最大可能地占有市场、参与市场竞争、扩大客源市场等。管理包含的主要内容是：根据科学管理原则组织和调配酒店的人、财、物、信息四大资源，遵循酒店业务运转的客观规律使业务正常运营，在业务运转中保证和控制服务质量，激励并保持员工的工作积极性，通过核算工作保证达到酒店经营的经济目标。经营和管理是两个内涵既有区分又有交叉的概念，经营中蕴含着管理，管理中蕴含着经营，两者互相融合、密不可分。酒店管理者必须既懂经营又懂管理，并能把两者有机结合起来并贯穿于实际经营管理工作之中。

1

## 一、酒店管理内涵

酒店管理是指管理者在充分了解市场需求的情况下，为实现酒店目标，遵循有关法律法规，采取有效的管理方法，对酒店拥有的资源进行计划、组织、指挥、协调和控制等一系列的活动的总称。

酒店的目标是取得一定的社会效益和经济效益。社会效益是指酒店在经营管理过程中给社会带来的影响和贡献，社会对酒店的认可程度，酒店在社会上的形象等。经济效益是指酒店投资的回报，获取最大的投资回报是任何一家酒店的追求目标。社会效益和经济效益是相互促进的，只有两个效益一起抓，酒店才会实现目标，长足发展。

酒店的资源是酒店管理的重要因素，是管理活动对象，包括酒店的人力资源、财力资源、物力资源、时间资源和信息资源。

### （一）酒店管理职能

酒店是多种业务和多个部门合成的有机整体。为了满足宾客的多种需要，便形成了酒店庞杂的业务和繁复的事务；为确保提供一流的服务，必须确立酒店管理的内容。通过酒店管理过程，执行管理的职能，以达到预期的经营目标。

（1）计划职能。酒店管理的计划职能体现在酒店经营目标和规定实现目标的途径方法管理上。计划职能包括确定目标前对市场状况与酒店状况的了解分析、决策目标、制订计划、确定执行计划的途径和方法等。

（2）组织职能。为达到酒店的决策目标，管理者要通过组织职能对酒店结构进行合理的设置，对人、财、物进行合理的调配，确定各级各部门的责、权、利并督导执行。酒店管理的组织职能贯穿整个经营业务活动中，是管理的重要职能。

（3）指挥职能。管理的指挥职能是管理者凭借权力和权威，对指挥对象发出的指令，使之服从代表计划的管理者的意志并执行。为了实现酒店目标决策，必须保证酒店的人、财、物按决策目标统一方向、统一行动。在酒店管理指挥中，是以现代管理的等级链为原则，即微型垂直领导，做到令出一头，令行禁止。

（4）协调职能。酒店是具有多种功能的综合性企业。为使各部门保持自身的有效性，并且不偏离酒店的总目标，就必须由管理者执行管理的协调职能。现代化酒店实行分工负责、相互协作的原则，这样既可提高工作效率，又可提高单位的工作质量。

（5）控制职能。酒店管理的控制职能是管理人员接收酒店的市场信息和内部信息，按决策目标和核定的标准对酒店的经营活动进行监督、调节、检查、分析，使之不发生偏差而依预计目标正常运作，以达到预期目的。酒店是生产有形产品和无形服务产品的企业，其生产方式主要是手工的劳动，制约人们的劳动过程，只能靠控制职能。控制职能是通过对各种业务活动的过程和结果制定一个明确的有质有量的标准。标准体现在服务过程的程序与标准中，体现在对有形服务和无形服务的数量标准和质量标准上。

### （二）酒店管理层次

（1）上层管理。该层包括总经理、副总经理、总经理助理、总监。他们的主要职责是规划、组织、决策、协调、革新、控制、外联等。一般来说，他们不直接领导很多部属。从上层管理人员的工作来看，亦可分为四个方面的责任：公关、人事、财产、财务。

（2）中层管理。该层包括各部门经理、副经理，或相当于这一职务的人员。中层管理人员上对总经理负责，下对基层管理人员负责，独当一面，责任重大，对酒店的经营管理起着重要的作用。该层人员主要职能是指导、控制、沟通、预算、决策等。

（3）基层管理。该层包括主管和班组长，经理助理亦在此列。他们直接同职工打交道，是管理层与被管理层之间的桥梁。他们的主要职能是督导，但也起协调、沟通、控制等作用。

但是，各层管理人员的职能并非是一成不变的，也依时间或具体情况而变动。比如酒店营业好的时候，应侧重于决策、规划、协调、指导；营业差时，应侧重于控制和预算。

**（三）酒店管理内容**

（1）资产管理。经营管理酒店就是在使顾客满意的前提下去谋取利润，那么作为酒店管理人员就要知道：酒店这一资产经营的设施、设备的标准和服务的要求、设施及设备的采购、安全、维护、更新的要求等。

（2）计划管理。酒店计划管理就是指酒店管理者规划在未来一段时期内做什么，谁去做，如何去做。在酒店管理中，要么是事先、主动地去进行计划管理，要么是事后、被动地去进行问题管理，即危机管理。显然，后者是不可取的。如酒店着火了，才去建立酒店防火安全系统。

（3）组织管理。执行统一意志的团体，这种团体就可称为组织。酒店就是一批人像一个人一样承担责任和行动的组织。酒店组织管理实际上就是对酒店这一组织所承担的任务在全体成员之间的分工合作进行管理，目的是完成酒店组织所承担的任务。

（4）人事管理。人事管理的工作有：确定酒店每一部门和岗位所需要的员工数量，挑选录用员工，将合适的员工分配到合适的岗位上去；培训员工，对员工进行日常管理，其中包括对员工的工资管理、评估考核管理和奖惩、晋升、辞退等管理。

（5）沟通管理。沟通就是指信息传递与反馈的双向交流。酒店管理者需进行有效的指挥与指导，所要做的就是处理信息，做出决策。信息的获得就是通过有效的沟通从上级获得更多的支持，实现同级的默契合作以及下级的理解与帮助。

（6）协同管理。在酒店日常工作中，在员工与员工之间，员工与管理人员之间，宾客与员工之间，经常产生意见不一致的情况，甚至因此发生冲突。协调管理就是指酒店管理者及时地发现和分析多种冲突的性质、类型，并选择正确的方法及时加以解决。如国际酒店制定宾客投诉处理的程序和员工抱怨处理程序等。

（7）动力管理。动力管理又叫激励管理，它是指一名酒店管理者要创造出使他的下属愿意不断地全力去工作的态度与行为。美国假日酒店集团的格言之一是“没有满意的员工就没有满意的顾客，没有使员工满意的工作场所，也就没有使顾客满意的享受环境”，这说明员工的满意、员工具备积极工作的动力和行为与顾客的满意这三者有密切的联系。每一个管理者都要注重动力管理。

（8）预算与财务管理。不少酒店管理者认为，预算与财务管理是财务部门的事，与自己无关，这种观点是十分错误的。因为，只要是涉及用人、用物，就涉及用钱，而每一个酒店管理者即使没有直接支配钱的权力，至少都拥有支配人和物的权力，因此每一个管理者都直接或间接地和资金的收支预算及管理有关，都必须参与收支预算与财务管理。

（9）经营运行管理。酒店的投资与经营形式的选择，对酒店产品、价格、销售渠道、促销方式和广告、公共关系与公共宣传运作系统管理，以做到始终使酒店有大量顾客，在满足顾客需要的同时，获得长期的满意的利润。

### (四) 酒店管理参数

酒店管理参数是指用绝对数和相对数来说明酒店企业经营管理实际情况的数据。绝对数是直接从酒店财务报表、统计报表、各类计划书等经营管理资料中获取的数据，如销售额、营业天数、利润、日平均就餐人数等。相对数是两个以上绝对数比较的结果，他反映了酒店企业经营管理过程中的各类情况之间的关系，如酒店员工平均工资效率、万元营业额耗能、经营程度、菜肴喜欢程度、菜点成本率、库存周转率、客房的平均出租率、床位的利用率、取消预订比率、无预订比率等。这些数据反映了酒店管理的状态及存在的问题，为经营管理决策提供科学的依据，是酒店企业提升服务质量、抵御市场风险、提高经营效益、实现企业经营管理目标的重要参数。

酒店管理者应根据本地区、本酒店的实际情况，及时准确收集、整理、比较酒店管理参数数据，形成一定时期动态管理参数，为调整经营管理战略和策略提供科学的决策依据。

## 二、酒店制度

### (一) 酒店制度化管理及要求

酒店管理制度化是指酒店制度规范为基本手段，协调酒店组织集体协作行为的一种管理理念和模式，即用制度来管理人。

(1) 制度的分类。酒店管理制度一般分为基本制度、管理制度、业务技术规范和个人行为规范等。

① 基本制度。基本制度是指酒店体制、机制方面的规定，主要包括企业的法律和财产所有形式、企业章程、董事会组织、高层管理组织规范等方面的制度和规范。它规定了企业所有者、经营管理人员、企业组织成员各自的权利、义务和相互关系，确定了财产的所有关系和分配方式，制约着企业活动的范围和性质，是涉及企业所有层次、决定企业组织根本的制度。

② 管理制度。管理制度是对企业管理各基本方面规定活动框架，调节集体协作行为的制度，是用来引导、约束、激励集体性行为，成体系的活动和行为规范，如人事管理制度、安全管理制度、财务管理制度等。组织管理的体系中，相当一部分就是管理制度，它是将单独分散的个人行为整合为有目的的集体化行为的必要环节，是酒店管理的基本手段，是酒店各部门的运行机制的规定。

③ 业务技术规范。业务技术规范是涉及某些技术标准、技术规程的规定，如服务规程、操作规程等。它是针对酒店业务活动过程中那些大量存在和反复出现，又能摸索出科学处理办法的事务所制定的作业处理规定。业务技术规范大都有技术背景，以经验为基础，是概括和提高了的工作程序和处理办法，其所规定的对象均具有可重复性特点，程序性很强，是人们用来处理常规化、重复性问题的有力手段。

④ 个人行为规范。酒店企业中，个人行为规范是指专门针对个人行为制定的规矩，如礼貌服务守则、员工行为规范等。个人行为规范是所有对个人行为起制约作用的制度规范的统称，它是企业组织中层次最低、约束范围最宽，但也是最具基础性的制度规范。个人行为规范是组织中对行为和活动约束的第一个层次，其效果好坏、程度如何往往是更高层次约束能否有效实现的先决条件。

(2) 酒店制度的功能。

① 保证功能。酒店制度所确定的工作职责、权力范围，每项工作或服务的程序、质量标准和应该承担的责任等，这实际上是为每个员工确定了工作的准则，对每个员工的行为具有引导与控制作用。同时，酒店的每一项制度都是酒店对员工进行管理的法律依据。酒店招

聘、解雇员工，对员工工作质量的评估等，都必须以酒店的规章制度为准绳。酒店正是通过以制度为依据的有序管理，建立酒店运行的正常秩序，保证了业务经营活动的正常进行。

② 控制功能。酒店要在市场竞争中得以生存和发展，服务质量是关键。而酒店服务具有综合性、全过程性、直接性，以及生产与消费的同一性的特点。它不仅需要满足消费者物质方面的需求，而且要满足消费者精神方面的需求；它需要酒店人员自始至终以同等优质的服务面对消费者，任何环节的失误便意味着整个产品的失败；它是一种面对面的服务过程，服务状况与服务质量是与服务者和被服务者的心理需求反映的适应性相联系的。酒店产品的这些特点决定了酒店服务的劳动密集度，使管理层难以提供一种真实具体的考核与监督服务质量标准。而信息的非对称性与活劳动的服务更使监督成为难题。因此，酒店这种非实体性产品给酒店的服务员提供了机会主义和“搭便车”的空间，这也增加了酒店管理层对服务质量的真实考核的难度。因此，酒店的制度管理就显得更为必要。只有通过制度安排，控制服务人员的服务质量等级，才能有效控制酒店的质量。

③ 激励功能。酒店制度不仅为员工提供了工作的准则，指明了前进的方向，而且为员工提供了一定的压力和动力，如酒店的等级制度、流动制度、竞赛制度、奖罚制度等，这必然会激励员工奋发向上，不断进取，从而使企业产生一种活力。

(3) 酒店制度化管理要求。制度管理就是以制度的制定与执行来协调企业组织集体协作行为的管理方式。酒店制度管理的基本要求主要有：

① 符合酒店管理的客观规律。首先，酒店制度必须根据酒店管理的需要和全体员工的共同利益来制定，服从酒店管理的目标。对员工而言，制度不仅要起到规范员工行为的作用，而且还必须起到引导与激励作用。制度的出发点应本着“鼓励发扬优点、抑制消除缺点”的思想，从而使制度起到“扬善”的目的，促进员工人性中的优点的发挥。因为只有员工积极参与工作，酒店各项工作才能顺利开展。因此，酒店在制定制度的过程中，既要充分考虑酒店目标，又要充分考虑员工的利益。如果仅从酒店目标考虑而不顾及员工利益，那么就会影响制度的执行。其次酒店制度必须符合客观实际。酒店的规范不应千篇一律，而必须考虑到绝大多数员工的思想觉悟水平、心理承受能力以及酒店实施的客观条件，要符合人们的行为规律；制度必须是严谨的。在制定制度时，必须有科学严谨的态度，定什么制度，定到什么程度，均应认真研究，仔细推敲，切忌随心所欲。同时，要注意制度条文要明确、具体、易于操作。

② 维护制度的权威性和强制性。第一，制度一旦形成，就应严格执行，以维护其权威，执行制度要严格、有力度。制度作为企业的法规具有强制性，不一定要获得所有人的理解之后再执行。第二，制度是全体员工共同遵守的准则，是员工行为的依据，具有无差别性的特点。制度管理必须以事实为依据，以制度为准绳，有制度必依，违反制度必究。在任何情况下，酒店管理者都不能在制度管理上亲疏有别；否则，便会损害员工的工作积极性，并危及制度的严肃性，使制度管理的环境发生异化，令制度管理难以进行。“平等”的另一层意思是赏罚分明，功就是功，过就是过，做到赏罚有理有据，合情合理。第三，在处理违章时要有严格的程序，防止情绪化管理。此外，还必须注意修订制度，既要在实践中不断完善制度，又要保证制度的相对稳定和持续性。

③ 注意方式方法，把管理工作艺术化。俗话说，制度无情人有情，严格按照制度办事和艺术化处理是相辅相成的，只有这样才能提高管理的有效性。酒店制度管理的艺术性，一是必须注意针对性，要求我们在执行制度中坚持“一把钥匙开一把锁”，必须根据不同的人采取

1

不同的办法。二是要注意灵活性，要做到具体情况具体分析，灵活处理，如奖惩并举、恩威并施、将功补过、多样化选择等。三是要注意情感性，要做到以理服人，以情感人，做好思想工作。四是要注意创造性，讲究与时俱进，方式多样，生动活泼。

**（二）酒店制度制定例证**

（1）员工手册的制定。每一个酒店的员工手册都具有自己的特点，它的制定主要有三个方面的依据：我国政府有关的人事劳动法规、酒店业工作的特点和国际酒店业的惯例。它涉及了员工在酒店工作中会遇到的一系列劳动权利、义务、责任的各种工作要求。

员工手册的具体内容包括：酒店的目标，酒店的组织机构及对各部门工作的说明，劳动管理规定和福利制度，规章制度以及奖惩制度。

案 例

**星级酒店员工手册范本（摘要）**

总经理献词（略）

序言（略）

您在A酒店的成功之道：

如果您有正确的态度，就能在A酒店成功地开创您的事业。

1. 礼貌

这是行业最重要的基本要求。和善有礼意味着您绝不会令人难堪。待客无礼是最严重的过失之一。提倡微笑服务，因为笑容能使人倍感亲切。在打电话时，也应通过您的甜美声音传达礼貌。

2. 高效

效率是提高服务质量、赢得客户信赖的关键。应熟练掌握各种专业技能知识，快捷地完成本岗位的各种职责，准确领会并认真按工作要求完成各项应执行的工作任务，切忌在工作中有拖拉的习惯。

3. 敬业

敬业是每一位员工应具备的良好素质，是发展事业的立足点。应热爱自己的岗位工作，有高度的认真负责的工作态度，以强烈的事业心和责任心，任劳任怨、高质量地完成每一项工作。如果您具备了这一良好素质，无论是您本人，还是我们共同为之努力的事业都将因此受益。

4. 忠实

忠实也是工作中最重要的基本要求之一。忠实不仅能使自己受人尊重，也能为酒店赢得赞誉。

请谨记：

客人至上。客人是我们的“衣食父母”，因此，任何时候都应以开朗、热情的笑容去接待我们的客人，主动寻找需要您服务的地方，并提供快捷、周到的服务。

热情服务意味着您是个能干、适应能力强、有自信心的人。您所具有的热心体贴他人的情感，有助于您理解和帮助周围的人。

我们关心您的事业前途，并愿意尽力帮助，但能否不断学习、不断进步，主要还是取决于您自己。

聘用条款

第一章

第一条　受聘手续(略)

第二条　聘用合约(略)

第三条　受聘前体格检查(略)

第四条　试用期(略)

第五条　休息日(略)

第六条　法定假日(略)

第七条　工资(略)

第八条　年赏(略)

第九条　工作时间

每周工作 40 小时,员工工作时间按工作需要由直属上级编订。如有需要,可相应地延长工作时间,并按逾时工作处理。(用餐时间除外)

第十条　逾时工作

如工作需要,员工应按直属上级要求逾时工作(包括法定假)。一般而言,员工可得相同时间的补假。特殊情况下,员工可获补薪代替补假,具体由本酒店决定。

第十一条　换岗与晋升(略)

第十二条　终止聘用关系(略)

员工福利

第二章

第一条　膳食(略)

第二条　住宿(略)

第三条　交通(略)

第四条　医疗福利(略)

第五条　探亲假(略)

第六条　婚假(略)

第七条　产前假、产假、哺乳假(略)

第八条　吊唁假(略)

第九条　事假

第十条　基本养老保险

第十一条　因工(公)伤亡(略)

员工守则(略)

纪律措施(略)

申诉程序(略)

一般事项

第六章(略)

本《员工手册》内容可由本酒店在适当情况下更改。

(案例来源:根据无锡锡州宾馆员工手册改编)

（2）岗位责任说明书的制定。岗位责任说明书是岗位责任制度的一个重要内容。它说明了某一岗位员工和具有这一岗位身份的员工工作内容及任职资格。

酒店岗位责任说明书的内容一般有：岗位名称、向谁报告、工作范围概述、具体责任、使用工具、任职条件（工资及其他待遇）、自愿保证和员工签字及签字日期。

**案例**

**仓库主管职责说明书**

岗位名称：仓库主管

部　　门：采购部

直接上级：采购部经理

直接下级：酒水管理员、仓库管理员

下级人数：2人

（一）基本职能

管理仓库人员，解决食品和酒水仓库的日常工作问题；协助食品和酒水的进货工作，确保质量和数量；保持最少投资，减少不必要的损耗；保持卫生标准，执行有关食品和酒水方面的卫生规定。

（二）职责

管理食品酒水管理员，必要时提供帮助。（50%）

准备当天的食品订单。（10%）

准备半周食品订单。（10%）

保持库存数（烈性酒、啤酒、葡萄酒）。（5%）

协助采购部经理发订单。（2%）

准备每月的食品价目单。（5%）

保存准确的食品酒水供应商档案。（2%）

协助每月的盘点工作。（2%）

为行政总厨准备每月的库存食品原料清单。（2%）

为餐饮部经理准备每月的库存酒水清单。（2%）

分配杂务；同时检查产品质量；跟行政总厨联络；掌握行情和信息；保持准确的存档。（10%）

（三）教育程度、经验、技能方面的要求

1. 对文凭不作要求，但有大学文凭更好；

2. 1～2年的食品酒水部工作经历；

3. 会读、会写，英（汉）语流利；

4. 有组织能力。

（四）指导工作的能力和独立做决定的权力范围

在采购部经理不在场时能行使采购部管理人员的职责。必须有在采购部经理指导下独立工作的能力。有权雇佣和辞退下属。

（五）作业指导书的制定

作业指导书是用以指导某个具体作业过程、对事物形成的技术性细节描述的可操作性文件。作业指导书是针对某个部门内部或某个岗位的作业活动的文件，侧重描述如何进行操作，是对程序文件的补充或具体化。对这类文件有不同的具体名称，如工艺规程、工作指令、操作规程等。编写作业指导书的基本要求是用词准确，文字规范，简明扼要；格式规范，总体结构合理；便于操作人员掌握，方便记忆；要求明确，重点突出，尽可能定量化。

（案例来源：综合多家酒店规章制度编写）

案例

## 大堂保洁作业指导书

（一）目的

为规范大堂保洁作业活动，确保大堂保洁服务达到相应标准，制定本规程。

（二）范围

本规程规定了工具和物料准备、日常保洁作业规程、定期保洁作业内容、大堂保洁标准和注意事项五项内容。

本规程适用于大堂保洁作业的基本指导，各管理处应根据项目实际情况制定并执行大堂“保洁作业单”“定期保洁频次表”及相应保洁工作计划。

注：“保洁作业单”“定期保洁频次表”应经管理处总经理审批。

（三）职责

（1）保洁主管负责制定大堂“保洁作业单”“定期保洁频次表”和大堂保洁工作计划，并监督实施。

（2）保洁领班负责大堂保洁工作的检查、指导，并协助保洁员工作。

（四）规定

1. 工具和物料准备

（1）大堂保洁工具和物料准备包括：尘推、毛巾、水桶、刮玻璃器、涂水器、伸缩杆、毛巾夹杆、玻璃清洁剂、不锈钢剂等，具体根据“保洁作业单”中作业项目规定的要求实施。

（2）保洁工具和物料的使用分别按照《保洁工具使用规程》《清洁剂使用规程》实施。

（3）每日作业完毕后将保洁工具放回指定的工具间。

2. 日常保洁作业规程

大堂每日保洁基本作业内容、顺序和要求如下。

（1）清洁卫生间，至少 2 次/日，具体参照《卫生间保洁作业规程》实施。

（2）擦拭旋转门、电动门。

（3）大堂巡回除尘。

（4）清洁电梯、扶梯，具体参照《电梯、扶梯保洁操作规程》实施。

（5）清理茶水间、收集垃圾。

（6）收集烟灰缸垃圾、清洗、擦拭烟灰缸外壁，至少 2 次/日。

（7）擦拭楼梯扶手、开关、风口，清扫、擦拭楼梯地面。

（8）擦拭电梯门、消火栓箱、开关、标牌、防火门、水牌。

（9）收集和清运垃圾，具体执行《垃圾收集和清运操作规程》。

（10）卫生间每 10～15 分钟巡视保洁 1 次，其他区域 30 分钟巡视保洁 1 次。

1

(11) 大堂保洁具体作业内容、时间点、频次和标准，按照相应的“保洁作业单”实施。

(12) 玻璃、不锈钢材质设施保洁分别按照《玻璃材质保洁操作规程》《不锈钢材质保洁操作规程》实施。

3. 定期保洁作业内容

大堂定期保洁作业内容与频次，参照表1-2。

**表1-2 某酒店大堂定期保洁作业内容与频次表**

| 序 号 | 清 洁 项 目 | 频 次 | 备 注 |
| --- | --- | --- | --- |
| 1 | 消火栓擦拭 | 1次/季 | 包括消火栓、灭火器和配件等 |
| 2 | 地面刷洗 | 1次/月 | |
| 3 | 大堂柱子刷洗 | 1次/月 | 3米以下 |
| 4 | 天花板、灯具和风口擦拭 | 1次/月 | 包括天花附属的摄像头等设施 |
| 5 | 转门顶部擦拭 | 1次/月 | |
| 6 | 大堂玻璃刷洗 | 1次/周 | 包括自动门 |
| 7 | 防火门擦拭 | 1次/周 | |
| 8 | 公区墙面刷洗 | 1次/周 | |
| 9 | 垃圾桶刷洗 | 1次/周 | 包括消毒 |
| 10 | 卫生间大清 | 1次/周 | |
| 11 | 茶水间大清 | 1次/周 | |
| 12 | 楼梯间大清 | 1次/周 | |
| 13 | 电梯大清 | 1次/周 | 包括扶梯 |
| 14 | 水池大清 | 1次/周 | 包括水景 |

4. 大堂保洁标准

(1) 卫生间应达到《卫生间保洁操作规程》中规定的保洁标准。

(2) 走廊、门厅、电梯厅、消防楼梯。

① 地表面、接缝、角落、边线等处洁净，地面干净有光泽，无垃圾、灰尘、污迹等现象。

② 门框、窗框、窗台、金属件表面光亮、无灰尘、无污渍、无絮状物。

③ 门把手干净、无痕迹。

④ 楼梯扶手、栏杆、窗台、指示牌保持干净、无灰尘、光亮。

⑤ 金属件表面光亮、无灰尘、无污渍、无絮状物。

⑥ 指示牌、广告牌无灰尘、无污迹。

⑦ 旋转门、门中轴、门框、门边缝部位光亮、无痕迹、无灰尘。

(3) 消火栓、消火栓箱。

① 消火栓表面光亮、无痕迹、无灰尘；手动报警装置、灭火器表面光亮、无灰尘、无污迹。

② 消火栓箱内、外保持表面干净，无灰尘、无污渍。

(4) 天花板、风口、公共灯具。

① 目视无灰尘、无污迹、无蜘蛛网。

② 表面、接缝、角落、边线等处无污渍、无灰尘、无斑点。

③ 喷淋头、喇叭无灰尘、无污渍；摄像头表面光亮、无灰尘、无斑点、无絮状物。

(5) 电梯、扶梯。

① 垂直升降电梯轿厢四壁光洁明亮，保持空气清新、无异味，轿厢地面无杂物、无污迹；内、外操作面板、按键无污迹、无灰尘、无擦痕。

② 踏步、阶梯干净，无灰尘、无污迹，橡胶扶手保持色泽均一，无灰尘、无污渍。

(6) 茶水间保持干净、整洁、无垃圾，茶篓垃圾不超过 1/3。

(7) 烟灰缸、垃圾桶无满溢、无异味、无污迹，烟缸内烟蒂不多于三支。

(8) 水景水池内无漂浮物、无沉积杂物、无青苔、水保持清澈、无异味。

(9) 不同材质设施达到《公共设施材质清洁质量标准》《玻璃材质保洁操作规程》《不锈钢材质保洁操作规程》中规定的相应标准。

5. 注意事项

(1) 大堂保洁作业重点为地面除尘和卫生间清洁工作。

(2) 卫生间重点时间段为办公日中午、周六、日中午、晚上。

(3) 大堂除尘时要注意避让来往客户，尤其是早晨、中午客户流量较大的时间段。

(4) 擦拭电梯门和旋转门时，不要在使用电梯的高峰时段和旋转门内客户流量较多的时间段作业，并注意安全防止手被夹伤；扶梯运行中不得作业。

(5) 擦拭开关、灯具等电气设施时使用干毛巾，防止触电。

(6) 雨雪天气要及时在大堂、电梯轿厢铺设防滑毯，并在显著位置设置“小心滑倒”提示牌。

(7) 除另有或明确规定外，每日作业范围高度一般不超过 2 米。

(五) 相关文件(略)

(六) 相关记录(略)

(案例来源：综合多家酒店规章制度编写)

## 三、酒店管理理念

酒店管理理念是指支配管理者实施管理的意识和观念，是对酒店管理的一种思维方式。它来自人们对酒店管理实践的一种思辨升华。酒店管理理念是否先进，直接关系到酒店管理的效果，对酒店的稳定、持续发展具有重要的意义。现代酒店管理新管理不断涌现，为现代酒店管理实践提供了很好的指导。

### (一) 绿色理念

酒店企业应对生态和环保负责、对社会负责是酒店管理思想、理念和方式转变的重要趋势。通过创绿活动或实施 ISO14000 环保认证为酒店节省成本，达到提高酒店经营效益的目的。通过提倡社会责任，保护生态环境，达到提升酒店的社会知名度和美誉度的目的，同时也提升了酒店核心竞争力。

### (二) 健康理念

随着人们生活节奏的加快和工作压力的加大，身体健康和心理健康已经成为人们非常关注的一个理念。为适应这种新的发展和变化，去年希尔顿推出了“健身客房”和“精神放松客房”的理念，并配备相应的设施设备。国内也有酒店通过推出“心理咨询”“压力管理”“全方位体检问诊”“心理康复治疗系统”等项目，从关注客人的健康出发来吸引客人。

**（三）儿童理念**

目前国内有酒店推出“住酒店，孩子可以免费参加由酒店组织的儿童绘画培训班”等项目，以此来吸引客人。

**（四）文化理念**

酒店从某种程度上来说是一种生产文化、经营文化的企业，许多客人到酒店来就是消费文化、享受文化。因此，酒店管理创新要在文化氛围的塑造、文化活动的开展、文化项目的出新等方面下些功夫。

**（五）忠诚理念**

酒店首先要加强客户关系管理，掌握客人兴趣和偏好，塑造忠诚顾客；其次要实行人本管理，重视员工、尊重员工，除工作外，对员工的心理状态、生活状况、个人发展等予以充分关注，从而提高员工对于酒店的忠诚度。

管理环境——SWOT分析法

## 四、酒店管理环境

通常的酒店经营环境是指影响酒店管理的各种外部因素的总和。酒店企业是一个开放的经济系统，酒店经营必然受到客观环境的控制和影响。酒店经营环境是一个多主体、多层次、发展变化的多维结构系统，主要由两大部分组成：

一是酒店经营的宏观环境，一般指对酒店经营决策，尤其长期经营决策，普遍产生潜在影响的因素或力量，主要包括政治、法律、经济、科技、社会、文化和生态环境等因素。

二是酒店经营的微观环境，主要指直接影响酒店经营活动，同时也受到酒店经营活动影响的环境因素，主要包括消费者、酒店竞争者、酒店供应商、酒店销售代理商、酒店投资者等。

**（一）宏观环境**

（1）政治环境。政治环境是指一个国家或地区的政治制度、体制、政治形势、方针政策、法律制度等方面，对现代酒店经营产生影响的相关因素。政治环境影响着酒店的建立和酒店经营活动与发展战略，不同的政治制度、不同的管理体制、不同的法律制度，都会影响到酒店业的经营活动与发展战略；影响着具体的经营活动，包括资金、土地、人力资源的配置上、政策优惠、星级评定、减免税收等方面；影响着酒店发展与兴盛，如战争、政治动荡对酒店业的影响是直接和巨大的；影响着酒店与政府的关系，特别是外来酒店或酒店集团与政府的关系，往往决定酒店的全面发展。因此，酒店的经营管理者必须分析和把握政治法律环境的变动趋势，捕捉政策法规提供的有利时机，同时确定政治法律环境对酒店经营战略的限制条件，争取企业经营的有利条件和发展机会，促进旅游酒店取得更好的经营业绩。

（2）经济环境。经济环境是指酒店经营过程中所面临的各种经济条件、经济特征、经济联系等各种客观因素。它是各种影响因素中最基本、最重要的因素。影响酒店的经济环境因素有人均国民生产总值、人口因素与个人可自由支配收入、消费结构与产业结构、通货膨胀与物价水平、利率、税率和汇率、经济基础设施以及经济的整体状况等。

(3) 科技环境。科技环境是指一个国家或地区的科技水平、科技政策、新产品开发能力以及技术发展的动向等。它既影响着人们的消费需求，又影响着酒店管理的手段和服务方式。科技的发展使得酒店成为应用高科技比较集中的领域。科技环境影响着酒店的工作效率、竞争力、经营与管理的模式、发展趋势等。

(4) 社会文化环境。社会文化环境是指一个国家或地区的民族特征、文化传统、价值观、宗教信仰、教育水平、社会结构、风俗习惯等情况。社会组织结构的变动是共同利益的群体成为社会经济生活和文化生活重要的影响力量，社会文化环境是社会经济生活的充分反映。社会文化环境影响着消费群体选择和对产品与服务的需求、影响和改变着酒店的发展的思维和方向、影响着酒店所提供的产品与服务的文化内涵的增加和拓展、影响着酒店特色和创新发展之路，同时由于社会文化环境对时尚、人们的思想观念发生影响，从而影响着酒店经营观念和战略。

**(二) 微观环境**

酒店管理的任务之一是提供具有吸引力的产品和服务。本公司、供应商、顾客、营销中介以及竞争者等微观环境的对任务的实现有着直接的影响。

(1) 本公司。酒店管理好坏与酒店最高管理层工作思路、资金筹措和保证、各部门如餐厅需配合计划开发新品、客房部负责提供营销部卖出客房的清洁卫生等有着直接的关系。总之，公司所有各部分通力协作才能实现经营管理的最佳效果。

(2) 供应商。供应商作为向酒店提供原材料及各种所需资源的单位，其供货能力及供货价格水平的变化都会深刻地影响酒店的经营管理计划。如某酒店欲推出清真餐厅，专供新疆风味的特色菜，酒店营销部为此制订了完善的营销计划，万事俱备，只欠东风，无奈就在市场引入期，边疆地区罕见的雪灾使羊大量减产，供应商羊肉价格大涨，餐厅也不得不提高价格，而此价格水平很可能是顾客不愿支付的，项目流产了。可见，经营管理必须对供应是否得到保证和供应成本的变化给予关注。

(3) 顾客。顾客是酒店产品的购买者，是影响酒店营销活动的最基本、最直接的因素。不同类型的顾客其购买行为表现出不同的特性。酒店必须对自己要吸引什么样的目标顾客群作准确定位，并及时跟踪其需求的变化，美国维多利亚车站餐馆在 20 世纪 70 年代是一个成功餐馆的象征。其菜单以牛羊肉产品为主，以主肋为特色，因产品味美价廉深受欢迎。公司亦视质量与独特口味及低价为营销法宝，然而 70 年代中期后肉价开始大幅上升，餐馆只有两种选择，或承受成本提高，或提高菜价。人们的口味也由以前喜欢牛、羊肉，到现在喜欢其他食品。环境在悄悄变化，维多利亚餐馆的特色过时了，而餐馆却未注意到，终于导致其在 80 年代末破产。这是不注重供货环境变化而导致失败的典型例子。

(4) 营销中介。就酒店业而言，营销中介指那些帮助酒店寻找顾客而增加销售的企业。在国内，旅游业是酒店最主要的营销中介，重要的经营管理合作伙伴。某酒店若能“傍”上国旅、上海春秋之类的大社就意味着大量稳定的客源。所以，旅行社组团能力的高低及组团的质量对那些依赖旅行业的酒店来说有着重大的影响。所以对酒店而言必须选择那些声誉好、能向顾客提供所承诺的产品并支付酒店服务费用的营销中介。

(5) 竞争者。酒店经营者要善于分析竞争的整体形势，酒店竞争者的数量、规模，竞争对手的目标、策略、手段和优劣势，竞争对手的反应模式等一系列问题，从而制定有效的市场

1

竞争方针和手段，使本酒店在竞争中取得优势。美国哈佛大学的迈克尔·波特教授认为行业竞争强度的高低是由五种基本竞争力决定的，如图 1-3 所示。

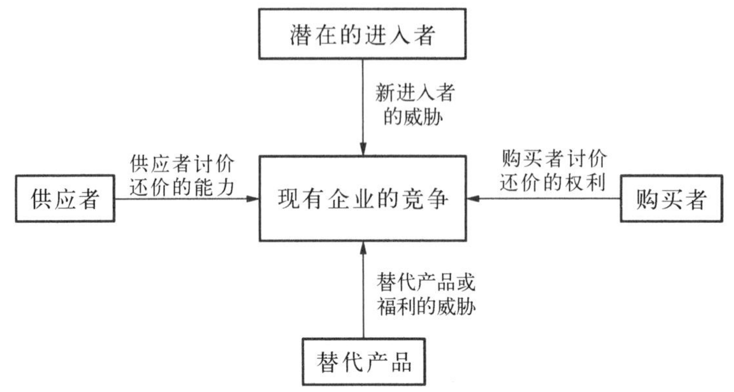


**图 1-3 迈克尔·波特的"竞争力分析模型"**

酒店管理者应当充分分析本企业所处的竞争环境，发挥自身的优势，以便在经营管理活动中取得有利的地位。

## 五、酒店管理方法

在一定条件下，酒店管理决定着经营的成效。酒店要想生财有道，就必须有一套科学的管理方法。管理的基本方法可以概括为以下几种。

### （一）表单管理法

表单管理法，就是通过表单的设计制作和传递处理，控制酒店业务经营活动的一种方法。表单管理法的关键是设计一套科学完善的表单体系。酒店的表单一般可分为三大类：

第一类是上级部门向下级部门发布的各种业务指令；

第二类是各部门之间传递信息的业务表单；

第三类是下级向上级部门呈递的各种报表。

表单管理必须遵循实用性、准确性、经济性、时效性的原则，并在以下五个方面做出具体规定：一是表单的种类和数量，既要全面反映酒店的业务经营活动，又要简单明了，易于填报分析；二是表单的性质，既属于业务指令，又是工作报表；三是传递的程序，即向哪些部门传递，怎样传递；四是时间要求，即规定什么时候传递，传递所需的时间；五是表单资料的处理方法。

酒店的管理者，必须学会利用表单来控制酒店的业务活动，如通过检查、阅读各种工作报表来掌握并督促下属的工作，通过阅读、分析营业报表来了解并控制酒店的经营活动等。

### （二）定量管理法

定量管理法，就是通过对管理对象数量关系的研究，遵循其量的规定性，利用数量关系进行管理的方法。酒店的经营活动，要使尽可能用较少的投入，取得尽可能多的有效成果，不仅要有定性的要求而且必须要有定量分析，无论是质量标准，还是资金运用、物资管理以及人员组织，均应有数量标准。应该说，运用定量方法管理经营活动，一般具有准确可靠、经济实用、能够反映本质等优点。

**（三）制度管理法**

制度管理法，就是通过制度的制定和实施来控制酒店业务经营活动的方法。要使制度管理真正切实可行，要注意以下三个问题。

一是制度的科学性，即酒店的制度必须符合酒店管理的客观规律，必须根据酒店管理的需要和全体员工的共同利益来制定。同时要注意制度条文的明确、具体、易于操作。

二是制度的严肃性，即维护制度的权威性和强制性。在制定制度时，必须要有科学严谨的态度，定什么制度，定到什么程度，均应认真研究，仔细推敲。在执行制度时，要做到有制度必遵，违反制度必究，制度面前人人平等，不搞功过相抵，下不为例。在处理违章时，要有严格的程序，要以事实为依据，以制度为准绳，注意处罚的准确性。此外，还必须注意修订制度的严肃性，既要在实践过程中不断完善制度，又要保持制度的连续性。

三是制度管理的艺术性，俗话说，制度无情人有情，一方面我们要严格按制度办事，另一方面要把执行制度和思想工作结合起来，注意批评和处罚的艺术，同时还要把执行制度和解决员工的实际问题结合起来。

**（四）走动管理法**

走动管理法也叫现场管理法，要求管理者深入现场，加强巡视检查，调节酒店业务经营活动中各方面关系的方法。酒店业务经营的特点之一，就是提供服务和消费服务的同一性，要有效控制酒店的业务经营活动，提高服务质量，就必须深入服务第一线，以便了解情况，及时发现和处理各种疑难问题，纠正偏差，协调各方面关系。同时也可以及时和下属沟通思想，联络感情，实施现场激励，并发现人才。

**（五）情感管理法**

感情管理法，实际上就是对人的需要、动机和行为进行控制的方法。它是通过对员工的思想、情绪、爱好、愿望、需求和社会关系的研究并加以引导，给予必要的满足，以实现预期目标的方法。实施酒店情感管理法要做到了解员工、关心员工、爱护员工，以丰富的真情激发员工，以发自内心的真爱感动员工，以无私的奉献带领员工，实现员工自觉、自律、珍惜和勤奋地工作。

**（六）“6S”管理法**

“6S”管理由日本企业的“5S”扩展而来，是现代酒店质量行之有效的现场管理理念和方法，其作用有提高效率、保证质量、使工作环境整洁有序、预防为主、保证安全，其主要内容为：

（1）整理（seiri）：将工作场所的任何物品区分为有必要和没有必要的，除了有必要的留下来，其他的都消除掉。目的是腾出空间，空间用活，防止误用，塑造清爽的工作场所。

（2）整顿（seiton）：把留下来的必要用的物品依规定位置摆放，并放置整齐加以标示。目的是使工作场所一目了然，消除寻找物品的时间。通过消除过多的积压物品，保持整整齐齐的工作环境。

（3）清扫（seiso）：将工作场所内看得见与看不见的地方清扫干净，保持工作场所干净、明亮的环境。目的是稳定品质，减少工业伤害。

（4）清洁（seiketsu）：维持上面的 3S 成果。

（5）素养（shitsuke）：每位成员养成良好的习惯，并遵守规则做事，培养积极主动的精神（也称习惯性）。目的是培养有好习惯、遵守规则的员工，营造团队精神。

(6) 安全(security)：重视全员安全教育，每时每刻都有安全第一观念，防患于未然，目的是建立起安全生产的环境，保证所有的工作应建立在安全的前提下。

**(七) "六常"管理法**

"六常"管理在酒店餐饮业广泛应用，其思想源于"6S"管理，更加针对酒店企业的服务质量管理。"六常"管理是指常分类、常整理、常清洁、常维护、常规范和常教育。

(1) 常分类，是把所有物品分成两类：一类是不再用的，另一类有时还要用的。

(2) 常整理，是把不用的物品清理掉；把还要用的物品数量降至最低安全用量，然后摆放井然有序，贴上任何人一看就能明白的标签。

(3) 常清洁，是整理完了就要给物品、设施做清洁工作。

(4) 常维护，是对前面"三常"的成果进行常维护。维护"三常"的最好办法就是做到不用分类的分类；不用整理的整理；不用清洁的清洁。

(5) 常规范，是把员工的一切行为规范起来。

(6) 常教育，是通过批评教育，使全体员工养成"六常"习惯。

**(八) "6T"管理法**

"6T"管理法源于上海酒店餐饮业，是基于"六常"和"6S"管理理念和思路的一种创新管理方法。"T"代表"天"，"六天"是指六个天天要做到：天天处理、天天整合、天天清扫、天天规范、天天检查、天天改进。通过螺旋向上管理运动，实现现场管理质量的不断上升，实现酒店管理和工作效率的有效提升，经营管理成本的有效降低，员工和管理者的自觉性和综合素质有效提高，酒店环境清洁状态得到有效改善，最终不断把酒店管理水平推向一个新的高度。

## 六、酒店管理技术

酒店管理技术是指在酒店既定的物质条件下，为了实现酒店管理目标，以数学方法为主，采取数量分析、统筹分析等手段，通过实证分析、定量与定性分析、静态到动态均衡分析、环境分析、层次分析、功能分析、优化和信息化等方法解决酒店管理过程中的一系列实际问题的技术。主要技术包括酒店市场调查与预测技术、酒店线性规划技术、酒店决策技术、酒店样本分析技术、酒店计划评审技术、酒店质量管理技术、酒店信息管理技术、价值工程等。现将常用的酒店技术介绍如下。

**(一) 酒店市场调查与预测技术**

酒店市场调查是运用科学的调查方法，有目的、系统地收集、记录、整理、分析市场对酒店产品需求状况及其数量、销售环境、价格、竞争状况等方面的情报资料的过程。一般采用询问法、观察法、抽样调查法等获取相关数据，是酒店制订经营管理计划的依据，作出销售预测和经营决策的基础，对提高酒店企业的经营管理水平和经济效益具有重要的意义。酒店预测技术是采用科学的方法和手段，对酒店市场未来趋势、影响因素和变化状况所作的预测。一般采用定性和定量两种方法，定性方法有德菲尔法、头脑风暴法、侧面思维法、形态分析法等，定量方法有指数平滑预测技术、因果关系分析预测技术等。

**(二) 酒店线性规划技术**

线性规划技术是合理利用和调配资源的一种数学方法，是指在满足一定的约束条件下，使预定的目标达到最优化。可以归纳为：一是在一定的人力、物力、财力条件下，如何使酒店的决策目标达到最优；二是在完成一定任务的前提下，如何使酒店的人力、物力和财力消耗最小。这种技术有利于酒店寻求最大利润和最小成本。

**（三）酒店决策技术**

决策是管理者为了实现一定目标而制订行动方案的过程。行动之前的选择均含有决策的成分，包括酒店的战略和经营方针、酒店的计划和运行管理、酒店管理者的个人行为的决断等。一个问题的决策过程包括了决策者、目的和目标、自然状态、备选方案、结果和方案的评价等构成要素。由于酒店决策面临的状态信息的不同类型，酒店决策可分为确定型决策、完全不确定型决策、风险型决策和博弈型决策等四种情形。在进行酒店不确定型决策时，常遵循机会均等准则、小中取大准则、最小机会损失准则；在酒店风险决策时，常采用临界比值决策法、期望值决策法、决策树法、概率估计法等；在进行酒店博弈型决策时，常采用均衡型博弈技术、重复型博弈技术、序列型博弈技术等。

**【释疑解惑】**

因为酒店企业的特殊性，酒店管理既遵循企业经营管理的一般规律，同时还应遵循酒店自身的经营管理理论，正确认知酒店管理理论是经营管理好酒店的前提。酒店管理理论知识内容丰富，初学者往往无法判断自己的掌握程度，你有这样的困惑吗？

判断自己酒店管理理论知识掌握程度的方法很多，可以在实践中检验，初学者可以通过理论题测试来判断。

请您独立完成以下判断题，判断自我对酒店管理理论的掌握程度（每题 1 分，9～10 分表示基本掌握，7～8 分表示一般，6 分以下表示没有入门）。

1. 酒店企业与其他企业一样，其经营管理过程完全一致。（ ）
2. 酒店营销是酒店销售工作的一个组成部分。（ ）
3. 我国酒店管理法规目前仍处于空白阶段。（ ）
4. 决策和沟通是酒店基层管理的主要职能。（ ）
5. 实现制度化管理能够保证、控制和激励酒店的经营管理运行过程。（ ）
6. 酒店管理者应致力于提高顾客和员工对酒店的忠诚度。（ ）
7. 酒店是企业，经营靠顾客，政治、经济、科技和文化对酒店的经营管理没有影响。（ ）
8. 定量管理是酒店管理过程中最有效的管理方法。（ ）
9. 经营管理过程容不得情感，“感情管理法”是危险的酒店管理方法。（ ）
10. 酒店制度不应一成不变，应在相对稳定的基础上动态调整更新。（ ）

提示：在完成每一个判断题目时，应寻找判断依据，即书中涉及的理论知识。

## 【任务框图】

本任务从六个方面对酒店管理理论知识进行了讲述，主要内容框架如图 1 - 4 所示。

1

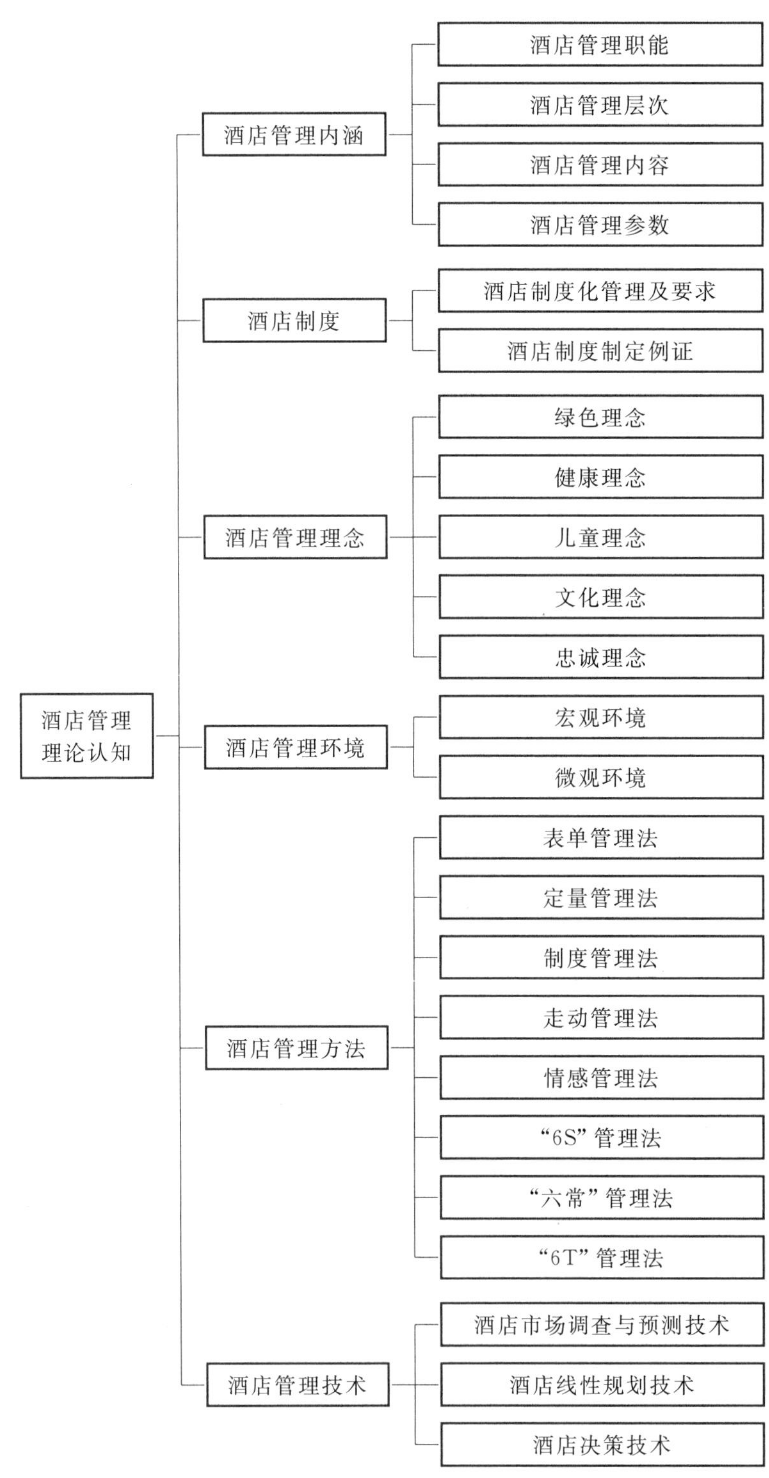


**图 1-4 模块一任务三框图**

## 【任务拓展】

“6T 管理法”是行之有效的在酒店业普遍使用的管理方法，请查询资料和参观应用 6T 管理的酒店真实场景，准备一份 PPT 讲稿，介绍“6T 管理法”实施办法和实施成效。

## 【任务测试】

**一、判断题**

1. 规划、组织、决策等是酒店上层管理人员的主要职责。（　　）

2. 酒店制度不具备激励功能。（　　）

3. 酒店企业应对生态和环保负责，对社会负责是酒店管理的重要趋势。（　　）

4. 全球经济衰退说明酒店所维系的微观经营管理环境发生重大变化。（　　）

5. “6S”管理具有提高效率，保证质量，使工作环境整洁有序，预防为主，保证安全的管理功效。（　　）

**二、单选题**

1. 以下选项中，（　　）不属于酒店的宏观环境因素。

A. 政治　　B. 经济　　C. 人口　　D. 顾客

2. 基层管理的主要执行者是主管和班组长，（　　）不属于其工作职责。

A. 督导　　B. 决策　　C. 控制　　D. 协调

3. 酒店资源不应该包括（　　）。

A. 信息资源　　B. 时间资源　　C. 个人关系资源　　D. 财物资源

4. 对酒店管理忠诚理念理解错误的选项是（　　）。

A. 通过针对服务、优质服务使顾客坚持选择本酒店

B. 实现人本管理，使用员工从内心向往和维护酒店

C. 就是教育、引导员工无条件地服从酒店管理

D. 通过关心、理解、尊重使员工忠诚于酒店

5. 要使制度管理方法能够有效实施，要注意很多问题，其中（　　）不应注意。

A. 制度是否可行　　B. 制度执行的严肃性

C. 制度内容的因人而异　　D. 制度管理执行的艺术性

# 任务四　酒店管理模式认知

**任务引例**

### 管理新模式——酒店运营 SOP

成熟的酒店运营管理模式已经成为现代酒店竞争、扩张和盈利的法宝。酒店运营 SOP 模式是现代酒店运营管理的一套新模式。

SOP 是 Standard Operating Procedure 三个单词的缩写，意指行业服务细节量化标准操作程序。酒店 SOP 运营管理模式是基于贯彻酒店行业服务细节量化标准操作程序

(SOP)而打造的运营管理模式,包括组织机制、工作规范标准体系、执行和考核体系、结果评价和应用体系,并由此融合而成的酒店运营管理行为方式。酒店运营SOP是通过酒店服务标准的制定、执行、保持来实现酒店健康运营的。

酒店运营SOP着力打造责任心强、服务质量高、能制胜酒店市场的全新酒店运营团队。酒店服务不能没有规矩,标准规范是做好事情的起点,也是培育责任心的最好方式。在酒店日常工作中,对人、对事、对物要求的"标准"越高,一般结果大多会高;"标准"要求得低,结果大多会马马虎虎。新时期的酒店,创新才能取胜未来。通过服务细节量化标准操作程序的导入,形成良好的运营创新行为习惯,规范运营创新过程,实现酒店运营管理在标准程序的引导下创新经营,才能实现酒店经营目标。

(案例来源:根据酒店SOP资料编写)

## 【任务执行】

好的经营管理模式是酒店生存的基础。任何一名酒店的管理者都必须认识到酒店管理模式的重要性,善于吸取先进的、科学的酒店管理模式中的精华,善于总结自己经营管理酒店的实践,形成能使酒店企业持续盈利的方式方法,并不断改进和完善。这种探索和实践既是酒店管理价值观的实现,更是酒店企业经营管理事业的不断健康发展的源泉。

## 一、酒店管理模式概述

酒店的管理模式就是酒店盈利的方式,即酒店如何将自己所有的人力、物力、财力等资源有效组合,产生现金流入的一系列方法,它是酒店管理成功的关键。也许酒店的档次、位置、产品优势不明显,但是只要管理模式出色,酒店照样能够实现投资盈利的目的。

### (一) 成功管理模式的特征

(1) 能盈利。无法实现盈利的酒店迟早要关门,所以盈利是最起码的要求。开始创业酒店往往难免会经历一段亏损的痛苦日子。这个时候,你要研究亏损的原因,要区分这到底是因为经营模式的缺陷,还是属于企业经营步入正轨前的正常磨合期。这种现象,可以根据现金流来判断:如果你的项目迟迟无法产生现金流入,或者现金流入始终处于萎缩状态,那么很可能就说明你的经营模式存在问题。

(2) 难复制。如果你的竞争对手,可以很容易地创建一家同你一模一样的企业,那么你的麻烦就大了。你必须保证能够向顾客提供一些不一样的东西,顾客只有在你这里才能买到这些东西;否则的话你就会做得很辛苦,陷入价格战的泥坑,劳碌了一年,年终时收益寥寥。

(3) 易扩展。通常刚开始创业的时候,企业规模很小,只服务少数的客户。这个时候,你的经营模式能够奏效,并不等于说将来企业做大以后还能奏效。很多成功的小企业,一旦扩展经营规模,向大企业的级别跃升,就会出现各种各样的问题,利润的增长开始变缓甚至亏损。你在10个竞争对手中脱颖而出,也许不是很难,但是在1万个、10万个,甚至更多的竞争对手中脱颖而出,就是完全不同的事情了。这里没有通用的解决方法,只有靠你自己慢慢摸索,毕竟不是每家公司都有机会变成世界500强的。但好在很多时候,一个小规模的市场就能保证小企业的存活了。

(4) 可独占。优秀的经营管理模式不应该依赖单个的个人或企业,不管他是员工,还是供货商或客户。如果你的酒店很依赖某一个人，哪怕这个人是你自己，那也意味着你的公司存在很大的制约性，风险很大。要是有一天，你失去了这个人，那么你的酒店就有一落千丈的可能。另外，如果你的公司不太依赖某个特定对象，那么在转让和上市的时候，就容易得到一个好的估价。

**（二）中国酒店常见管理模式**

中国酒店常见管理模式主要有两大类，第一类：自行组建班子进行经营管理；第二类：借助或委托其他力量的经营管理。下面介绍比较流行的酒店管理公司提供属于第二类管理形式的管理模式。

1. 带资经营管理

（1）控股经营管理。此类管理方式由酒店管理公司对即将托管的酒店投入一定数量的资金，以取得该酒店的控股权，签订长期管理合同。

（2）参股经营管理。此类管理方式由酒店管理公司对即将托管的酒店（酒店、度假村）投入少量的资金，进行参股，签订中长期管理合同。

（3）股权置换经营管理。此类管理方式由酒店管理公司与托管酒店（酒店、度假村）双方经协商进行股权置换，签订长期管理合同。

（4）带入流动资金经营管理。此类管理方式由酒店管理公司对即将托管的酒店（酒店、度假村）带入一定数额的流动资金，签订管理合同。

2. 全权委托经营管理

接受酒店业主方委托，发挥专业特长和酒店集团管理优势，在业主董事会授权范围内，对酒店的日常事宜有自主权和决定权。业主与专业酒店管理公司通过合同形式，界定酒店经营的有关权利和义务，快速提高酒店经营水平。

3. 顾问式管理

酒店管理公司与开发商或业主方签订顾问管理合同，派出顾问班子（总经理由业主方出任），对酒店（酒店、度假村）进行顾问式管理。

4. 启动式管理

酒店管理公司在项目启动时即接受业主方正式委托，通过市场调研，进行可行性投资决策分析，并结合实际情况，提出对整个项目方案的意见和建议。在前期筹备阶段，酒店公司为业主提供筹备顾问式服务。开业筹备、开业庆典策划及开业后提供经营管理服务。

5. 特许经营方式

双方签订《特许经营管理合同》后，酒店管理公司可以提供全套管理模式，对方可以冠名，并加入首创营销网络。

**【释疑解惑】**

酒店的经营管理模式众多，你对什么是“个体酒店企业”，什么是“民营酒店企业”的界定有困惑吗？

民营企业是指在中国境内除国有企业、国有资产控股企业和外商投资企业以外的企业，包括个人独资企业、合伙制企业、有限责任公司和股份有限公司。个体企业是民营企业中的个人独资企业，由业主个人出资兴办，业主自己直接经营的企业。业主个人享有企业的全部经营所得，同时对企业的债务负有完全责任。

1

## 二、酒店连锁经营

### (一) 连锁经营含义

连锁经营是一种商业组织形式和经营制度,是指经营同类商品或服务的若干个企业,以一定的形式组成一个联合体,在整体规划下进行专业化分工,并在分工基础上实施集中化管理,把独立的经营活动组合成整体的规模经营,从而实现规模效益,是一种经营模式。

连锁经营是一种授权人与被授权人之间的合同关系,也就是说,授权人与被授权人的关系是依赖于双方合同而存在和维系的。连锁经营中授权人与被授权人之间不存在有形资产关系,而是相互独立的法律主体,由各自独立承担对外的法律责任。授权人对双方合同涉及的授权事项拥有所有权及专用权,而被授权人通过合同获得使用权或利用权及基于该使用权的收益权,其授权是指包括知识产权在内的无形资产使用权或利用权,而非有形资产使用权或利用权。被授权人有根据双方合同向授权人缴纳费用的义务,被授权人应维护授权人在合同中所要求的统一性。

1. 连锁经营特点

(1) 连锁经营把分散的经营主体组织起来,具有规模优势。

(2) 连锁经营都要建立统一的配送中心,与生产企业或副食品生产基地直接挂钩。

(3) 连锁经营容易产生定向消费信任或依赖。

(4) 消费者在商品质量上可以得到保证(统一管理,统一进货渠道,直接定向供应)。

2. 连锁经营形式

连锁经营包括三种形式:特许加盟、直营连锁和自愿加盟。

(1) 特许加盟 FC(franchise chain)即由拥有技术和管理经验的总部,指导传授加盟店各项经营的技术经验,并收取一定比例的权利金及指导费,此种契约关系即为特许加盟。特许加盟总部必须拥有一套完整有效的运作技术优势,从而转移指导,让加盟店能很快地运作,同时从中获取利益,加盟网络才能日益壮大。因此,经营技术如何传承,则是特许经营的关键所在。

(2) 直营连锁 RC(regular chain)是指总公司直接经营的连锁店,是由公司本部直接经营投资管理各个零售点,并无加盟店的存在。总部采取纵深式的管理方式,直接下令掌管所有的零售点,零售点也毫无疑问地必须完全接受总部的指挥。直接连锁的主要任务在“渠道经营”,通过经营渠道的拓展从消费者手中获取利润。因此直营连锁实际上是一种“管理产业”。

(3) 自愿加盟 VC(voluntary chain)是指自愿加入连锁体系的酒店。这种酒店是原已存在,而非加盟店的开店伊始就由连锁总公司辅导创立,所以在名称上自应有别于加盟店。自愿加盟体系中,酒店所有权是属于加盟主所有,而运作技术及酒店品牌则归总部持有。所以自愿加盟体系的运作虽维系在各个加盟店对“命运共同体”认同所产生的团结力量上,但同时也兼顾“生命共同体”合作发展的前提,保持加盟店自主性的运作,所以,自愿加盟实际可称为“思想的产业”,着重于两者间的沟通,以达到观念一致为首要合作目标。

### （二）酒店特许经营

特许经营是指特许者将自己所拥有的商标（包括服务商标）、商号、产品、专利和专有技术、经营模式等以特许经营合同的形式授予被特许者使用，被特许者按合同规定，在特许者统一的业务模式下从事经营活动，并向特许者支付相应的费用。

一家酒店可以通过协议同时接受一家酒店联号提供的两类不同的服务——管理服务和品牌及相关营销服务。如希尔顿、喜来登等大型的酒店公司既可以向酒店投资者提供酒店管理服务，同时又可以向酒店投资者提供酒店品牌特许经营服务。各个不同的酒店公司所提供服务的功能、特色、费用是各不相同的。在这种情况下，一些酒店投资者往往选择最有利于自身的组合方式，由不同的酒店管理公司分别提供不同的管理服务和品牌许可服务。显然这种方式的缺陷是酒店投资者持有两种以上的特许服务，可能会不系统。

## 三、酒店集团

### （一）酒店集团的定义

酒店集团是特殊的企业集团，有酒店联号、酒店连锁等形式。它以酒店企业为核心，以酒店产品为纽带，通过产权交易、资产融合、管理模式输出、管理人员输出和计算机管理系统连接等制度性制约而联结在一起，形成更大的经营管理优势，成为现代酒店管理的重要形式之一。

### （二）酒店集团的竞争优势

酒店集团化经营管理与传统的独立经营管理的酒店相比，竞争优势十分明显。

1. 理念优势

一个成熟的酒店管理集团在长期的经营管理过程中，有专业的智囊团，跟踪社会发展的趋势，对新知识、新思想、新信息进行研究和科学处理，及时提出集团超前的管理理念，保证了集团内各成员在先进的理念指导下开展各项经营管理活动。为保证酒店集团的理念保持领先，酒店集团积极与政府主办的研究机构、高等院校科研力量合作，聘请专家、学者来不断提升和更新经营管理理念。

2. 市场优势

由于酒店集团采取了统一的形象设计，并由酒店集团统一进行广告宣传，对提升成员的知名度具有良好的效果。随着酒店计算机网络化技术的发展，集团下的成员能够享受到联合营销带来的稳定的客源，大大提高了客源市场的竞争力。

3. 经营管理优势

酒店集团在长期经营管理过程中形成了一套行之有效、科学合理的管理模式，并且不断由专业人士加以研究改进和发展。集团通过规范和标准在成员中推行并加以监督，保证了成员酒店在酒店的经营管理活动中始终处于最优状态。

4. 人力资源优势

酒店管理人才是酒店管理的核心要素，酒店集团利用自身的力量，很容易实现人力资源的综合开发。例如，成立集团的培训基地，建立多种形式的人才培养模式，有力地保证了各成员酒店对酒店专业管理人才的需求。

5. 资金财务优势

由于酒店集团的规模和良好形象，容易得到银行等金融机构的信任，获得资金上的支持。同时，酒店集团还可以通过酒店成员之间的资金灵活控制，来提高资金的周转效率。统一的财务，使成员酒店在抗风险方面的能力明显增强，在税收、政府的支持等方面明显优于独立经营的酒店。

案例

**国际著名酒店管理集团理念、战略和经营管理特色**

1. 香格里拉国际酒店管理集团

经营管理理念和战略：由体贴入微的员工提供亚洲式接待，成为亚洲地区酒店集团的龙头，使命是成为客人、员工和股东的首选。

经营管理特色：建立客人忠实感和员工忠实感，有了忠实的员工才会有忠实的客人；引人注目的广告宣传；与航空公司联合促销；领先运用高科技；重视领导技能。

2. 天天酒店集团

经营管理理念和战略：追求经济与豪华相统一的经营。明确市场定位，旨在为中层消费者提供服务。

经营管理特色：注重细节方面的个性化；"每周一语"尽显关怀；"天天酒店质量保证组"和质量分级系统确保服务质量稳定；特许经营顾问委员会（Franchise Advisory Councils，FAC）使加盟商成功受益。

3. 美国希尔顿酒店

经营管理理念和战略："宾至如归"——"微笑服务"。

经营管理特色：每天以微笑的状态向客人提供服务。

4. 凯悦酒店/凯悦国际

经营管理理念和战略：在任何时候、任何地方，只要公司能够做到，公司就会通过各种方法回报当地居民和环境。每一个凯悦酒店及其附属机构为了这个目标都会通过公司的"FORCE计划"（family of responsible and caring employees，富有责任心和爱心的雇员家庭）提供志愿服务。

经营管理特色：典雅与豪华完美结合的酒店建筑；关注商务旅游者；"时刻关心您"；具有变革性的服务和产品。

（案例来源：根据以上酒店的官方网站资料改编）

## 四、经济型酒店

### （一）经济型酒店含义

经济型酒店又称为有限服务酒店，其最大的特点是客房价格便宜，将客户锁定在中小企业商务人士、休闲及自助游客人，其服务模式为"住宿＋早餐"。最早出现在20世纪50年代的美国，如今在欧美国家已是相当成熟的酒店形式。所谓经济型酒店就是指经济、简约、规模小的酒店，其设施相对简单，注重功能性，减免大型辅助设施，使投入运营成本大幅降低，力求在提供的核心服务"住宿和早餐"上精益求精。专家认为经济型酒店就是"B&B"，即"床

(bed)＋早餐(breakfast)”。经济型之所以“经济”就是在满足基本住宿需求的同时，省去了星级酒店的冗杂设施，节省投资成本。

更为严格的定义：经济型酒店一般是指压缩或取消餐饮、会议、娱乐等功能，只提供酒店业的核心消费——住宿服务，以中小型客户为主营对象，实行标准化管理，客房价格在100～200元的中小规模酒店。

### （二）经济型酒店经营理念与特征

（1）经营理念：提供高质量的单项服务。经济型酒店已成为酒店业发展的崭新业态。这类酒店以有限的价格提供有限的服务，其经营的实质就是让客户以相对较低的价格享受单项较高质量的服务。作为酒店行业的一种全新的综合业态，经济型酒店并不是对低星级酒店和社会旅馆的简单的价格调整。

目前大量的所谓经济型酒店，其实质只是经济型价格酒店，大到一些经营业绩不佳的三星级及一、二星级的酒店，小到只有10多间客房的招待所等。这种酒店形式上简单拷贝经济型酒店，只是客房价格的经济，走的“低客房价格、低服务质量”的路子。这种把经济型价格酒店等同于经济型酒店，认为只要借用经济型概念提供单纯的廉价客房服务赚钱的观念，显然是错误的。

（2）经营特征：品牌＋连锁经济型酒店有三大特点——价格经济；舒适、注重人性化服务（如有的经济型酒店提供凭房卡免费上网或微波炉等半自助服务）；用人经济（经济型酒店把餐饮、娱乐等服务推向社会，节省人力资源。其客房与员工的配比一般在1∶0.3以下，低于星级酒店1∶1或1∶1.2的比例）。

经济型酒店两大支撑点——“连锁”和“品牌”。“连锁”可以使企业做大规模，提高“圈地”速度。在实行连锁经营的同时，这些经济型酒店还辅以网络远程订房系统、酒店前台互相推介等经营手段，以提升客户资源的共享程度。“品牌”可以提高企业知名度，增加客源，提高竞争力。一方面，通过对各连锁酒店实行标准化管理，向客户提供标准化服务。另一方面，根据市场细分来确立自己独特的品牌特征。

**案例**

#### 中国著名经济型酒店品牌简介

**维也纳酒店。**以经典艺术、健康美食、智能化为产品设计理念，遵循“五星体验，二星消费”为核心定位，将高雅体验和平民价格完美融合，赢得消费者的青睐，开创了精品连锁酒店的先河。致力于为宾客提供集“超值、安全、美食、深眠、艺术、健康、环保”为一体的商旅享受，引领酒店“轻五星级”时代。曾获得中国十大连锁酒店品牌和中国酒店业最受消费者欢迎连锁酒店品牌。

**锦江之星。**锦江之星是锦江国际集团核心产业之一，是国内知名的快捷酒店品牌，创立于1996年。旗下品牌有锦江之星快捷酒店、金广快捷酒店、百时快捷酒店、白玉兰、锦江都城等。总数已有1 300多家。1996年至今已荣获国内外近百项大奖，品牌价值、顾客满意度和投资价值等奖项。

**汉庭酒店。**汉庭酒店是华住酒店集团的创始品牌，定位为标准化的经济型酒店。汉庭酒店创立于2005年，始终坚持为国人打造亲和便利、好而不贵的出行体验，截至2023

年8月，已遍布全国1 000多个城市，拥有3 400多家门店。高效便捷的自助服务，干净可靠的产品体验，一城一味的特色早餐，亲切友善的社区式服务，汉庭酒店一站式满足了国民出行需求，是14亿国民的远亲与近邻。2019年12月位居“2019胡润最具价值民营品牌”第82位。

**如家酒店。**如家酒店是首旅酒店集团旗下著名品牌，至2021年3月在全国600余个城市运营6 000余家酒店。如家酒店始终追求成为最值得信赖的专业住宿业管理平台的愿景，坚持诚信为本、顾客为先、主动担当、创新高效的企业价值观，把用专业、技术为顾客和合作伙伴创造物超所值的价值作为企业使命，用微笑力与融合力形成了酒店业界强有力的竞争力。2021年度“全球酒店集团225强”发布，首旅如家酒店集团全球排名前十强。

**布丁酒店。**布丁酒店是杭州住友酒店管理有限公司旗下的中国第一家时尚、新概念的连锁酒店。倡导时尚、乐活和适度消费的生活理念，布丁酒店一直以来以简洁而现代化的装潢设计给人带来轻松、明快的视觉体验，影响了一代的年轻消费者。其简约风和便利性也深受18至35岁的年轻白领、商务人士和个性化人群的喜爱。在全国绝大多数重要的交通枢纽和景点附近都能找到它的身影。至2023年3月开业签约近1 000家酒店。2018年获美团旅行“最受年轻人喜爱的酒店。”

**亚朵酒店。**亚朵集团，即上海亚朵商业管理（集团）有限公司，旗下拥有A. T. HOUSE、亚朵S酒店等六大住宿品牌，截至2023年6月在营酒店数量达1 034家。亚朵坚持把人与人之间有温度的连接作为企业使命，认真做品质生活的引领者，恪守“用户第一，守正心、走正道，打破边界，团结合作，拿结果，有闭环，拒绝平庸”的企业价值观，2022年11月11日，亚朵成功上市。

**速8酒店。**速8酒店隶属于全球知名的酒店集团——温德姆酒店集团，成立于1974年10月，在全球范围内运营近3 000家。和其他连锁酒店不同，速8酒店鼓励加盟商根据当地市场情况、自身喜好需求，融入地方特色和个性风格，赋予其酒店独特价值的同时，为宾客带来不同城市的风土人情与地域文化体验。

（案例来源：根据以上酒店的官方网站改编）

## 五、主题酒店

主题酒店也称为“特色酒店”，是以某一特定的主题，来体现酒店的建筑风格和装饰艺术，以及特定的文化氛围，让顾客获得富有个性的文化感受；同时将服务项目融入主题，以个性化的服务取代一般化的服务，让顾客获得欢乐、知识和刺激。历史、文化、城市、自然、神话童话故事等都可成为酒店借以发挥的主题。主题酒店的推出在国外已有多年的历史。1958年，美国加利福尼亚的Madonna Inn率先推出12间主题房间，后来发展到109间，成为美国最早、最具有代表性的主题酒店。主题酒店的一般类型有以下几种。

### （一）自然风光酒店

此种酒店超越了以自然景观为背景的基础阶段，把富有特色的自然景观搬进酒店，营造一个身临其境的场景。比如位于野象谷热带原始雨林深处的西双版纳树上旅馆，它的主题创意来源于科学考察队为了更深入地观察野象的生活习性而在原始森林中生活的场景。

**（二）历史文化酒店**

设计者在酒店构建了一个古代世界，以时光倒流般的心理感受作为吸引游客的主要卖点。顾客一走进酒店，就能切身感受到历史文化的浓郁氛围。如玛利亚酒店推出的史前山顶洞人房，抓住“石”做主题性文章，利用天然的岩石做成地板、墙壁和天花板，房间内还挂有瀑布，而且沐浴喷洒由岩石制成，浴缸也是石制的。

**（三）城市特色酒店**

这类酒店通常以历史悠久、具有浓厚的文化特点的城市为蓝本，以局部模拟的形式和微缩仿造的方法再现城市的风采。如我国首家主题酒店深圳威尼斯酒店就属于这一类，酒店以著名水城威尼斯的文化进行包装，利用了众多可反映威尼斯文化的建筑元素，充分展现了地中海风情和威尼斯水城文化。

**（四）名人文化酒店**

以人们熟悉的政治或文艺界名人的经历为主题是名人文化酒店的主要特色，这些酒店很多是由名人工作生活过的地方改造的。如西子宾馆，由于毛泽东 27 次下榻于此，陈云从 1979 年到 1990 年每年来此休养，巴金也曾在此长期休养，推出了主席楼、陈云套房和巴金套房，房间里保留着他们最爱的物品和摆设。

**（五）艺术特色酒店**

凡属艺术领域的音乐、电影、美术、建筑等特色都可成为这类酒店的主题所在。Madonna Inn 就有以电影《美国丽人》为背景的一种美国丽人玫瑰房可供选择。位于八达岭长城脚下的公社酒店则以独特建筑取胜，它是由亚洲 12 名建筑师设计的 11 幢别墅和 1 个俱乐部组成的建筑群，公社每栋房子均配有设计独特的家具，训练有素的管家随时可以为客人提供高度个性化的服务，住客可以在此充分体验亚洲一流建筑师在这里展现的非同寻常的建筑美学和全新的生活方式。

我国第一家真正意义上的主题酒店，是 2002 年 5 月在深圳开业的威尼斯酒店，它融合了文艺复兴和欧洲后现代主义的建筑风格，以威尼斯文化为主题进行装饰。广州番禺的长隆酒店是一家以回归大自然为主题的主题酒店。在上海，有些酒店以老照片、老绘画、老古董、老服饰、老环境营造怀旧主题，也都妙趣横生。此外，在香港，为配合迪士尼乐园而建的迪士尼乐园酒店和迪士尼好莱坞酒店都是以迪士尼为主题的主题酒店。香港的柏丽酒店则是一家以科技为主题的酒店。主题型酒店作为国际酒店业发展的新趋势，为处于激烈竞争态势下的我国酒店发展提供了新的思路，拓宽了视野，是我国酒店未来的发展方向之一。

## 【任务框图】

本任务从五个方面讲述了酒店管理模式的相关理论知识，主要内容框架如图 1－5 所示。

1

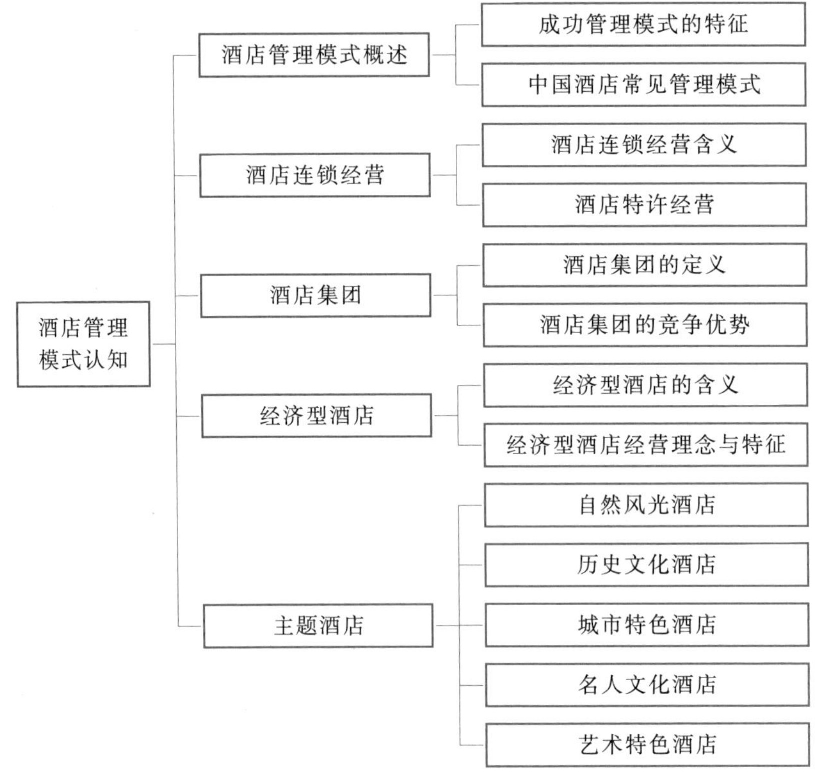


图 1－5　模块一任务四框图

## 【任务拓展】

请阅读以下案例，通过小组讨论和个人思考回答问题。

**案例**

### 香港港丽酒店成功的秘密

1995 年，在美国权威的旅游杂志《Traveler》的评选中，香港港丽酒店被评为全世界服务最好的酒店之一。在 1994 年，该酒店的入住率已经超过 90%。开业仅 6 年便登上业界的巅峰，港丽成功的秘密何在？

在港丽酒店成立以前，曾有市场分析报告指出香港其实是由两个完全不同的地区组合而成的：一个是众多大企业（包括许多跨国公司在亚太地区的总部）集中林立的港岛；另一个是聚集了贸易公司，结合购物商场和五光十色夜生活的九龙半岛。维多利亚港则将它们一分为二。如果一位旅客的活动集中在港岛，他会选择入住港岛的酒店；反之，他会选择九龙。筹建中的港丽酒店坐落于港岛，它的首选目标是吸引那群主要在港岛从事各种公私事宜的人。当时，港岛主要的酒店有九家，经过长久以来的经营，这些酒店从业者也都在港岛建立了十分完善的运作系统。因此当时市场竞争之激烈可想而知。其中五星级的酒店主要吸引企业高级主管和富有的观光客，而四星级的酒店则招揽中级主管或对较便宜的旅游行程感兴趣的个人。

港丽酒店肩负着一项重大任务：从零开始在一个全新市场内开拓她的声名。在众多五星级和四星级酒店林立的竞争市场，港丽酒店应如何为自己定位？如何制定价格？建立一个全新的声誉需时多久？酒店应该提供哪些附加服务？需要多少业务人员？最重要的是，港丽应该锁定哪些目标顾客？所有这一切都是港丽酒店在进军市场前需要解决的问题。

初期定位：基于持续扩展的酒店市场、港丽所提供的服务与产品、港丽邻近香港商务中心等事实，港丽酒店决定将自己定位于足以和另外三间五星级酒店抗衡的地位。当时市场上激烈的竞争情形可以描绘为：文华东方因其服务品质与建立的声名，被誉为全球五家顶尖的酒店之一；新的君悦酒店本身就是卓越的产品，再加上邻近香港会议中心而有地利之便；港岛香格里拉酒店身为亚洲知名连锁酒店的一员，配合其积极主动向外扩张的风格，预料也将会是一家极其优秀的酒店。港丽定位为五星级的酒店，同时要把特定的一群住进四星级酒店的主要顾客，吸引到五星级酒店来。

产品特性：港丽酒店共有 513 个房间。酒店本身位于一幢有 61 层的建筑物最上面的 21 层。

1. 客房

所有客房都配有 10 个频道的彩电（包括酒店自设的八个电影频道）、5 个收音机频道及浴室内扬声器、房内保险箱、床边闹钟和控灯设备、个别调节的冷暖空调、国际直拨电话线路和留言设备（行政主管层的所有房间或套房都配有两条线路）、床边、桌上、浴室都装有具备留言提示灯的分机电话。此外，每个房间都装有图文传真和个人电脑用的资料参考，设有小酒吧和泡茶煮咖啡的器具，并提供一瓶免费的瓶装水。“请勿打扰”和“请整理房间”的电子按钮。酒店有八层是非吸烟区，并提供装有辅助伤残人士专用设施的房间。

2. 行政主管层

港丽酒店的行政主管层有 96 个房间，其中包括两间海景套房、一间总裁套房、一间皇帝套房，以及一间总统套房。这些套房都坐拥有太平山和维多利亚港的宜人景色。在此可享用免费的美式早餐、开胃小菜和鸡尾酒，还可以洗熨衣服和使用免费的本地电话，对行政主管层房客而言，这些只不过是众多服务项目中的一小部分而已。

3. 商务中心

24 小时开放的商务中心提供秘书、翻译、影印和快递等各种服务。此外，还有手提电话可供客人租用。

4. 娱乐设施

在当时的港岛领导新潮流。

5. 初期的餐饮设施

考虑到客人的国籍复杂与口味的不同，港丽酒店在初期开设了不同的餐厅，这些餐厅都提供高水准且不容易在香港找到的美食。

虽然港丽酒店原来的定位策略看来万无一失，不料却在开业不久便面临外在环境骤变而带来的不利冲击。美国经济陷入衰退、海湾战争和美国经济的不景气给港丽酒店造成了负面影响。基于外在的不利因素,港丽酒店为了赢得更大的市场便必须采取重新定位的策略。因为商务旅客现在看紧钱包,到亚洲旅行的次数骤减,一家未具名气的酒店要能吸引五星级酒店客户和提升四星级酒店客户至较高一级,已无法被视为理所当然的事了。

港丽酒店面临的问题是如何影响一个更大范围的商务旅行市场,而不再只是特别锁定市场里的某一群消费者。经过环境评估之后发现,港丽酒店的产品与服务极被市场接受,各项服务的设立正逐渐步入轨道,当务之急是如何在亚洲地区尽快建立起港丽的名气。由于海湾战争和美国经济衰退对亚洲市场产生的冲击不尽相同,港丽酒店决定将自己定位成四星半级的酒店。为了吸引港岛各大企业来尝试港丽酒店的各项产品与服务,酒店提出了奖励促销计划。在新的营销策略下,港丽酒店预期达到以下目标:

(1) 推出40%的促销折扣。当然,这种促销折扣只在某个特定区间内施行。

(2) 大规模地在各大杂志的亚洲版上刊登广告,包括《时代》周刊《商业周刊》《远东经济评论》《经济学人》《亚洲商业》等,宣布特别奖励促销折扣的实施。

(3) 不断地进行国际性的广告宣传,试图传达香港港丽酒店就是顶尖商务或休闲旅游设施的代名词,同时也是高度效率的同义词。在港丽,东方文化的待客之道更得以发扬光大。

(4) 公关部门致力于把尊贵崇高的形象和来港商务旅客入住港丽酒店的事实互相连贯。

(5) 为了把"港丽"告诉给港岛1 800家大公司,港丽成立了18个业务开发小组。每组有两个成员。小组的工作任务就是到所分配的地区拜访各个公司。18个业务开发小组的36位成员中,除了六位隶属原业务部门外,其余的成员都是来自酒店各不同部门。这项业务开发计划持续了一个星期,所有小组都被要求提交一份简短的业务报告,这为酒店提供了充足完整的业务开发资料。

(6) 每订出一间房,小组成员可以享有五十港币的奖金。此外,在为期一周的业务开发计划期间,每个小组的业绩都显示在大告示板上,对业绩最好的小组予以奖励。酒店还为所有参与业务开发计划的成员举办了大型宴会。

高效的奖励促销折扣,配合以全力支持的地区性广告宣传,再加上18个业务开发小组在港岛拜访了很多家公司,整个计划组合可以说是十分强力和有效。不论商务旅客还是观光客,只要他们对"港丽"两个字曾有耳闻,知道促销折扣的实施,现在都愿意尝试这家新酒店。为了节省开销,许多来自美国和欧洲的企业主管,也都注意到了奖励促销折扣的实施。

整个计划的目的是在吸引客户,使他们能够尝试港丽酒店的产品和服务。一旦他们住进酒店,里面的餐饮设施、服务、舒适的环境等都会吸引他们再一次回到港丽酒店。如果客户对港丽的种种设施都感到十分满意的话,那么,他们会把这经验和公司里其他要到亚洲旅行的人分享。这对港丽意味着更多的顾客。

长期策略:当港丽酒店开始赢得顾客的同时,海湾战争结束了,美国经济不景气的局面也不再那么严重。此时回顾一切,港丽酒店终于可以认定自己的稳固定位是在五星级与四星级酒店之间。

事实上，由于港丽酒店较其他五星级酒店便宜，所提供的服务又比四星级酒店高，所以她正在弥补这两种酒店之间的差距，即“拉拽效应”与“牵引效应”。当时锁定这两种等级酒店的策略实在是再理想不过了。较之先前锁定的五星级的特定顾客层，港丽的策略使她涵盖了更多更广的目标市场。身为商务酒店，港丽在另一方面还吸引某种顾客。不像其他四星级酒店，因为必须招揽观光旅客，而迟迟未能建立起商务酒店的形象。

随着 90 年代初期亚洲经济的崛起、中国大陆市场经济的建立和发展，港丽又可以再重新定位于五星级酒店。由于许多美国和欧洲企业在亚洲有大额投资，越来越多的企业高级经理必须来到此地从事商务考察。

为此，港丽酒店也加强她所提供的各项服务设施，并改善某些产品特性。

(1) 耗费 415 万美元重新装潢大厅和宴会厅。

(2) 扩充 24 小时商务中心服务，如今还提供个人工作室、因特网服务、高速影印机和路透社财经新闻显示屏等设备。

(3) 大堂接待区连同出纳柜台除了更换了大型木桌，更以柔和的灯光和花束增添温馨的气氛，墙上也饰以豪华镶金边镜面。过去从大堂引领至宴会厅的电梯，如今被意大利大理石质材的旋转楼梯取代。

(4) 由目前经营十分成功的“怀欧聚”法国餐厅取代过去的烧烤餐厅。

(5) 重新装修行政主管层的客房和交谊厅，以使商务旅客更感舒适。以上种种改善不外是希望港丽酒店更力臻完美为一家五星级酒店。随着各项产品服务的完善，港丽酒店已能够按照她的产品品质调节价格，同时不断加强她身为首屈一指的商务酒店的声誉。

展望未来：今天“港丽”在香港市场的定位已经明确，但不甘于现状的港丽人又在思考着新的问题：

(1) 怎样才能在五星级的市场里扩张市场占有率？

(2) 巩固现有主顾，使他们不致被其他五星级酒店抢走，港丽酒店该采取何种行动？

(3) 港丽酒店是否该继续说服那些住在四星级酒店的商务人士提升至港丽来？

(4) 如果和其他五星级酒店正面竞争，风险何在？

为了使港丽酒店更清楚自己在五星级酒店市场的竞争地位，港丽的决策层又在筹划着新的方案。而这一切，是为了给港丽在未来定位。

(案例来源：酒店管理经典案例分析.广东：广东经济出版社)

请阅读本案例，思考以下问题：

1. 香港港丽酒店成功的重要原因是什么？

2. 请概括香港港丽酒店管理模式的显著特点。

3. 如果港丽酒店初期定位为五星级，她采取同样的促销手段能否发挥作用？

## 【任务测试】

### 一、判断题

1. 控股经营管理是指由酒店管理公司对即将托管的酒店投入一定数量的资金，以取得

该酒店的控股权，签订长期管理合同的酒店带资经营管理模式。（ ）

2. 酒店连锁经营中授权人与被授权人之间存在有形资产关系，同时是相互独立的法律主体，由各自独立承担对外的法律责任。（ ）

3. 酒店集团化管理具有明显的人力资源优势。（ ）

4. 经济型酒店只提供有限服务。（ ）

5. 主题酒店是指酒店以某一个特定的服务项目为主题的单项服务酒店。（ ）

**二、单选题**

1. 成功的酒店管理模式不应包括（ ）。

A. 能盈利 B. 易复制 C. 宜扩展 D. 可独占

2. 酒店集团的优势不包括（ ）。

A. 理念优势 B. 垄断优势 C. 资金优势 D. 市场优势

3. 经济型酒店的经营管理不具备（ ）理念与特征。

A. 提供优质单项服务 B. 提供全方位的服务

C. 强调品牌和连锁经营 D. 突出价格经济

4. 连锁经营不具备（ ）特点。

A. 具有规模优势 B. 宜产生定向消费依赖

C. 品质有保证 D. 只适合经济型酒店管理模式

5.（ ）不属于酒店连锁经营的形式。

A. 顾问经营 B. 特许加盟 C. 直营连锁 D. 自愿加盟

**◇ 模块学习总结**

通过本模块学习，从酒店的概念、产品特征、类型等视角来正确认知酒店，掌握企业经典管理理论和酒店管理基础理论，并能够正确、灵活运用，通过对酒店管理的内涵、体制、理念、方法、模式、经营战略等知识的学习，加深对酒店管理活动过程的认知，为进一步学习酒店管理知识和管理技能打下坚实的基础。

本模块从多角度认知了酒店，从酒店的内涵、酒店管理基础理论、酒店管理和酒店管理模式四个方面对酒店企业经营管理进行了深入的剖析，为初学者提供了较全面和系统的酒店管理基础理论知识体系。

通过本模块学习，你应该十分清晰地认识到酒店企业的内涵和特征，具备从事酒店管理所必需的基础理论知识和专业理论知识，具备运用酒店管理理论知识分析和解决酒店管理过程中一般问题的能力，具备能够从庞大的酒店企业体系中辨析酒店类型、等级和经营管理基本要求的能力，具备酒店管理所需掌握的经营管理理念、方法，为进一步学习酒店管理的知识和技能奠定基础。

学完本模块后，你不妨再一次探访不同的酒店：星级酒店或者经济型酒店，并注重以下问题的探究：

1. 这是一家什么性质的酒店：酒店的规模、地位、社会影响……

2. 这家酒店的经营管理特色是什么？给你留下最深刻的印象是什么？

3. 通过探访和查询酒店资料，这家酒店的经营管理模式具有什么特征？

4. 你能对这家酒店提出几点经营管理建议吗？

把酒店管理基础理论作为重新认识酒店的工具，深入思考、重新审视酒店，获取对酒店企业的新的认知，以发现的眼光提出问题并努力去解决它，建立起基于现代酒店管理理论的酒店新认识。

### ◇ 模块学习链接

1. 通过浏览中国旅游酒店信息相关网站，酒店视界、饭店业等公众号，了解酒店企业管理和研究最新动态，了解酒店业现状和发展趋势，积累酒店经营管理知识和技能。

2. 通过阅读《HOTELS》等酒店业杂志，《管理学原理》（第五版）、《卓有成效的管理者》（55 周年新译本）等著作，了解管理经典理论，丰富现代企业管理理论和实践视野。

# 模块二 酒店管理职能运用

- 任务一 酒店组织构建与团队建设
- 任务二 酒店计划编制与执行
- 任务三 酒店人力资源开发与管理
- 任务四 酒店服务质量督导
- 任务五 酒店经营成本控制
- 任务六 酒店营销策划

## 职业能力目标

1. 能依据酒店组织管理理论指导，有效开展酒店内部沟通和团队建设活动；
2. 能依据酒店计划管理理论指导，制订酒店总计划、部门计划和接待计划；
3. 能依据酒店人力资源管理理论指导，执行酒店员工招聘活动和开展岗前、在岗培训活动；
4. 能依据酒店服务质量管理理论指导，进行酒店常规质量控制和督导活动；
5. 能依据酒店经营成本控制理论指导，对酒店经营环节进行成本控制和绩效提升；
6. 能依据酒店营销策划理论指导，组织开展酒店一般营销活动。

## 典型工作任务

1. 理解和执行酒店各类计划，在酒店中层和基层管理岗位上制定切实可行的酒店部门工作和专项工作计划；
2. 协助中高层管理者分析、构建和维护酒店组织体系，开展管理团队建设活动；
3. 编制员工招聘实施方案，担任面试考官、培训教师、考核员；
4. 在酒店中基层管理岗位上担任服务质量检查员，开展质量督导和部门经营成本控制工作；
5. 参与策划部门营销和专项营销活动并在其中发挥积极作用。

# 任务一　酒店组织构建与团队建设

**任务引例**

**总经理的决定是什么?**

A酒店是中外合资的一家四星级大酒店,有1 200个床位和800个餐位,由某国财团控股51%,机构设置与国内的星级酒店有很大的差别。在开业后不久,中方代表、员工对酒店的组织机构意见很大,主要有三点:一是酒店应该有工会组织;二是酒店的营销部的人员太多,达65人;三是质量监督部权力太大,管理过程中有许多职能与酒店其他部门重叠。外方总经理在了解了这些意见后,作出了决定……

总经理的决定可能是什么?并说出你的理由。

(案例来源:酒店管理经典案例分析.广州:广东经济出版社)



## 【任务执行】

酒店的组织机构应该如何设置?在设置酒店组织机构时应考虑哪些因素?遵循哪些原则?这些都与总经理的决定密切相关。作为一名酒店管理者,必须有酒店管理的组织理论指导,认识到组织是酒店管理的载体,是酒店存在的基本保证,运转的前提和纽带。组织管理的成效是衡量酒店管理者能力的重要标志。酒店管理者要把理论与酒店的实际相结合,因地制宜地作出正确的决定。

## 一、酒店组织设计与管理

所谓组织,就是为了使系统达到它特定的目标,使全体参加者经分工与协作以及设置不同层次的权利和责任制度而构成的一种人的组合体。酒店的目标是组织存在的前提,没有分工与协作就不是组织,没有不同层次的权利和责任制度就不能实现组织活动和组织目标。

### (一)酒店组织结构

组织内部构成和各部门间所确立的较为稳定的相互关系和联系方式,称为组织结构。组织结构的基本内涵包括:

(1)确定正式关系与职责的形式;

(2)向组织各个部门或个人分派任务和各种活动的方式;

(3)协调各个范例活动和任务的方式;

(4)组织中权利、地位和等级关系。

组织结构与职权形态之间存在一种直接的相互关系,这是因为组织结构与职位以及职位间关系的确立密切相关,因而组织结构为职权关系提供了一定的格局。组织中的职权关系就是组织中成员间的关系,而不是某一个人的属性。职权的概念是与合法地行使某一职位的权力紧密相关的,而且是以下级服从上级的命令为基础的。

组织结构与组织中各部门、各成员的职责的分配直接有关。在组织中,只要有职位就有职权,而只要有职权也就有职责。组织结构为职责的分配和确定奠定了基础,而组织的管理则是以机构和人员职责的分配和确定为基础的,利用组织结构可以评价组织各个成员的功劳与过错,从而使组织中的各项活动有效地开展起来。

组织结构图是组织结构简化了的抽象模型。但是,它不能准确、完整地表达组织结构,如它不能说明一个上级对其下级所具有职权的程度以及平级职位之间相互作用的横向关系。尽管如此,它仍不失为一种表示组织结构的好方法。

**(二)酒店组织设计因素**

组织设计由管理层次、管理跨度、管理部门、管理职能四大因素组成。各因素是密切相关、相互制约的。



1. 管理层次

管理层次是指从组织的最高管理者到最基层的实际工作人员之间的等级层次的数量。组织的最高管理者到最基层的实际工作人员权责逐层递减,而人数却逐层递增。如果组织缺乏足够的管理层次将使其运行陷入无序的状态。因此,组织必须形成必要的管理层次。不过,管理层次也不宜过多;否则,会造成资源和人力的浪费,也会使信息传递慢、指令走样、协调困难。

2. 管理跨度

管理跨度是指一名上级管理人员所直接管理的下级人数。在组织中,某级管理人员的管理跨度的大小直接取决于这一级管理人员所需要协调的工作量。管理跨度越大,领导者需要协调的工作量越大,管理难度也越大。因此,为了使组织能够高效地运行,必须确定合理的管理跨度。管理跨度的大小受很多因素影响,它与管理人员性格、才能、个人精力、授权程度以及被管理者的素质有关。此外,还与职能的难易程度、工作的相似程度、工作制度和程序等客观因素有关。确定适当的管理跨度,需要积累经验并在实践中进行必要的调整。

3. 管理部门

组织中各部门的合理划分对发挥组织效应是十分重要的。如果部门划分不合理,会造成控制、协调困难,也会造成人浮于事,浪费人力、物力、财力。管理部门的划分要根据组织目标与工作内容确定,形成既有相互分工又有相互配合的组织机构。

4. 管理职能

组织设计确定各部门的职能,应使纵向的领导、检查、指挥灵活,达到指令传递快、信息反馈及时,使横向各部门间相互联系、协调一致,使各部门有职有责、尽职尽责。

**(三)酒店组织设计原则**

1. 集权与分权统一的原则

在任何组织中都不存在绝对的集权和分权。在酒店机构设计中,所谓集权,就是酒店总经理掌握所有管理大权,各部门经理只是其命令的执行者;所谓分权,是指各部门经理在各自管理的范围内有足够的决策权,总经理主要起协调作用。酒店机构是采取集权形式还是分权形式,集权的程度等,要根据酒店的特点,总经理的能力、精力及各部门经理的工作能力等因素进行综合考虑。

2. 专业分工与协作统一的原则

对于酒店来说,分工就是将酒店的经营目标分成各部门以及全体酒店员工的目标、任务,明确干什么、怎么干。在分工中要尽可能按照专业化的要求来设置组织机构,工作中要有严密分工,每个人所承担的工作,应力求达到较熟悉的程度,同时关注分工的经济效益。

在组织机构中还必须强调协作。所谓协作,就是明确组织机构内部各部门之间和各部门内部的协调关系与配合方法。在协作中应特别注意以下两点：第一，主动协调。要明确各部门之间的工作关系，找出易出矛盾之点，加以协调。第二，有具体可行的协调配合办法。对协调中的各项关系，应逐步规范化、程序化。

3. 管理跨度与管理层次统一的原则

在组织机构的设计过程中，管理跨度与管理层次成反比例关系。管理跨度指一位管理者能够有效地指挥多少下属。它在一定程度上决定了组织的层次和管理人员的数目。假定所有条件一样，管理跨度更宽、更大，这样设计的组织就更有效率。越来越多的组织正努力扩大管理幅度，减少管理层次。这就是说，当组织机构中的人数一定时，如果管理跨度加大，管理层次就可以适当减少；反之，如果管理跨度缩小，管理层次肯定就会增多。

在酒店组织管理中，一般营业部门一个管理人员直接管辖的下级为 6～7 人，最多不超过 10 人。国外一些酒店管理的跨度在十几个人或二十几人。这样 10～20 人的酒店就可以由一个经理直接指挥。当增至 30 人以上，就需要设立班组、领班一级的管理职位。当然，一名酒店管理者具体能领导多少人数，还取决于上下级的工作能力、工作复杂性、工作标准化与程序化程度、信息沟通方式和能力、工作班次以及外部环境的改变速度等多种因素。

2

4. 权责一致的原则

在组织机构中应明确划分职责、权力范围，做到责任和权利相一致。从组织结构的规律来看一定的人总是在一定的岗位上担任一定的职务，这样就产生了与岗位职务相适应的权利和责任，只有做到有职、有权、有责，才能使组织机构正常运行。由此可见，组织的权责是相对预定的岗位职务来说的，不同的岗位职务应有不同的权责。权责不一致对组织的效能损害是很大的。权大于责就容易产生瞎指挥、滥用权力的官僚主义；责大于权就会影响管理人员的积极性、主动性、创造性，使组织缺乏活力。

5. 才职相称的原则

每项工作都应该确定为完成该工作所需要的知识和技能。可以对每个人通过考察他的学历与经历，进行测验及面谈等，了解其知识、经验、才能、兴趣等，并进行评审比较。职务设计和人员评审都可以采用科学的方法，使每个人现有的和可能有的才能与其职务上的要求相适应，做到才职相称，人尽其才，才尽其用，用得其所。

6. 经济效率的原则

酒店机构设计必须将经济性和高效率放在重要地位。组织结构中的每个部门、每个人为了一个统一的目标，应组合成最适宜的结构形式，实行最有效的内部协调，使事情办得简洁而正确，减少重复和扯皮。

7. 弹性原则

组织机构既要有相对的稳定性，不要总是轻易变动，又要随组织内部和外部条件的变化，根据长远目标做出相应的调整，使组织机构具有一定的适应性。

### (四) 酒店组织形式

扁平结构与高耸结构

酒店的组织形式，是明确各级管理者与员工的工作岗位、职责及业务范围的一种组织模式。酒店企业组织，根据传统的组织形式，不外乎三种形式：直线式、职能式和直线—职能式。

1. 直线式

采用直线式的酒店一般多为小型的酒店企业和酒店内具体的业务部门。它的优点是简便，职权和任务明确；不利的方面是，经理或上层管理人员的负担较重，它需要具备较高的管理水平，并能适应全面需要的管理人才，这显然是不容易做到的。除此之外，严格的直线组织形式可能过于僵化和迟钝，以致不能灵活迅速地应对突然出现的事件。直线式在小型酒店企业和那些与日常业务有直接关系、直接为宾客提供产品与服务的部门（如客房部门、总服务台、餐饮部门等业务部门）应用得较为普遍，并取得了较好的效果。

2. 职能式

职能部门不直接从事接待和供应业务，而是为业务部门服务，执行某种管理职能的部门。目前，大多数酒店都按照分工和专业化的原则设置酒店的职能部门。如酒店的人事部、安全部、工程部、财务部等。这些职能部门均执行某一项专业管理职能，它们的任务各异，但都没有权力做出关于酒店日常业务的决定。职能式的优点是能发挥职能机构的专业管理作用，发挥专业管理人员的专长。但不足的是，分工过细、职责不清、容易造成混乱。另外，由于需要很多专业人员，造成人员费用的增长。



3. 直线—职能式

在酒店企业中又称“业务区域制”，它是以上两种组织形式的结合。其主要特点是，既保留酒店业务部门直线系统的管理渠道，还吸收了职能系统的优点，实现了管理与分工的统一性。直线—职能式是现代酒店企业组织的基本形式，运用过程中要注意：

（1）酒店管理层下达的命令是按直线制进行的。

（2）职能部门的专业人员不具备指挥权，特别不能指挥其他部门的业务活动，其任务是分析和研究问题，并提出解决问题的方案和建议。

（3）职能部门拟订的计划、方案和建议若涉及其他部门，应由总经理批准发布，由各部门经理对该部门下达执行命令。目的是既要使职能部门有效地发挥监督和参谋的作用，同时又避免多头领导、多头指挥。

**（五）酒店组织结构图**

酒店企业组织图表，就是展示酒店具体组织形式的组织网络示意图。它将酒店的各部门的设置情况、职责、业务范围及它们之间的协调关系用结构图的方式展示出来，以便能对整个企业及其组织形式有确切的了解。由于每一个酒店都各有其特点，酒店组织的具体形式也多种多样，此处仅提供典型的酒店企业组织结构图以供参考，如图 2-1 所示。

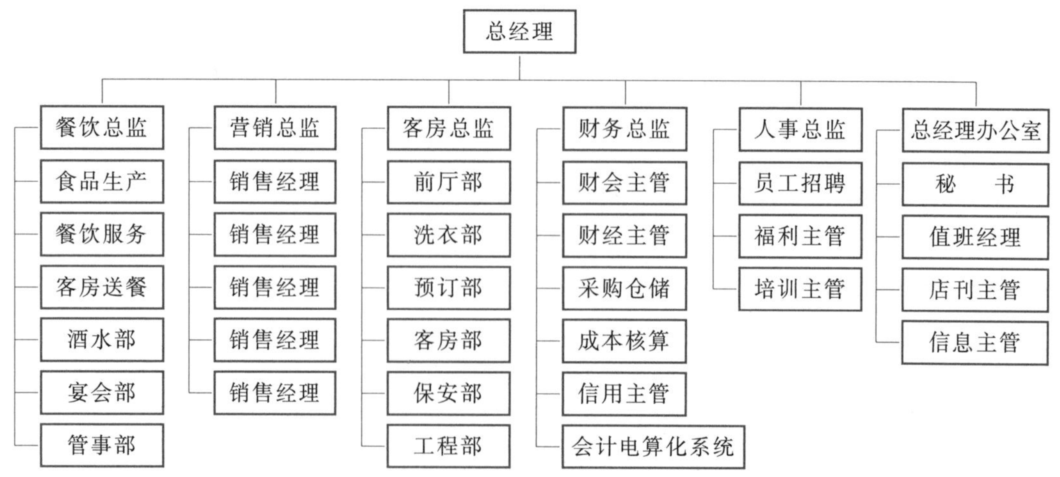


**图 2-1 中等规模酒店组织结构图**

**（六）酒店部门设置**

一般酒店可以分为营业部门和职能部门两大类。由于酒店提供服务的日益多样化，许多大型的酒店还设有其他综合服务部门，各部门均有其特定的业务范围及其职责。

1. 酒店营业部门

酒店营业部门是与酒店的日常经营活动相关并直接为宾客提供产品和服务的业务部门，又称营业创利部门或酒店直接对客业务部门。它主要包括酒店的前厅部、客房部、餐饮部等。

2. 酒店职能部门

酒店职能部门不直接从事酒店接待和供应业务，而是为业务部门服务、执行自身某种管理职能的部门，又称为间接对客服务部门。酒店的人事部、安全部、销售部、财务部和工程部均属于酒店的职能部门。

2

**（七）酒店管理制度**

酒店组织管理的一个主要特征就是建立完善科学的管理制度，即指导员工行为的行为规则，它包括员工手册、岗位责任制说明书、作业程序的一些具体规定等。

1. 员工手册的制定

每一个酒店的员工手册都具有自己的特点，它的制定主要有三个方面的依据：我国政府有关的人事劳动法规、酒店业工作的特点和国际酒店业的惯例。它涉及了员工在酒店工作中遇到的一系列劳动权利、义务、责任的各种工作要求。

员工手册的具体内容包括：酒店的目标、酒店的组织机构及对各部门工作的说明、劳动管理规定和福利制度、规章制度以及奖惩制度。

2. 岗位责任说明书的制定

岗位责任说明书是岗位责任制度的一个重要内容。它说明了某一岗位员工和具有这一岗位身份的员工工作内容及任职资格。

酒店岗位责任说明书的内容一般有：岗位名称、向谁报告、工作范围概述、具体责任、使用工具、任职条件（工资及其他待遇）、自愿保证和员工签字及签字日期。

3. 作业程序的制定

作业程序是指每做一项工作所要遵循的标准化工作步骤、要求和所要达到的质量目标，即具体的服务程序和质量标准。

## 二、酒店非正式组织管理

**（一）酒店非正式组织概述**

酒店正式组织是酒店经过人为设计而建立的权责分配体系，有法定的基础、固定的形式、特定的功能及预期的目标，其人员可以从组织系统中表示出来。而酒店非正式组织是相对于正式组织而言的，是酒店成员在共同工作过程中，由于共同的经历、共同的爱好、共同的秉性、共同的利益而形成的非正式团体。认识和理解酒店非正式组织可从以下几方面入手。

1. 从组织形式上看

酒店非正式组织没有严密的组织形式，没有共同的纲领和目标，没有严明的纪律。由于非正式组织是一种没有制度化的，无约束力的组织结构，其成员是相互平等的，没有被赋予恰当而明确的责任和权限，自然也不承担相应的责任，这就带来了组织的多变性。合则聚，不合则散，结构比较松散。

2. 从组织凝聚力上看

对于人们所具有的社会归属感及其他需求，正式组织并不能够给予充分满足。而非正式组织内部具有很强的内在凝聚力，这是非正式组织最为重要和最具价值的特性。在酒店非正式组织里，共同的情感是维系群体的纽带，人们彼此的情感较密切，互相依赖，互相信任，有时甚至出现不讲原则的现象。非正式组织领导人的威望来自个人的魅力和能力，而不是正式组织所赋予的职权，而正是这样的地位保证了组织内部的凝聚力。酒店非正式组织的凝聚力有时甚至超过正式组织的凝聚力。



3. 从组织的行为规范上看

酒店非正式组织一经形成，即产生各种行为规范。由于有自愿的结合基础，酒店非正式组织成员对某些问题的看法是基本一致的，因而感情融洽，行为协调，行动一致，归属感强。这些行为规范控制成员的行为，它可以促进，也可以抵制甚至破坏正式组织目标的实现。

4. 从组织的信息传播上看

酒店非正式组织信息沟通渠道多，传播快捷，往往是“小道消息”“小报告”的传播媒介。酒店非正式组织成员之间感情密切、交往频繁、知无不言，成员对信息反应往往具有很大的相似性。

5. 从“领导”人物上看

酒店非正式组织不是由于组织的决定而成立的，它虽然没有上级任命的领导，但实际上每个酒店非正式组织都有自己的“领导”。酒店非正式组织内“领导”的形成，是在发展过程中自然涌现出来的，成员的拥戴程度比正式组织高，号召力强。“领导”人物对酒店非正式组织中不成文的规范起主导作用，对其成员具有较大的影响力和约束力。但非正式组织领导人的地位和作用缺乏必要的制度保障，没有法定的支配权和决策权，而只是凭借其自身的人格魅力和个人能力。因此，当这个组织的领导人离开或者其自身优势失去时，这个组织就可能解体。

6. 从形成条件上看

酒店非正式组织的形成往往具有一定的相近性，比如，工作性质相近、工作位置相近、作息时间相近等。

**（二）酒店非正式组织利弊**

由上可知，酒店非正式组织有许多独特的优势，特别是如果组织凝聚力强，群体成员对酒店有较高的忠诚度的时候，酒店非正式组织的益处更易体现，如酒店非正式组织协同正式组织管理者的工作，管理者可以省去繁重的监督检查工作；可以实施分权，缓解管理负担；可以缓解员工精神压力，为员工的情绪宣泄提供了一个安全阀门，使员工有一种归属感，从而提高员工满意度，降低离职率等。

然而在酒店非正式组织的管理过程中往往问题不断，不仅无法发挥非正式组织所能带来的优势，反而激发其为酒店正式组织所带来的许多不利因素。

1. 姿态过高

酒店正式组织将效率放在第一位，它组织规范，纪律严明，等级严格，为了效率，有时甚至不注重员工个人自尊心。而酒店非正式组织则带有浓厚的感情色彩，理智成分较少，一言不合就可能反目相向。如若非正式组织与正式组织走向了对抗，就会阻止和破坏酒店目标的实现，降低劳动生产率。

2. 过分纵容

很多管理者又容易走另外一个极端，那就是对酒店非正式组织过分迁就，这样容易导致酒店的非正式组织过分活跃，有可能造成酒店有令不行、有禁不止的局面，影响酒店正式组织的凝聚力，甚至造成分裂。

3. 无法控制酒店非正式组织的信息传递



酒店非正式组织的信息传递快，有可能使“小道消息”“小报告”泛滥，而非正式组织不直接受控于管理者，所以酒店管理者往往很难对其进行控制，最终影响了酒店的稳定。酒店非正式组织的信息传递无法控制。比如酒店工资管理制度中最能体现出来。本酒店的工资是保密的，但通过“小道消息”工资已经成为公开的秘密。

4. 无法顺利开展创新活动

酒店非正式组织人员往往安于现状，不愿实施变革。在山东东明国际大酒店，刚上任的于总注重员工的培训，但大部分员工已经习惯于当前的工作环境，对于新的指令都有抵触态度，使培训无法正常进行，没有达到满意的效果。

5. 可能引发群体成员的角色冲突

酒店员工往往既希望满足非正式群体的要求，又希望能满足管理者的要求，但这两类要求在一定程度上相互冲突，容易导致员工的角色冲突。

### （三）酒店非正式组织管理方法

在酒店的组织管理中，管理层必须充分了解酒店非正式组织并对其施加影响，使其发挥积极的作用，避免消极一面。

1. 接受并理解酒店非正式组织

管理者必须认识到酒店非正式组织是在酒店中普遍存在的。存在就有其合理性，至少它提供了一个让员工的社交需求得到满足的场所。酒店非正式组织一旦形成，管理者只能去接受它的存在，不大可能拆散这个非正式组织，强硬的改变只能适得其反。作为管理者在理解的同时更要反思这个非正式组织的成因。一般来说非正式组织的形成主要有以下几种因素。

（1）共同的兴趣、相似的背景。如同校毕业、居住处相近、牌桌上的朋友、年龄相仿等，他们具有相似的爱好、相似的经历，所以比较容易沟通。比如，年青一代与中年人就明显分离，酒店举行的活动，在无意中就分为青年队和中年队。

（2）出于工作的需要，相互帮助。员工与员工之间或部门与部门之间，因为工作的需要而相互帮助，共同达到自己的目的或理想。

（3）工作量不足。这会致使员工靠闲聊打发上班时间；或者导致酒店纪律松弛，员工无所事事。

（4）酒店制度与管理的不公平、有争议。如此易使权益受损的员工因为认知相同，遭遇一致，而互相支持，结成团体。比如，由于工资管理制度不合理引起了员工的强烈不满，员工自发结队抵制人力资源部修改工资管理制度。

如果是前两种原因，管理者大可不必大张旗鼓地反对，应给予充分的理解。如果是基于后两种原因，管理者则应该首先检讨自己工作的不足，通过制度的完善、管理的加强，使这个非正式组织没有滋生的土壤而自然消亡。当然，即使是后两种原因，管理者也不应强制拆散这种非正式组织。

2. 辨明其中不同的态度和行动

一般来说酒店非正式组织有其核心人物，也存在主流价值观，作为管理者应该辨别其中不同水平的态度和行动。虽然每个非正式组织都能够提供员工关怀的社会需求，但每个非正式组织对内部成员行为、观念的影响有着很大的差别，即其主流价值观不同。非正式组织就是由价值观相同或相近的员工组成，聚在一起的员工形成较为统一的价值观，但又反向影响着员工既有的价值观。有的非正式组织内部提倡相互协助、帮助，共同完成正式组织的工作目标；有的却与上层领导对着干，阻碍生产率的提高，阻碍变革的实施，以散播不利于公司发展的小道消息为乐；更有部分非正式组织已到了相当强大的地步，可以左右管理者的决策。因此，识别非正式组织的核心人物是很重要的，思想消极、守旧、敌视管理层的员工不是没有可能成为非正式组织的领导，这样的非正式组织如不进行引导的话，对酒店企业正式组织的健康发展是非常有害的。

3. 采取行动时要考虑对酒店非正式组织的可能影响

聪明的管理者应该明白他们的决策，如果没有酒店非正式组织的支持，是不可能达到预想的效果。有些决策可能直接侵犯到组织中酒店非正式组织的利益，酒店非正式组织的成员可能会以消极怠工、利用政策漏洞钻空子等形式来阻碍决策的实施。管理者应将非正式组织的可能影响作为考虑问题、制定决策的一个因子，通盘考虑使非正式组织的负面影响，并使其降到最低。

4. 避免或消除非正式组织对酒店和部门管理所造成的不利影响

避免或消除非正式组织对酒店的影响，以下几点是可提到日常工作中的方法。

(1) 调动核心人员的工作岗位。把非正式组织的核心员工调离原来的岗位，减弱非正式组织的影响，使非正式组织由紧密型向松散型演变。当然在需要和能产生效果的前提下，也可以在调离后再调回到原组织，开展一些对酒店企业有利的工作。

(2) 关注关系相对独立的员工。经常与他们进行交流沟通，听取他们的意见，以保持考核的公正性。而考核的公平性对人员管理而言是关键的一环，也是提高员工满意度的重要途径。

(3) 管理人员成为非正式组织的成员。通过管理人员融入非正式组织中，施展个人影响，逐渐使非正式组织的行为和利益与正式组织管理目标保持一致。前提是这些管理人员在任何时候都能以酒店企业的发展为首要任务。前厅部主管为了使部门员工团结一致，与员工融入在一起，做好上传下达，尽快完成酒店分配的任务，及时解决员工出现的问题。

(4) 尽可能将酒店非正式组织的利益与正式组织的利益结合在一起。两者的利益在很多时候是一致的，比如一个项目的完成，作为酒店关心的是能否给自己带来利润；而酒店非正式组织的成员会想到项目的顺利完成，会带来奖金的收入、成就感的满足。他们尽管动机不同,但同样希望项目的早日完成。管理者将两者的利益有机结合在一起既是一种手段也是一门艺术,主管不一定要打入非正式组织,但是不妨偶尔参加非正式组织的活动,与其中的重要成员维系良好的关系从而影响这些非正式组织,将非正式组织转化成组织里正面的一股力量,协助组织目标的达成。在工作上,管理者仍须维持自己的权威与管理立场,但在员工福利等方面,不妨放手委任非正式组织的成员来分担工作。因为非正式组织通常热心公益,愿意表现,主管应该给予他们在人际、员工福利上的一方舞台,运用他们的特质,为大家服务。对于企业中高层管理人员形成的非正式组织——最头疼、最难管的非正式组织,他们的利益同酒店的发展是较为一致的,因为他们深知酒店的发展,他们将是最大的受益者。总之,酒店中的正式组织与酒店非正式组织最理想的结合是占有统治地位的正式系统伴随着健康发展的非正式系统。前者用以保证目标统一,后者则用以维持凝聚力和团队精神。换句话说,酒店非正式组织可以强大到起支持作用,但绝不能强大到占主导地位。



在酒店组织管理过程中,非正式组织可能对酒店的管理带来积极和消极两方面的影响。当正式组织和酒店非正式组织的利益相一致的时候,两者之间的相互作用是正面的;而当两者之间出现矛盾时,则会产生消极的影响。对于前者,管理层可以通过加强与非正式组织的引导,与其领导人建立良好的沟通,加强信任,同时给予其一定的、适度的权威认可,最大限度地利用非正式组织的内在凝聚力。而对于其消极影响和作用,酒店管理者既可利用其领导人的权威加以调整和引导,也可以利用正式组织的管理手段加以约束。酒店管理层必须关注非正式组织消极的影响和负面作用,加强管理、引导和鼓励,采取有效措施使之朝着健康方向发展。

## 三、酒店团队建设

### (一) 团队内涵

团队是为了实现某一目标而由相互协作的个体所组成的正式群体。团队是由一些具有共同信念的人为达到共同目的而组织起来的,各成员通过沟通与交流,保持目标方法手段的高度一致,从而能够充分发挥各成员的主观能动性,运用集体智慧,将整个团队的人力、物力、财力集中于某一方向,形成比原组织具有更强战斗力的合作群体。优秀的团队具备以下特征。

1. 明确的团队目标

团队中的每个成员都能够描述出团队的共同工作目标,并且自觉地朝这个目标努力。成员对团队的目标十分明确并且目标具有挑战性。这就是所说的树立正确的经营理念。

2. 资源和信息的共享

团队成员能够共享团队中其他人的智慧,能够共享团队中的各种资源,能够共享团队成员带来的各种信息,团队成员共享团队的工作责任。酒店应经常通过班组成员的轮换和员工定期的交流经验等,为员工或班组创造相互学习的机会和条件,尽可能地将个人知识转变为企业的知识。同时在工作中,注意各种服务信息的收集及传递,让共享的信息发挥作用,以赢得更多忠实客户的心。

3. 良好的沟通

团队成员之间乐于公开并且诚实地表达自己的想法。团队成员之间互相主动沟通，并且团队成员尽量了解和接受别人，积极主动地聆听别人的意见。团队成员中的意见和观点能够受到重视。

4. 共同的价值观和团队规范

团队成员拥有共同的价值观，共同遵守的行为规范和工作规范。

5. 归属感

归属感就是凝聚力，成员喜欢自己的团队，愿意从属于这个团队，具有一种自豪感，非常愿意留在自己的团队中，在必须离开这个团队时会依依不舍。具有归属感的团队中，成员之间可以分享成就，分享失败带来的忧虑和不能按时完成工作的焦急。团员之间愿意帮助别人克服困难或是自觉自愿地多做工作。



6. 有效授权

团队领导使成员有渠道获得必要的技能和资源，团队政策和做法能够支持团队的工作目标。在团队中能够做到人人有职有权。

### （二）团队作用

1. 团队可以产出大于个人绩效之和的群体效应

团体与个人的关系就如同整体与部分的关系，团队模式使组织结构大大简化，领导和团队、团队和团队以及团队内部成员之间的关系变成伙伴式相互信任和合作的关系。建立在志同道合基础上的团队可以起到功能互补的作用。因而决策合理、科学，士气高涨，从而劳动生产率比个体简单相加高得多。

2. 团队可以提高企业组织的灵活性

企业团队的共同价值取向和良好的文化氛围，使组织能更好地适应日益激烈的竞争环境，以其敏捷、柔性的优势，增强企业的应变和制变能力，提高企业组织的灵活性，提高企业竞争的效能。

3. 团队有着极强的凝聚力

员工希望在工作中找到人生的乐趣，实现自我价值和自我发展，团队强调沟通协调，成员之间相互信任、坦诚沟通，人际关系和谐，这样可以提高员工归属感和自豪感，大大激发企业员工的积极性，增强企业内部的凝聚力。

4. 团队注重对成员的培养

鼓励成员一专多能，并对员工进行工作扩大化训练，持续学习完成目标所需要的知识与技能，使得团队成员迅速进步，从而带来团队工作效率的成倍增长。同时，团队既强调团队精神，也鼓励个人的完善与发展，从而激发了个人的积极性、主动性和创造性，充分体现了以人为本的管理思想。

### （三）团队建设方法

在酒店中塑造高绩效团队是目前许多酒店管理者的主要任务之一，也是对酒店管理者管理能力的一种特殊挑战。

1. 确立清晰明确的愿景和目标

共同的目标是团队存在的基础，心理学家马斯洛曾说，杰出团队的显著特征便是具有共同的愿望与目的。由于人的需求不同、动机不同、价值观不同、地位和看问题的角度不同，对企业的目标和期望值有着很大的区别，因此，要使团队高效运转，就必须有一个共同的目标和愿景，就是让大家知道"我们要完成什么""我能得到什么"。这一目标是成员共同愿望在客观环境中的具体化，是团队的灵魂和核心，它能够为团队成员指明方向，是团队运行的核心动力。

2. 培养良好的团队氛围

健康和谐的人际关系能使团队成员之间从生疏到熟悉、从提防到开放、从动荡到稳定、从排斥到接纳、从怀疑到信任，可以使人们保持亲密。团队关系越和谐，组织内耗越小，团队效能就越大。信任对于团队的健康发展和效率提高具有至关重要的作用。要使团队健康发展，企业高层领导之间就应该团结一心，按时、按量履行对团队的承诺，管理层在实施企业政策要公正、公开，从而使团队成员对企业领导的信用以及企业的政策产生信心。同时，企业管理者应该在团队工作范围内充分授权，并向团队公开团队工作所必需的信息，尽量创造机会，与团队成员进行交往、沟通，注重员工工作满意度和生活满意度的提高。团队是每个成员的舞台，个体尊重与满足离不开团队这一集体，要在团队内部经常性地倡导感恩和关爱他人的良好团队氛围，尊重员工的自我价值，将团队价值与员工自我价值有机地统一起来，通过实行良好的工作福利待遇、改善工作环境、职位调换等手段使成员感受工作的乐趣以及挑战性，从而提高团队的工作效率。

3. 建立健全有效管理制度和激励机制

健全的管理制度、良好的激励机制是团队精神形成与维系的内在动力。一个高效的团队必须建立合理、有利于组织的规范，并且促使团队成员认同规范，遵从规范。合理的制度与机制建设主要包括团队纪律、上级对下级的合理授权及有效的激励约束机制。

4. 注重培训

要有效地提高团队的整体素质，提高团队竞争力，学习是一个重要方面。在团队中，应该营造积极的培训氛围，使团队成员乐于培训，确信自己可以做得更好。企业要在生产经营的同时有计划地实施企业的员工教育培训，把企业办成一个学习型企业。同时，要加强员工的思想政治工作，加强员工的职业道德建设，培养员工爱岗敬业、团结拼搏的精神，使企业内形成和谐、友善、融洽的人际关系和团结一心、通力合作的团队精神。

5. 提高团队领导的领导力

领导力是指领导在动态环境中，运用各种方法，以促使团队目标趋于一致，建立良好团队关系，以及树立团队规范的能力。团队领导的行为直接影响到团队精神的建立，优秀的团队领袖往往充当教练员和协调员的角色，他能在动态环境中对团队提供指导和支持，鼓舞团队成员的自信心，帮助他们更充分认识自己的潜力，并为团队指明方向；优秀的团队领导能够带动并且提高整个团队的活力，指导并帮助团队取得更加突出的成绩。

## 【任务框图】

本任务从三个方面对酒店组织构建和团队建设进行了讲述，主要内容框架如图 2 - 2 所示。

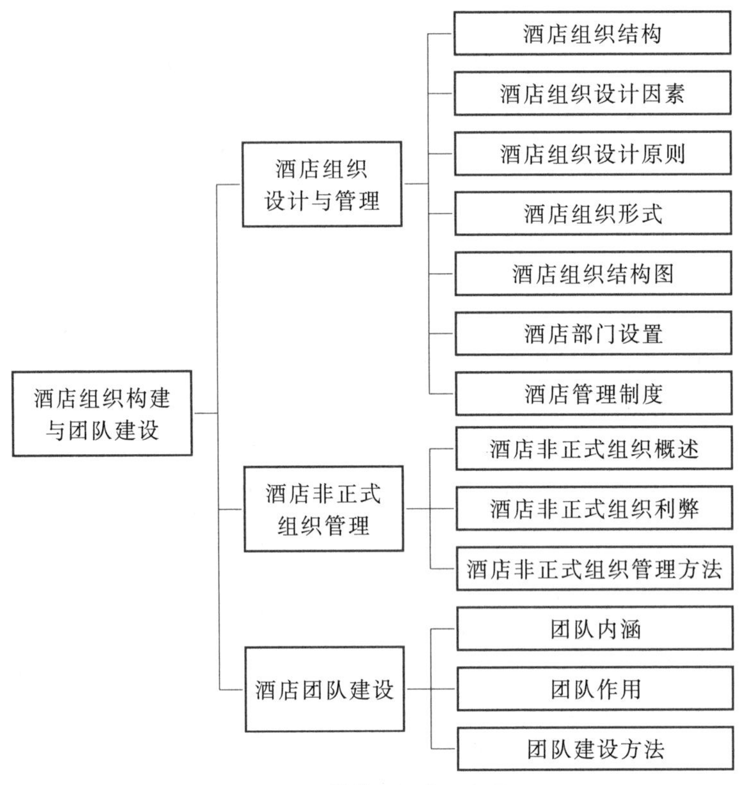


图 2-2 模块二任务一框图

## 【任务拓展】

酒店组织管理是酒店管理中的一项重要职能。现代酒店组织管理就是运用各种管理方法、建立精干、高效的酒店组织机构并使之正常运行,这是实现酒店管理目标的前提条件。为了深刻理解酒店组织管理的内涵,结合本任务内容,通过网络等途径,请您作以下调研:

1. 分别调查本地区三家大、中、小型酒店的组织结构,判断其组织形式。
2. 调查一家国际酒店集团的组织结构及部门设置。
3. 通过调查了解酒店非正式组织的存在形式以及对酒店正式组织的影响。

## 【任务测试】

**一、判断题**

1. 组织的最高管理者到最基层的实际工作人员权责逐层递减,而人数却逐层递增。 (　　)
2. 组织机构要有相对的稳定性,不要总是轻易变动。 (　　)
3. 直线式的组织结构适用于大中型的酒店企业。 (　　)
4. 酒店对于非正式组织应给予充分的理解,给予积极的引导。 (　　)
5. 酒店的职能部门直接从事酒店接待和供应业务。 (　　)

**二、单选题**

1. 以下对于管理跨度的描述正确的是(　　)。

A. 管理跨度与管理层次呈正比例关系

B. 管理跨度越大越好

C. 管理跨度越大，领导者需要协调的工作量越大

D. 工作的相似程度越大，管理跨度越小

2. 在组织的职务设计上应该采用科学的方法，使每个人现有的和可能有的才能与其职务上的要求相适应，这是组织设计的(　　)。

A. 专业分工与协作统一的原则　　B. 权责一致的原则

C. 才职相称的原则　　D. 经济效率的原则

3. 现代酒店企业组织的基本形式是(　　)。

A. 直线式　　B. 职能式

C. 直线—职能式　　D. 事业部式

4. 以下属于酒店职能部门的是(　　)。

A. 前厅部　　B. 客房部　　C. 餐饮部　　D. 销售部

5. 对于酒店非正式组织描述不正确的是(　　)。

A. 酒店非正式组织是酒店成员在共同工作过程中，由于共同的经历、共同的爱好、共同的禀性、共同的利益而形成的非正式团体

B. 酒店非正式组织有严密的组织形式，有共同的纲领和目标，有严明的纪律

C. 酒店非正式组织的成员是相互平等的，没有被赋予恰当而明确的责任和权限

D. 在酒店非正式组织里，共同的情感是维系群体的纽带，人们彼此的情感较密切，互相依赖，互相信任，有时甚至出现不讲原则的现象

# 任务二　酒店计划编制与执行

## 任务引例

### 酒店需要计划管理吗?

某家酒店有300张床位、200个餐位，其老总认为，现在是市场经济，市场变幻难测，酒店的一切经营管理活动都应该围绕市场动态开展，计划是计划经济的产物。因此该老总废除了酒店的年度计划、月计划，各部门都不需要制订任何计划，改为每天发布任务。由于生意难以预料，酒店时常空闲，但又时常忙得团团转，一会儿缺人，一会儿又裁员，员工没有规律的休息日。常常生意好的时候准备不足，生意淡时没有对策，顾客投诉不断，上上下下怨声载道，总经理感到管理上出现了严重问题。请分析该酒店的问题所在，并提出一个改进的方案。

(案例来源：酒店管理经典案例分析.广州：广东经济出版社)

这家酒店显然是没有运用好计划管理职能来科学管理酒店的经营运行，导致工作被动是意料中的事情。为此，作为一名酒店管理者必须学习和掌握计划职能的原理，并在酒店管理运行中加以灵活应用。

## 【任务执行】

酒店计划是酒店管理的重要职能。计划是在酒店管理活动中针对未来预先决定要做什么、如何去做和谁去做的工作过程。只有很好地去计划，才能管理好酒店。

## 一、酒店目标管理



### (一) 目标管理内涵

目标管理是美国管理学家彼得·德鲁克在1954年提出的，用于调动组织成员在计划执行中的积极性，是全面地、均衡地完成计划的一种方法。目标管理是一个全面的管理系统，它是为了充分发挥不同的组织成员在计划执行中的作用，协调这些组织成员的努力，必须把组织任务转化为总目标，并根据目标活动及组织结构的特点分解为各个部门和层次的分目标，组织的各级管理人员根据分目标的要求对下层的工作进行指导和控制。它具有两个特点：① 重视人的因素。目标管理是一种参与的、民主的、自我控制的管理制度，也是一种把个体需求与组织目标结合起来的管理制度；② 建立目标链或目标体系。管理者要通过目标对下级进行领导，目标必须有层次，要形成一个目标链和目标体系，构建主要目标与分目标。各部门目标之间要相互配合，方向一致。

酒店管理的目标是以尽可能少的投入，取得最大的社会经济效益。具体主要表现在以下四个方面：

1. 贡献目标

酒店是社会主义市场经济肌体的一个细胞，它的生存和发展取决于社会对它的承认，而社会对它的承认则取决于它对社会所作出的贡献，即酒店履行社会义务的情况。酒店对社会的贡献主要有三个目标：一是对改善投资环境，发展社会公益事业，以及促进本地区社会主义精神文明建设方面的目标；二是在满足社会需要积累建设资金，促进地区经济繁荣方面的目标；三是对促进本地区企业管理水平方面的目标。

2. 发展目标

酒店的发展目标主要表现为酒店等级的提高、规模的扩大、设施项目的增加和经营范围扩大等方面的目标。

3. 市场目标

酒店的市场目标主要表现为原有市场的巩固、潜在市场的开拓和新市场的创造等方面的目标。当然，也包括目标市场的调整、客源档次提高等方面的目标。

4. 利润目标

酒店的利润目标主要表现为实现利润总额和由此而来的工资奖励基金、福利基金等方面的目标。

### (二) 目标管理流程

实行目标管理一般有制定目标、执行目标、评价成果、实行奖惩、制定新目标并开始新一轮的目标管理循环这样具体五个步骤。

1. 制定目标

目标的制定包括确定组织的总体目标和各部门的分目标。总体目标是组织在未来从事活动要达到的状况和水平，其实现有赖于全体成员的共同努力。而各个部门各个成员都要建立与组织目标相结合的分目标，这样就形成了一个目标体系。具体步骤：第一，组织的高层领导者预定目标。预定目标是一个可以改变的暂定的目标，这一目标的提出必须是共同商量决定的，而且领导必须是根据企业的长远规划、面临的客观环境而提出，对任务目标有一个清醒的估计，对目标值有多大，心中有数。第二，重新审议组织结构和职责分工。目标管理要求每一个目标和分目标都要成为某些人的确切责任，即谁对完成这些目标和分目标负责，完不成找谁。第三，确立下级的目标。首先向下级传达和明确组织的规划和目标，在此前提下和下级商定他的目标。第四，听取下级的意见，将自己认为合理的目标告诉下级。第五，最后应该强调的是目标确定的结果应该是下级目标支持上级目标、分目标支持总目标，每个人员或每个部门的目标要和其他人员其他部门目标协调一致，不损害本单位和整个组织的长远利益和长远目标。

2\. 执行目标

执行目标就是利用组织的资源，保证目标执行者有条件为组织目标而开展工作，授予相应的权力，使之有能力调动和利用必要的资源。权力和责任心并存，能充分发挥执行者的判断能力和创造能力，使目标执行活动有效地进行。在执行过程中要对工作和目标完成情况做定期和不定期的检查，发现不足之处，必要时也可以通过一定的手续，修改原定的目标。

3\. 评价成果

评价成果既是实行奖惩的依据，也是上下左右沟通的机会，同时还是自我控制和自我激励的手段。重要的是检查过程，自我检查与上级检查相结合，即由下级主动提出问题和报告，领导对下级工作中的问题不要随意训斥、指责，更不能推卸责任，上级对下级要给予多方面的支持、协助，必要时，也可以通过一定的手续，修改原定目标。

4\. 实行奖惩

实行奖惩是以上述各种评价的综合结果为依据，给予物质和精神的奖惩，公平合理的奖惩有利于维持和调动组织成员的工作热情和积极性，奖惩有失公正，则会影响这些成员的行为。通常由下级提出书面报告，上下级在一起对目标完成情况进行考核。如果目标没有完成，应分析原因总结教训，不可相互指责，领导主动承担责任，启发下级作自我批评，维持相互信任的气氛。

5\. 制定新目标并开始新一轮的目标管理循环

通过以上步骤，为下阶段的工作提供参考和借鉴，在此基础上开始新的循环。

**（三）目标管理评价**

1\. 目标管理的优点

目标管理成效快捷，是科学和有效的管理方法，它往往会带来良好的绩效，起到立竿见影的效果。目标管理使各项活动的目的性很明确，避免搞形式主义，花架子。目标管理有助于改进组织结构和职责分工，进行分权管理。任何一个组织和职位都应当具有弹性，目标管理是促进分权管理使组织具有弹性的最好方法，它尽可能把完成一项组织目标的成果和责任划归一个职位或部门。

2

目标管理启发了自觉，进一步调动了员工的主动性、积极性，提高了士气。由于目标是经过商定的，它使员工明确了自己的工作在组织整体工作中的地位与作用；员工参与了讨论并做了许诺，有了授权，并受到支持，成为一个主动的、自己能够掌握命运的、可以在一个领域内施展才华的积极工作者。目标管理表现出良好的整体性，组成一个完整的目标锁链和目标体系之后，将企业的所有任务和目标联成一个有机的整体。

2. 目标管理的缺点

在目标制定过程中存在一定难度，许多岗位的工作难以使目标定量化和具体化，普通员工不了解整体目标，不了解整体目标和他个人的关系；目标管理对于员工的动机作了过分乐观的假设，认为多数人都有发挥潜力、承担责任、实行自治和富有成就感的需要，都有事业心和上进心，而且只要有机会，他们就会通过努力工作来满足这些需要，把工作中取得成就看得比金钱更重要。而现实并不完全这样，特别是目标的考核和奖励搞在一起以后，往往出现指标低，出力少，且奖励不少的不正常情形。



## 二、酒店计划管理

### （一）酒店计划管理内涵

1. 酒店计划管理的概念

酒店计划管理就是酒店根据内外环境条件，用目标管理的方法，通过对计划的编制、执行、控制，确定酒店的经营目标，指导酒店的经营业务活动，保证酒店取得良好的效益。计划管理有双重的含义：一是指对计划编制本身的管理；二是实施计划，即用计划管理酒店。计划管理是一种管理职能，是从提供编制计划的依据到计划目标最终实现的全过程发挥作用的职能。

2. 酒店计划管理的意义

计划管理对酒店的经营业务活动具有指导性意义，科学的计划管理是酒店实现科学管理的必要条件。

(1) 计划是酒店管理中的首要职能。根据法约尔对于管理职能的划分，计划职能位居计划、组织、指挥、协调、控制五大管理职能之首，起着决定性作用，没有计划，其他职能将无法进行。

(2) 计划为酒店的发展明确了方向。酒店计划规定了酒店管理活动的主要内容，明确了酒店发展方向，没有计划，酒店的各项经营管理工作将无从展开。

(3) 计划有利于有效配置资源，提高酒店经济效益。酒店的人、财、物等资源都是有限的，要充分利用这些有限的资源，必须实行全面计划管理，只有这样才能使酒店的资源配置达到“最少的投入，最大的产出”，使酒店获得最大的经济效益。

(4) 计划有利于协调内部利益，提高酒店竞争力。一方面，随着酒店规模的不断扩大、功能的日益复杂，酒店必须统一安排各项工作，以减少重复和部门之间的摩擦。各部门将根据酒店的总体计划来确定本部门的经营活动计划，并保证部门计划与酒店总体计划的协调一致，避免各部门只强调本部门利益，损害酒店的整体利益。另一方面，随着酒店业竞争的加剧，酒店只有制订周密、科学的计划并有效实施，才能在竞争中立于不败之地。

【解疑释惑】

提及“计划”，许多人会联想到影响了经济发展的“计划经济”时代的计划，你能区分管理职能计划与经济体制计划吗？

广义的计划职能是指管理者制订计划、执行计划和检查计划执行情况的全过程；狭义的计划职能是指管理者事先对未来应采取的行动所作的谋划和安排。作为管理职能的计划是管理活动的重要表现形式，计划对企业的经营管理运行具有重要的作用。而计划经济的计划是一种体制，是一种不利于生产力发展的、带有自然经济色彩的、落后的经济体制。



### （二）酒店计划分类

1. 长期计划和短期计划

按照计划时间的长短来分，可把酒店计划分为长期计划和短期计划。

长期计划是指一年以上的计划，是战略性计划，主要是明确酒店未来的发展方向。它的主要部分是决定如何使酒店的发展和运营更好地适应不断发展变化的客观环境。长期计划的核心是酒店的发展目标。由于这些目标不是短期能够达到的，因此，长期计划不仅要指出目标，而且要指出达到目标的途径。长期计划包括酒店目标、酒店建设与投资的整体规划、酒店规模、酒店管理水平、员工培训等内容，它是由高层管理人员制订的。

短期计划则是指一年以内（包括一年）的计划，是战术性计划。它用于指导酒店日常的经营活动，比较具体，包括年度计划、季度计划、月计划。它是由部门经理制订的。

短期计划的制订是以长期计划为基础的，并与长期计划保持一致，而长期计划又是通过具体的短期计划来实现的。

2. 总体计划和部门计划

按计划涉及的范围来划分，酒店计划可划分为酒店总体计划和部门计划。酒店总体计划主要是围绕整个酒店或酒店的几个主要部门来制订的，其主要内容包括酒店的总体发展方向、目标、策略、执行方案等；部门计划是指单个部门制订的较具体的计划，包括本部门实现的目标、具体实施方案等，如酒店客房部计划、餐饮部计划等。

### （三）酒店计划原则和特点

1. 酒店计划原则

（1）系统性原则。计划规定着未来行动的方向和方式，因此必须在酒店计划的制订过程中坚持系统性原则，即把计划对象当作一个完整的系统来对待，统一规划、统筹安排，做好各种资源、各个部门的综合平衡工作，协调好局部利益和整体利益，形成一整套科学完整的计划体系。

（2）可行性原则。计划的作用就是对酒店经营活动的指导，如制订的计划脱离实际，缺乏可行性，则计划就丧失了其指导作用，成为一纸空文，所以在计划的制订过程中一定要坚持稳妥可靠、切实可行。

（3）效益原则。计划的制订过程中一定要注重各种资源的优化配置，力求以最小的投入带来最大的产出，以实现酒店利润的最大化，这就要求利用科学的、定量化的决策方法和技术,实现计划的科学化、定量化。

(4) 弹性原则。计划是对未来的预测,有着许多不可确定因素的影响,因此计划必须具有弹性,以适应外界环境发展变化,并要制定相应的应变措施,以便在环境突变的情况下及时调整计划,保证酒店目标的实施。

2. 酒店计划特点

(1) 超前性。计划是对酒店未来经营管理活动的安排,即在业务活动尚未开始之前就进行分析、预测、规划,因此,酒店计划具有鲜明的超前性。

(2) 渗透性。计划职能作为五大管理职能的首要职能,既对其他各职能有着指导作用,又渗透于其他各职能活动中,具有很强的渗透性。

(3) 全面性。酒店计划的制订要包括酒店的各个部门、各种资源,实施过程中要有赖于酒店的全体员工,因此,酒店计划具有全面性。

2

### (四) 酒店计划体系

计划的层次体系

酒店计划种类较多,用途各异,为了便于管理各类计划的制订和执行,并使计划真正起到指导作用,酒店要按时间、内容的不同制订一系列计划 ,并以这些计划组成一个统一的酒店计划体系,使酒店能够有效地执行计划管理职能。酒店计划体系实际上是指酒店一些重要计划的总和,一般由长期计划、年度综合计划和接待业务计划组成。

1. 长期计划

酒店的长期计划是经营目标的具体化,是酒店在较长时间内设备、服务、经济、人员等方面建设发展的长远性、纲领性计划,编制长期计划是酒店高层管理人员的重要工作之一。酒店长期计划的内容主要有:

(1) 酒店总体目标。在计划期内,酒店的等级、水平、标准、规模、经营方向、经营内容;酒店对市场的预测和占有情况;酒店各项主要指标所要达到的水平;各项经济的发展速度和增长速度。

(2) 酒店建设与投资目标。酒店要确定对现有固定资产更新改造的投资额、资金来源、投资效益测算等,并具体确定更新改造的具体设备及新建、扩建的项目。在需要的条件下,酒店还可以规划对外投资项目,如对本酒店集团所属企业的投资、与其他行业联合开发经营的投资等。

(3) 酒店管理体制目标。确定计划期内管理人员的配备,组织的调整,管理手段的更新方向,中外方管理的更替和交接等。

(4) 酒店规模目标。确定酒店接待能力的扩大,在提高市场占有率、开发新的市场的同时,进行相应的扩建、征地等计划;确定酒店经营业务的扩大,相应设施的增加和组织机构的调整等。

(5) 职工培训目标。主要是对酒店管理人员和职工来源的规划,确定职工教育培训人数和培训方式、时间,以及人员素质应达到的标准。

(6) 生活福利目标。包括职工生活福利在计划期内应达到的水平,职工工资增长的逐年规划以及福利基金规划等。

2. 年度综合计划

年度综合计划是具体规定全年度和年度内各时期酒店在各方面目标和任务的计划。内容广泛，综合了酒店的主要经营活动，是综合性、指导性的计划。

年度综合计划有两个基本组成部分：第一部分是酒店综合部分，它着重提出全酒店本年度的目标和任务，并对指标的分解和分配做出总括和说明，这些指标包括经济效益指标、经营管理指标和发展后劲指标；第二部分是组成酒店综合计划的部门分类计划，它提出了各部门为达到酒店目标而各自在本业务范围内执行的目标和任务。部门分类计划主要有以下几种。

（1）前厅接待计划。前厅部与销售部共同根据年度综合计划中酒店的目标和任务以及自身业务预测，确定全年接待总人数，各季度、月的接待人数，本年度预订人数及按合同接待的团体、散客人数以及酒店营销部自行外联的住宿人数。

（2）客房部计划。客房部根据年度综合计划中酒店的目标和任务，具体核定本部门客房（床位）数、接待人数，并制订部门经营计划，包括设备购置、用品种类、服务质量标准等计划，同时确定客房部的组织形式、人员安排、劳动定额等管理方面的计划。

（3）餐饮部计划。餐饮部根据年度综合计划中酒店的目标和任务，具体确定本部门的营业额以及中、西餐厅、宴会、酒吧等各部分在营业收入中的比例，同时制定餐厅设备购置、服务质量、原材料采购等计划。

（4）商场部计划。包括商场销售收入、销售品种、服务项目、流动资金占用与周转等计划。

（5）劳动工资计划。它是对酒店的人员及劳动报酬所作出的具体安排。劳动工资是酒店的重要成本之一，对酒店的经济效益有着重要的影响，所以要制定较细的计划并予以实施。劳动工资计划内容包括职工人数及构成、人员素质标准和劳动组织的基本形式、全员劳动生产率和人均创利率、酒店工资总额、平均工资额、奖金、津贴和其他工资的支付额度。

（6）财务计划。财务计划是根据酒店经营决策而在酒店资金使用和管理方面做出的规划和安排。财务计划包括筹集资金、固定资产折旧、流动资金需要量和周转速度、收入水平、利润分配各种专用基金的管理、成本费用管理等。

（7）物资供应计划。物资供应计划是为酒店各部门完成接待和供应任务，而提供各种物资的计划。物资供应计划要根据酒店管理活动的需要，确定酒店各部门各种物资的种类、规格、特性的基本要求，规定各类物资在计划期的需要量、储备量、进货渠道、采购批量等。

（8）设备建设和维修计划。它是对酒店设备进行投资建设、保养和维修的计划。该计划除需确定酒店计划期内正常运营需添置设备的种类、数量、资金来源和设备更新改造计划外，还需对设备的归口保养、保养控制做出规定。同时，根据设备的维修制度，确定日常修理方式、工作量、计划修理周期和方法，并提出计划修理期间设备使用的替代方案、经费预算和力量安排。

（9）职工培训计划。培训计划要对计划期内酒店员工的来源、素质要求做出规划，还需对员工的学历结构做出规定，并确定酒店员工短期和长期培训的培训内容、培训对象及时间安排。

3. 接待业务计划

酒店的接待业务计划分为常规的月接待计划和重大任务接待计划两类，前者是以月为计划期限，依时间顺序而确定的常规性接待计划，后者是指酒店针对某一项重大任务而专门制定的接待计划，是非常规性计划。这里所说的重要任务，是指来宾的身份特殊或是来宾要求高或是来宾的团队规模较大。接待业务计划是酒店年度综合接待计划在短时间内（一般一个月）的具体执行计划，因而内容更为专门化，多数是在客源或任务确定的情况下制定的作业计划，包括具体业务项目的操作程序、应达到的标准、员工工作时间安排、员工分工和工作要求等内容。

**（五）酒店计划指标**

酒店计划指标是指酒店在计划期内用数字表示的经营、接待、供应等方面要达到的目标和水平。酒店的计划指标按其性质可分为两大类：质量指标和数量指标。质量指标是用来表示计划期间，酒店的人力、物力和财力的利用以及在接待服务活动中，工作质量和服务质量应达到的水平，通常用相对数（百分比）来表示，如酒店的客房出租率、毛利率、利润率、劳动生产率等；数量指标表示计划期间酒店在经营管理活动中应达到的数量要求，通常用绝对数来表示，如利润、销售额、接待人数等。酒店的主要计划指标如下。



1. 客房（床位）数

客房（床位）数是表示酒店接待能力的最基本指标，是其他指标的基础，具体是指酒店各种等级床位的总和。

2. 客房出租率

客房出租率是表示酒店接待能力利用情况的基本指标，具体是指实际出租客房数量与计划期内可供出租客房数量之比，计算公式为：

客房出租率＝报告期内实际出租客房数量/（客房数量×计算期天数）×100％

3. 接待人数

酒店接待人数是指计划期间酒店接待人数的总量。它包括两个指标：一是住宿人次数；二是人均停留天数。人均停留天数计算公式为：

人均停留天数＝报告期内客人住宿天数总和/报告期入住客人人数之和

4. 营业额（营业收入）

酒店的销售额是由酒店客房、餐饮等各部门的营业额汇总而成，因而在提出酒店营业额指标时，必须同时将其分解到各个营业部门，确定各个部门的营业额指标时，首先要确定各部门收入占酒店总收入的比率。其中确定收入指标时应注意汇率变动情况，强调可比性。另外，营业外收入（如折价处理物品收入、罚金收入等）一般单独列项，不列入营业额指标内。

5. 酒店成本

酒店成本是指酒店在经营过程中为完成营业额指标而付出的营业成本（直接成本）和营业费用（间接成本）之和，再加上酒店的企业管理费用。酒店成本的确定有两种方法：一是在以往（或基期）年份成本率和费用率的基础上，通过对计划年份相关因素的预测和分析，推算出计划期的酒店成本和费用；二是将测算出的各部门的营业成本、营业费用总和再加上酒店的企业管理费用。

6. 利润和税金

利润和税金是酒店盈利的表现。

利润是酒店盈利的一部分。具体指标有利润总额和利润率。其中利润总额是指酒店在计划期内实现的全部利润，计算公式：

利润总额＝经营利润＋营业外收入－营业外支出

利润率是指报告期内酒店实现的利润总额占营业收入的比重，计算公式：

利润率＝报告期内酒店利润总额/报告期内酒店营业收入总额×100％

税金是酒店创造的，提供给社会支配的那一部分价值。核定税金指标，应根据国家规定的税率税种，根据对酒店其他各项经济指标进行的预测，确定应缴纳的税金。

7. 人均消费额

是指客人在酒店内的平均消费的金额，体现了酒店经营水平和酒店产品是否适销对路。



人均消费额＝报告期营业额/报告期接待人数

8. 劳动生产率

是衡量职工工作效果和效率的指标，具体可用人均接待人数、全员劳动生产率、人均创汇额、人均实现利税四个指标来确定。

人均接待人数＝报告期接待总人数/报告期酒店平均职工人数
全员劳动生产率＝报告期内营业收入总和/报告期内酒店平均职工人数
人均创汇额＝报告期内酒店外汇收入总和/报告期内酒店平均职工人数
人均实现利税＝报告期内酒店利税总额/报告期内酒店平均职工人数

9. 设备完好率

指酒店可使用的设备与全部设备之比，该指标反映了设备质量和维护情况。

设备完好率＝可使用设备/全部设备×100％

10. 能源消耗

酒店内的动力设备、游乐设施都要消耗大量能源，能源是指煤、汽油、电力、煤气等。能源消耗是指计划期内在达到接待人数和营业额的情况下各种能源的消耗指标，它表明了酒店经营过程中能源耗用情况，是酒店节约能源的重要工具。有条件的酒店还可制定各种能源单耗指标，其计算公式为：

(某种能源)单耗＝某种能源消耗总量/住宿者过夜总数

## 三、酒店计划编制

案例

**职责清晰，分工明确——东方酒店制订服务标准化工作计划**

为切实做好酒店服务标准化工作，确保分步骤、按计划地完成此项工作。东方酒店制订下发了服务标准化工作计划。

一是明确了工作完成时间。要求酒店各部门在3月20日前，完成本部门原有规制工作流程整理、分类工作。3月23日前，工作办公室完成酒店服务标准化指导目录。4月15日前，工作办公室完成服务标准化体系的基础材料工作。4月30日前，酒店各部门完成服务标准化的分类汇总工作。5月15日前，酒店服务标准化工作办公室完成酒店服务标准化体系的整理完善工作。5月30日前完成酒店服务标准化中期评估工作的内部评估。6月，接受上级部门的中期评估检查。

二是明确了工作落实部门、人员。需要工作办公室完成的工作，涉及编制酒店服务标准化工作方针、目标等10个方面；需要各部门完成的工作，在建立服务质量标准体系方面，包括编写制定员工形象标准等5个服务质量特性标准，以及餐厅流程规范等7个服务流程。在建立服务管理标准体系方面，包括编写制定财务、人力资源等19类管理标准。在建立服务工作标准体系方面，包括编写制定高层管理人员、领班以上管理人员及一般员工的工作标准。

三是认真抓好落实。酒店服务标准化工作计划下发后，各部门立即行动，结合部门原有规制，对涉及本部门的服务质量标准、服务管理标准、工作标准等内容进行了认真的整理、分类。目前已基本梳理完成整体指导目录，为酒店服务标准化工作奠定了良好的基础。

（案例来源：根据东方酒店官方网站资料改编）

2

### （一）影响计划编制因素

1. 市场状况

酒店产品也是一种商品，在销售过程中同样存在供给方和需求方，了解和掌握顾客的需要从而生产出符合市场需要的产品对于酒店尤为重要，同时，外界的政治经济环境、市场竞争程度都对酒店产品的销售起着重要的影响，所以市场状况是影响酒店计划的重要的外部因素，这就要求酒店在制订计划前一定要进行周密的市场调查。酒店市场调查的基本内容包括国内外政治经济状况、竞争对手情况、客源市场需求等，并在此基础上进行市场分析和预测，为酒店制订计划提供依据。

2. 酒店综合接待能力

酒店综合接待能力是指酒店自身的硬件设施和软件服务所能够接待宾客的最大容量，是酒店内部能利用市场机会、获取利益的能力总和。酒店综合接待能力和酒店市场状况同时构成了影响酒店计划编制的决定性因素。

3. 酒店对外的经济合同

酒店对外的经济合同是酒店同有关单位签订的具有法律效力的契约，因而在制订酒店计划时一定要予以考虑。

4. 酒店的管理水平和技术水平

因为酒店管理水平的高低和技术水平的好坏直接影响到酒店计划的实施效果，所以在制订酒店计划时应予以考虑。

### （二）酒店计划编制步骤

计划的编制一般分为以下四个步骤。

1. 调查研究

在着手编制计划之前，必须通过调查研究，掌握酒店所处的内、外部环境因素。只有建立在科学研究基础上的客观可行的计划，才能真正起到指导作用。酒店环境因素分析包括：

① 酒店内部因素。主要是酒店综合接待能力分析，考虑酒店的客房、餐厅、酒吧等部门的接待能力及潜力，同时考虑酒店的设备设施条件和管理水平及员工素质。

② 酒店外部因素。除考虑国内外政治经济形势和酒店已有的对外经济合同外，还应通过市场调查和市场预测，掌握酒店所处地区的旅游发展趋势、市场竞争状况以及市场需求的变化情况，了解客人对酒店产品质量、价格等方面的要求，并掌握酒店所需的原料和物品的供应来源、价格、质量、货源是否充足等信息。

2. 确定计划

计划目标是酒店在计划期内经营管理活动预计达到的期望值。计划目标必须要有明确的表述，尽量使目标量化，少用或不用模糊的语言，以便于执行和修正。如“尽量减少客人投诉”就不够明确，改为“将客人投诉率降低至 5%以下”则更为明确和便于执行、考核；计划目标应相对稳定，以保证计划的执行者有章可循，不至于无所适从；计划目标要具有前瞻性和竞争力，计划是对酒店未来的预测，因此需要具有前瞻性，而酒店要在激烈的竞争中生存和发展，酒店的目标也应反映竞争性这一特点；计划目标要有弹性，尤其是长期计划目标更应留有一定的余地，因为酒店的内外环境是不断发展变化的，只有制定灵活的具有弹性的计划目标，才能对环境的变化作出及时的反应。

3. 选择方案

最初编制计划时可能有多种备选方案，应根据酒店的内部条件和外部环境选择最优方案，选定的方案应既符合酒店的经营目标，又不超出酒店自身的能力和外部环境的限制。

4. 评估和调整计划

正式计划编制以后，并不是一成不变的，还需在实际执行过程中进行检验、修正，尤其是长期计划，往往由于时间长，环境因素变化多，而使原来制订的计划偏离实际，所以需要对计划进行不断的评估和调整，使其符合已发生变化的内外环境条件。

### （三）酒店计划编制方法

酒店计划的编制有很多种方法，如滚动式计划法、固定增长法等。其中滚动式计划法由于具有弹性、比较灵活，因而更适合酒店环境的发展变化，是一种科学实用的计划方法，故本书只对这种方法加以介绍。

滚动式计划编制法是在每一次制订和调整计划时，将计划期按时间顺序向前推进一个计划期，即进行一次滚动。如每年制订一次长期计划，就按顺序把长期计划向前推进一年，而不是像以往静态计划那样等全部计划执行完毕再重新制订下一计划期的计划，它是一种动态的计划编制方法。由于滚动式计划编制方法可以不断地根据内外部环境变化和上一时期计划的实施效果及时地对下一时期的计划进行调整，使计划更符合客观实际，对酒店的经营活动更具有指导意义，也更具有灵活性。

用滚动式计划编制法既可编制长期计划，也可以编制酒店的中短期计划，但尤为适用于长期计划的编制，下面就长期计划的编制程序加以介绍。以五年制计划为编制周期，编制程序，如图 2-3 所示。

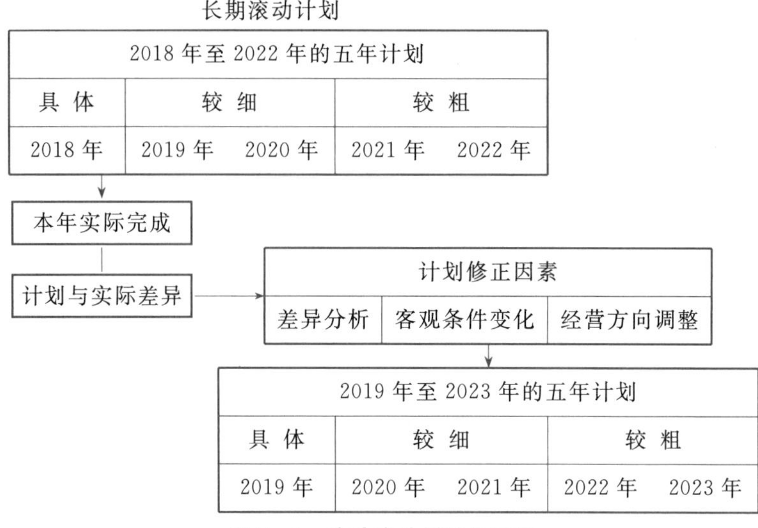


图 2－3 滚动式计划编制程序

**案 例**

## 某酒店开业前工作计划

（一）酒店开业准备计划方案（前6个月）

1月份（运营部门）：① 人力资源与营销部运营准备；② 餐饮部运营准备；③ 客房部进场工作；④ 制订宾馆招员计划；⑤ 制定酒店组织结构图；⑥ 岗位设计；⑦ 中层干部配备；⑧ 薪资计划。

2月份（工程部门）：① 土建完成；② 精装修开工；③ 宿舍装修；④ 后勤工程动工；⑤ 消防、空调、水、电、气管道完成；⑥ 安装窗；⑦ 客房、餐饮大堂装修；⑧ 通信系统布线。

3月份（运营部门）：① 员工报到，办入店手续；② 新员工酒店入职培训；③ 开始市场调研，并制订营销方案；④ 印制各种报表、单据；⑤ 定做员工训练服；⑥ 定制餐饮用具、客房物品、康乐设施。

4月份（工程部门）：① 完成宿舍；② 订购架床；③ 弱电系统安装、锅炉安装；④ 室外场地清理、做绿化计划；⑤ 定制厨房设备设施。

5月份（运营部门）：① 安排员工到伙伴店实习；② 制订宴请名单与计划；③ 定制营销用品、开始前期介入性营销；④ 制订开业典礼方案；⑤ 制订店内店外装饰采购方案；⑥ 餐厅、会议的家具进场；⑦ 检查酒店各部工程与设备安装完成情况。

6月份（工程部门）：① 空调系统安装与调试；② 电器、通信系统安装与调试；③ 厨房设备设施安装与调试；④ 装修工程竣工清理。

（二）开业前第3个月（不分部门）

1. 参与选择制服的用料和式样。
2. 了解客房的数量、类别与床的规格等，确认各类客房方位等。
3. 了解酒店康乐等其他配套设施的配置。
4. 明确各客房部是否使用电脑。
5. 熟悉所有区域的设计蓝图并实地察看。

6. 了解有关的订单与现有财产的清单(布草、表格、客用品、清洁用品等)。

7. 了解所有已经落实的订单,补充尚未落实的订单。

8. 确保所有订购物品都能在开业一个月前到位,并与总经理及相关部门商定开业前主要物品的储存与控制方法,建立订货的验收、入库与查询的工作程序。

9. 检查是否有必需的家具、设备被遗漏,在补全的同时,要确保开支不超出预算。

10. 如果酒店不设洗衣房,则要考察当地的洗衣场,草签店外洗涤合同。

11. 决定有哪些工作项目要采用外包的形式,如虫害控制,外墙及窗户清洗,对这些项目进行相应的投标及谈判。

12. 设计部门组织机构。

13. 写出部门各岗位的职责说明,制定开业前的培训计划。

14. 落实员工招聘事宜。



(三) 开业前 1 个月(不分部门)

1. 按照酒店的设计要求,确定客房的布置标准。

2. 制定部门的物品库存等一系列的标准和制度。

3. 制定客房部工作钥匙的使用和管理计划。

4. 制定客房部的安全管理制度。

5. 制定清洁剂等化学药品的领发和使用程序。

6. 制定客房设施、设备的检查、报修程序。

7. 制定制服管理制度。

8. 建立客房质量检查制度。

9. 制定遗失物品处理程序。

10. 制定待修房的有关规定。

11. 建立 VIP 房的服务标准。

12. 制定客房的清扫程序。

13. 确定客衣洗涤的价格并设计好相应的表格。

14. 确定客衣洗涤的有关服务规程。

15. 设计部门运转表格。

16. 制定开业前员工培训计划。

(四) 开业前 20 天(不分部门)

1. 审查洗衣房的设计方案。

2. 与清洁用品供应商联系,使其至少能在开业前一周将所有必需品供应到位。

3. 准备一份客房检查验收单,以供客房验收时使用。

4. 核定本部门员工的工资报酬及福利待遇。

5. 核定所有布件及物品的配备标准。

6. 继续实施开业前员工培训计划。

(五) 开业前第 15 天(不分部门)

1. 对大理石和其他特殊面层材料的清洁保养计划和程序进行复审。

2. 制定客用物品和清洁用品的供应程序。

3. 制定其他地面清洗方法和保养计划。

4. 建立卡拉OK房的检查与报告程序。

5. 确定前厅部与客房部的联系渠道。

6. 制定员工激励方案(奖惩条例)。

7. 制定有关客房计划卫生等工作的周期和工作程序(如翻床垫)。

8. 制定所有前后台的清洁保养计划,明确各相关部门的清洁保养责任。

9. 建立客房部和洗衣房的文档管理程序。

10. 继续实施员工培训计划。

(六) 开业前第10天(不分部门)

2

1. 与财务部合作,根据预计的需求量,建立一套布件、器皿、客用品的总库存标准。

2. 核定所有客房的交付、接收日期。

3. 准备足够的清洁用品,供开业前清洁使用。

4. 确定各库房物品存放标准。

5. 确保所有客房物品按规范和标准上架存放。

6. 与总经理及相关部门一起重新审定有关家具、设备的数量和质量,进行确认和修改。

7. 与财务总监一起准备一份详细的货物储存与控制程序,以确保开业前各项开支的准确、可靠、合理。

8. 如酒店自设洗衣房,则要与社会商业洗衣场取得一定的联系,以便在必要时可以得到必要的援助。

9. 继续实施员工培训计划。

(七) 开业前第7天(不分部门)

1. 与工程部经理一起核实洗衣设备的零配件是否已到。

2. 正式确定客房部的组织机构。

3. 根据工作和其他规格要求,制订出人员分配方案。

4. 取得客房的设计标准说明书。

5. 按清单与工程负责人一起验收客房,确保每一间房都符合标准。

6. 建立布件和制服的报废程序。

7. 根据店内缝纫工作的任务和要求,确定需要何种缝纫工,确立外联选择对象,以备不时之需。

8. 拟订享受洗衣优惠的店内人员名单及有关规定。

9. 着手准备客房的第一次清洁工作。

(案例来源:综合多家酒店开业计划编写)

## 四、酒店计划实施

计划是酒店管理的关键,执行计划要有一个强有力的高效率的业务指挥系统作为保证。酒店以总经理为首的行政业务指挥系统是执行计划的有力保证,在这一系统的指挥下，各层次、各部门按照本身的职责和业务范围具体领导计划报告，落实计划中各项任务和指标。

实施计划过程中，要充分注意克服和解决计划执行中的障碍和困难，更要充分运用各种检查手段对计划的实施情况和计划指标的完成情况进行比较、分析、评价，并在此基础上找出差异，分析产生差异的原因，并采取相应的有效控制措施，保证计划的实现。

**(一) 计划的检查**

检查是执行计划的重要环节，计划执行得正常与否，只有通过检查才能了解。计划的检查工作可按照实际情况采用下列四种方式进行：

1. 全面检查

定期召开店务会议，会上由酒店高层管理者对各部门及全酒店计划执行情况作全面了解，以便掌握整个酒店计划执行的总体情况。

2. 文字记录检查

通过各种报表、业务情况记录的文字表单进行经常性的检查，对计划执行结果做到心中有数。

3. 突击性检查

对于重要接待任务计划的执行情况，或者由于某种因素而使业务活动发生较大波动时，多采用这种形式。

4. 实行月考核

管理人员每个月检查酒店的业务情况、财务成果和制度执行情况，并实施考核。

**(二) 计划的控制**

计划控制是在计划检查的基础上，发现计划的实际执行结果和计划目标存在差异，分析问题的原因，采取相应的措施，以达到计划目标。计划控制的主要工作有：

1. 通过计划检查对计划和实际状况作一比较，以发现偏差

发现偏差后，对偏差进行分析，偏差值在允许范围内，则只分析原因，不采取措施纠正；如果偏差值超出允许范围，不管是正偏差还是负偏差，都要经过分析，然后提出纠偏措施。如果偏差是由计划制定得不合理引起的，则要调整计划。计划调整是个十分严肃的决策，计划调整或调整计划指标，或调整部分内容，或调整方向目标，或调整投入，不管哪一种调整，都须经过店务会议的论证，由总经理做出最后决策。

2. 酒店计划控制主要由总经理和部门经理配合实施，它和管理的控制职能相结合

在执行控制职能时，同时控制计划的执行。为此，各级管理人员一方面对计划指标和计划进度要十分明确，另一方面，各级管理人员为了有效地控制计划的执行，应该经常深入到业务第一线，时时掌握业务进行的实际情况，掌握经济和财务运行情况，把计划的执行控制在正常范围内。

## 【任务框图】

本任务以目标管理为引导，从四个方面对酒店计划编制与转型进行了讲述，主要内容框架如图 2 - 4 所示。

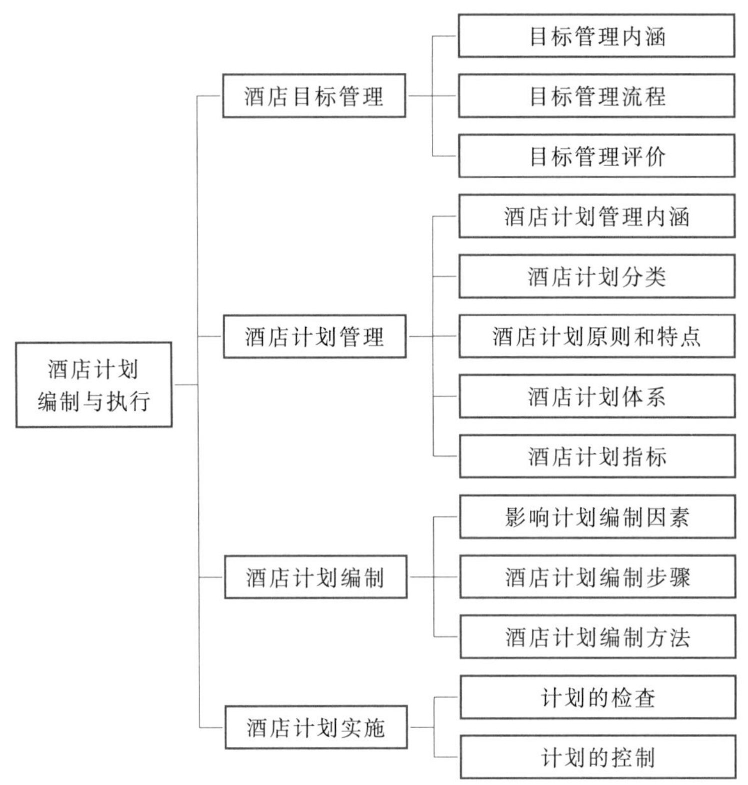


图 2-4 模块二任务二框图

2

## 【任务拓展】

计划是酒店管理中的首要职能，计划管理对酒店的经营业务活动具有指导性意义，科学的计划管理是酒店实现科学管理的必要条件。通过本任务的学习掌握了计划管理的方法，对于每位同学而言，你们的人生也需要计划，请用所学知识完成以下两个任务：

1. 用目标管理法制订自己学习上的长期目标、年度目标和短期目标。
2. 用滚动计划法制订自己学习和生活的五年计划。

## 【任务测试】

**一、判断题**

1. 短期目标是战术性目标，包括年度目标、季度目标、月目标。 （ ）
2. 酒店有营业额表明酒店一定有盈利。 （ ）
3. 客房出租率能够体现一个酒店经营水平和酒店产品是否适销对路。 （ ）
4. 计划目标必须要有明确的表述，尽量使目标量化，少用或不用模糊的语言，以便于执行和修正。 （ ）
5. 滚动式计划编制法尤其适用于编制酒店的短期计划。 （ ）

**二、单选题**

1. （ ）衡量酒店接待能力的最基本指标，是其他指标的基础。

A. 床位数　B. 客房出租率　C. 接待人数　D. 营业额

2. 以下不属于劳动生产率指标的是(　　)。

A. 人均接待人数　B. 人均消费额

C. 全员劳动生产率　D. 人均实现利税

3. 对于重要接待任务计划的执行情况,或者由于某种因素而使业务活动发生较大波动时,可采用(　　)。

A. 全面检查　B. 文字记录检查

C. 突击性检查　D. 月考核检查

4. 计划的制订过程中一定要注重各种资源的优化配置,力求以最小的投入带来最大的产出,这体现了计划的(　　)。

A. 系统性原则　B. 可行性原则　C. 效益原则　D. 弹性原则

5. 一年以上的战略性目标是指(　　)。

A. 短期目标　B. 长期目标　C. 总体目标　D. 部门目标



# 任务三　酒店人力资源开发与管理

## 任务引例

### 麦当劳对钟点工的管理

麦当劳的钟点工的年龄层次相当宽泛,从 16 岁到 80 岁不等。但麦当劳通过引进严格的目标管理制度,对这些钟点工每隔 3 个月进行一次目标考核。曾经有很多人认为"麦当劳的员工只是照着员工手册条款服务罢了",但实际情况并非如此。麦当劳对员工们进行十分仔细的操作能力考核并与钟点工资直接挂钩,鼓励员工们进行有创意的服务。

另外,技术熟练的钟点工也有机会与正式职员一样参与诸如管理其他钟点工的考勤表、发送食品材料订货单等工作。而且,这些优秀的钟点工和正式职员还能到被称为"汉堡包大学"的培训中心接受进一步的训练。这种人才培养制度也同样反映了麦当劳的按能力评价员工的方针。在确立从见习经理到能够管理 60～80 家店铺的区域经理之间的严格的等级制度的同时,麦当劳的员工待遇也是相当诱人的。就像该公司总裁公开宣布的:"我们的目标是支付全国最高水平的薪金。"

(案例来源:酒店管理经典案例分析.广州:广东经济出版社)

人力资源管理主要是做好选人、用人、育人三方面的工作。麦当劳在选人环节能结合实际,不像一些企业那样盲目追求高学历,在用人的过程中无论对正式员工还是钟点工都进行严格的目标管理,并把考核结果和员工的绩效工资挂钩,从而对员工起到激励作用;除了注重能防止员工产生不满情绪的保健因素(如较高的工资薪金)外,麦当劳还能尽量创造能让员工充分发挥其能力和潜力的工作环境,给员工通过培训、进修提高自身素质的机会,满足员工自我发展的需要,很好地满足了激励因素的要求。

## 【任务执行】

酒店人力资源管理就是运用现代人力资源管理理念，依靠酒店组织机构和组织手段，为酒店选择并培养高素质的员工，配备具有才能并适合企业发展的管理者，并且尽最大限度发挥其才能，从而实现酒店经营目标的管理行为。

酒店人力资源开发就是根据酒店人力资源的生理和心理特点，运用科学的方法，充分发挥人力资源的潜力，力求做到各尽所能，人尽其才，达到酒店和员工个人的共同发展。基本内容包括：酒店人力资源规划，员工的招聘，员工的教育培训和激励。

### 一、员工招聘



员工招聘是酒店人力资源管理的常规工作，就是发现和吸引有条件、有资格、有能力的人员来填补酒店岗位的空缺。酒店为了适应经营环境的变化，提高竞争能力，需要不同的人员，招聘是补充人员的主要方法，也是保持组织生存与发展的重要手段。卓有成效的招聘能使酒店拥有绝对的人力资源优势。

#### （一）员工招聘的意义

招聘对于酒店的生存与发展具有重要的意义：首先，招聘有助于改善组织的劳动力结构和数量。招聘活动是以组织战略和计划为基础，根据人力资源规划确定人员需求，并在某段时间、某个地点招聘所需要的员工。通过有目的、有计划地录用工作人员，酒店可以控制人员类型和数量，改变人力资源结构，保证年龄结构、知识结构、能力结构等符合酒店发展的整体目标。

其次，招聘可以保障酒店员工充分发挥自身能力。招聘为酒店员工提供一个公平竞争上岗的机会，保证每个员工都能充分发挥自身的能力。组织对于每一位应聘者一视同仁，按照公平、公正、公开的招聘程序，遵守法律规定和承担应有的社会义务。通过招聘，酒店能够发现最佳人选，减少明显不合格或不合适的人员进入组织，减少人员受聘后离开组织的可能性，帮助员工找到适合自己的工作，提高组织和个人的工作效率。

最后，招聘有助于提高酒店的管理效率。招聘是一项有成本的管理活动。高效率的招聘是组织通过招聘宣传，选择交通便利的招聘地点，吸引、鼓励和促进更多的人员应聘，以低成本为酒店增加合格的人才。有效的招聘能保证组织落实计划、稳定人员，提高综合效益。

#### （二）员工招聘的程序

酒店招聘员工是个连续的过程，包括制订招聘计划、发布招聘信息、面试应聘人员、测试、体格检查、发出录用通知书、评价招聘效果七个方面。

（1）制订招聘计划。招聘计划是在人力资源规划的基础上产生的。酒店发现某些职位空缺需要有人来填补时，就会提出人员的招聘要求。员工的招聘计划的主要内容应包括此项招聘的目的、应聘职务描述、人员的标准和条件、招聘对象的来源、发布招聘信息的方式、招聘工作的组织人员、参与面试人员、招聘时间、新员工进入酒店的时间、招聘经费的预算等。

（2）发布招聘信息。酒店根据面向内部或外部的不同招聘对象，选择最有效的发布媒体和渠道传播信息。发布招聘信息时要有明确的指向性，即潜在的招聘对象，招聘内容要求有正确描述职务的特点、应聘者应具备的条件和有关应聘的方法以及需要提供的应聘资料等。

（3）面试应聘人员。面试应聘人员是对职务申请人的选拔过程。招聘人员通过审查应聘者的申请表，初步筛选出满足最低应聘条件的人员，然后安排参与面试的人员对应聘者进行面试，通过面对面的接触确定应聘者的外貌条件、表达能力是否符合招聘条件，同时了解应聘者对所应聘工作的兴趣和认识，对工作时间、工作环境、工资待遇的要求。

(4) 测试。为了进一步掌握应聘者的情况，在面试的基础上有必要进行测试。测试主要能预测应聘者在特定领域的工作表现，以帮助酒店选择对某项工作最适合的人选。测试的内容是以职务的要求范围和标准为基础。例如，对于厨师可以用菜肴的制作来测试其掌握烹饪知识和实际操作水平，对于酒吧服务员可用饮料知识、调酒技能来测试。同时，现代酒店企业的招聘还应包括心理测试、兴趣测试、诚实度测试等方面的内容。

(5) 体格检查。由于酒店行业的特殊性，体检在酒店员工的招聘工作中是绝不能被忽视的一个环节。酒店业作为服务性行业，各项工作都关系到客人的健康，为此要杜绝对有传染性疾病的人员被录用。拥有健康体魄的员工，是酒店工作得以顺利开展的基本保证。

(6) 发出录用通知书。这一阶段是招聘单位与正式受聘人员共同签订劳动合同，并向其发出上班试工的通知。通常通知书中应写明新员工的上班时间、地点和向谁报到。

(7) 评估招聘效果。这是整个招聘过程的最后阶段。对进行过的招聘工作总结和评价，并将有关资料整理存档。评估指标有招聘成本的核算和录用人员的工作评估。核算招聘成本是用经济指标衡量招聘的效果，招聘费用支出低，而录用人员的数量多，说明招聘成本低，在低成本条件下，能招聘到高质量的人才，说明此次招聘的效果比较好。

## 二、员工任用

### (一) 员工工作分析

1. 员工工作分析概述

员工工作分析就是要通过一系列科学的方法，把员工职位的工作内容和职位对员工的素质要求弄明白。专业的描述是这样的：工作分析是指通过观察和研究，确定关于某种特定的性质的确切情报和(向上级)报告的一种程序。

人事心理学家从人力资源管理的角度出发提出了一个非常容易记忆的6W和1H工作分析公式，从七个方面对职务进行分析：

who：谁来完成这项职务；

what：这项职务具体做什么事情；

when：职务时间的安排；

where：职务地点在哪里；

why：他为什么职务(职务的意义是什么)；

for who：他在为谁职务；

how：他是如何服务的。

工作分析的最终成果是产生两个文件：职务描述和职务资格要求。有的书上也将它们叫作“工作描述”和“职位要求”，我们也可以把它们合称为“职务说明书”。

职务描述规定了对“事”的要求，如任务、责任、职责等；职务资格要求规定了对“人”的要求，如知识、技术、能力、职业素质等。人力资源部门应通过职务说明和职务资格要求来指导人力资源管理职务。

2

(1) 职务描述的具体内容。

基本信息：职务名称、职务编号、所属部门、职务等级、制定日期等。

工作活动和工作程序：工作摘要、工作范围、职责范围、工作设备及工具、工作流程、人际交往、管理状态等。

工作环境：工作场所、工作环境的危险、职业病、工作时间、工作环境的舒适程度等。

任职资格：年龄要求、学历要求、工作经验要求、性格要求等。

(2) 职务资格要求的具体内容。

基本素质：最低学历、专长领域、工作经验、接受的培训教育、特殊才能等。

生理素质：体能要求、健康状况、感觉器官的灵敏性等。

综合素质：语言表达能力、合作能力、进取心、职业道德素质、人际交往能力、团队合作能力、性格、气质、兴趣等。



2. 员工工作分析方法

进行员工工作分析的方法有很多，这里介绍几种常用的方法。

(1) 观察法。是指工作分析人员通过对员工正常工作的状态进行观察，获取工作信息，并通过对信息进行比较、分析、汇总等方式，得出工作分析成果的方法。观察法适用于对体力工作者和事务性工作者，如搬运员、操作员、文秘等职位。由于不同的观察对象的工作周期和工作突发性有所不同。所以观察法具体可分为直接观察法、阶段观察法和工作表演法。

(2) 问卷调查法。工作分析人员首先要拟订一套切实可行、内容丰富的问卷，然后由员工进行填写。问卷法适用于脑力工作者、管理工作者或工作不确定因素很大的员工，比如软件设计人员、行政经理等。问卷法比观察法更便于统计和分析。要注意的是，调查问卷的设计直接关系到问卷调查的成败，所以问卷一定要设计完整、科学、合理。

(3) 面谈法。也称采访法，它是通过工作分析人员与员工面对面的谈话来收集职务信息资料的方法。在面谈之前，工作分析人员应该准备好面谈问题提纲，一般在面谈时能够按照预定的计划进行。面谈法对工作分析人员的语言表达能力和逻辑思维能力有较高的要求。工作分析人员要能够控制住谈话的局面，既要防止谈话跑题，又要使谈话对象能够无所顾忌地侃侃而谈。工作分析人员要及时准确地做好谈话记录，并且避免使谈话对象对记录产生顾忌。面谈法适合脑力职务者，如开发人员、设计人员、高层管理人员等。

(4) 其他方法。

① 参与法：也称职务实践法。顾名思义，就是工作分析人员直接参与到员工的工作中去，扮演员工的工作角色，体会其中的工作信息。参与法适用于专业性不是很强的职务。参与法与观察法、问卷法相比较，获得的信息更加准确。要注意的是，工作分析人员需要真正地参与到工作中去，去体会工作，而不是仅仅模仿一些工作行为。

② 典型事件法：如果员工太多，或者职位工作内容过于繁杂，应该挑具有代表性的员工和典型的事件进行观察，从而提高工作分析的效率。

③ 工作日志法：是由员工本人自行进行的一种工作分析方法。事先应该由工作分析人员设计好详细的工作日志单，让员工按照要求及时填写职务内容，从而收集工作信息。需注意的是，工作日志应该随时填写，比如以 10 分钟、15 分钟为一个周期，而不应该在下班前一次性填写，这样是为了保证填写内容的真实性和有效性。工作日志法最大的问题可能是工作日志内容的真实性问题。

④ 材料分析法：如果工作分析人员手头有大量的工作分析资料，比如类似的企业已经做过的相应的工作分析，比较适合采用本办法。这种办法最适合于新创办的企业。

⑤ 专家讨论法：专家讨论法是指请一些相关领域的专家或者经验丰富的员工进行讨论，来进行工作分析的一种方法。这种方法适合发展变化较快，或职位职责还未定型的企业。由于企业没有现成的观察样本，所以只能借助专家的经验来规划未来希望看到的职务状态。

上述这些工作分析方法既可单独使用，也可结合使用。由于每个方法都有自身的优点和缺点，所以每位管理者应该根据本企业的具体情况进行选择。所有方法最终的目的是一致的，即为了得到尽可能详尽真实的职务信息。

**（二）员工培训**



现代酒店的一个重要特征是，其经济活动中知识、技术含量日益增加，更新的速度日益加快。教育培训对于酒店适应这种技术变革和多变的市场竞争发挥着越来越重要的作用。同时，现代酒店业的竞争归根结底是员工素质的竞争，教育培训在提高酒店人员的素质，开发员工的潜在能力，改善人力资源结构，从而增强酒店竞争力方面具有不可替代的战略功能。因此，教育培训是现代酒店人力资源开发中不可或缺的内容。

教育培训是酒店企业发展的需要，也是员工个人发展的需要。酒店通过培训员工，可以提高员工知识水平、技术素质；提高员工工作质量和工作效率；降低损耗；减少安全事故的发生；降低员工流失率。员工通过参加培训，满足了自身的学习需求，提高了自己的专业技术水平，从而增加就业能力；培训可以扩展员工的知识面和工作领域，利于员工的事业发展；有效、科学的岗位培训保证了员工工作的安全性。

酒店员工培训包括了新员工的岗前培训和在职员工的继续培训两个方面。新员工的培训由酒店人力资源部和新员工所在部门共同完成。人力资源部门负责对员工进行系统全面的培训，内容包括：酒店概况，酒店的主要政策及实施状况，员工的工资制度，福利，安全和事故预防，员工和酒店的关系，酒店的物质条件，酒店运作的成本因素。新员工所在部门的岗位培训的内容取决于该部门的具体需要和新员工已有的技能和经验。一般包括：部门职能，岗位职责，工作程序和规章制度，工作环境的介绍，部门员工的介绍。

在职员工的继续培训是人力资源部门的一项重要任务。对在职员工的继续培训有以下几种途径。

（1）在职培训。在职培训是指结合实际工作进行培训，即一边工作一边培训。这种培训方法通常是针对高级职员和管理人员。培训人员向接受培训的员工示范怎样工作并在他们的指导下完成这项工作。工作轮换是在职培训的一种特殊方式，也被称为交叉培训。员工被要求在同一部门学习做不同的工作，并有一定的时间限制。工作轮换使得员工能够应付工作中出现的各种可能的情况，这一培训不需要任何特别的设备，并且在培训过程中能够完成许多工作。

（2）实景模拟培训。实景培训是指在一个与实际工作场所相似的工作环境、相同的程序、相同的设备，由这一工作领域的熟练员工对接受培训的员工进行指导。员工在这种培训方式下没有正常生产节拍的压力，可以按照自身的学习节奏进行学习。这种培训方式在酒店员工培训中得到广泛运用，例如，对客房服务员、餐厅服务员、酒吧服务员的培训都采用这种方法。

（3）离岗培训。离岗培训包括通常所说的脱产培训，以及在工余时间组织的进修、培训。这种脱离直接工作场所的培训，员工可以暂时离开酒店，到高校、行业协会等机构学习。

这种培训方式以课堂式培训为主，授课人的教学手段也越来越多样化，除了讲授知识，还采用了案例研究、角色扮演、商务游戏、专业研讨会等方式。

**（三）员工职业规划**

1. 员工自我评估

员工对自己的能力、兴趣爱好，以及职业发展的要求和目标进行分析和评估以前，不少员工，特别是文化知识水准较低的员工在寻找工作，也就是在最初就业时，没有认真地对自己的能力、兴趣，以及自己职业发展的要求和目标进行分析评估，而盲目地寻找工作或就业。然而，也有不少员工，特别是经过良好教育的员工，无论是在经济发展状况较好的环境条件下就业较容易的时期，还是在经济萧条、难以就业的情况下，都重视寻找具有挑战性而又符合自己已定的人生发展的要求和目标的职业去有计划地追求，而这种追求又是建立在对自己的能力、兴趣、人生发展需求和目标进行科学的分析和评价之上的。对自己上述方面的分析和评价不是一时的事情，而是较长时期地进行自我解剖、自我分析的不断反复的过程。如何对自己提出一系列的问题，以便从对这些问题的回答中分析自己的能力、兴趣爱好，从而提出符合自己的能力、兴趣爱好和人生发展需要的计划。员工可以通过自我评价表了解自己人生发展中的需要和目标程序。

2. 酒店对员工个人能力和潜力的评估

酒店能否正确评价每个员工个人的能力和潜力是职业计划制订和实施的关键。它对酒店合理地开发、利用人才和个人职业计划目标的实现都有着极其重要的作用。酒店对员工个人能力和潜力进行评估的方法很多，主要有以下几种。

（1）从选聘员工的过程中收集有关的信息资料。这些信息资料包括各种能力测试，员工填写的有关教育、工作经历的表格以及人才信息库中的有关资料。

（2）收集员工目前工作岗位上表现方面的信息资料。包括工作绩效评估资料，有关晋升、推荐或工资提级等方面的情况。就酒店目前来讲，大都通过对员工工作的绩效评价这一传统的方法来对员工的能力和潜力进行评估。当然，这种传统的方法是建立在“按过去决定他具有能力和潜力去从事更高或更复杂的工作”，同样，也不能说明，某些在目前工作上干得不理想的员工就不能胜任更高级或更复杂的工作。因此，这种传统的评估方法已受到了严峻的挑战。西方许多企业组织从 20 世纪 70 年代以来，逐渐采用更为科学的方法——心理测试和评价中心测评等方法来测评员工的能力和潜力。这两种方法已在西方得到了广泛的采用。通过员工自我评估以及测评中心的测评，能较确切地测评出员工的能力和潜力，对员工制定自己切实可行的职业计划具有重要的指导作用。

（3）酒店及时地提供职业发展的有关信息，给予公平竞争的机会。一个员工进入一个企业组织以后，要想制定出自己在本酒店内切实可行的职业计划，就必须获得组织内有关职业选择、职业变动和空缺的工作岗位等方面的信息。同样，从酒店的角度来说，为了使员工的个人职业计划目标定得切合实际并有助于其目标的实现，必须注意公平地将有关员工职业发展的方向、职业发展途径以及有关职位候选人在技能、知识等方面的要求，及时地利用酒店内部报刊、公告或口头传达等形式传递给广大的员工，以便对该职位感兴趣，又符合自己职业发展方向的员工进行公平的竞争。职业发展就是员工能有逻辑性地从一个工作岗位转移到另一个更高、更复杂、对其更有吸引力的工作岗位上去。传统的酒店职业发展途径是从低级到高级一级一级地升上去，而现代的职业发展计划的职务升迁则打破了这种阶梯式的一级一级升的传统方法，它既允许有能力有潜力的年资较浅的员工跳跃式地升迁，也允许横向性地升迁。当然，空缺的岗位总比要求职业发展、职业升迁的人少，因为，从酒店角度来说，不能只依赖于“空缺”的岗位，要创造更多的岗位或新的职位，以让更多的员工的职业计划目标得以实现；另外，要严格地根据公平竞争的原则、公平合理的测评方法选拔人才。

(4) 提供职业咨询指导组织的人力资源管理与开发部门或人事部门。各级管理人员要切实关心每个员工职业需求和目标的可行性，并要给予他们各方面的咨询，使每个员工的职业计划目标切实可行，并得以实现。从咨询人员来说，要搞好咨询或指导，就要切实地了解，并正确地从各方面的信息资料分析中，对员工的技能和潜能作出正确的评价，并在此基础上，对他们的职业计划目标实现的道路或途径提出建议或指导。

2

## 三、员工薪酬

薪酬确定的四大原则

薪金报酬系统是人力资源管理中极为重要的组成部分。薪金报酬是指员工因其劳动付出而获得的收入，包括基本工资、奖金和福利三个部分。

### (一) 基本工资

在市场经济体制下，工资是劳动力价值或价格的货币表现形式。在现代酒店人力资源管理中，被广泛采用的工资类型主要是计时工资制。计时工资制是指按照员工工作时间长短来支付员工工资报酬的制度，计时工资一般以小时为单位计算员工工资。酒店业广泛采用的计时工资，主要是由于酒店业是服务性行业，其主要产品是服务，而服务是个抽象的概念，无法用数字来表述，也无法进行计算；同时，服务是一个连续的过程，需要多个部门多个员工配合完成。因此，酒店业采用计件工资制度不太现实。

计时奖励工资是在计时工资的基础上进一步发展而来的，发挥了计时工资计算简单的优点，克服了计时工资无法调动员工积极性的缺点。这种方式虽然仍属于计时工资制，但是员工的小时工资率将定期根据总体工作情况加以重新修订。采用这种工资制度，员工的实际收入是根据其基本工资率和其他若干部分的奖金百分比综合计算的。这些方面包括：员工工作数量、质量、可靠性、各方面能力、与同事关系、出勤情况等。这些方面往往采用人事考核的结果，并定期加以修改。这种工资制度的优点是员工的收入很容易计算，同时又能满足鼓励员工，提高服务质量的需要。此外，员工的实际收入不取决于单纯因素，而是综合评判，因而容易反映员工实际工作成绩，使员工心理上形成相对公平感。目前，我国大多数酒店都是以此为基础，根据企业自身特点，采用修订式的计时奖励工资制度。

### (二) 奖金

奖金激励的目的在于将员工所得的报酬与其经过个人努力取得的业绩联系起来，对出色的业绩进行及时的、直接的奖励。虽然优秀的业绩可以通过基本工资体系，在员工所处的工资级别允许的浮动范围内进行提薪，然而这样却常常会因为时间滞后或其他的条件制约而使接受人认为报酬与其工作业绩无关。奖金激励体系的建立强化了报酬与工作业绩的关系。员工奖金激励方案有多种类型，但都与其工作业绩紧密联系。奖金激励方案的最大优点是使员工能够看到其所得与劳动付出之间的关系，这种关系在群体激励方案和组织整体激励方案中都不明显。由于这个特点，奖金激励方案能够得以广泛地采用。

有效的奖金激励体系通常有两个基本要求。

第一个要求涉及评估员工工作业绩的过程和方法。如果奖金体系以业绩为基础，那么员工必须能够感受到他们的业绩和其他员工的业绩被正确与公正的评估。然而，绩效的评估有难有易。例如，酒店销售部门员工的业绩比较容易衡量，而服务员和中层管理人员的业绩就很难衡量了。因此，业绩衡量的关键是要有一个可信度高的管理层，如果员工不信任管理层，那么就很难建立有效的业绩评估体系。

第二个要求是奖金激励必须以业绩为基础。这点要求看似很容易做到，实际操作起来就不那么容易了。员工必须确信他们的劳动力付出与所得报酬之间的关系。个体奖金方案要求要使员工能够感受到他们的业绩与报酬之间直接的关系，群体奖金方案要求要使员工感受到小组的业绩与组员报酬之间的关系，组织整体奖励方案要求要使员工感受到酒店整体业绩与他们个人的报酬之间的关系，以及个人业绩对组织整体业绩的影响。



酒店现行的奖金方案多种多样，各具特色。科学的奖金方案不仅能够激发员工的热情，减少人际矛盾，而且能节约奖金的支出。

**(三) 福利**

员工福利是报酬的间接组成部分，与报酬的另外两个组成部分——基本工资与奖金不同的是，福利通常与员工个人工作业绩没有直接关系，也很少以奖金形式表现。它的作用主要体现在为员工提供生活方便以及丰富员工生活的各种补贴来提高员工对组织的忠诚程度，激发员工的工作热情和创造力。

员工福利的内容非常丰富，并随着社会环境的变化不断地推陈出新。众多的福利内容一般可以被分为两种基本类型，即受法律保障的员工福利和酒店自主决定的员工福利。

受法律保障的员工福利和酒店自主决定的员工福利包括：带薪假期；法定节假日；病休；遣散费；退休方案等。

## 四、员工激励

激励，从心理学的角度来讲，是根据人的需要，科学地运用一定的外部刺激手段，激发人的动机，使人始终保持兴奋状态，朝着期望的目标积极行动的心理过程。在人力资源开发中，激励通常是指调动员工的积极性，激发和鼓励员工达到组织目标的过程。

**(一) 员工激励的必要性**

激励，作为酒店人力资源开发的基本途径之一，有其客观的必然性：

首先，员工的工作积极性是酒店活力的源泉，它直接决定着企业的劳动生产率和经济效益水平。员工工作态度越好，其积极性、创造性发挥越充分，企业就越有发展的潜力。因此，酒店要发展，就必须采取有效的激励手段。

其次，由于个体的需要和认识的差异，以及环境的影响，导致员工的积极性有很大的差异，并处于不断变化的状态。要使员工的积极性处于理想状态下，就必须满足以下条件：

(1) 员工认识到组织目标和集体行动有利于个人需要的满足；

(2) 员工把组织目标和集体利益纳入了个人需要系列；

(3) 员工对行为结果持有信心；

(4) 行动结果表明积极行动有利于个人需要的满足。

然而，实践证明，各种因素的制约使得这些条件不能很好地满足，人力资源的潜能不能充分地释放，专业不对口，工作无兴趣，报酬不满意，都严重阻碍了员工积极性的发挥。在这样的情况下，对员工进行激励尤其重要。同时，研究发现，员工的能力往往大于工作所需的才能，从而存在人力资源的浪费，激励正是减少这种浪费的最佳方法。

**（二）员工激励的手段**

对员工的激励，可以分为经济性手段和非经济性手段。

1. 经济性手段

酒店采用经济手段对员工进行激励，一般有以下几种形式。

（1）绩效工资。现代企业已逐步取消了以资历为基础的工资系统，采用以业绩为基础的绩效工资系统。在这一系统中，员工的报酬同其工作绩效相联系，绩效高则报酬高，它的合理之处在于节约了劳动成本并强调个人责任。最常见的绩效工资形式是年度奖金。利用奖金，不需加入基本工资，必须靠员工自己争取，可合理降低成本，更重要的是激发员工取得高业绩。凭业绩支付的酒店吸引了优秀的员工，提高了劳动生产率，减少了员工的离职率，提高了员工的工作质量，增加了工作满意度。

（2）利润分红。这种方法是指如果酒店利润超过某个水平，则按事先规定的百分比，将超额利润分配给员工。该方法将员工利益与酒店利益紧密结合，促使员工为酒店着想，减少浪费，增加收入，激励其努力工作。

（3）员工股权计划。酒店提供给员工普通股股票的奖励计划，称为员工股票计划。员工获得的股票是福利的一部分，通常员工所持有的股票不能出售，一般也不能获得股票所代表的实物。对员工股权计划的研究表明，该计划可以提高员工的满意度，带来更高的绩效。执行此计划时，除了赋予员工具备财务股份的权利外，如果定期告知他们企业的经营状况，使其拥有对酒店的经营施加影响的机会，将更能提高他们的工作积极性。

（4）奖励合理化建议。奖励合理化建议，就是鼓励员工对酒店的经营管理提出合理化建议，并将建议为企业带来的经济效益与奖励紧密结合起来。这种激励方法由员工提出建议，经过管理委员会评估，依据其建议是否节省劳动力成本而给予员工适当的奖励。许多建立了完整的建议征求系统的酒店从中获得了可观的经济效益。

2. 非经济性手段

员工在满足了基本的生理需要和安全需要之后，社交需要、尊重需要、自我实现需要在工作生活中所占的比重将会明显增强。此时，为员工提供多样化的非经济性奖励就成为激励员工的有效手段。

（1）工作激励。现代人力资源管理的一个重要原则就是把工作的要求和员工的能力、兴趣以及报酬恰当地匹配起来。员工必须胜任他的工作，同时该项工作又是员工有兴趣的，并且能够对员工的能力产生一定的挑战性，这样员工在完成工作的同时，就会获得责任感、认同感、成就感以及自身发展。我们可以倾听员工对工作的改进建议，鼓励他们参与工作的再设计，让其拥有对工作更多的支配权。允许员工在一定的范围内，自主安排工作的进度。及时地将有关工作业绩反馈给员工，使其明确和目标之间的差距。还可以为员工提供培训机会，满足他们个人发展。

（2）环境激励。这里所说的环境主要是指酒店为员工提供的工作环境。工作环境不仅包括员工工作的物质环境如工作场所的卫生、温度、噪声、照明、设备、后勤保障等，更重要的是指员工工作的社会环境如管理者和员工的关系、工作时间、工资待遇、福利以及公司的规章制度等。为员工提供一个舒适、便利的物质工作环境，能够使员工工作时保持愉快的心情，并且感受到酒店对员工的关心，激励员工努力工作。在社会环境方面，管理者要重视开放的信息沟通系统的建立，与员工之间建立相互信任的人际关系，尊重每一位员工的贡献，以及将工资和福利待遇提高到竞争对手的水平。

（3）培训激励。在前面的内容里我们已经提到了培训对于员工自身发展的重要性，当前许多人把是否有获得培训的机会作为选择应聘单位的重要条件，可见培训机会对于员工的诱惑力是相当巨大的。员工不满足于现状，渴望学习先进的知识，而培训的费用又比较昂贵，因此，继续深造对于那些希望发展事业的员工来说是莫大的激励。



## 五、酒店内部人际沟通

### （一）沟通内涵

所谓沟通是指在工作和生活中，人与人之间通过语言、文字、形态、眼神、手势等手段来进行的信息交流。沟通既是一种文化，也是一门艺术。海曼对沟通的定义是："传递思想，使别人理解自己的过程。"这暗示着沟通是一个互相交流的过程。有效的沟通就是为了活动的启动、协调、反馈及中间流程的纠正等目的而互相交换思想和看法。

一个完整的沟通过程一般由六个基本要素构成。

（1）沟通情境。沟通情境是指互动发生的场所或环境，是每个互动过程中的重要因素。包括：物理的场所、环境，如公共汽车上、开会的时候等；沟通的时间和每个互动参与者的个人特征，如情绪、经历、知识水平等。

（2）信息的发出者。信息的发出者是指发出信息的人，也称作信息的来源。

（3）信息。信息是指信息发出者希望传达的思想、感情、意见和观点等。信息包括语言和非语言的行为，以及这些行为所传递的所有影响语言使用的音调、身体语言，如面部表情、姿势、手势、抚摸、眼神等，都是发出信息的组成部分。

（4）信息的接收者。信息的接收者是指信息传递的对象，即接收信息的人。

（5）途径。途径是指信息由一个人传递到另一个人所通过的渠道，是指信息传递的手段，如视觉、听觉和触觉等。例如这些途径可同时使用，亦可以单独使用。但同时使用效果会好些。如一部录音电话与幼儿园老师集动作、声音、表情、手势一起配合使用相比，显然后者效果比前者好。美国护理专家罗杰斯(Rogers)在 1986 年做过一项科学研究。结果表明，护士在与病人的沟通交流中，应尽最大努力，使用多种沟通途径，以便使病人有效地接收信息，促进交流。

（6）反馈。反馈是指信息由接收者返回到信息发出者的过程，即信息接收者对信息发出者的反应。

### （二）沟通作用

沟通有外部沟通和内部沟通两大部分，在管理过程中所起到的作用也有所不同。

（1）外部沟通的作用。酒店外部沟通是指酒店对顾客和社会公众的沟通。"顾客就是上帝"，顾客既是酒店利润的来源，也是酒店赖以生存的基础。社会公众是酒店潜在的消费者，是酒店行为的监督者。与顾客和公众进行有效沟通的重要性显而易见。

① 有利于吸引顾客。酒店最核心的、最具吸引力的是它的服务。而服务是员工对顾客的一种面对面的活动过程。在这个过程中既有言语的沟通，又有身体语言的沟通(包括微笑、鞠躬等)。如果服务员与顾客无法沟通，或者产生了沟通误会，那么顾客一定不会对服务表示满意，甚至会进行投诉。顾客对服务的不满，就是对酒店的不满。一次失败的沟通也许就等于丧失了一位顾客。因此，有效沟通对酒店来说意义重大。它能让顾客更好地了解到酒店的贴心服务，能让顾客对酒店产生好感。

② 有利于解决顾客投诉。在酒店管理中，常常会遇到顾客的投诉。其实投诉并不可怕，这代表顾客希望酒店能改善服务。在解决投诉的过程中，与顾客进行有效沟通至关重要。有效的沟通能够迅速舒缓紧张的气氛，能让顾客了解到事情的全貌，能为酒店树立正面的形象。在投诉得到妥善处理后，大部分顾客会对酒店产生好感，会对酒店更加信任。

③ 有利于培养忠诚顾客。忠诚顾客是酒店主要的利润来源。在酒店业中，20％的忠诚顾客往往能创造80％的利润。如何培养忠诚顾客是酒店管理中的一项重要内容。而有效的沟通可以作为培养顾客忠诚感的基石。如何在最短的时间内，让顾客了解到酒店的最新信息；如何在最需要的时刻，给顾客最体贴的服务；如何用最快捷的方式，为顾客解决问题。这些都有赖于有效的沟通。一旦沟通畅达，酒店便能了解顾客所需，顾客也能与酒店建立深厚情谊。因此，有效沟通在培养忠诚顾客方面有着重要的作用。

④ 有利于树立良好的形象。酒店的形象包括知名度和美誉度。知名度是指社会公众对一个酒店的了解程度，而美誉度是指社会公众对酒店的信任和赞许的程度。知名度和美誉度的建立都有赖于酒店与公众的沟通。酒店的宣传标语、新闻发布、广告等，都是酒店传达给公众的信息。有效的沟通能够使酒店传达正确、及时、积极的信息给公众，公众也会更加深入地了解酒店的文化和特色，从而对酒店产生良好的印象。具有良好沟通能力的酒店往往既能在公众中形成较高的知名度，又能形成良好的美誉度。

(2) 内部沟通的作用。有效沟通在酒店内部管理中的作用是使酒店以优质的服务取胜，而服务来源于员工的劳动。以前，酒店往往只重视顾客的重要性，而忽略了员工的作用。如今员工在酒店中的作用得到了越来越多的重视。不少酒店甚至提出了“员工是上帝”的新观念。如何迅速、全面地了解员工的需要，如何充分调动员工的积极性，如何保留住酒店人才，这些都与有效沟通有着密切联系。

① 可以增强员工对酒店的认同感。好的酒店通常有独特、鲜明的企业文化。通过有效沟通，可以让员工认识到酒店的文化，增强他们对酒店的认知。当员工与酒店文化融合在一起时，员工就会自觉地建立起主人翁的精神，提高工作积极性和责任感。另外，酒店管理者需要经常对员工进行任务陈述和目标陈述。如果沟通不好，会引起员工的反感和抵触情绪。良好的沟通，有利于目标的传达和任务的执行。也可促使员工大胆地对任务和目标提出意见和建议。这样可以使企业与员工的认知达成一致。

② 有利于协调人际关系、增强员工凝聚力。酒店内部人员众多，组织结构较为复杂。如何处理好员工与员工之间、员工与部门之间及部门与部门之间的沟通都是极其重要的。马斯洛需求层次理论显示在满足基本的生理需求后，人们往往需要得到社交和情感方面的满足。交流感情和沟通思想是人们一种重要的心理需要。有效沟通能够促使人们相互了解，能够消除人们内心的紧张与不安，使人们感到心情舒畅，改善彼此之间的关系。另外，增强凝聚力也是提高组织效率的一种重要手段。在酒店管理过程中，管理者应当及时地和

员工进行沟通，了解员工的需求，并及时解决员工所面临的困难。这样做，能够使员工感受到酒店的关爱，进而增强员工的凝聚力。

③ 有利于留住人才，降低员工流动率。合理的人员流动无论是对社会还是对酒店来说，都是必需而合理的。过高的员工流动率将会给酒店带来许多负面的影响。上下级间从思想到感情、兴趣的交流和理解有时候比任何物质刺激都更有效。在广泛的、多样的、充分的沟通中才能增进员工对酒店管理者的决策、政策、目标、计划的了解，及时化解存在或可能产生的各种矛盾，增强团结。同时，酒店管理者在与员工沟通中也加深了了解，增进了感情。因此，有效的内部信息交流就显得十分必要。

**（三）沟通类型**

2

可以分为正式沟通和非正式沟通两类。

1. 正式沟通

正式沟通是指在组织系统内，依据正规的组织程序，按权力等级链进行的沟通。例如组织之间的公函来往、内部的文件传达、召开会议、上下级间的定期情报交换等。正式沟通的效果好、严肃可靠、约束力强、易于保密、沟通信息量大，并且具有权威性。但是正式沟通速度一般较慢。

2. 非正式沟通

非正式沟通指的是通过正式沟通渠道以外的信息交流和传达方式。非正式沟通是非正式组织的副产品，它一方面满足了员工的需求，另一方面也补充了正式沟通系统的不足，是正式沟通的有机补充。非正式沟通的优点是：沟通形式灵活，直接明了，速度快，省略许多烦琐的程序，容易及时了解到正式沟通难以提供的信息，真实地反映员工的思想、态度和动机。非正式沟通能建立团体中良好的人际关系，能够对管理决策起重要作用。非正式沟通的缺点主要表现在：非正式沟通难以控制，传递的信息不确切，容易失真、被曲解，并且，它可能促进小集团、小圈子的建立，影响员工关系的稳定和团体凝聚力。

**（四）沟通技巧**

酒店管理人员在管理过程中，需要借助沟通的技巧，化解不同的见解与意见，建立共识。

1. 要有自信的态度

成功的酒店管理者不会随波逐流或唯唯诺诺，有自己的想法与作风，很有自信心，不会对别人吼叫、谩骂，甚至连争辩都极为罕见。他们对自己了解相当清楚，并且肯定自己，他们的共同点是自信，日子过得很开心，有自信的人常常是最会沟通的人。

2. 学会体谅他人的行为

所谓体谅是指设身处地为别人着想，并且体会对方的感受与需要，设身处地为对方着想。由于我们的了解与尊重，对方也相对体谅你的立场与好意，因而做出积极而合适的回应。

3. 适当地提示对方

产生矛盾与误会的原因，如果出自对方的健忘，我们的提示正好可以使对方信守承诺；反之，若是对方有意食言，提示就代表我们并未忘记事情，并且希望对方信守诺言。

4. 有效地直接告诉对方

一位知名的谈判专家分享他成功的谈判经验时说道："我在各个国际商谈场合中，时常会以'我觉得'（说出自己的感受）、'我希望'（说出自己的要求或期望）为开端，结果常会令人极为满意。"这种直言不讳地告诉对方我们的要求与感受，若能有效地直接告诉你所想要表达的对象，将会有效帮助我们建立良好的人际网络。但要切记"三不谈"：时间不恰当不谈、气氛不恰当不谈、对象不恰当不谈。

5. 善于询问与倾听

询问与倾听的行为，是用来控制自己，让自己不要为了维护权力而侵犯他人。尤其是在对方行为退缩，默不作声或欲言又止的时候，可用询问行为引出对方真正的想法，了解对方的立场以及对方的需求、愿望、意见与感受，并且运用积极倾听的方式，来诱导对方发表意见，进而对自己产生好感。一位优秀的沟通好手，绝对善于询问以及积极倾听他人的意见与感受。

## 六、绩效管理与绩效考核

### （一）绩效内涵

2

管理大师彼得·德鲁克认为："所有的组织都必须思考'绩效'为何物？这在以前简单明了，现在却不再如此。策略的拟订越来越需要对绩效的新定义。"绩效具有多因性、多维性、动态性。目前，对绩效概念的理解，可分为以下五种：

（1）绩效是"完成工作任务"；

（2）绩效是"工作结果"或"产出"；

（3）绩效是"行为"；

（4）绩效是"结果"与"过程"（行为）的统一体；

（5）绩效＝做了什么（实际收益）＋能做什么（预期收益）。

我们更倾向于第五种定义，它启示我们不仅要看员工当前做了什么，还要关注将来能够做什么，能给组织带来什么价值，这是绩效管理的最终目的。

员工绩效通常从任务完成情况、员工在工作过程中对企业资源及员工自身的利用效率，以及员工的工作给企业组织创造的经济价值三个方面衡量。

### （二）绩效管理含义

所谓绩效管理是指管理者与员工之间在目标与如何实现目标上所达成共识的过程，以及增强员工成功地达到目标的管理方法和促进员工取得优异绩效的管理过程。绩效管理的关键行为是设定目标和衡量标准、总结、评估、沟通、激励和发展等；其核心目的是不断提升个人和组织绩效，实现员工与企业共同发展的长期目标。绩效管理的内涵如下：

（1）绩效管理是管理。绩效管理涵盖人力资源管理的所有职能，包括计划、组织、领导、协调、控制。

（2）绩效管理特别强调持续不断的沟通。它是一个管理者和员工持续不断的交流过程。

（3）实施绩效管理的唯一目的就是要帮助员工个人、部门和企业提高绩效，它是管理者与员工之间的真诚合作以便及时有效地解决问题。

（4）绩效管理虽表面上关注绩效低下问题，实质上却旨在关注员工的成功与进步。

（5）绩效管理不仅强调工作结果，而且重视达成目标的过程。它是一个循环过程，更加强调计划、辅导、评价反馈，以及结果应用的过程。

绩效考核是指考评主体对照工作目标或绩效标准，采用科学的考评方法，评定工作任务的完成情况，员工的工作职责履行程度和员工的发展情况，并且将评定结果反馈给员工的过程。绩效管理是一个系统，它包括绩效考核，比绩效考核更全面、更系统，并与其他人力资源管理职能衔接得更紧密，在现代人力资源管理中发挥出更强大的功能。

传统观念认为，绩效考核是用来控制员工的，也就是将其作为升迁、调职、解聘或加薪的依据。这一过程会引起员工的本能抗拒,引起较多冲突。而绩效管理是要创造一种组织环境,在让员工充分参与绩效计划和绩效沟通的基础上,使其达到个人及组织的目标,其思维和管理方式会让消极情绪减少到最低。传统绩效考核和现代绩效管理的具体区别如表2-1所示。

**表2-1 传统绩效考核与绩效管理的区别**

| 比较项目 | 传统绩效考核 | 绩效管理 |
| --- | --- | --- |
| 管理过程 | 绩效管理的局部环节和手段 | 一个完整的管理过程 |
| 方法 | 主管中心,单向评价 | 双向沟通、沟通、监督 |
| 着重点 | 注重成果 | 注重管理过程 |
| 结果运用 | 奖惩 | 能力开发和提高 |
| 管理方式 | 强调服从 | 主张承诺 |
| 控制系统 | 强调外部控制 | 主张自我控制 |
| 问题解决 | 事后解决 | 过程中解决 |
| 评价时间 | 期末评价 | 过程中不断反馈和期末评价相结合 |
| 与员工关系 | 多元的、集体的、信任度低的 | 一元的、单个的、信任度高的 |

2

**(三)绩效管理功能**

绩效管理给人力资源管理各个方面提供反馈信息,它是企业经营管理系统中必不可少的组成部分,是调动员工积极性的重要环节。具体表现为以下几个方面。

(1)控制功能。通过绩效管理,使工作保持合理的数量、质量、进度和协作关系,使各项管理工作能够按计划进行。同时使员工牢记自己的工作职责,起到促进员工按照规章制度工作的自觉性。

(2)激励功能。评价对员工的工作成绩给予肯定,就能使员工体验到成功的满足、成就感和自豪感,由此调动员工的积极性。

(3)标准功能。评价为各项人事管理提供了一个客观而公平的标准,并依据这个评价的结果决定晋升、奖惩、调配等,使企业的人力资源管理标准化。

(4)发展功能。一方面组织根据评价的结果,可制订正确的培训计划,达到提高全体员工素质的目标,推动企业发展;另一方面,可发现员工的长处和特点,根据其特点决定培养方向和使用办法,促进个人发展。

(5)沟通功能。管理者要通过和员工谈话来说明考核的结果,听取员工的申诉与看法,这就为其沟通提供了机会,从而增进相互的了解。

**(四)绩效考核方法**

实际运用的绩效考核方法多种多样。不同的考核方法对绩效的不同方面各有侧重,因而在选择考核方法时应根据考核对象、考核目的来确定。一般而言,考核力求目的明确、方法简单、便于控制、易于执行。下面列举一些主要的绩效考核方法。

(1)工作鉴定法。这是一种最为简单,并且曾被广泛应用的一种考核方法。考核人用书面形式描述被评定人的优缺点、过去的表现、未来的发展潜力,以及需要改进的地方等。这种方法存在一定的不足,在对被鉴定人的评定中容易加入考核人主观的看法,从而影响了考核结果的客观性。

(2)目标考核法。目标考核法是一种以工作目标为依据来对员工的绩效进行考核的方法。它是目标管理在绩效考核中的应用。这种方法要求管理者首先根据目标管理原理和工作责任制确定各部门及个人工作目标，然后将员工的绩效同预先确定的目标进行比较，得出超过、达到、有距离、差距很大等结论。一般来说，工作目标的内容可能是单一的，也可能是多方面的。如果目标是多方面的，在各项内容与目标相比较得出结论后，再将各项内容综合起来得出一个最终结论。

（3）等级法。等级法在考核工作中使用广泛，也是一种传统的方法。等级法考核要求将反映绩效的各方面内容归纳为若干项目，如对工作的了解、工作的质量和数量、与同事的合作程度、对顾客的态度、对酒店的忠诚、学习能力、安全意识、执行指令的能力等，每一项内容都分为优、良、中、差几个等级。对员工绩效的各方面有一个相对的评价，各项评价的总和就是对员工绩效考核的结果。

2

## 【任务框图】

本任务从六个方面对酒店人力资源管理与开发职能进行了讲述，主要内容框架如图 2-5 所示。

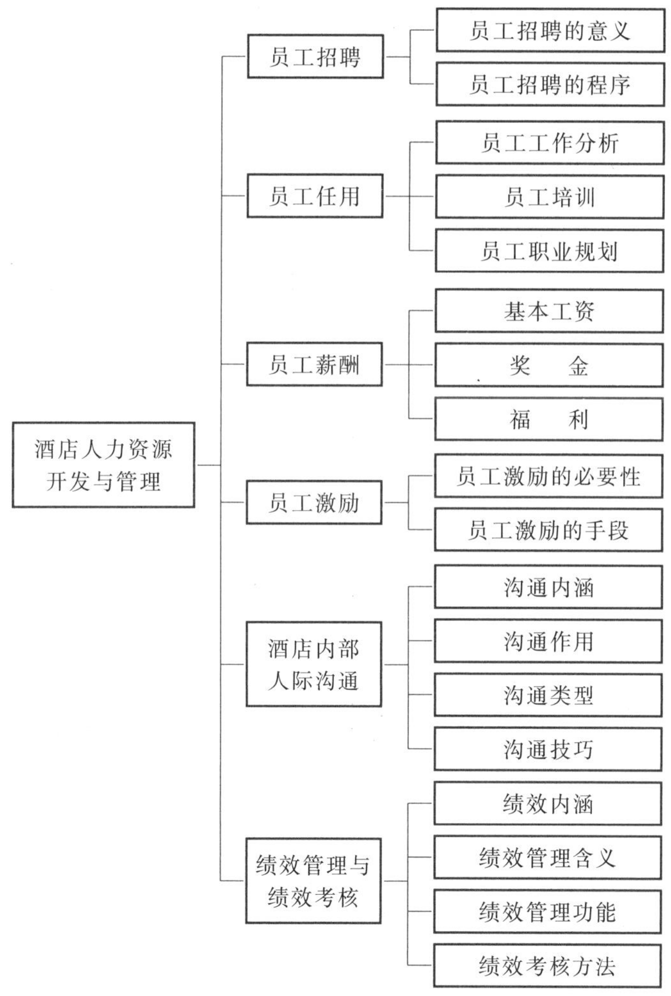


**图 2-5　模块二任务三框图**

## 【任务拓展】

通过本任务的学习，我们认识到拥有一流的硬件设施对于酒店企业来说是十分重要的，但其最终产品的价值实现取决于员工的素质、管理者的效率和领导者的才能。

调查本专业正在实习或已工作的学长，完成以下员工自我评价表，并对他们进行员工自我评价分析。

员工自我评价表：

1. 从下述第三条所列项目中选出你近期最感兴趣的项目。

2. 从下述第三条所列项目中选出你近期最不感兴趣的项目。

3. 填写出下列项目中未列出，而你又最感兴趣或最想干的工作。

① 有自由支配时间的工作；② 具有权力性的工作；③ 工资福利待遇高的工作；④ 具有独立自主性的工作；⑤ 有趣味性的工作；⑥ 具有安全性的工作；⑦ 有专业性地位的工作；⑧ 具有挑战性的工作；⑨ 无忧无虑的工作；⑩ 具有广泛接触性，能广交朋友的工作；⑪ 具有声誉性的工作；⑫ 能表现自己，且能让别人看得见的工作；⑬ 具有地区选择性的工作；⑭ 有娱乐活动性的工作；⑮ 环境气氛和谐的工作；⑯ 有教育设施和机会性的工作；⑰ 领导性的工作；⑱ 具有专家性的工作；⑲ 带有旅行性的工作；⑳ 可与家人有更多时间在一起的工作。

4. 你目前从事着哪一类性质的工作？它能满足你下一步的要求吗？说说为什么能，为什么不能的理由。

5. 你希望你从事的工作能满足你的要求吗？如希望的话，如何进行或计划；如果不希望的话，请说明理由。

6. 请具体描述你下一步最希望从事的工作。

7. 根据你的实际爱好和能力，说明你最希望从事的工作的各种具体活动或内容，不要描述其工作的头衔，而要说明其具体的工作活动和内容。说明你将如何去实现自己的愿望。

8. 为了你下一步从事的工作，你是否需要接受培训或自学等形式学习和掌握新的知识或技能？如果需要的话，请详细说明，并说明学习或获得这方面知识和技能的途径或方法。

9. 你的这些要求是否可在你目前从事的工作以外的方面得到满足？如果可能的话，你是否希望发展或晋升到更重要或更高一级的岗位上？

10. 概述你自己的希望和你能干什么工作，以满足你的需要。

通过对自我评价表的分析研究，员工个人可分析出自己的能力、兴趣爱好以及对职业发展的要求和目标，这是进行职业计划的重要内容。

## 【任务测试】

### 一、判断题

1. 在评估招聘效果时，招聘成本越低，招聘效果越好。 （ ）

2. 员工工作分析的最终成果是产生两个文件：职务描述和职务资格要求。 （ ）

3. 在员工工作分析中，如果工作分析人员手头有大量的工作分析资料，比如类似的企业

已经做过的相应的工作分析，比较适合采用材料分析法。（　　）

4. 计时工资制是指按照员工工作时间长短来支付员工工资报酬的制度，无法调动员工积极性。（　　）

5. 员工福利与员工的个人工作业绩有直接关系，通常以奖金的形式体现。（　　）

**二、单选题**

1. 以下不属于职务资格要求的内容是（　　）。

A. 人际交往能力　B. 专长领域　C. 健康状况　D. 职务名称

2. 工作分析人员直接参与到员工的工作中去，扮演员工工作角色的员工工作分析方法是（　　）。

A. 观察法　B. 参与法　C. 典型事件法　D. 工作日志法

3. 以下属于员工福利的是（　　）。

A. 工资　B. 奖金　C. 遣散费　D. 股权激励

4. 考核人用书面形式描述被评定人的优缺点、过去的表现、未来的发展潜力以及需要改进的地方。这种方法是（　　）。

A. 工作鉴定法　B. 目标考核法　C. 等级法　D. 业绩考核法

5. 以下属于非经济性激励手段的是（　　）。

A. 奖励员工合理化建议　B. 员工股权计划

C. 利润分红　D. 给员工提供培训

2

# 任务四　酒店服务质量督导

## 任务引例

### 服务工匠精神——金钥匙服务

国际酒店金钥匙组织（UICH）在 1953 年正式确立代表酒店礼宾服务至高荣誉的“金钥匙徽章”，成为世界所有礼宾员的共同梦想，也成为一种优秀服务文化的载体。中国金钥匙组织在 1995 年创立，提出了“友谊、协作、服务”的口号，作为示范，金钥匙服务成为酒店业最高级别品质服务和个性化服务的形象代表，成为新时代酒店服务工匠精神的标志。

“金钥匙”有三层含义，一是金钥匙组织，二是具有金钥匙资格的人，三是金钥匙服务。可以说，金钥匙是一种服务理念和服务哲学，也是一个具有提供金钥匙服务能力的组织。一名合格的金钥匙从不给客人说“No”。金钥匙服务让客人从进入酒店到离开酒店始终享受无微不至的关怀和照料，始终坚持在不违反法律和道德的前提下去为客人解决一切困难，强烈的服务意识和奉献精神为客人竭尽所能，排忧解难，始终坚持为客人提供满意加惊喜的个性化服务，始终遵循这样的人生哲学——“在客人的惊喜中寻找到富有乐趣的人生”。

中国金钥匙坚持兼收并蓄，追求卓越，在金钥匙服务中融入中华优秀传统文化，基于中国工匠精神对金钥匙的含义进行创新，创造了“先利人、后利己，用心极致，满意加惊喜，在客人的惊喜中找到富有的人生”的服务理念，创造出网络化金钥匙服务、数字化金钥匙服务、24 小时金钥匙服务中心、金钥匙大管家等新的服务品牌。

（案例来源：根据金钥匙网站资料改编）

服务没有固定模式，服务方式也不是一成不变的。它需要酒店管理和服务人员自己去多看、多学、多想、多做，随时随地能以优质服务使客人感到就像回到了自己的家，以此为宾馆赢得回头客，从而使宾馆效益不断增长。

## 【任务执行】

随着经济社会的发展和科技的进步，全球经济竞争的加剧，顾客对产品质量提出了越来越高的要求。企业经营者清醒地认识到，高质量的产品才是取信顾客、立足市场、竞争取胜的根本保证。酒店属于服务性行业，其产品以服务为主，这就决定了酒店质量管理的核心是保证为顾客提供高水平、人性化的服务。



### 一、酒店服务质量要素

酒店服务质量是由酒店硬件质量和软件质量有机结合而成的一个整体。酒店硬件质量是指与酒店设施设备实物有关的并可以用客观指标度量的质量；酒店软件质量是指与人的活动有关、主要由客人主观判断的质量。

#### （一）硬件要素

(1) 硬件设施的功能。是指酒店设施在满足顾客需求中所发挥的作用。顾客在这方面的反应往往是能否满足自己的需求，以及满足需求的程度如何。酒店设施的功能是否齐全、是否具有特点，是酒店服务质量中非常重要的因素。

(2) 硬件设施的可靠性。是指酒店各类设施在特定条件下和时间限度内，设施的功能可以顺利发挥而不发生故障的可靠程度。如果某设施在正常条件下使用时发生了故障，酒店硬件质量形象也就遭到了破坏。

(3) 硬件设施的安全性。是指酒店设施在使用中对外界环境的影响和对顾客人身安全的保障。设施的安全性是酒店服务质量形象中一个十分敏感的内容。一旦酒店设施的安全性出现问题，酒店的质量形象就会一落千丈，并会遭到社会舆论的谴责。

(4) 设施的外观特性。是指酒店设施的造型、款式、色彩、手感等外部特征，也就是酒店设施的美学功能。酒店设施的外观必须有强烈的时代感，并且具有地方特色和企业文化特征。随着酒店的消费档次逐步提高，酒店外观特性越来越被顾客所注意。

#### （二）软件要素

酒店软件质量，即酒店的服务水平是酒店服务质量的核心内容。良好的、令顾客满意的服务，可以在一定程度上弥补酒店硬件质量方面的不足。酒店的服务水平主要包括服务人员的个人形象及素质，服务人员的服务技能和服务技巧，服务人员的服务效率和应变能力，酒店服务项目的设置以及酒店环境卫生状况等因素。这些因素综合起来就构成了酒店软件质量。

1. 服务人员

服务人员的个人形象和素质对顾客的情绪有直接的影响，因而也就直接影响着酒店的服务质量。服务人员的个人形象包括仪容仪表、文明礼貌和服务态度。酒店服务人员着装是否整洁、化妆是否得当、服务用语是否规范、仪态举止是否大方、在服务过程中是否始终保持微笑和热情,都直接影响顾客对酒店服务质量的评价。

2. 服务技能

酒店各部门对服务人员的服务技能和服务技巧的要求是不同的,但无论是哪个部门的服务人员提供的服务水平,都必须达到酒店所规定的服务质量标准。酒店服务项目的设置也是服务水平高低的一个重要标志,是顾客和相关部门评价酒店服务等级的主要因素。服务项目越多,该酒店的档次和等级就越高。

3. 服务呈现

由于酒店服务质量组成的综合性,使得酒店服务质量的评价成为一直以来困扰人们的问题,在很长的一段时间里,人们认为以人的活动作为产品的质量是难以度量的。在经过大量的调查研究后,人们发现,服务质量特别是软件质量不只是消费者的一种主观感受,它同样是一种客观存在。这种观点的依据,是与作为消费者的人具有一定的共性,对产品的主观评价自然包含着一些具有共同性的基本标准。主要呈现在以下五个方面。

(1) 可感知性。这是就酒店产品的有形部分而言的,如各种服务设施、环境氛围、服务人员的仪容仪表等,都是可以感知的。从本质上说,服务是一种活动过程,具有非实体性,顾客通常是借助服务产品的有形部分来对服务质量作出相对的认识和评价的。为此,酒店经营者在酒店建筑、服务设施等硬件方面力求豪华,从而给客人以美感。但是,由于酒店产品以无形的服务为主,如果单单只追求形式美,忽略了硬件与软件的有机结合,顾客对酒店服务质量的评价依然不会高。

(2) 可靠性。指酒店在为客人服务的过程中,履行事先对客人作出的各种承诺的概率。可靠性要求酒店严格按照服务规程操作,减少发生错误的可能性,确保客人的消费权益不受损害。可靠性是评价酒店服务质量的一个重要标准,经营业绩突出的酒店都十分重视这一点。

(3) 反应性。是指酒店对客人需要的反应速度,该度量标准反映了酒店的服务效率。研究表明,顾客对于服务效率非常敏感,尤其是在视时间为财富和生命的当今社会,服务效率低下对酒店的竞争力的影响是巨大的,可能会导致酒店失去原有的客源市场。

(4) 情感性。指的是酒店对客人的关心和尊重程度。客人在酒店居住,除了满足吃、住等基本的生理需求外,在精神上追求享受与尊重也是不容忽视的需要。因此,服务人员友好的态度,无微不至的关怀,能够最大限度地满足客人这方面的需要。酒店经营者一直倡导服务的情感色彩,提供个性化服务成为越来越多酒店的目标。

(5) 可控性。是指客人对入住酒店后人身和财产安全的放心程度。研究发现,顾客倾向于在控制的环境下消费,如果顾客发现自己对于服务的过程失去控制,他就会感到不自在。需要指出的是,服务质量不仅直接与客人的主观感知质量有关,它还与客人对服务产品的质量预期有关。预期质量受客人的个人偏好、消费经验以及服务价格等因素的影响,所谓服务质量的优劣是客人将自己的质量感知与质量预期相比较的结果:服务质量=感知质量-预期质量。

如果感知质量低于预期质量,客人就会对服务表示不满意,这样的服务称为劣质服务;反之,当感知质量高于预期质量,客人对服务就会表示满意,这样的服务称为优质服务。

## 二、酒店服务质量认证

### （一）质量认证的含义

质量认证是第三方依据程序对企业产品、过程或服务规定的要求给予书面保证（即合格证书）。

酒店服务质量认证是第三方根据酒店服务质量标准，对符合要求的酒店进行资格认证，并颁发相应的质量认证书的活动。目前我国酒店的服务质量认证主要采用国际通用的质量认证标准与体系。

2

质量认证的对象是产品和质量体系（过程或服务），前者称产品认证，后者称体系认证。酒店服务质量认证属于后者。质量认证的基础是“规定的要求”，“规定的要求”是指国家标准或行业标准。无论实行哪一种认证或对哪一类产品进行认证，都必须有使用标准。

质量认证是由第三方进行的活动。因此，第三方的认证活动必须公开、公正、公平才能有效。这就要求第三方必须有绝对的权力和权威，必须具有相对独立性，才能获得有关方的充分信任。目前，我国质量认证的第三方——“认证机构”都是由国家认可的组织来承担。

质量认证是一种科学、规范、正规的活动。质量认证活动是依据程序而开展的，取得质量认证资格证书的方式是认证机构向酒店颁发认证证书和认证标志。

我国目前有三种管理体系的认证：贯彻 ISO9000 国际标准的管理体系认证（QMS）、贯彻 ISO14000 国际标准的环境管理体系认证（EMS）和贯彻 OHSAS18000 国际标准的职业健康安全管理体系认证（OHSMS）。酒店质量认证主要涉及 QMS 和 EMS 两种认证体系。

### （二）QMS 认证体系

1. ISO9000：2015《质量管理体系——基础和术语》

该标准规定了质量管理体系的基础和术语，明确提出八项质量管理原则是一个企业在实施质量管理时必须遵守的准则，为标准奠定了理论基础。该标准还提出了质量管理体系基础和 10 个部分 80 个术语。

2. ISO9001：2015《质量管理体系——要求》

该标准规定了质量管理体系的要求，其基本目的是一个企业“证实其有能力稳定地提供满足顾客和适用法律、法规要求的产品”。该标准以 8 个章程、5 个二级条款和 39 个三级条款详细地对管理职责过程、资源管理过程、产品实现过程以及测量、分析和改进过程提出了具体的规定与要求。该标准是适于体系认证的审核标准。

3. ISO9004：2009《质量管理体系——业绩改进指南》

该标准强调通过改进过程，提高组织的整体业绩、提供了超出 ISO9001 标准基本要求的应用指南。

4. ISO19011：2018《质量管理体系——审计管理制度指引》

该标准是 ISO/TC176 与 ISO/TC207（环境管理技术委员会）联合制定的，以便遵循“不同的管理体系可以共同管理和审核”的原则，规定了审核的基本原则、审核方案管理、环境和体系的设施，以及对审核员资格的要求等内容。

在 2005 年版 ISO9000 系列国际标准中，其他标准（目前只有一项）为：ISO10012《测量控制系统》。在 2005 年版 ISO9000 系列国际标准的技术报告（标准编号为“TR”）中，仅发布了 ISO/TR10013《质量管理体系文件指南》。

在 2005 年版 ISO9000 系列国际标准中，小册子（ISO/TC176 根据需要，编写了一些宣传小册子，作为执行 2000 年版 ISO9000 系列标准的指导性文件）有《质量管理原则》《选择和使用指南》《小型组织实施指南》等。目前已发布了 ISO9000：2015《质量管理体系——基础和术语》与 ISO9001：2015《质量管理体系——要求》两个最新标准。

### （三）酒店 ISO9001 体系建立

酒店行业按照 ISO9001 国际标准建立质量管理体系的目的有两个：一是证实酒店可以稳定地提供满足顾客需求和行业要求的产品的能力；二是酒店通过体系的运用，可以提高顾客的满意度。酒店建立和完善质量体系有两个途径：一是通过认证咨询机构提供的贯标（贯彻 ISO9000 标准）咨询服务进行；二是按照质量体系建立的组织策划阶段、质量体系的总体设计阶段、质量体系的建立阶段和质量体系的编制阶段四个阶段进行。



1. 质量体系建立的组织策划阶段

这阶段所要做的工作是做好建立质量体系的各种准备工作，为质量体系的建立打下良好基础。工作内容包括以下几点。

（1）确立领导组织机构，明确各机构层次的责、权。建立领导小组，由总经理任组长，副总经理任副组长，各部门经理为成员，并下设体系认证办公室（一般设在质量管理部或行政办公室）；总经理发文任命酒店管理者的代表，明确其职责、职权；成立质量手册编写小组，由管理者代表任组长，成员从各部门抽调；领导班子统一思想，下达贯彻标准和建立体系工作的决定和文件；召开全体人员动员大会，并利用多种形式进行宣传、动员与培训。

（2）进行各个层次的培训，学习 ISO9000 标准，统一思想。按照酒店组织的层次，由高层至基层，逐层进行培训。决策层培训的目的是明确建立体系的迫切性、重要性，提高对质量体系的认识，明确决策层在体系建立中的主导地位和作用。管理层培训主要采取理论与实践操作相结合的方法进行。执行层主要培训与本岗位有关的内容，包括其在质量管理中的责、权、利等。

（3）制订工作计划，建立工作机制。工作计划一般包括“贯彻标准”的教育宣传、组建领导机构和工作机构、培训骨干、体系分析、总体设计、资源配备、文件编制、体系的落实、各阶段工作的划分、时间进度和具体要求等内容。计划由领导小组制订，具体由认证办督导、协调和执行。

（4）质量管理体系工作内容的分解与贯彻。按照 ISO9001 标准，结合酒店质量管理工作的实际情况，对酒店管理体系工作的内容进行分解与贯彻。包括质量管理体系、管理职责、资源管理、产品实现、测量分析和改进等内容的分解与贯彻。

2. 质量体系的总体设计阶段

这个阶段的工作是对质量体系的规划、分析和设计的过程。

（1）质量体系总体设计的要求和内容。

质量体系总体设计的要求包括：有明确的质量方针和目标；有符合相关最新标准的规定和要求；有结合酒店的实际、能解决产品或服务以及现有体制存在的问题的系统分析，并符合全面质量管理和科学组织设计原理。

质量体系总体设计的内容包括：质量体系以及质量保证的概念、定义、内容、功能、种类等;质量体系的外部环境以及内部环境之间的关系;质量体系的层次和结构;质量体系要求的行为和性质。

(2) 质量体系总体设计工作的步骤。

① 收集国内外各种酒店质量体系方面的相关资料和信息;

② 制定酒店的质量方针和目标;

③ 研究确定质量体系标准的使用范围,并依据酒店特点,增删质量体系标准;

④ 对酒店现有质量体系进行调查和评价,找出存在的问题;

⑤ 对酒店质量手册编写小组人员进行文件设计、标志要求和方法等方面的培训,最后通过他们的调查与分析,由他们讨论并提出总体设计方案;

⑥ 对总体设计方案进行审定。



3. 质量体系的建立阶段

(1) 建立、完善组织结构。由管理者代表对酒店现有的组织结构的适用性进行评价,提出建立和完善组织结构的议案,并由总经理批准新成立的组织结构。

(2) 规定质量责任和权限。按 ISO9001 标准,编制控制过程活动职能、职责、职权分配表;按 ISO9001 标准,编制酒店质量体系控制过程中各层领导职责和部分职能分配表;组织部门领导讨论;管理者代表审定后,由总经理批准。

(3) 配备质量体系的资源。由各部门根据其职能提出所需的资源和人员配置清单,编制质量体系资源和人员配备计划表,并由各部门经理讨论后确认、批准。

4. 质量体系文件的编制阶段

质量体系文件是指系统地阐述质量方针和质量体系的全部过程、要求和规定的文件。它包括质量手册、程序文件、质量计划以及质量记录等。质量体系文件的编制由以下几个方面工作组成。

(1) 对质量体系文件进行统筹规划。统筹规划的内容包括:确定酒店质量体系文件的层次、所包含的过程、体系文件的目录表以及质量活动的要点等。

(2) 制定质量体系有关文件明细表。对现有文件进行清理和整理,明确不需要修订、需要修订或新编、补充的文件名称。

(3) 编制质量手册。质量手册是规定酒店质量管理文件,阐述酒店质量方针,并规定质量体系基本结构的文件。其内容一般包括:发布令、目录、前言、质量方针、质量目标、手册版本、酒店行政结构图、质量体系结构图、高层领导职责与部门职能分配表、质量管理体系的管理范围、引用的标准、术语和定义、正文。质量手册和编写程序和方法如下:① 列出现行适用的质量体系的方针、目标和程序或列出对此的编制计划;② 确定与所选用的质量体系标准相适应的质量体系过程;③ 收集设计质量管理体系的有关资料;④ 散发、收回并整理对现行做法的调查表;⑤ 从业务部门收集补充原始文件或参考资料;⑥ 确定手册的格式、结构,并根据格式、结构将文件分类;⑦ 完成质量手册草案。

(4) 编写程序文件。程序文件是实施质量体系的各项过程和质量活动中所规定遵循的程序和方法的书面文件,内容包括:标题和文件编号、目的、使用范围、主要职责、工作程序、相关支持性文件(引用文件)、质量记录。酒店基本程序文件必须包括 ISO9001:2015 标准中规定的形成文件的六项基本程序:文件控制程序、质量记录控制程序、不合格控制程序、内部审核程序、纠正措施程序和预防措施程序。程序文件的编写应以质量体系认证办公室提供的编制指南为指导，在办公室审批的情况下编写。

（5）制订质量计划。质量计划是对特定的项目、产品、过程和合同，规定由谁使用及合适使用哪些程序和相关资料的文件。质量计划的内容包括：要达到的质量目标；各运作过程的步骤；在项目的各个不同阶段，职责、检查和资源的具体分配；采用的具体的文件化程序和指导书；适宜阶段适用的实验、检查、检验和审核大纲；随项目的进展进行更改和完善质量计划的文件化程序和指导书；达到质量目标的度量方法；为达到质量目标必须采取的其他措施。

（6）做好质量记录。质量记录是为进行的质量活动或达到的结果提供客观证据的文件，是对产品达到所要求的质量和质量体系有效运行的证实文件。质量记录大体可分为两种类型：一是与质量体系运行有关的记录。包括质量体系审核报告、质量成本报告、审计评审报告、设计验证记录、设计更改记录、操作流程更改记录、合同评审记录、质量培训、考核记录等。二是与产品有关的记录。包括产品鉴定报告、产品审核报告、产品验证报告、质量检验记录、产品试验记录、不合格品处置报告等。

2

做好质量记录应该做好以下几方面的工作：编制总体要求文件，制作与各程序相适应的记录表卡，汇总所有记录表，认证办公室的校审和总经理批准，所有表式统一编号、汇编、发布与执行。

**（四）EMS 认证体系**

EMS 认证体系采用 ISO14000 国际标准。ISO14000 和 ISO9000 具有相似的管理思想，它们共同遵循 PDCA 管理原则，通过对环境管理工作的过程进行控制，以获得良好的环境实绩和效率。ISO14000 是一个系列的环境管理标准，它包括许多如环境管理体系、环境审核、环境标志、生命周期分析等国际环境管理领域内的焦点问题，旨在指导各类组织（企业、公司）履行正确的环境行为。ISO14000 系列标准共分七个系列。其中ISO14001《环境管理体系、规范及使用指南》标准是环境管理体系认证所依据的标准。我国采用的国家标准代号 GB/T14000 系列标准。

（1）ISO14000 系列标准的核心内容可概括为以下几点。

① 要求各组织和机构通过制定环境管理方针、环境目标、环境规则以及社会声明、承诺的方式来建立自我约束机制，以达到使环境治理规范化的目的。

② 建立与 ISO14000 系列标准相同的管理体系，并通过该体系的建立与运行来实现所确定的方针和目标。这里的关键问题是自我约束机制的建立，并使之行之有效。

③ 推行环境标志制度，向消费者推荐有利于保护人类环境的产品，促使管理人员与消费者遵守环境管理制度。

④ 推行环境管理体系的审核认证制度，以确保组织和机构的行为符合 ISO14000 系列标准的要求，并符合酒店组织的环境责任和有关法律法规。

⑤ 实施产品生命周期的评定制度，分析市场营销、产品设计开发、加工制造、销售分发、使用运行、报废处理、再利用每个过程的每个阶段，分析资源消耗和环境影响，注意解决资源配置和环境污染问题。

⑥ 通过连续动态跟踪，对环境表现与环境负荷等状况作出定量鉴定，从而达到对酒店的环境表现进行评价的目的。

(2) ISO14000 标准的特点。ISO14000 是一套科学的管理性标准，适合于任何类型的组织。ISO14000 与 ISO9000 标准有很强的兼容性，一个通过 ISO9000 认证的酒店将非常容易建立 ISO14000 环境管理体系。ISO14000 标准对组织的环境表现没有提出绝对的要求，仅强调组织的活动符合环境法律法规。通过建立环境管理体系，识别组织活动和服务中的环境问题，推行全过程控制和清洁生产，最终实现预防污染、节能降耗和企业永续经营的目的。例如，ISO14001 标准将环境管理体系的要求分成 17 个要素描述，当酒店的活动符合 17 个要素的规定时，说明已基本符合 ISO14001 标准认证的要求。

(3) ISO14000 标准的推广进程。ISO14000 标准目前已在世界各地广泛实施。我国在 ISO14001 等标准草案的颁布之初就引入了该标准，并成立了国家环境保护总局(今生态环境部)环境管理体系审核中心，进行 ISO14001 系列标准的宣传、推广和实施工作。从 1996 年开始，国家环保局进行了 ISO14001 的认证试点工作。酒店在推广 ISO14000 方面也是比较积极的。在世界各地，有许多酒店都通过了 ISO14001 认证，我国也有越来越多的酒店开始意识到环境问题的重要性，并在创建绿色的同时，积极导入该标准，按照标准建立环境管理体系，实施环境管理。

(4) 酒店推广 ISO14000 的意义。ISO(国际标准化组织)继 1987 年成功制定 ISO9000 质量管理和质量保证系列标准之后，于 1996 年 9 月又推出 ISO14000 环境管理系列标准，这是 ISO 近年来对国际社会的两项巨大贡献。ISO14000 标准自颁布以来，得到全球各政府部门和企业界的认可和积极响应，短短两年多时间，已有一万多家企业通过 ISO14000 认证，获证企业包括制造业、服务业、政府机构等。专业人士认为 ISO14000 认证在很大程度上影响着企业的市场竞争力和产品的市场准入，是 21 世纪企业发展的绿色通行证。

服务业具有明显的行业特点，其质量管理和质量保证不同于制造业。服务业提供的产品是无形产品，但同时也提供有形产品(如餐饮)，这就给质量管理带来了难度。因为无形产品的验收含较多定性成分，而且有些无形产品即现即逝，很难掌握和验收。其次，服务业的“人”是服务产品的重要构成部分，服务要通过与顾客的接触才能实现。此时工作人员的工作技能、工作方式和工作态度是顾客感受服务的重要方面。由于服务业的质量评价往往是定性成分较多，凭主观感受来进行，这时，顾客的感受、满意程度至关重要。顾客如果感到不满意，他一般不会主动投诉，而是放弃对该服务的采购，并在他的活动范围内传播，这时服务企业可能并不知道不满意服务的存在，不会采取措施，这样就会失去一群顾客。企业通过 ISO9000 认证能持续、稳定地提供质量保证能力，规范管理，提高市场竞争力，不断拓宽市场，促进效益。

目前，酒店业积极开展创建绿色酒店活动，加强内部环境管理，倡导绿色消费，进行环保宣传，树立酒店管理新形象。此项活动得到大酒店的积极响应，并取得明显成效。而成功提出绿色酒店的管理思想，正是借鉴 ISO14000 标准的内涵，ISO14000 这一科学、严密的管理标准，更是在管理系统上保证绿色酒店活动的顺利开展、维持和提高。因此，在酒店业开展 ISO14000 认证具有非常深远的意义。

作为人类社会环境的一个重要组成部分，酒店的经营与发展在一定程度上受到环境问题的影响。为了实现酒店的可持续发展，越来越多的酒店开始意识到环境管理的重要性，ISO14000 标准的颁布，为酒店业实施环境管理提供了一套科学的管理方法。从导入

ISO14000 环境管理体系到进行 ISO14000 认证，可以调动酒店环境管理的积极性和主动性，提高酒店管理水平，树立优秀企业形象，从管理上和系统上确保酒店持续有效地开展环境管理工作。目前我国有不少宾馆正在积极建立 ISO14001 环境管理体系，并感受到推行 ISO14000 环境管理体系带来的效益。

① 推行清洁生产，节能降耗，降低经营成本。通过建立 ISO14000 体系，全面分析酒店服务运作过程中的环境因素和能源消耗状况，使酒店制订科学的改良方案，通过设备改造，提高设备运行的效率，节能降耗。通过科学的管理方式、培训，提高员工的节能降耗意识，鼓励员工自觉参与环境保护工作，从而达到节能降耗的目的。研究表明，通过节约用电、节约用水和降低采购成本等节能降耗措施，可以使酒店的能耗降低 10%～15%。

② 提高酒店管理水平和员工的环境意识。酒店通过推广和实施 ISO14000 体系，能全面优化酒店各方面的管理，使酒店管理模式由粗放型管理变为集约型管理，提高酒店的整体管理水平。建立环境管理体系的过程是全员参与的过程，也是对酒店全体员工进行教育的过程，通过过程的参与和教育，培育和提升员工爱护环境、保护环境的意识。

③ 树立绿色酒店形象。一个能对环境负责的企业，它的产品和服务也一定能对消费者负责，让客户满意。ISO14000 认证已成为代表企业形象的重要因素，可以使企业获得更大的市场份额。酒店导入 ISO9000 质量管理体系和 ISO14000 环境管理体系，在规范内部管理的同时，也为酒店树立了良好的外部形象。酒店通过推行绿色酒店活动，建立环境管理体系，在减少浪费、提高设备运行效率、实现节能降耗的同时，又为消费者提供了一个更加文明的消费方式。因此，通过 ISO14000 认证的酒店具有更大的市场占有率。

④ 与国际接轨，提高市场竞争力。提高环境管理水平对中国酒店业十分必要，尤其是在全球经济一体化、全球环境保护呼声日益强烈的今天，与国际接轨、改善酒店的服务质量和环境形象，已成为酒店的必然。酒店应该深刻认识到实现 ISO14000 认证可以给酒店带来许多效益：一是可以衡量的经济效益，体现在降低成本、节约费用方面；二是增强酒店竞争力的效益，如市场竞争力的增强和市场占有率的扩大、环境管理水平的提高、企业形象的改善、员工协作能力的加强等。前一种效益可以使企业在短期内获得对建立 ISO14000 体系所投入的人力、物力成本的回报，后一种效益则可以使酒店得到可持续发展。

(5) ISO14000 在酒店实施的具体要求。ISO14000 在酒店的实施遵循 PDCA 循环模式，实施程序分为策划、实施、检查和改进四个阶段。

① 策划阶段。根据酒店自身的特点确定环境方针，确立总体目标，制定实现目标的具体措施，在实施过程中，酒店应在收集酒店经营使用的法律与其他要求的基础上，识别并评价酒店经营活动中重要环境因素，明确环境管理重点。识别环境因素可以从能源的使用情况和环境污染等方面入手，例如用电情况、用水情况、设备运行效率、一次性用品的消耗、厨房和洗衣房的污水排放、噪声排放、锅炉废气排放和垃圾的分类处理。根据重要环境因素和技术经济条件来确定酒店的环境目标和指标要求，提出明确的环境管理方案、实现目标的职责、方法和时间表等。环境管理方案可以从污染物达标排放、减少污染、节约能源、降低消耗、提高效率、提高环境保护意识等方面进行考虑。

② 实施阶段。为实现总体目标，酒店在 ISO14000 的实施过程中要做到以下几点。

A. 明确酒店组织中各部门的职责，制定相关管理程序和运行标准来对活动的全过程实施有效控制。

B. 对员工进行必要的培训，提高管理人员、工程技术人员及全体员工的环境保护意识和工作技能。

C. 有效沟通和交流有关环境管理的信息，注重相关方所关注的环境问题。

D. 制定环境管理的体系文件并纳入严格的文件管理之中，确保重要岗位能按文件规定执行。

E. 对环境有较大影响的岗位和设备应制定运行控制程序，并加以日常的岗位巡查和设备维护保养，使各类环境影响因素得到有效控制。

F. 识别酒店活动中存在的安全隐患和紧急意外情况，采取有效的预防措施和应急措施。

2

③ 检查阶段。有计划、有针对性地对相关活动进行控制，纠正出现偏离目标的现象是检查阶段的主要任务。酒店在实施 ISO14000 过程中应建立严格的检查制度，对重大环境问题及时纠正，并采取预防措施，防止再次发生。同时，要定期进行环境管理体系的内部审核，从整体上了解环境管理体系的实施情况，判断体系的有效性和对标准的符合性。此外，还应对环境管理活动做相应的记录，以追溯管理活动的实施情况。

④ 改进阶段。在平时的检查基础上，定期对环境管理体系的适用性和有效性进行分析与评审，提出对环境管理体系改进的意见和措施，并进行改进，以保证体系的持续有效。

酒店可根据策划、实施、检查、纠正改进的 PDCA 循环步骤，建立 ISO14000 环境管理体系，通过标准宣传与培训、初始环境调查、体系策划、环境管理体系文件的编写和发布等程序与工作，根据体系文件的要求运行并进行内部审核和管理评审，最后达到 ISO14000 认证的要求。

## 三、酒店服务质量评价

由于酒店接待的顾客来自不同国家或地区，他们具有不同文化和习俗，其需求的内容和对服务质量的衡量标准也是多样的。

### （一）基本标准

受各种主客观因素的影响，顾客对酒店服务质量的衡量标准带有明显的随意性、即时性、主观性。国内外大量关于酒店服务质量衡量标准的研究结果表明：

顾客感觉中的服务质量是由可靠性、响应性、保证性、移情性和有形性五类服务属性决定的。

#### 1. 可靠性

可靠性指可靠、准确地履行服务承诺的能力，对顾客影响最大。可靠的服务行为是顾客所期望的，它意味着服务的一致性与无差别性。出现差错给酒店带来的不仅是直接意义上的经济损失，而且可能意味着失去很多的潜在顾客。

#### 2. 响应性

响应性是对于顾客的各种要求，酒店能否给予及时的满足，标志着酒店是否把顾客的利益放在第一位。同时，服务传递的效率还从一个侧面反映了酒店的服务质量。

#### 3. 保证性

保证性是指员工所具有的知识、礼节以及表达出自信和可信的能力。它能增强顾客对酒店服务质量的信心和安全感。

4. 移情性

移情性是指设身处地为顾客着想和对顾客给予特别的关注。服务人员设身处地为顾客着想，关心顾客，为顾客提供个性化服务。

5. 有形性

有形性是指顾客直接感受到的服务人员的服装和仪表、服务设施、服务设备、促销资料等有形证据。顾客从这五个方面将预期的服务和接受到的服务相比较，最终形成自己对服务质量的判断。

期望与感知之间的差距是服务质量的量度。对酒店而言，质量评估是在服务传递过程中进行的。每一次顾客对服务质量的满意可以定义为：将对接受的服务的感知与对服务的期望相比较。当感知超出期望时，服务被认为是具有特别质量，也就是一种高兴和惊讶。当没有达到期望时，服务注定是不可接受的。但期望和感知一致时，质量是令人满意的。顾客的期望受到口碑、个人需要和过去经历的影响。在这五类属性中，“可靠”显然与技术性质量有关，“保证”则与企业的市场形象有密切关系，“保证”“移情”等属性都或多或少与功能性质量有关。可见功能性属性对顾客感觉中的整体服务质量有极大的影响。



### （二）专项标准

酒店产品的销售过程是有形物质消耗（酒水、饮食、商场商品）和无形劳动（各种服务）相结合的过程。

服务质量高的酒店不仅要有现代化的客房、餐厅以及各种服务设施，而且还要有懂业务、善经营的各级管理人员和服务态度好、技术水平高的服务员，以及灵活方便的经营服务项目。因此，酒店服务质量评价标准就包括了有形设施标准和无形产品标准。酒店的服务是无形的，不能用数量化标准来衡量。因此，酒店服务质量的衡量标准一般通过下面两个专项来反映。

（1）满足宾客需要的整套服务规程作为衡量标准。这套服务规程包括整套语言、动作和技能、操作要求，可使本来零散琐碎的服务工作规范化，是酒店服务所应达到的规格、程序和标准，它使酒店服务工作规范化、系统化、标准化。具体内容有：保证设施良好的运转规程；保证顾客舒适的规程，即制定各种操作规程和岗位责任制；保证质量服务规程，如服务态度标准化、规范化。

（2）酒店“回头客”比率。这是一个从实际出发的直接衡量酒店服务质量的重要标志。开发一个新客户所花费的成本要远高于维护一个老客户所花费的成本，酒店通过稳住已有的顾客就等于稳住已有的市场份额，并通过老客户的口碑宣传，还会吸引更多的新客户。

### （三）评价体系

搞好酒店服务质量与服务业绩的评价、考核工作，是酒店落实经济责任制，调动员工做好服务工作的重要举措。而服务业绩的评价工作要能真正地起到奖勤罚懒的作用，就必须较好地体现客观性、合理性，对服务业绩、服务质量进行公平、公正和公开的评价，并构建科学合理的服务质量评价体系。

1. 酒店服务质量评价体系的构成要素

酒店服务质量评价体系包括以下三大要素：评价主体，即由谁来进行评价，目前充当评价主体的主要有顾客、酒店组织和第三方机构。评价客体，包括两个方面的内容，即由设施、设备、服务用品、环境、实物产品等构成的硬件服务质量；软件服务质量，由服务项目、服务过程中的服务意识与态度、礼仪礼貌、服务方法与技巧、安全与卫生等构成。评价媒体是指评价的表现形式、各评价主体反映评价结果的渠道，即评价的主体通过何种形式来表现其评价的过程和结果，如顾客通过表扬、抱怨、投诉，甚至控告来表现；或酒店组织以奖惩制度、服务承诺、专项质量管理等来反映；或第三方机构进行评价后以酒店议论、行业公报以及包括升级、降级等奖惩方式对评价结果进行公开。



2. 酒店服务质量的三方评价

(1) 酒店服务质量的顾客评价。顾客评价直接指向服务的对象，体现了以“顾客为中心”的服务宗旨，因而获得普遍的欢迎。顾客评价的形式主要有顾客意见调查表、电话访问、现场访问、小组座谈、常客拜访等。但顾客服务质量评价标准中的期望服务指标、感知服务指标以及服务质量的可靠性、响应性、保证性、移情性、有形性等指标涉及许多主观心理因素，因此较难确定，这使其带有浓厚的主观性、模糊性、差异性以及不公平性色彩。

(2) 酒店服务质量的自我组织评价。在实践中，酒店自我评价服务质量的方式大体上可以归纳为：酒店统一评价、部门自评、酒店外请专家进行考评、随时随地地“暗评”、专项质量评价等。

(3) 酒店服务质量的第三方评价。其形式主要有：资格认定、等级认定、质量体系认证、行业组织、报刊、社团组织的评定等。

三方评价各有其优缺点。为了构建更加科学合理、可操作性强的服务质量评价体系，要求酒店应将顾客评价、酒店组织评价以及第三方评价有机地结合起来，深入细致地权衡三方评价的优缺点，并对三方评价因子作出合理的选择，对因子权重做系统、全面和客观的考察。

## 四、酒店服务质量督导

### (一) 服务质量差距分析

差距分析是 20 世纪 80 年代末出现的一种寻找产生服务质量问题的根源、改善服务质量途径的基本方法。该方法认为，酒店服务质量差距来自以下五个方面。

(1) 服务质量的认识差距。这些差距主要是因酒店管理者对于客人需求与服务质量预期的错误理解造成的。形成这种差距的主要原因有：

① 管理者从市场调研中获得的信息不准确；

② 市场信息虽然基本准确，但是分析理解出现偏差；

③ 一线员工报告的信息有误或者没有报告；

④ 酒店机构设置不合理，传递的信息失真。

要克服管理层的认识差距，最有效的方法是多做调查研究，以便能不断地加深和拓展对客人的需求和偏好的了解与认识。除此之外，在设置酒店组织机构时应该注意保持信息渠道的畅通，特别要注意与一线员工的信息沟通，这是根除管理层认识差距的基本前提与保证。

（2）服务质量的标准差距。这是由酒店制定的具体质量标准与管理层对客人的质量预期认识不吻合造成的。这种差距产生的主要原因是：

① 酒店制定服务质量标准的指导思想有误；

② 管理层对于服务质量标准化工作重视不够；

③ 服务质量标准要求太低或模糊不清；

④ 标准制定太具体，制约了一线员工主观能动性的发挥。

（3）服务质量的供给差距。供给差距是指在酒店服务中，供给的服务质量水平达不到制定的服务质量标准。形成这种差距的主要原因有：

① 一线员工不了解或者不认可酒店服务标准；

② 新的服务质量标准违背了人们的价值观念与行为习惯；

③ 服务设备设施达不到标准要求；

④ 服务过程管理不善。

要缩小这种差距，酒店除了进一步完善质量管理体制，充分发挥管理者的积极作用，重塑酒店企业文化以外，还要加强对员工，特别是一线员工的培训与教育，使按照酒店服务质量标准形式服务成为员工自觉的行动。

（4）服务质量的传播差距。指酒店向市场提供的信息与质量允诺和酒店实际能够的服务质量之间的差距。造成这种差距的主要原因在于：

① 酒店缺乏对市场营销与服务生产的统一管理；

② 酒店为了增加对市场的吸引力而夸大其词；

③ 酒店服务质量在各个部门不平衡。

要消除以上差距，酒店除了要在内部建立起一整套有效的管理体制外，还应该对酒店的各种承诺进行控制与管理，而不是脱离酒店实际对客人进行不切实际的承诺。

（5）服务质量的感知差距。这一差距主要是由客人对质量的预期与实际感知不同所致。通常这类差距会造成：

① 客人因为自己体验到的服务质量太低而放弃再接受酒店的服务；

② 客人将自己在服务消费的亲身经历向亲朋好友讲述，由此形成的口头传播效应；

③ 客人口头传播的负面效应积累到一定程度则会破坏酒店的总体形象。

企业形象的破坏不仅会使酒店现有客人逐渐流失，也会使潜在市场对酒店望而却步。

### （二）全面质量管理方法

#### 1. 因果分析法

因果分析图又称鱼刺图、树枝图，是分析质量问题产生原因的一种有效工具。在酒店经营过程中，影响酒店服务质量的因素是错综复杂的，并且是多方面的。因果分析图对影响质量的各种因素之间关系进行整理分析，并把原因与结果之间的关系用带箭头线表示出来。做出因果分析图寻找质量问题产生原因的程序共分三个步骤：

（1）确定要分析的质量问题，即通过排列图找出属哪类问题。

（2）发动酒店管理者和员工共同分析，寻找这类问题产生的原因。要注意集思广益，充分听取各方面人员的意见。探讨一个质量产生问题的原因时，要从大到小，从粗到细，寻根究源，直到能采取具体措施为止。

(3) 将找出的原因进行整理，按结果与原因之间的关系反映到图上，如图 2－6 所示。

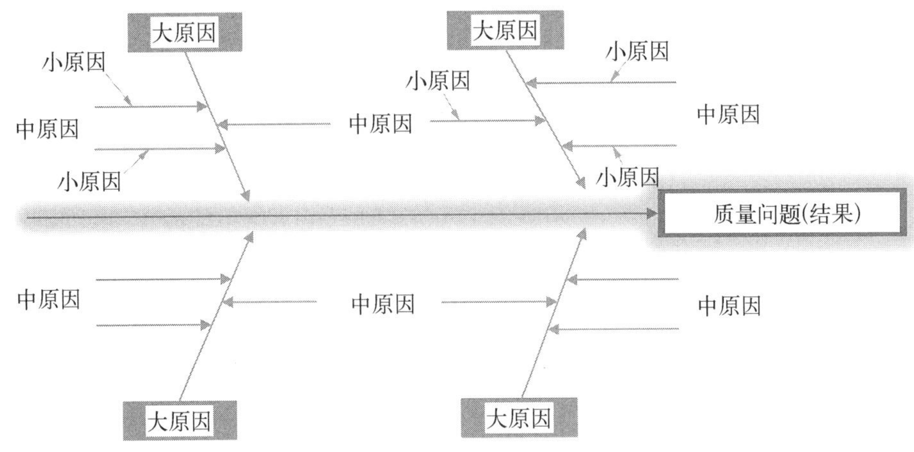


**图 2－6 因果分析示意图**

影响服务质量问题的大小原因通常可以从人、方法、设备、原料、环境等角度加以考虑。如对客人投诉菜肴质量问题的因果分析，如图 2－7 所示。

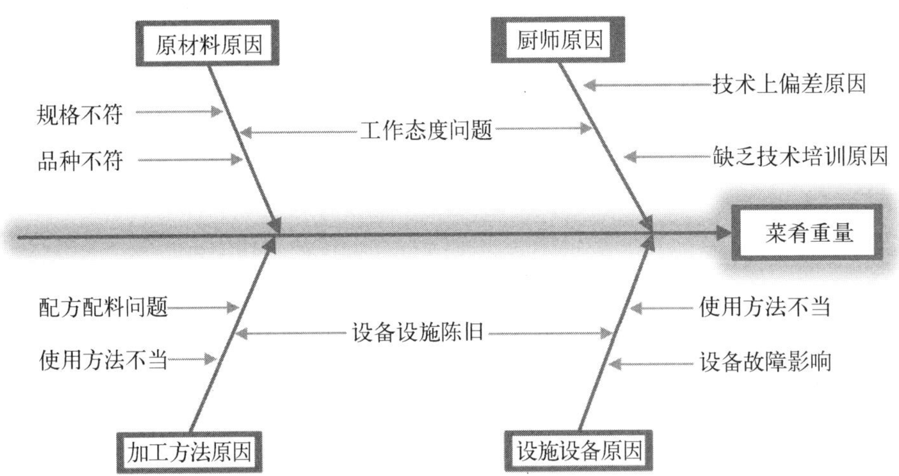


**图 2－7 菜肴质量的因果分析图**

2. ABC 分析法

对服务质量进行分类多采用 ABC 分析法。所谓 ABC 分析法是指按问题存在的数量和发生的频率把质量问题分为 A、B、C 三类：A 类问题的特点是发生的次数多，约占总数的 70%；B 类问题的特点是数量较多，但发生的频率相对较少，占总数的 20%～25%；C 类问题的特点是数量少，发生的次数少，占总数的 5%～10%。这样，先致力解决 A 类问题可使酒店服务质量有明显提高。

ABC 分析法以“关键的少数，次要的多数”这一原理为指导思想，通过对影响酒店服务质量诸因素的分析，以质量问题的重要性与质量问题发生的可能性为指标进行定量分析，先得出每个问题在酒店全部质量问题中所占的比重，然后按照一定的标准把质量问题分成 A、B、C 三类，以便找出对酒店服务质量影响最大的问题加以控制和管理，从而实现服务质量的有效改进与提高，使质量管理既保证解决重点质量问题，又能照顾到一般质量问题。

3. PDCA 方法

PDCA 方法是酒店服务质量管理基本程序。该方法由四个管理阶段构成：第一阶段是计划(plan)，提出酒店在一定时期内服务质量活动的主要任务与目标，并制定相应的标准。第二阶段是实施(do)，根据任务与标准，提出完成计划的各项具体措施并予以落实。第三阶段是检查(check)，包括自查、互查、抽查与暗查等多种方式。第四阶段是处理(action)，对发现的服务质量问题予以纠正，对酒店服务质量的改进提出建议。PDCA 方法是一个不断循环往复的动态过程，每循环一次，酒店服务质量都应该进入一个新的水平。运用 PDCA 法解决酒店质量问题，应按下列步骤进行。

(1) 计划阶段。

步骤 1：对酒店服务质量现状进行评估，从中找出对酒店质量影响最大的问题。

步骤 2：运用因果分析方法分析质量问题产生的原因。

步骤 3：从各类原因中找出主要原因。

步骤 4：找出首先要解决的质量问题，明确解决这些问题要达到的目标和要求，提出解决问题的具体措施。

(2) 实施阶段。

步骤 5：按照改进服务质量的目标和措施落实计划。

(3) 检查阶段。

步骤 6：运用各种方式检查服务质量是否提高，分析改进服务质量的各种措施实施的效果。

(4) 处理阶段。

步骤 7：对已解决的问题提出巩固措施，并使之标准化。对未解决的质量问题，总结经验教训，提出改进意见。

步骤 8：提出新一轮未解决的重要服务质量问题并将这些问题转入下一轮循环解决过程。

4. QC 小组法

全面质量管理是要求全员参加的质量管理，提倡人人参与。通过开展多种形式的全员性质量活动，尤其是开展质量管理小组(QC 小组)活动，充分发挥全体员工的积极性和创造性，这是解决质量问题、提高质量管理水平的有效途径。

QC 小组，即质量管理小组，是指在各个工作岗位上的员工，围绕企业的方针目标和现场存在的问题，以改进质量、降低消耗、提高经济效益为目标组织起来，运用质量管理的理论和方法开展活动的小组。其活动是按 PDCA 循环的程序开展的，主要包括以下 8 个步骤。

(1) 调查现状。对拟解决的问题进行现状调查，以事实说话，保证真实分析。

(2) 分析原因。发动全组人员集思广益，灵活运用因果法、关键法等找出问题产生的原因并找出主要原因。

(3) 制定实施。针对主要原因制定相应的对策表，就确定的对策安排实施计划，进行进度管理，加强预测。

(4) 按计划实施。在实施过程中，应随时把握实施的情况，监测质量趋势，根据分析结果采用专业技术或组织管理措施及时解决碰到的新问题。在实施过程中要认真做好详细

2

记录。

(5) 检查效果。把实施前后的情况进行对比,看实施后是否达到预定目标,分析达标或不达标的原因,不达标的应重新调查分析。

(6) 制定巩固措施。达到目标并经过3个月左右时间的考验,说明课题已经基本实现,应将行之有效的方法上升为标准,经过有关部门审定后纳入企业有关标准或管理文件。

(7) 遗留问题处理。对遗留问题加以分析后,将需要进一步解决的问题,作为小组下一个循环的课题继续深入开展活动。

(8) 总结成果资料。这是小组自我提高的一个重要环节,也是进行下一个循环的开始。

**(三) 酒店服务质量监督**



质量监督是为确保满足规定要求,对实体的状况进行连续的监视和验证并对记录进行分析。而酒店质量监督是指依据已建立的程序和规范对酒店产品进行连续的监视和验证,目的在于过程控制。在酒店质量监督机构中,应当明确工作职责。主要内容包括以下几点。

(1) 制订计划。制订并贯彻执行酒店年度工作计划中关于质量工作的具体计划;或者制订并贯彻上级管理公司的质量管理工作要求的计划。

(2) 具体的质量管理监督工作内容。有年度的检查、监控计划和工作步骤、月度的检查巡视计划和实施步骤、每周的检查频次等。

(3) 具体的质量监督措施。在质量检查中发现的问题,要当场进行纠正,纠正做法一般是:按规定填写相关的单据,如口头警告、罚款记录单、违纪过失单、整改通知单等。

(4) 及时汇总上报。每周、每月的质量检查监督情况要汇总上报。质量机构要定期将检查情况进行汇总,并拟写文字报告,上报酒店行政办公室,请主管领导审阅和批示,并根据主管领导和酒店总经理班子的指示,进行新一轮的检查监督工作。

(5) 接受行业检查和指导。负责组织酒店接受上级管理公司、行业管理单位的检查和评比工作。接受旅游系统的星级评定、复核、访查等检查工作。

1. 酒店日常质量监控内容

酒店质量管理的内容主要以对客服务的岗位和工作内容为主,包括对客服务的各个岗位的操作服务标准、服务态度、服务技能、服务效果等。同时,还包括对员工行为规范的检查和控制、二线保证部门和岗位工作质量等。综合起来可概括为宾客服务、运营质量和员工行为规范三部分内容。

(1) 对宾客服务的监控。宾客服务质量是指直接为宾客服务的岗位和人员的服务态度、服务技能、服务技巧和服务的规范性、主动性、超前性、灵活性、预知性等总体服务水平。

(2) 对运营质量的监控。运营质量是指酒店各个运营岗位和人员的工作状态、工作规范、工作要求、工作标准的质量是否达标;与运营有关的各个后勤部门的工作状态、工作规范、工作要求、工作标准的总体状况是否达标。在运营方面,各个岗位的操作标准和操作程序,就是对运营质量检查的依据。

(3) 对员工行为规范的监控。员工行为规范是员工在工作岗位上必须要遵守的酒店规定。

2. 酒店质量管理工作监控

(1) 宾客服务质量监控。宾客服务,是酒店服务中最为重要的部分。宾客服务从某种意义上讲，代表了酒店的形象、酒店的品牌、酒店的荣誉、酒店的竞争力。有好的宾客服务的口碑，酒店就有一定量的回头客，即就有一定量的忠实客人。宾客服务不够好的酒店，就不具有竞争力，就没有好的口碑。为了做好宾客服务工作，为酒店创立品牌，许多酒店都十分重视宾客服务工作。对宾客服务的监控，一般采取由酒店指定的宾客意见书、宾客满意度调查等方法进行监控，也就是说，让客人来监控我们的对客服务质量。客人入住酒店，在酒店消费，对酒店的服务水准最有发言权。我们还可以暗访的形式进行监控，即由酒店业内人士，以客人的身份入住酒店。在暗访后，汇总归纳暗访检查情况，写出暗访报告，交给酒店。这三种监控酒店的手段，通常交叉使用。

宾客意见书和宾客满意度调查是对酒店进行实时监控的最好手段。它们可以直接反馈各个岗位的真实情况。因此，酒店应当高度重视对宾客意见书和宾客满意度调查的收集和利用，把它们当成顾客意见反馈的直接途径，每日由专人进行收集和分析，分析的情况要及时反馈给酒店管理者，以便管理者最快、最直接地了解酒店运行情况和客人的需求情况。

暗访是在一定时间范围内，以暗访人员在酒店的活动体验为主，其得到的情况具有一定的偶然性。在暗访客人碰到服务较好的服务员时，他的服务体验就是酒店的服务是规范的、熟练的、有水平的；可是当暗访人员碰到实习生、新员工的服务时，往往会不满意，因为他们技能不够熟练、服务经验少；或者当暗访人员碰到情绪不好的服务员时，也会有比较糟糕的待遇，那他的暗访评价肯定是不够满意的。尽管有这样的缺陷，暗访毕竟不失为一种有效的质量监控的手段，其监控力度是不可否认的。

（2）运营质量监控。运营质量包括一线运营和二线运营，主要由酒店委员会成员进行日常管理和监控。通常采取走动监控、闭路电视监控、突击检查和专项检查等手段。

走动监控是指每日有质量委员会成员对酒店一线岗位和二线岗位进行检查，检查中遇到服务操作不规范、程序不规范、仪容仪表不规范和违反劳动纪律等问题时，要现场及时纠正。走动检查要有记录。在检查中遇到表现突出的服务人员也可以当场进行奖励，遇有违纪现象要及时采取纠正措施。

闭路电视监控是指酒店公共区域的闭路电视监控，主要目的是及时发现安全隐患，及时发现案件苗头、记录案件发生的时间、地点等。酒店还可以利用闭路电视的功能，监控员工在岗位工作中的状况，真实了解其服务状态、劳动纪律状态等情况。因此，在必要时，可以调出某一时段，某一岗位的员工操作情况、精神状态、劳动纪律等记录情况，以便真实反馈员工在岗位上的工作状态，这也可以作为质量监控的手段之一，配合其他手段使用。

突击检查是指在事先完全不通知的情况下，酒店质量检查人员对某个部位进行检查。例如，某天，质量管理人员突然提出要检查酒水库房的管理情况，也可以发现管理当中的问题。

专项检查是指酒店列出检查的部位和题目，由质量检查人员进行专项检查。例如，酒店认为近期需要对前台管理工作进行检查，质检人员就要列出检查内容，进行专项检查，并出检查报告。专项检查可以就某个部位或某个问题进行深入、专业的检查，同时给予专业的指导和帮助，以便提高各个部门、岗位的业务能力和业务水平。

（3）员工行为规范监控。员工行为规范主要是指员工在岗位上是否精神饱满、着装仪表是否规范、行为是否遵守酒店规范等。这些内容主要在走动检查中进行检查和纠正；也可以通过监控系统进行抽查;也可以在某个时段作为专项检查的内容进行检查。主要目的是要始终让酒店员工保持良好的精神状态、规范整洁的仪表、自觉遵守各项规章制度,体现酒店整体规范、温馨、热情待客的服务状态和精神面貌。

酒店行业,对员工服务的技能要求是一方面,对员工的仪表气质要求也是非常重要的一方面。在酒店,尤其是高星级酒店,其服务对象多是社会上具有一定地位或身份较高的人员,为了体现其身份的尊贵,需要有与仪表气质相匹配的服务人员给予优质的服务,而优质服务,首先需要服务者提升自身气质。喜来登集团首推的"贴身管家"就是明显的例证。他们选拔身材、气质、服务特质好的人员,再经过专门的培训后,作为贴身管家为高档客人服务。现在一些高档公寓也推行"英式"贴身管家式服务,并已成为流行趋势。丽思-卡尔顿公司的创始人凯撒·丽思被称为世界豪华酒店之父。他于 1898 年 6 月创立了巴黎丽思酒店,

从此开创了豪华酒店经营之先河,其豪华的设施、精致而正宗的法餐,以及优雅的上流服务方式,将整个欧洲的酒店业带入到一个新的发展时期。丽思的成就概括为:最美的服务、最豪华的设施、最精美的饮食、最高档的价格。他们的格言是"我们是为绅士服务的绅士,为淑女服务的淑女。"我国有的酒店总结出 20 个字:"仪表、微笑、问候、让路、起立、优雅、关注、尽责、致歉、保洁"。十分精辟地概括了对酒店服务人员需要具有的基本素养和职业化的要求。

## 【任务框图】

本任务从服务质量要素、认证、评价和督导四个方面对酒店服务质量督导管理进行了讲述,主要内容框架如图 2-8 所示。

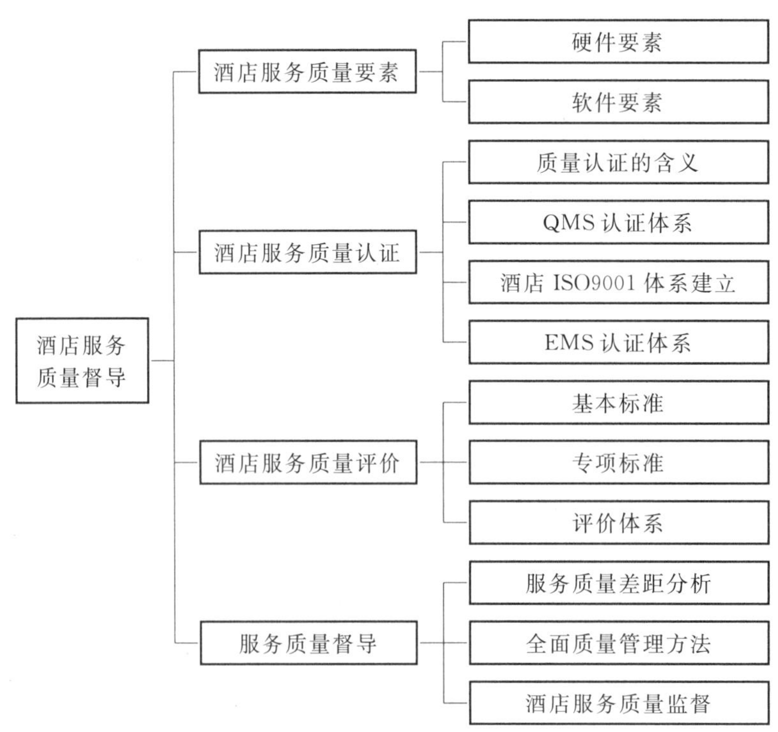


**图 2-8 模块二任务四框图**

## 【任务拓展】

通过本任务的学习我们认识到酒店服务质量是由酒店硬件质量和软件质量有机结合而成的一个整体。随着社会的发展，科技的进步，顾客对酒店产品质量提出了越来越高的要求，提高产品质量才是取信顾客、立足市场、竞争取胜的根本保证。请阅读以下案例，通过小组讨论和个人思考回答问题。

**案 例**

### 侥幸心理不能有

这是一个春节前夕的夜晚，广州某贵宾楼入住了许多客人。这几天，实习生小王连续上了几个夜班，客人多，客房任务大，他感觉到很疲惫。这时，几间房做完后，已是凌晨一点多钟了，楼层内很安静，客人们都进入了甜蜜的梦乡，小王开始感觉困倦，连续打了几个哈欠。心想，四五天经理都没有查房，偏偏就这时候来查我，不太可能。于是，他看四周无人，便打开一间空房进去，坐在床边上，暂时休息一会儿，心想就休息几分钟。小王开始时还使劲控制自己的睡意，过一会儿就不由自主地睡着了。大约过了15分钟，经理查房发现了小王的行为，小王被经理叫醒了，心中一惊。经理问："你是不是以前也这样睡过？"小王如实地回答："我就这一次，以前从来都没有睡过。刚才我就睡了15分钟。我错了，今后一定改正。"由于小王平时工作努力，经领导研究决定，没有给开除的处分，给予了开单一次、罚款200元的处罚。

（案例来源：酒店管理经典案例分析.广州：广东经济出版社）

请思考：

1. 酒店的处理正确吗？请说出你的理由。

2. 结合本任务的内容谈谈酒店服务质量由哪几个方面构成？

## 【任务测试】

**一、判断题**

1. 服务人员的个人形象和素质对顾客的情绪有直接的影响，因而也就直接影响着酒店的服务质量。（　　）

2. 当客人感知质量高于预期质量，客人对服务就会表示满意，这样的服务称为优质服务。（　　）

3. 顾客对酒店服务质量的衡量标准带有明显的客观性。（　　）

4. 酒店开发一个新客户所花费的成本要低于维护一个老客户所花费的成本。（　　）

5. 由客人对质量的预期与实际感知不同所造成的差距是服务质量的感知差距。（　　）

**二、单选题**

1. 酒店各类设施在特定条件下和时间限度内，设施的功能可以顺利发挥而不发生故障，这是指酒店硬件的（　　）。

A. 功能性　　B. 可靠性　　C. 安全性　　D. 外观特性

2.“客人对入住酒店后人身和财产安全的放心程度”，是指酒店软件的（　　）。

A. 可靠性　　B. 反应性　　C. 情感性　　D. 可控性

3.“服务人员设身处地为顾客着想，关心顾客，为顾客提供个性化服务”，是指服务质量的（　　）。

A. 响应性　　B. 保证性　　C. 移情性　　D. 无形性

4. 以下属于酒店服务质量的第三方评价的是（　　）。

A. 酒店统一评价　　B. 顾客评价　　C. 部门自评　　D. 行业组织评价

5. 由酒店制定的具体质量标准与管理层对客人的质量预期认识不吻合造成的差距是（　　）。

A. 服务质量的认识差距　　B. 服务质量的标准差距

C. 服务质量的供给差距　　D. 服务质量的传播差距



# 任务五　酒店经营成本控制

## 任务引例

### 节约从充分利用下脚料开始

厨房里，下脚料是看似派不上用场的东西，往往成为垃圾。但充分利用会积累下来一笔不小的数目。用好下脚料，厨师长是关键，要有指导、规定和强制执行的措施，对于那些不会、不愿意好好利用下脚料的厨师一定要批评教育。下脚料做好菜，鼓励厨师用下脚料创制新菜，销售好的还可以拿奖金。

杜绝下脚料等浪费，关键还是要从体制和工作程序上下功夫，某酒店采用以下的做法。

(1) 增强节约意识。一种原料能否合理利用，仅有厨师长知道是没有用的，应该让实际操作的厨师知道，让他们知道自觉的合理利用，比我们用哪一种方法去强制执行要好得多。

(2) 建个中央加工点。大部分酒店都采用各部门分别领料、分别加工的方法，这种做法就有可能因为各部门之间沟通不够，造成下脚料的浪费。比如今天热菜间切了 10 份土豆丝，按质量要求，四边边角料去除不用。10 份边角料的量太少了，组合起来也做不出一道菜，所以这 10 份土豆的边角料就因为不能充分利用浪费了。但建立中央加工点就不一样了。以土豆为例，热菜间如果需要土豆丝，那么中央加工点就可以按要求把土豆修去四边切丝，至于剩余的边角料，中央加工点可收集起来切丝供凉菜间制作凉拌土豆丝，面点间制作土豆丝饼，还可供面点间制作土豆馅或土豆泥。这样边角料就可以达到最大化利用。

## 案例

### 酒店一次性用品成本控制方法

酒店业纠结，一次性消耗品中的六小件是否该为环保让步，部分城市已经开始实行。有些酒店更是打出为节能环保不再提供一次性用品的口号。在相关部门还未下达取消一次性用品的文件之前，关于一次性消耗品的合理控制有必要提到日常工作中来。酒店现有的一次性消耗品有近20种，这20种是否都为宾客所需？以下几种情况相信大家都曾发现：

(1) 牙刷一般都与牙膏成套包装，这对于续住客人来说较为浪费。一般与牙刷配套的牙膏为6g，一早一晚刷一次已经没有了，牙刷可以继续使用，但因为没有牙膏的缘故还是要拆开一副牙具才可以，因为这样的关系无形中加大了一次性用品的消耗，既不节能，更不环保。

建议：① 将牙膏单独放置(因其本身就有包装，无须另行处理)，减少不必要的浪费。② 针对入住时间超过三天的房间专门配备45～60 g的品牌牙膏。

(2) 客房内有针线包使用率较低，也较为浪费。据统计，酒店一年共计使用针线包742个，其中还包括内部使用。且针线包内所附棉线较少，颜色多达五种，需要某一种线时如不够还需另拆一包，所有的针使用一次便扔掉了。

建议：在房务中心备好针线盒，里面有充足的各色棉线、不同型号的针、护指的梭甲、小剪刀等，宾客有需要时可提供免费租借服务，所有的针及其他物品均可重复使用，取消客房内配备一次性使用的针线包。

(3) 客房内提供的小香皂是卫生间不可或缺的物品，可供宾客洗手或清洁小件衣物等。但大部分情况下宾客不能将一整块香皂都使用完，有些甚至拆开洗过手后就不再使用它了。回收后的香皂因体积较小，清洁效果不佳，回收的价值大打折扣。

建议：① 将香皂换成可重复使用的洗手液瓶装后放至客房内，减少浪费，提高酒店档次。② 如宾客需洗小件衣物，可在卫生间提供有偿的小袋品牌洗衣粉，增强清洁效果。③ 女宾袋的使用率不仅低，而且无实际意义，建议撤掉。

(4) 客房方便笺夹内放置的信封分为普通信封和航空信封，但全年的使用量不到100个，有部分是因为宾客翻阅时造成的损坏。现与人沟通的渠道不但多样，而且快捷，书信时代已经过去。

建议：在大堂公共区域、商务中心放置信封，如宾客需要可自行拿取，无须放置在客房内。

如此一来，酒店客房的一次性用品使用成本可由原来的17.48元降至16元左右。此外，除了减少客房内不必要的一次性用品的品种，还需要注意一次性用品的库存控制。现酒店采用的是短期库存预测法，即根据前一个月的使用量及本月的预订情况制定本月一次性用品的采购数量，一般周期为一个月或两个月，不超过三个月。短期库存预测法的好处在于减少库存，流动资金较为灵活，不会造成部分不易保存物品的变质及过期。在采购时针对部分易变质的物品品种进行数量的控制，以减少物品的报损率。在淡、旺季节时对一次性物品的采购做到因时区分，淡季时物品少采购些，旺季时提前采购备货。这样可以让财务空出部分流动资金作为他用，而且在旺季时不会出现货不到位、价格飞涨现象。

在一次性用品的保存方面也需引起注意，客房部的二级仓库尽量选取较为干燥的地方对物品进行保存。酒店曾将客房部二级仓库放置于地下室，此举不妥，对物品的保存不利。梅雨季节会出现香皂发霉、火柴受潮不能使用等现象。

除了以上客观因素上能减少一次性用品的使用量外，对这些易耗品的控制方法还有如下几种。

(1) 明确责任人。将领用一次性用品的权限回收至各区域领班，规定每周到二级仓库领取一次。各区域领班根据各栋工作间所剩物品及下周预订情况酌情进行领用。

(2) 按标准配发。每个工作间的配备量以物品一周的平均用量作为固定存储量，并按配置的10%配发至各区域作为机动。

(3) 严格申领制度。各区域负责人领取物品时必须填写上周各物品各类的余数，并将本周领取的物品数量做详细登记，签字确认。

(4) 实行奖惩制度。根据各栋每月的实际入住量，统计各栋实际使用的一次性物品使用量，依照酒店一次性物品的标准配备使用量，如超出标准配备的10%将给予处罚。年底时统计全年应用数量及实际使用数量，节约下来的金额抽出10%～15%给员工当作奖励。

(5) 及时盘存。实行一周一小盘，一月一大盘制度，及时了解所有物品的消耗情况。

(6) 各管理人员抓好物品的节省和再利用工作，做到物尽其用，发挥其最大利用价值。

相信在各方的努力下，一定能将一次性用品的消耗量降低。做到科学管理、加强环保、提升服务质量、减少酒店成本投资。



通过以上两个案例，可见酒店经营成本控制与收益管理是酒店管理的重要内容，也是提高酒店经济收益的基本手段。随着酒店行业的竞争越来越激烈，合理控制成本成为酒店获利的重要渠道之一。对于成本控制工作，主要表现为：在能源消耗方面，大量使用节能产品；在酒店物资采购方面，积极拓宽采购渠道；在办公用品消耗方面，争取实现无纸化办公等。但有些“隐形”的成本还未能引起我们足够的重视，如沟通成本、时间成本、人力资源成本等。

酒店成本控制是酒店管理中要研究的永恒话题。酒店的任何活动都涉及成本，都应在成本控制的范围之内。酒店的成本控制对酒店的生存有着至关重要的作用，酒店对物资和能源消耗非常大，物资和能源决定了酒店成本的大部分。

## 【任务执行】

酒店的成本费用，包括营业成本及期间费用两个方面。为社会提供各项服务而进行的生产经营过程所发生的各种直接支出和耗费，属于酒店的营业成本，未列入营业成本的各项耗费为酒店的期间费用。

### 一、酒店营业成本和期间成本的划分

#### (一) 营业成本的划分

根据酒店的经营特点，营业成本主要包括直接材料成本和商品进价成本。

1. 直接材料成本

酒店经营中直接材料主要是指餐饮部在其饮食加工、经营过程中发生的各种原材料、调料和配料的耗费。其中原材料是制成各种饮食制品所用的原料，一般以各种蔬菜、干货等为主；调料是制成各种饮食所用的调味用料，如油、盐、酱等。根据新制度规定，酒店各部门(包

括餐饮部)的人工费用直接计入部门费用,不需摊入营业成本。

2. 商品进价成本

商品进价成本主要是指为销售而购入的商品的价格及相关费用。分为国内购进商品进价成本和国外购进商品进价成本。国内购进商品进价成本,是指商品的实际采购成本,不包括购入商品时发生的进货费用,如各项手续和运杂费;国外购进商品进价成本,以到岸价(CIF)成本加海上运费、保险费作为商品的计价原价,同时加上商品在进口环节需缴纳的税金,如进口关税、进口产品税,以及购进外汇价差等。

**(二) 期间费用的划分**

酒店的期间费用包括营业费用、管理费用和财务费用,这些费用直接计入当期损益,从酒店获得的当期营业收入中得以补偿。



1. 营业费用

营业费用是指酒店各个营业部门在其经营过程中发生的各项费用开支,根据新制度规定,酒店的营业费用内容大致包括以下几个方面。

运输费：指酒店购入存货,商品的各项运输费用,燃料费等。

保险费：指酒店向保险公司投保所支付的财产保险费用。

燃料费：指酒店餐饮部门在加工饮食制品过程中所耗用的燃料费用。

水电费：指酒店各营业部门在其经营过程中所耗用的水费和电费。

广告宣传费：指酒店进行广告宣传而应该支付的广告费和宣传费用。

差旅费：指酒店各营业部门的人员因出差所需的各项开支。

洗涤费：指酒店各个营业部门为员工洗涤工作服而发生的洗涤费开支。

低值易耗品摊销：指酒店各营业部门在领用低值易耗品分别进行的费用摊销。

物料消耗：指酒店营业部门领用物料用品而发生的费用。物料用品包括客房、餐厅的一些日常用品(如针棉织品、餐具、塑料制品、卫生用品、印刷品等),办公用品(如办公用文具、纸张等),包装物品,日常维修用材料、零配件等。各营业部门发生的修理费用也计入此。

经营人员工资及福利费：指酒店各营业部门直接从事经营服务活动的人员的工资及福利费,包括工资、奖金、津贴、补贴等。

工作餐费：指酒店按规定为各营业部人员提供的工作餐费。

服装费：指旅游酒店按规定为各营业部人员制作工作服而发生的费用。

其他与各营业部门有关的费用。

2. 管理费用

管理费用是指酒店为组织和管理经营活动而发生的费用以及不便于分摊,应由酒店统一认定负担的费用,包括以下几个方面。

公司经费：指酒店行政管理部门的行政人员工资、福利费、工作餐费、服装费、办公费、会议费、差旅费、物料消耗低耗品摊销,以及其他行政经费。

工会经费：指按职工工资总额的2%提取,在成本中列支的费用。

职工教育经费：指按职工工资总额的2.5%提取,在成本中列支的费用。

董事会经费：指酒店最高权力机构——董事会以及董事为执行各项职能而发生的各种费用,包括差旅费、会议费等。

税金：指酒店按规定在成本费用中列支的房产税、车船税、城镇土地使用税、印花税。

燃料费：指管理部门耗用的各种燃料费用。

水电费：指管理部门办公用水、电费。

折旧费：指酒店全部固定资产折旧费用。

修理费：指酒店除营业部门以外的一切修理费用。

开办费摊销：指酒店在筹建期间发生的费用，按规定摊销期摊销。

交际应酬费：指酒店在业务交往过程中开支的各项业务招待费，按全年营业收入净额的一定比例控制使用按实列支。

存货盘亏和毁损：指存货在盘亏和毁损中的净利损失部分。不包括非损失部分。

其他一切为组织和管理酒店经营业务活动而发生的费用。



3. 财务费用

财务费用是指酒店在其经营过程中为解决资金周转等问题在筹集资金时所发生的费用开支。包括利息(减利息收入)、汇兑损失(减汇兑收益)、金融机构手续费等。

【解疑释惑】

酒店成本控制是酒店管理者的重要任务，实现有效的酒店成本控制需要有丰富的财务会计管理知识。企业财务会计专业性强，酒店的财务会计工作应由专业人士担当。酒店管理者掌握一定的酒店财务会计知识十分重要。你知道作为一名酒店管理者应了解哪些财务会计知识吗?

酒店企业经营管理者应了解本酒店的财务关系、酒店的财务部门的机构设置、财务信息来源和会计工作的体系。熟悉酒店对外报告的资产负债表、利润表和现金流量表等会计数据。掌握财务分析、流动资产、资产资本和经营投资知识，了解金融市场和税收知识。

## 二、酒店营业成本和期间费用的核算

### (一) 营业成本核算

酒店营业成本费用核算按照权责发生制原则，严格区分本期成本费用与下期成本费用，直接成本与间接成本的界限，按照各营业部门设置有关账户进行核算。以下以酒店餐饮营业成本为例，简要介绍核算过程。

酒店餐饮成本实际上就是餐饮部门在饮食制品的加工过程中所耗用的原材料、配料、调料的成本。对餐饮成本的核算通过“营业成本”账户进行，核算期每旬核算一次，以每月初至月末最后一天为本月会计计算期间，计算总的营业成本。

按照核算要求和实行“永续盘存制”，餐饮核算员应将每日所领物品的领料单加以汇总算出当日的食品成本额，通过每天的餐饮营业收入，计算出当日的毛利及毛利率，使餐饮部能较好地控制营业成本。月末，通过借“营业成本”贷“原材料”账户结转餐饮成本。对于已领用的原材料期末未消耗的部分，作耗用成本调整，调整公式：

实际耗用原材料成本＝厨房月初结余额＋本月领用额＋本月调入额

－本月调出额－厨房月末盘存额

式中的厨房月末盘存额(剩余原材料、未出售的半成品和制成品总额)需要通过实地盘点,按各自的配料定额与账面价格折合计算。同时在会计核算上,采用“假退料”的方法进行调整。即月底用红字借记“营业成本”,贷记“原材料”账户,次月月初再用蓝字作出相同方向的调回分录。

**(二) 期间费用核算**

酒店期间费用的核算通过设置“营业费用”“管理费用”和“财务费用”账户,汇集和反映各项费用的支出情况。

“营业费用”账户按营业部门设置,用以核算酒店各营业部门发生的,按《旅游饮食服务企业财务制度》规定应计入营业费用的各项费用。费用发生时,借记本账户,贷记“现金”“银行存款”“应付工资”等账户。期限末将本期发生的各项费用直接计入当期损益。



“管理费用”账户用以核算酒店管理部门为管理酒店经营活动而发生的各种费用,包括行政管理部门的经费开支和应由酒店统一负担的其他费用。发生时借记“管理费用”,贷记“现金”“银行存款”“应付工资”“坏账准备”等账户,期末将全部转入“本年利润”账户。“管理费用”账户按以上明细项目设置。

“财务费用”账户用以核算酒店在其经营业务过程中为筹集资金所需的费用开支,发生时记入该账户借方,以及酒店所发生的应冲减财务费用利息收入、汇兑收益等,应记入本账户的贷方,期限末将余额转入“本年利润”账户。

## 三、酒店成本升降相关要素

从我国酒店发展过程来分析,与酒店成本升降紧密相关的要素有三个方面,分别是劳动力成本升降、物质消耗成本升降与能源消耗成本升降。

**(一) 人工成本**

人工成本是可由酒店经营层自主控制的最大一部分成本,人力资源优化配置和有效利用也是酒店业一直在探索的热点问题,管理机制、用人机制和分配机制直接影响了酒店人工成本。

**(二) 物质消耗成本**

酒店物质消耗成本是酒店成本控制的一大重点。酒店属于高能耗、高原材料消耗的企业,所有的服务产品(各种有形无形的产品)都离不开大量原材料和能源的消耗。物质消耗成本与酒店企业成本控制系统是否科学完善、规章制度执行是否得力、采供制度是否科学和合理、节约措施的运用是否得当以及成本控制观念的宣传是否到位等管理因素密切相关,酒店物质消耗成本过高将严重影响酒店的整体经营效益。

**(三) 能源消耗成本**

酒店能源消耗成本逐渐成为酒店管理者关注的酒店成本因素。一方面随着酒店管理水平的提高,在人工成本和物质消耗成本得到科学控制后,能源消耗成本的高低将直接影响着酒店效益;另一方面由于现代酒店的新的经营观念,如低碳理念、绿色理念的普及,酒店管理者有意识和主动降低酒店的能耗。酒店的能耗受价格、设施、设备和浪费等因素的影响。与发达国家能耗7%左右相比,我国酒店的能耗居高不下,在9%左右,我国酒店能源消耗管理水平的提升空间还很大。

## 四、酒店成本的控制方法

利润是每个企业追求的最终目标，降低产品成本、提高劳动生产率、减少流通费用是提高企业利润的重要举措；提高营收、减少成本是获取利润最大化的保证。如何控制成本，职业经理人责无旁贷；如何做好成本控制，团队成员人人有责。把成本控制到最佳是需要每一个团队成员共同努力才能达到的。从目前的市场行情来看，人力成本在不断地增加、各种原材料价格频繁上涨，经营压力大是众所周知的。酒店成本的控制方法主要有以下几种。

### （一）整合资源

把各部门、各岗位的编制进行整合，降低人力资源成本。主要从并岗和调动员工的积极性两个方面考虑。



1. 并岗

避免“一个活两人干”，这需要酒店高层了解各个部门岗位、熟悉各种程序。例如，某酒店总机与房务中心分别用了 4 个人，一共是 8 个人。工资水平按人均 5 000 元算，8 个人一月是 40 000 元，一年是 480 000 元。如将两个岗位合并在一起，从中选出一名领班，四个文员，节约三个人员薪资，年节约不少于 180 000 元，这种并岗不仅没有影响工作质量，还成功地降低了人力成本。

2. 调动员工的积极性

很多员工一旦养成固定的工作模式后，改革很难接受，或者低效工作，将他们的积极性调动起来才能真正地发挥作用。我们可以将节约的部分资金用作员工待遇的改善，从根本上打消顾虑。这种人力资源的整合，最重要的是要做好调查，科学、合理地重新分配工作内容，不能盲目行事。

### （二）控制库存

合理控制库存，降低库存成本，提高资金周转率。以计划采购为主，减少紧急采购，定期、定量地储存物品。仓库人员在申购物品时要按需申购，了解各种品项的保质期，给部门提出建议，不仅是保管员也是监督员。要避免没有计划地大肆购买，造成库存积压、资金积压，在申购的环节中要按需购买，杜绝重购。

### （三）科学采供

完善采购控制措施，提高物资的使用价值。采购价格的高低直接影响成本的大小，应采取积极的采供技术，多途径采购酒店所需物资，达到质高价廉、满足需求的理想采供目标。直接采购等传统采购方式存在许多弊端，网络采购打破了传统市场购买形式。通过网络采购，中间减少了代理商、分销商的环节，厂家直销价格上更有优势，通过网络搭建采购与供货方的桥梁，已成为一种趋势。在采供各个环节中，验收环节是重要的一个环节，它是把握住酒店物资质量和数量、控制酒店物资成本的最后一关，酒店的财务等管理人员要密切关注，不定期审查。

### （四）勤俭节约

杜绝浪费、开源节流，倡导勤俭节约之风。浪费是酒店成本控制的天敌。酒店的浪费现象主要表现在有意识浪费和无意识浪费两个方面。有意识浪费是指员工在工作中不顾集体利益明知浪费而为之，无意识浪费是指员工不知道自己浪费行为前提下的浪费。无意识浪费有时比有意识浪费危害更大。

酒店管理者应加强勤俭节约理念的宣传，加强生产服务过程的控制，通过加强基层组织建设，发挥基层管理人员的作用，杜绝无意识浪费，加大处罚力度有效控制有意识浪费，通过提高技术水平等措施，提高物质、设施设备的使用效率。

**（五）全员销售**

通过全员参与销售，增加营业收入，提高员工营销意识。获取利润的途径是增加营业收入、降低成本、减少费用。同等消耗的前提下，收入越高、成本费用越低则利润越高。酒店的产品只有销售出去才能收回成本，获得效益。由于酒店服务产品的特殊性，服务产品中的服务劳动不具备储藏性，服务产品没有成功销售是最大的浪费。酒店在科学定价的基础上，要树立员工强烈的营销意识，形成良好的推销意识，积极推动全员销售的策略，把优质的服务产品最大限度地推销给需要的顾客。

2

**（六）提升效能**

计算机在酒店企业的应用已经十分普遍，利用先进的计算机系统，实现酒店成本核算最大管理效能，酒店应该根据本餐饮企业的经营规模、管理模式、管理经验、管理制度、管理流程等因素科学选择酒店计算机管理系统，依据健全的财务成本控制制度，形成准确和及时的成本分析，通过计算机系统管理，提高酒店成本控制的自动化程度，最大限度地提升成本控制效能。

## 【任务框图】

本任务从酒店的四个方面对经营成本控制进行了讲述，主要内容框架如图 2-9 所示。

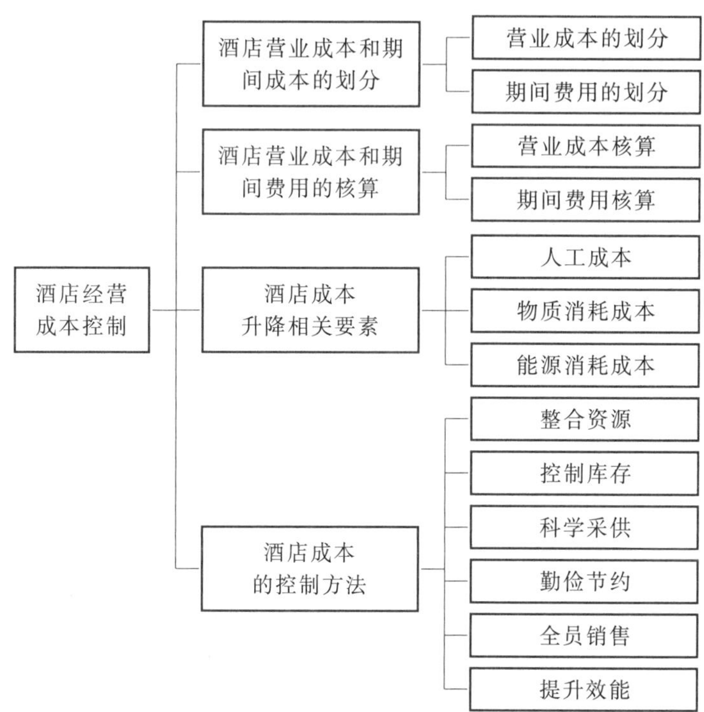


**图 2-9　模块二任务五框图**

## 【任务拓展】

通过本任务的学习，我们认识到酒店经营成本管理的重要性。德鲁克提出，企业管理的第一项任务是取得经济效益(不是越多越好，而是合理利润)。我们要记住这样一句话，“酒店产品只有服务，企业内部只有成本”。管理人员应提高对“成本”概念的认识，只有通过降低成本来降低销售价格，才能达到增强竞争力和扩大市场份额的目标，继而实现酒店的预期利润。

下面介绍两种成本管理方法：边际分析法和机会成本分析法。

**(一) 边际分析法**

2

边际分析法着重于分析变化的成本，用来描述一个因素的单位变化会给相关因素带来什么结果。

例：某餐厅连续创营业收入的新高，为保护员工合法利益，保证服务质量，餐厅经理准备增加1名员工，前提是必须维持原有的利润不变。

利润(P)＝营业收入(S)－固定成本(F)－变动成本(V)

假设餐厅月营业收入100万元，工资等固定成本15万元，变动成本为65%，即100×65%＝65(万元)，那么利润＝100－15－65＝20(万元)。

如果要保持现有的利润，必须相应增加营业收入，增加1名服务人员的月工资总额为3 500元。那么，新增加的营业收入应为新增工资总额除毛利率，即3 500÷35%＝10 000(元)。

每月的营业收入达到101万元时，才能保持利润的平衡。按人均消费80元计算，每天应比原来多接待4位顾客。

**(二) 机会成本分析法**

当被迫做出两者取其一的决定时，就要付出机会成本，一项决策的机会成本是另一项可得到的最好决策的价值。机会成本分析方法着重于分析选择的成本。

例：酒店有50万元资金，拟投资快餐业，预计年收益为3万元。而如果用于改善客房条件，预计可以提高2%的客房出租率。

如果客房出租率提高后的收益比3万元高，那么这笔资金用于改善客房条件的机会成本就是3万元。

## 【任务测试】

**一、判断题**

1. 从广义上讲，酒店的经营成本包含了营业成本和费用。 (　　)

2. 根据新制度规定，酒店各部门(包括餐饮部)的人工费用直接计入部门费用，不需摊入营业成本。 (　　)

3. 正常经营条件下与客房出租间数无关的成本是变动成本。 (　　)

4. 营业收入总额与成本总额相等时商品销售量，即“保本点”，又称盈亏平衡点。 (　　)

5. 酒店营业成本的计算应根据每项业务活动所发生的直接费用加计成本。 (　　)

**二、单选题**

1. 以下不属于酒店营业费用的是(　　)。

A. 运输费　　B. 水电费　　C. 差旅费　　D. 税费

2. 以下属于酒店客房的固定成本的是(　　)。

A. 低值易耗品　　B. 客房员工的工资　　C. 土地资源税　　D. 材料用品

3. 以下属于酒店成本控制的A类控制点(关键控制点)的是(　　)。

A. 低值易耗品　　B. 酒水　　C. 人员工资　　D. 培训费

4. 以下对于酒店各部门成本控制描述不正确的是(　　)。

A. 要提高客房部的利润率主要应从开源的角度考虑,提高收入

B. 客房部的成本可压缩性较大,对其进行控制收效会较好

C. 餐饮部应重点控制原材料的采购和消耗,降低直接成本

D. 娱乐部的成本主要是折旧和摊销,占部门总成本的60%左右

5. 以下对于“保本点”描述不正确的是(　　)。

A. 在固定成本、价格及变动成本率不变的情况下,“保本点”也保持不变,是个常量

B. 就酒店客房而言,“保本点”可以用客房收入与客房成本总额相等时客房出租数来表示

C. 酒店“保本点”时的利润大于零,既不亏损也不盈利

D. “保本点”计算是客房成本核算的重要方法之一

# 任务六　酒店营销策划

## 任务引例

### 华住集团的营销创新——互联网思维打造用户忠诚度

可供人民群众选择的商品和服务越来越多,顾客为什么选择你?许多企业已经意识到:在品牌与消费者之间建立一种稳定的、可信赖的忠诚关系将更有利于品牌的生态化发展。

什么样的用户才是“忠诚用户”?应该如何构建?华住集团进行了以下尝试。

为了激活用户与品牌的互动,最大限度地增强用户黏性,华住集团打破了传统“积分抵现”模式,用互联网思维将会员积分打造成一种内部流通“货币”,用户可在华住集团下属酒店中进行多种形式的消费,积分的外延被扩展了,功能丰富了,可供满足的需求更多了。

积分玩法给用户带来了“甜头”和新鲜感,增强了用户对华住品牌的信赖,为了获得积分,用户也会更加积极地参与到集团的其他活动中,从而形成“需求—奖励—需求”闭环。另外,华住集团也积极拓展跨界合作品牌,建立和运营泛粉丝群体,积极探索“有限服务酒店+X”,跨界合作模式取得了良好的效果。例如“华住+电影”“华住+生活”“华住+音乐”,满足人们多样化的需求。

满足个性化需求+跨界合作+社群营销+提升用户黏性,酒店营销将会迎来新生机。

成功的营销策划给酒店带来新生机。以上案例告诉我们，营销策划是一门技术，更是一门艺术，还是顾客与产品的黏合剂。华住的经验告诉我们，与时俱进，大胆创新，是酒店品牌生态化发展的保证。

## 【任务执行】

美国营销协会认为：市场营销是对产品(包括主张、商品和服务)的构思、定价、促销、销售进行策划实施的过程，以创造出对个人及组织的目标都能得到满足的交换。现代酒店经营离不开营销，酒店管理者必须以发现和满足顾客的需求为出发点开展酒店企业的经营活动。



### 一、酒店市场

对酒店而言市场细分是指将顾客群体按其不同特点分若干小块，把基本需求相同的列为一个细分市场。市场细分是市场营销战略中最核心的部分，能否有效、准确地进行市场细分对酒店经营成败关系重大。任何一家酒店在资源有限的情况下，其能力必然是有限的，只能有选择地去经营。所以如何判断是酒店的决策者面临的最大的挑战。可以说市场经济的第一课就是学会“放弃”，而市场细分是决定放弃什么，保留什么的科学依据。

酒店要把市场细分做好，首要的问题是要求酒店在参与经营和将要参与经营的市场上找出市场机会与企业实力的平衡点，选出投资目标效率高、有长期效益、与酒店专长一致的目标市场，才算真正发挥出市场营销的战略作用。如果只是让市场营销人员搞策划、搞广告，充其量只发挥了一些战术作用。酒店的经营贵在有特色，没有特色的酒店越来越难生存。作为酒店的管理者必须区别哪些群体容易接近而哪些群体难以接近；哪些细分市场会对营销作出反应，哪些不会；哪些群体是酒店的主要财源，且企业有能力进入目标群体市场。为了赢得竞争优势，酒店必须在整体市场中识别出一个或几个顾客群，审视这些细分市场的特征，并集中各种资源满足市场的需要。

#### (一) 酒店市场细分变量

市场细分并没有统一的方法。营销人员可通过各种变量或单独或联合对顾客进行市场细分。通常可用的变量主要有四大类：地理变量、人口统计变量、心理变量和行为变量。

1. 地理变量细分

地理变量细分需要将市场划分为不同的地理单元，如国家、省、地区、城市或郊区等。从这个因素角度出发，酒店可将客源市场划分为欧美市场、东南亚市场、本地市场、外省市场等。酒店必须明白分析出自己的客源是来自国外、外地或是本地居民、各自的比例如何，以便在设施、人员、产品上适合不同地区顾客的不同需求。

2. 人口统计变量细分

人口统计变量细分指根据各种人口统计变量如年龄、生命周期、性别、收入与职业等变量将市场分割成一些群体。如按年龄可将65岁以上的老人细分为一个市场。再如按职业，酒店可将公司商务人士归为商务市场，其特点是市场有良好的知识背景，收入较高，一般从事销售、管理或是专业性强的职业，旅行的首要目的是商务活动。商务旅游者更注意酒店的位置、整洁度、服务、客房价格和酒店声誉。

3. 心理变量细分

心理变量细分是将顾客按其社会阶层、生活方式和个人气质性格分成不同的群体。如酒店可按社会阶层将顾客划分为白领、公务员、教师、工人等市场。按气质性格则可将顾客群体分为五类：自我中心型、近自我中心型、中间型、近多中心型、多中心型。

4. 行为变量细分

行为变量细分是指根据购买者的知识、态度、产品使用情况及产品的反应将其划分为若干群体。许多营销人员认为，行为细分是构建细分市场的最佳起点。通常行为细分的切入点包括购买目的、购买形式、时机与购买数量特征及顾客购买所追求的利益等。如以购买目的细分，是一家酒店最基本的方法，它为旅游产品的开发设计和营销组合的制定提供了主要的依据。酒店可据此将顾客群体分为团体观光市场、散客度假市场、商务市场、会议市场等，通过分析比较各种市场可带来的收益及酒店自身的竞争优势，可帮助酒店准确定位，恰当地设计营销组合。如果按时机细分则可分为潜在市场和现时消费市场，按时机细分可以帮助酒店挖掘市场以及实现产品的用途。若按许多依赖于外地游客的观光度假型酒店则以购买形式作为主要的细分依据，它们通常将顾客市场划为团体市场、散客市场两大类。

2

### （二）酒店市场细分方法

如前所述，细分可选择的变量很多，归类起来酒店在市场细分时所选择的方式无外乎以下三种。

1. 单一变量细分法（一元细分法）

根据与旅游者需求差异紧密相关的某一最重要的变量因素，进行一定市场细分的方法，如对一些观赏型旅游酒店来说进行市场细分的依据往往只有一个，即购买形式，酒店据此将市场分为团体市场和散客市场。

2. 综合变量细分法（二元至多元细分法）

选择并综合运用与顾客需求差异紧密相关的两种及以上的并列变量因素，对一定的酒店市场进行细分的方法，如酒店可根据收入、购买动机、顾客身份等因素交叉细分商务市场为外企商务市场、业务员主商务市场、私营业主商务市场等。

3. 系列变量细分法

考虑与顾客需求差异相当的各种因素将其按照由大到小、由粗到细的顺序对一定市场依次进行系列细分的方法，这种方法要求在大的细分变量的基础上考虑多个子变量，适用于顾客需求差异很大，而市场竞争又非常激烈的旅游市场。

### （三）酒店市场细分特点

尽管市场细分的方法很多，但并非都同样有效。要想使细分市场有用，它们就必须具备以下特点。

1. 可衡量性

可衡量性指细分市场的规模和购买力能够予以衡量的程度。有些市场细分变量很难，像青少年餐饮细分市场的规模，就很难予以衡量。

2. 可进入性

可进入性是指细分市场可以进入并为之服务的程度。如相关研究发现，有20%的大学餐馆顾客属于常客。但是，常客却没有任何共同特征。他们既有大学教职工，也有学生。在学生的兼修、全修和年级方面，并没有什么有用的区别。尽管该细分市场已经被识别出来了，但没有办法进入这个市场。

3. 实效性

实效性是指细分市场在规模和可营利性方面值得作为目标市场的程度。一个细分市场应该是一个最大的同质群体，并且从经济的角度值得为它制订专门的营销计划。例如，在北京、上海等大城市，可以为不同国家、不同宗教信仰的客人开各种类型的餐馆。但在很多偏远小城镇，韩国料理、日本料理都难以生存。

4. 可行动性

可行动性是指能在多大程度上据此设计出吸引目标市场并为之服务的有效计划。如某家酒店识别出五个细分市场，但酒店的人员力量和资金能力都不足以制订出能分别为每个细分市场服务的营销计划来。



## 二、酒店营销策略

酒店营销策略是以目标顾客需要为出发点，根据经验获得顾客需求量以及购买力的信息、商业界的期望值，有计划地组织各项经营活动，为酒店顾客提供满意的商品和服务而实现企业目标的过程。

### （一）目标市场营销策略

酒店通过市场细分，从众多的细分市场中，选择出一个或几个具有吸引力、有利于发挥企业优势的细分市场作为自己的目标市场，综合考虑产品特性、竞争状况和自身实力，针对不同的目标市场选择营销策略。

1. 无差异性营销

企业不考虑各子市场间的差异性，而只注重子市场需求的共性，决定只推出单一产品，运用单一的营销方案，力求在一定程度上适合尽可能多的顾客需求。可口可乐公司早期就采取了这种策略，以“可口可乐”一种产品，行销全世界许多国家，经营十分成功。

无差异性营销的优点是由于产品单一，有利于标准化与大规模生产，从而有利于降低研究开发、生产、储存、运输、促销等成本费用，能以低成本取得市场竞争优势。

缺点是忽视了各子市场需求的差异性，企业难以长期采用。一旦竞争者采取差异化或集中化的营销策略，企业必须放弃无差异营销；否则，顾客会大量流失。

例如，20 世纪 70 年代末，在我国一些旅游城市兴建的第一批合资酒店中，所有的房间基本上都是一种没有差异的统一标准间，较为适应当时以团队客人为主的入境游市场；当入境游散客市场日渐兴旺，且游客越来越倾向于选择单人房时，这种统一的标准客房不再符合市场潮流。酒店无差异营销策略在顾客需求个性化时代背景下，逐渐不符合时代需要。

2. 差异性营销

企业针对不同的子市场，推出不同的产品，推行不同的营销方案，以最大限度地满足各个子市场的需要。可口可乐公司迫于百事可乐及众多饮料厂家的竞争，已经放弃了无差异营销，转向了差异性营销。

差异性营销的优点是由于企业在产品设计、推销宣传等营销策略方面能针对不同的子市场，有的放矢，从而有利于提高产品的竞争力，提高市场占有率；此外还有利于建立企业及品牌的知名度，有利于提高企业威望，树立良好的企业形象。

差异性营销的缺点是多品种生产，势必增加生产及营销成本，增加管理的难度。因此，该策略多为实力雄厚的大公司所采用。

华住集团是一家世界知名的酒店集团，旗下经营31个酒店和公寓品牌，例如汉庭、全季和海友三大品牌，即运用差异化营销策略，涉足三个不同领域的目标市场群体，并针对目标顾客的需求提供相应的服务产品。

(1) 汉庭——最便捷的住宿体验。汉庭酒店是华住集团旗下品牌，致力于为商旅客人提供便捷的住宿体验。酒店安心的睡眠系统、现代的卫浴系统、便捷的商旅配套和典雅的酒店氛围保障客人出门在外也有在家一般的感受。精心设计的十大免费项目：商务区电脑、打印复印传真、宽带上网、大堂茶水咖啡、房间阅读书籍、停车、早餐、矿泉水、茶包、大堂书吧，为客人提供最物超所值的服务。

(2) 全季——最优质地段的选择。全季是华住集团旗下品牌，致力于为部分商旅客人提供最优质地段的选择。全季多坐落于城市商业中心的标志性地块，客人无须支付五星级酒店的价格，即可享受到五星级酒店的地段优势。

(3) 海友——低价住宿带来欢乐。海友是华住集团旗下品牌，致力于为休闲旅游客人提供干净、低价的住宿选择。海友内部设计紧凑，致力于为客人提供性价比最高的住宿体验。酒店内部所有的设施均能满足客人的基本需求，为客人最大限度地节省出行预算。

3. 集中性营销

企业将所有的资源力量集中，以一个或少数几个性质相似的子市场作为目标市场，进行专业化经营，力图在较少的子市场上获得较大的市场占有率。

集中性营销的优点是目标市场集中，企业资源集中，能快速开发适销对路的产品，树立和强化企业和产品形象，也有利于降低生产成本，节省营销费用，增加企业盈利。

集中性营销的缺点是目标市场狭小，经营风险较大。一旦市场需求突然发生变化，或出现更强的竞争对手，企业就可能陷入困境。该策略适用于实力弱、资源少的小型企业。

4. 定制营销

若将市场细分进行到最大限度，则每一位顾客都是一个与众不同的细分市场。由于现代信息技术和现代制造业的迅猛发展，使得为顾客提供量体裁衣式的产品和服务成为可能。

定制营销是指企业在大规模生产的基础上，将每一位顾客都视为一个单独的子市场，通过与顾客进行个体的沟通，明确并把握特定顾客的需求，并为其提供不同方式的满足，以更好地实现企业利益的活动过程。定制营销也被称为一对一营销、个性化营销。

定制营销的适用范围十分广泛，不仅适用于自行车、汽车、服装、家具等有形产品，也适用于金融、咨询、旅游、餐饮等服务领域。

定制营销的突出优点是：能极大地满足消费者的个性化需求，提高企业竞争力；以需定产，有利于减少库存积压，加快企业的资金周转；有利于产品、技术上的创新，促进企业不断发展。

但定制营销有可能导致营销工作的复杂化，增大经营成本和经营风险，因此，定制营销需要建立在定制的利润高于定制的成本的基础之上。另外，生产领域的定制营销还对企业的设计、生产、供应等系统和管理的信息化程度有很高的要求，海尔“定制冰箱”的生产，从设计、模具制造，到生产、配送、支付、服务等各方面都比普通冰箱的要求要高得多，因此，一般的生产企业可能还很难做到，但定制营销仍是众多企业努力的方向。

2

### （二）酒店典型营销策略

1. 知识营销

知识营销指的是向大众传播新的科学技术以及它们对人们生活的影响，通过科普宣传，让消费者不仅知其然，而且知其所以然，重新建立新的产品概念，进而使消费者萌发对新产品的需要，达到拓宽市场的目的。

2. 网络营销

网络营销就是利用网络进行营销活动。当今世界信息发达，信息网络技术被广泛运用于生产经营的各个领域，尤其是营销环节，形成网络营销。例如，在专业化的网络分销平台（携程、飞猪等）就单体酒店进行网络宣传和促销活动。

3. 绿色营销

绿色营销是指企业在整个营销过程中充分体现环保意识和社会意识，向消费者提供科学的、无污染的、有利于节约资源使用和符合良好社会道德准则的商品和服务，并采用无污染或少污染的生产和销售方式，引导并满足消费者有利于环境保护及身心健康的需求。当前，绿色低碳的生活方式越来越受到大众的青睐，绿色酒店的经营理念也日益深入人心，以绿色营销理念为依托，适时针对目标客户进行宣传引导，充分调动市场潜能，既倡导了先进的生活方式，又为酒店赢得了效益。

4. 个性化营销

个性化营销是酒店把对人的关注、人的个性释放及人的个性需求的满足推到空前中心的地位。酒店与市场逐步建立一种新型关系，建立消费者个人数据库和信息档案，与消费者建立更为个人化的联系，及时地了解市场动向和顾客需求，向顾客提供一种个人化的销售和服务，顾客根据自己需求提出服务要求，酒店尽可能按顾客要求提供，满足消费者个别需求和品位，并应用信息，采用灵活战略适时地加以调整。当前，女性客房、贴身管家服务等个性化酒店服务方式得到了市场的普遍认可。

5. 创新营销

创新是企业成功的关键，企业经营的最佳策略就是抢在别人之前淘汰自己的产品，这种把创新理论运用到市场营销中的新做法，包括营销观念的创新、营销产品的创新、营销组织的创新和营销技术的创新，要做到这一点，市场营销人员就必须随时保持思维模式的弹性，让自己成为“新思维的开创者”。

6. 整合营销

这是欧美 20 世纪 90 年代以消费者为导向的营销思想在传播领域的具体体现，起步于 90 年代，倡导者是美国的舒尔兹教授。这种理论是制造商和经销商营销思想上的整合，两者共同面向市场，协调使用各种不同的传播手段，发挥不同传播工具的优势，联合向消费者开展营销活动，寻找调动消费者购买积极性的因素，达到刺激消费者购买的目的。

7. 消费联盟

消费联盟是以消费者加盟和企业结盟为基础，以回报消费者利益的驱动机制的一种新型营销方式。

8. 连锁经营渠道

这是一种纵向发展的垂直营销系统，是由生产者、批发商和零售商组成的统一联合体，它把现代化工业大生产的原理应用于商业经营，实现了大量生产和大量销售相结合，对传统营销渠道是一种挑战。

9. 大市场营销

大市场营销是对传统市场营销组合战略的不断发展。该理论由美国营销学家菲利浦·科特勒提出。他指出，企业为了进入特定的市场，并在那里从事业务经营，在策略上应协调地运用经济的、心理的、政治的、公共关系等手段，以博得各方面的合作与支持，从而达到预期的目的。

10. 综合市场营销沟通

综合市场营销沟通是一种市场营销沟通计划观念，即在计划中对不同的沟通形式，如一般性广告、直接反应广告、销售促进、公共关系等的战略地位作出估计，并通过对分散的信息加以综合，将以上形式结合起来，从而达到明确的、一致的及最大限度的沟通。这种沟通方式可以带来更多的信息及更好的销售效果，它能提高公司在适当的时间、地点把适当的信息提供给适当的顾客的能力。



### （三）国内酒店营销策略

1. 功效优先策略

国人购买动机中列于首位的是求实动机。任何营销要想取得成功，首要的是要有一个功效好的产品。因此，市场营销第一位的策略是功效优先策略，即要将产品的功效视为影响营销效果的第一因素，优先考虑产品的质量及功效优化。

2. 价格适众策略

价格的定位，也是影响营销成败的重要因素。对于价格敏感型消费者，价格高低直接影响着他们的购买行为。所谓适众，一是产品的价位要得到产品所定位的消费群体大众的认同；二是产品的价值要与同类型的众多产品的价位相当；三是确定销售价格后，所得利润率要与经营同类产品的众多经营者相当。

3. 品牌提升策略

品牌提升策略就是改善和提高影响品牌的各项要素，通过各种形式的宣传，提高品牌知名度和美誉度的策略。提升品牌，既要求量，同时更要求质，不断地扩大知名度和不断地提高美誉度。

4. 刺激源头策略

刺激源头策略就是将消费者视为营销的源头，通过营销活动，不断地刺激消费者购买需求及欲望，实现最大限度的服务消费者的策略。

5. 现身说法策略

现身说法策略就是用真实的人使用某种产品产生良好效果的事实作为案例，通过宣传手段向其他消费者进行传播，达到刺激消费者购买欲望的策略。通常利用现身说法策略的形式有小报、宣传促销活动、案例电视专题等。

6. 媒体组合策略

媒体组合策略就是将宣传品牌的各类广告媒体按适当的比例合理地组合使用，刺激消费者购买欲望，树立和提升品牌形象。

7. 单一诉求策略

单一诉求策略就是根据产品的功效特征，选准消费群体，准确地提出最能反映产品功效，又能让消费者满意的诉求点。

8. 终端包装策略

终端包装策略就是根据产品的性能、功效，在直接同消费者进行交易的场所进行各种形式的宣传。终端包装的主要形式：一是在终端张贴介绍产品或品牌的宣传画；二是在终端拉起宣传产品功效的横幅；三是在终端悬挂印有品牌标记的店面牌或门前灯箱、广告牌等；四是对终端营业员进行情感沟通，影响营业员，提高营业员对产品的宣传介绍推荐程度。

9. 网络组织策略

组织起适度规模而且稳定的营销队伍，最好的办法就是建立营销网络组织。网络组织策略，就是根据营销的区域范围，建立起稳定有序的相互支持协调的各级营销组织。

10. 动态营销策略

动态营销策略就是要根据市场中各种要素的变化，不断地调整营销思路，改进营销措施，使营销活动动态地适应市场变化。动态营销策略的核心是掌握市场中各种因素的变化，而要掌握各种因素的变化就要进行调研。



## 三、酒店营销组合

### （一）营销组合的含义

营销组合指的是企业在选定的目标市场上，综合考虑环境、能力、竞争状况对企业自身可以控制的因素，加以最佳组合和运用，以完成企业的目的与任务。营销组合是企业市场营销战略的一个重要组成部分，将企业可控的基本营销措施组成一个整体性活动。市场营销的主要目的是满足消费者的需要，而消费者的需要很多，要满足消费者需要所应采取的措施也很多。因此，企业在开展市场营销活动时，就必须把握住那些基本性措施，合理组合，并充分发挥整体优势。

1960 年，麦卡锡提出了著名的 4P 组合。麦卡锡认为，企业从事市场营销活动，一方面要考虑企业的各种外部环境，另一方面要制定市场营销组合策略，通过策略的实施，适应环境，满足目标市场的需要，实现企业的目标。麦卡锡绘制了一幅市场营销组合模式图，图的中心是某个消费群，即目标市场，中间一圈是四个可控要素：产品（product）、地点（place）、价格（price）、促销（promotion），即 4P 组合。产品就是考虑为目标市场开发适当的产品，选择产品线、品牌和包装等；价格就是考虑制定适当的价格；地点就是考虑通过适当的渠道安排运输储藏等把产品送到目标市场；促销就是考虑如何将适当的产品，按适当的价格，在适当的地点通知目标市场，包括销售推广、广告、培养推销员等。图的外圈表示企业外部环境，它包括各种不可控因素，包括经济环境、社会文化环境、政治法律环境等。麦卡锡指出，4P 组合的各要素将要受到这些外部环境的影响和制约。

以后，市场营销组合又由 4P 发展为 6P，6P 是由科特勒提出的，它是在原 4P 的基础上再加政治权力（political power）和公共关系（public relation）。6P 组合主要应用实行贸易保护主义的特定市场。随后，科特勒又进一步把 6P 发展为 10P。他把已有的 6P 称为战术性营销组合，把新提出的 4P 称为战略营销。新提出的 4P 分别是：探查（probing），即市场调研；划分（partitioning），即市场细分；优先（prioritizing），即市场择优；定位（positioning），即市场定位。他认为，战略营销计划过程必须先于战术性营销组合的制定，只有在搞好战略营销计划过程的基础上，战术性营销组合的制定才能顺利进行。科特勒在讲到战略营销与战术营销的区别时指出："从市场营销角度看，战略的定义是企业为实现某一产品市场上特定目标所采用的竞争方法,而战术则是实施战略所必须研究的课题和采取的行动。"(科特勒等著《日本怎样占领美国市场》)现在,战略营销与战术营销的界限已日趋明朗化,通用汽车公司等已按这两个概念分设了不同的营销部门。

到 20 世纪 90 年代,又有人认为,包括产品、价格、销售渠道、促销、政治力量和公共关系的 6P 组合是战术性组合,企业要有效地开展营销活动,首先要有为人们(people)服务的正确的指导思想,又要有正确的战略性营销组合(市场调研 probing、市场细分 partitioning、市场择优 prioritizing、市场定位 positioning)的指导。这种战略的 4P 营销组合与正确的指导思想(people)和战术性的 6P 组合就形成了市场营销的 11P 组合。

### (二) 市场营销组合特点

市场营销组合作为企业一个非常重要的营销管理方法,具有以下特点。



1. 市场营销组合是一个变量组合

构成营销组合的"4P"的各个自变量,是最终影响和决定市场营销效益的决定性要素,而营销组合的最终结果就是这些变量的函数,即因变量。从这个关系看,市场营销组合是一个动态组合。只要改变其中的一个要素,就会出现一个新的组合,产生不同的营销效果。

2. 营销组合的层次

市场营销组合由许多层次组成,就整体而言,"4P"是一个大组合,其中每一个 P 又包括若干层次的要素。这样,企业在确定营销组合时,不仅更为具体和实用,而且相当灵活;不但可以选择四个要素之间的最佳组合,而且可以恰当安排每个要素内部的组合。

3. 市场营销组合的整体协同作用

企业必须在准确地分析、判断特定的市场营销环境、企业资源及目标市场需求特点的基础上,才能制定出最佳的营销组合。所以,最佳的市场营销组合的作用,绝不是产品、价格、渠道、促销四个营销要素的简单数字相加,即"4P≠P+P+P+P",而是使它们产生一种整体协同作用。就像中医开出的重要处方,四种草药各有不同的效力,治疗效果不同,所治疗的病症也相异,而且这四种中药配合在一起的治疗,其作用大于原来每一种药物的作用之和。市场营销组合也是如此,只有他们的最佳组合,才能产生一种整体协同作用。正是从这个意义上讲,市场营销组合又是一种经营的艺术和技巧。

4. 市场营销组合必须具有充分的应变能力

市场营销组合作为企业营销管理的可控要素,一般来说,企业具有充分的决策权。例如,企业可以根据市场需求来选择确定产品结构,制定具有竞争力的价格,选择最恰当的销售渠道和促销媒体。但是,企业并不是在真空中制定的市场营销组合。随着市场竞争和顾客需求特点及外界环境的变化,必须对营销组合随时纠正、调整,使其保持竞争力。总之市场营销组合对外界环境必须具有充分的适应力和灵敏的应变能力。

### (三) 营销组合意义

(1) 市场营销组合的出现,意味着市场经营观念完成了新旧观念的转变,即发展到了新观念——市场营销观念。市场营销观念的核心是以目标顾客的需要为中心,实行市场营销组合,着眼于总体市场,从而取得利润,实现企业营销目标。在这里,市场营销组合作为营销手段至关重要。

(2) 市场营销组合体现了现代市场营销学的一个重要特点,那就是具有鲜明的"管理导向”，即着重从市场营销管理决策的角度，着眼于买方行为，重点研究企业市场营销管理工作中的各项战略和策略，从而使决策研究法在诸多研究方法中显示出其概括性强、适应面广的优点，并成为研究市场营销问题普遍采用的重要方法。

(3) 市场营销组合的理论基础是系统理论。它以系统理论为指导，向企业决策者提供了为达到企业营销整体效果而科学地分析和应用各种营销手段的思路和方法。

### （四）营销组合作用

企业营销管理者正确安排营销组合对企业营销的成败有以下几点重要作用：

(1) 可扬长避短，充分发挥企业的竞争优势，实现企业战略决策的要求；

(2) 可加强企业的竞争能力和应变能力，使企业立于不败之地；

(3) 可使企业内部各部门紧密配合，分工协作，成为协调的营销系统（整体营销），灵活地、有效地适应营销环境的变化。

### （五）营销组合应用原则

为更好地发挥市场营销组合的上述作用，在具体运用时须遵循下列原则。

1. 目标性原则

营销组合首先要有目标性，即制定市场营销组合时，要有明确的目标市场，同时要求市场营销组合中的各个因素都围绕着这个目标市场进行最优组合。

2. 协调性原则

协调性原则指协调市场营销组合中各个因素，使其有机地联系起来，同步配套地组合起来，以最佳的匹配状态，为实现整体营销目标服务。可根据要素的相互关联作用组合得当、和谐一致。

在组合方案中，也可以重点选择几个因素进行组合搭配，如产品质量和价格的关系直接关系到市场营销组合整体策略的优劣，将两者进行多方案选优，可以组成几种不同的组合策略方案，企业可据此进行知己知彼的分析，包括竞争对手组合策略分析，本企业资源、技术、设备等情况分析，切实推行价值工程，进而达到预期营销目标。

3. 经济性原则

经济性原则即组合的杠杆作用原则。主要考虑组合的要素对销售的促进作用，这是优化组合的特点。当广告费用开始增加时，对销售影响不大，当广告费用增加到A点后，销售量增长很快，广告费用继续增加到B点后，销售量趋于一个常数。若要发挥广告宣传对销售量的杠杆作用，在组合中就应考虑销售量和广告费用的这种关系：在它们处于曲线AB段时，采用增加广告费用的组合，若它们的关系处于曲线AB段以外，就要考虑其他要素了。其他各要素与销售量的关系曲线都类似于图2-10。

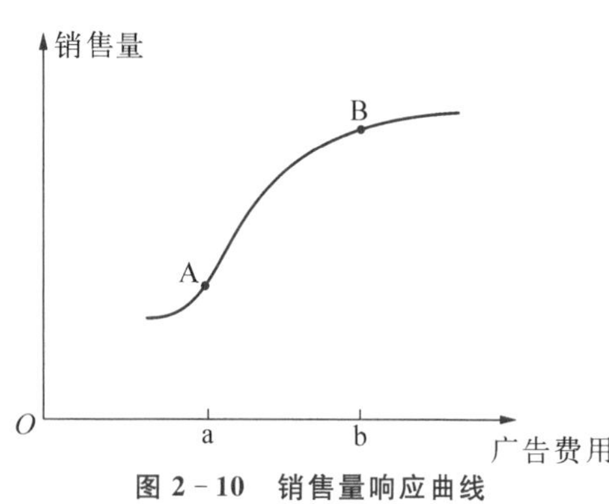

**图2-10　销售量响应曲线**

4. 反馈性原则

从营销环境的变化到企业营销组合的变化，要依靠及时反馈市场信息。信息反馈及时，反馈效应好，就可随营销环境变化，及时重新对原市场营销组合进行反思、调整，进而确定新的适应市场和消费者需求的组合模式。

### （六）酒店营销组合实践

通过以下案例，了解酒店营销组合的具体实施方法。

案例

**东方鸭王酒楼营销策划方案**

东方美食苑崛起于宣化餐饮市场，数年来的风风雨雨见证着东方美食苑自艰苦起步到后来的一段鼎盛时期。东方鸭王酒楼是在东方美食苑基础上新生的奇迹。面对竞争激烈、变幻莫测的餐饮市场，鸭王酒楼作为新派烤鸭在宣化餐饮界的代表将如何筹划发展呢？

一、前言

勤劳的中国人民在数千年的饮食文化的探索和发展中，逐渐形成了风格各异的粤、鲁、湘、川等各大菜系和具有地方特色的食品。北京烤鸭，是北京名食，它以色泽红艳，肉质细嫩，味道醇厚，肥而不腻的特色，被誉为"天下美味"而驰名中外。鸭王烤鸭是现代烤鸭师秉承传统烤鸭工艺研发出的新派烤鸭，烤鸭表面色泽金黄油亮，外酥香而里肉嫩，别有一种特殊的鲜美味道，是烤鸭中的极品。

宣化餐饮业的发展趋势可概括为：发展十分迅速，规模不断扩大，市场不断繁荣。然而，繁荣的同时意味着竞争的加剧，总有餐饮店铺倒下，又有新的店铺站起来，但总有少数几家在大浪淘沙中站稳脚跟并不断发展壮大。作为北京新派烤鸭在宣化餐饮业的代表，"鸭王烤鸭"应成为响当当的招牌。

二、市场、企业分析

宣化餐饮市场同样存在激烈的竞争，各式各样的大小酒店、酒店，争夺着宣化有限的餐饮资源，冲击着食客的味觉、视觉。

一个酒店要获得成功，必须具备以下条件：① 拥有自己的特色；② 全面的（质量）管理；③ 足够的市场运营资金；④ 创新，不断推陈出新。这些条件缺一不可；否则，就是昙花一现。这也是许多酒店、餐馆风光开业又迅速消失的原因所在。

东方鸭王酒楼，是在原东方美食苑的基础上新生的酒店。东方美食苑经过多年的宣传与运营，已在张家口、宣化地区有了一定的知名度，在宣化更是家喻户晓。如能利用"东方"在宣化的知名度延续宣传东方鸭王酒楼，提高菜品质量（行家点评稍差），加强人员培训、管理，定能成为宣化餐饮界的后起之秀。

三、营销策划

餐饮服务的目的是让顾客满意，只有顾客满意了，酒店才能获得利润；要做好优质的服务，离不开企业内部员工的努力；内部员工营销的成功又以全面的（质量）管理、有效的激励机制和良好的企业文化氛围为基础。

鸭王酒楼开业两个月后举办了"回报消费者关爱"优惠活动。以顾客满意营销、内部员工营销和文化营销三者结合，作为本次活动的重点。

（1）活动的目的：增加"东方鸭王酒楼"品牌的影响力，提升知名度和美誉度；提升"东方"形象，增强竞争力；加强员工的企业忠诚度和向心力；提高员工服务意识、工作积极性；进一步提升"东方"的企业文化；提升销售额，增加利润；为下一步更好的发展打下良好的基础。

（2）活动时间：7 月 1—15 日，共计 15 天。

2

2

(3) 参与人数：东方的所有员工、就餐的顾客等。

(4) 顾客满意、员工满意、管理提高、文化创新。

四、具体方案策划

(一) Sales Promotion 方案

1.“微笑服务”

在活动期间，所以员工一律微笑服务，细致耐心，让顾客乘兴而来满意而归，提高顾客的感觉消费价值。具体实施如下：

7月5日前召开动员大会，6—15日服务员之间开展“服务大比武”，在大厅设一个专门的版面，每日评出“当日服务之星”，并给予物质奖励。

2. 特价

(1) 每日推出一道特价菜，日不重样。

(2) 随顾客所点菜品加赠部分菜品，如消费100元送1份小菜；200元以上，加赠1道凉菜；500元以上，加赠3道凉菜等。

(3) 打折，这是一个迅速提高消费的法宝，适当打折刺激消费。

注：本店的特色为烤鸭。

(二) 内部营销方案

内部营销是一项管理战略，核心是发展员工的顾客意识，在把产品和服务推向外部市场前，先对内部员工进行营销。这就要员工与员工、员工与企业之间双向沟通、共享信息，利用有效的激励手段。

(1) 在全体员工内部加强温情管理，要求每一个员工将所面对的其他员工视为自己的顾客，像对待顾客一样进行服务。并在以后的工作中，将内部员工营销固定下来。

(2) 征文比赛。

内部员工征文：《我的选择——东方》。(所有员工都写，洗浴、餐饮各写各的。目的是培育员工热爱“东方”的情感，让大家同心合力，共同创造新“东方”!)

要求：① 题材围绕东方鸭王酒楼、东方洗浴所发生的事情，可以是工作经历、感想、寄语等。② 体裁不限。散文、杂文、记叙文、议论文、诗歌皆可。③ 截止日期为7月13日。

鼓励全体员工积极投稿。本次征文活动评出一等奖1名，奖金200元；二等奖2名，奖金100元；三等奖5名，奖金50元。并进行集中展出。

(3) 成本节约比赛。

通过系列活动，对内部员工再教育，提高其的积极性。

(三) 产品营销方案

(1) 在推出特色餐饮的同时，推出情侣套餐、商务套餐、家庭套餐、孝心套餐等。如情侣套餐可推出238元、348元、558元等。

(2) 绿色家宴：随着生活水平的提高，人们的饮食已不仅仅是为了解决温饱，而是吃“绿色”，吃“健康”。“绿色家宴”的推出，无疑会受到消费者的青睐。在原材料使用上，力推生鲜类绿色食品；烹饪方式上结合现代人的消费时尚，使菜肴风味化、营养化；在家宴的菜谱上，注重菜肴的营养搭配，平衡膳食，满足人们的健康要求。

(四) 文化营销方案

向消费者宣传“东方”的企业文化，增强东方企业在目标消费群中的影响力。

在公交车身制作鸭王酒楼的环境图片，烤鸭的制作流程图和酒店的精神口号（东方鸭王酒楼提醒您：关注饮食健康），让顾客把“吃”当作一种享受，使顾客乐而忘返。

五、广告营销方案

在信息发达的现代社会，媒体无疑是吸引大众眼球的媒介。可根据不同的媒体有不同媒体受众的特点，合理地进行市场定位和目标顾客的定位，合理地选择媒体投放广告，不可片面追求覆盖率，造成广告的浪费。

硬广告和软广告相结合，软硬兼施，已取得更好的效果。利用媒体整合，实现小投入，大产出。

六、效果分析

(1) 宣传造势，让消费者产生强烈的记忆感，引起良好的口碑宣传，提高知名度和美誉度。

(2) 店内富有人情味，服务周到，能提升目标消费者对企业的忠信度。

(3) 通过服务比赛、征文比赛、成本节约比赛，能极大地增强员工的企业归属感和向心力，提高工作积极性。

(4) 通过促销，提升营业额。

在市场经济的浪潮中，市场瞬息万变。如能合理把住方向，运用“田忌赛马”之策巧妙地与竞争对手周旋，东方鸭王酒楼定能在宣化餐饮业，打出一片自己的天空。

（案例来源：根据河北张家口宣化东方鸭王酒楼资料改编）

2

## 【任务框图】

本任务从酒店市场、酒店营销策略和酒店营销组合三个方面对酒店营销策划进行了讲述，主要内容框架如图 2-11 所示。

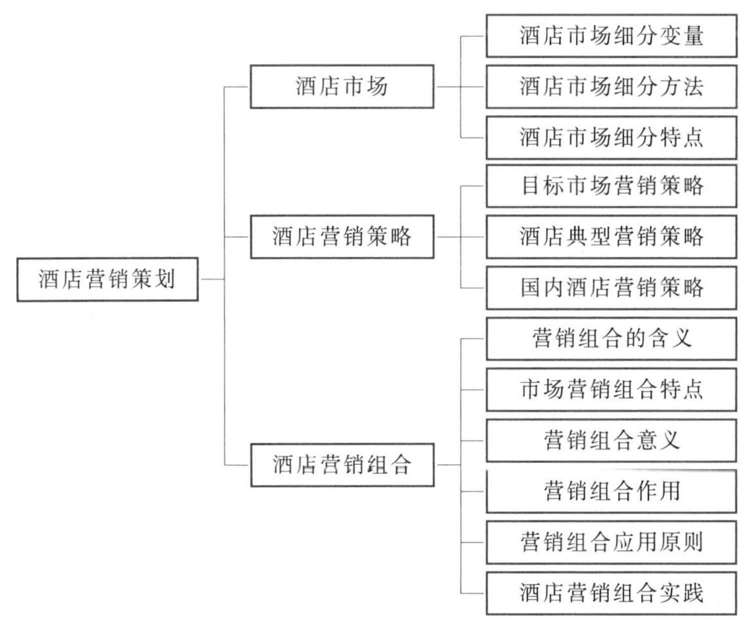


图 2-11　模块二任务六框图

## 【任务拓展】

通过本任务的学习，我们掌握了酒店市场细分的方法，了解了酒店市场营销的策略以及市场营销组合，运用所学知识，完成以下任务。

某酒店餐厅，生意一直很火爆，但饮料的销售额却因为服务员的提问方式变动较大。以前，服务员总是问客人："先生，您喝点什么？"结果在很多时候客人就点最大众化的饮料——雪碧，有的客人则干脆说："不要了。"一段时间下来，饮料的销售额平平。后来，经理要求服务员换一种问法："先生，我们餐厅有椰汁、芒果汁、胡萝卜汁等饮料，您要哪一种饮料？"结果很少有客人再点价格相对较低的雪碧，转而选择价格相对较高的椰汁、芒果汁或胡萝卜汁中的一种。从这以后，饮料的销售额有了明显的增长。

以上案例体现了市场营销中的什么道理？请分小组完成酒店某项产品的营销策划方案。

## 【任务测试】

**一、判断题**

1. 市场细分是市场营销战略中最核心的部分。 （ ）

2. 许多营销人员认为，地理细分是构建细分市场的最佳起点。 （ ）

3. 把酒店的顾客按其头发的颜色分为金发顾客和黑发顾客，但头发的颜色并不影响他们的食宿选择，这种市场细分方法是无效的。 （ ）

4. 目前，世界上的大型公司大多选择无差异性营销或大众营销策略。 （ ）

5. 两家酒店之间的差别可能很小，但是如果顾客心理感受到差异而且认为一家酒店好于另一家，那么他们会去感觉好的一家酒店，因为感觉的作用要强于现实。 （ ）

**二、单选题**

1. 将顾客按其社会阶层、生活方式和个人气质性格分成不同的群体属于（ ）。

A. 地理因素细分市场　　B. 人口统计细分

C. 心理变量细分　　D. 行为变量细分

2. 对一些观赏型旅游酒店来说进行市场细分的依据往往只有一个，即购买形式，酒店据此将市场分为团体和散客市场。这种市场细分的方法属于（ ）。

A. 单一变量细分法　　B. 综合变量细分法

C. 二元至多元细分法　　D. 系列变量细分法

3. 细分市场在规模和可营利性方面值得作为目标市场的程度，是指市场细分的（ ）。

A. 可衡量性　　B. 可进入性　　C. 实效性　　D. 可行动性

4. 生产更好或不同的产品，以便通过吸引新顾客来增加酒店扩大市场潜力的机会，这运用了酒店营销组合中的（ ）。

A. 人员策略　　B. 产品策略　　C. 价格策略　　D. 地点策略

5. 以下不属于促销手段的是（ ）。

A. 广告　　B. 直接邮寄

C. 员工的"直观形象"　　D. 酒店的外观

◇ 模块学习总结

通过本模块学习，充分认识到酒店管理职能的重要性，掌握酒店组织构建、计划编制执行、质量督导、人力资源管理、成本控制、营销策划等职能的基本原理，熟悉酒店主要经营管理职能运用方法和技巧，通过案例引导学习、网络等途径的信息收集、课外书籍的阅读、参观交流等方式，形成酒店企业一般管理职能运用能力。

酒店管理职能是酒店管理者的工作职责和功能，是酒店管理者应该发挥出的作用和任务，是酒店管理者完成本职工作的综合素能体现，酒店管理职能发挥得好与坏、强与弱直接影响到酒店的综合竞争力。酒店管理职能不是孤立的，而是相互作用、相互制约的关系。在酒店实际经营管理活动中，一项业务活动的开展必须有效组合职能，才能发挥管理职能的最大效应，实现经营管理目标的最大化。



◇ 模块学习链接

1. 通过浏览酒店经营管理相关网站，酒店商业视界、酒店及餐饮资源等公众号，跟踪酒店业经营前沿信息，扩展酒店企业管理知识和技能。

2. 通过阅读《饭店现代化》等酒店业杂志，《酒店经营与管理》《互联网＋酒店　传统酒店的战略转型、营销变革与管理重构》等著作，丰富酒店管理理论知识。

# 模块三 酒店直接对客部门管理

## 职业能力目标

1. 能对前厅部的日常运行进行管理，具有前厅部业务管理和运行控制能力；
2. 能对房务部的日常运行进行管理，具有房务部业务管理和运行控制能力；
3. 能对餐饮部的日常运行进行管理，具有餐饮部业务管理和运行控制能力；
4. 了解康乐部、商品部和外卖部的日常运行管理基本要求。

## 典型工作任务

1. 胜任前厅经理助手、大堂副理、总台主管等岗位，完成前厅客房销售、接待服务、内外联络协调、客账客史管理等工作；
2. 胜任房务经理助手、楼层主管、公共区域主管、客服中心主管等岗位，完成客房清洁卫生操作管理、客房耗材管理、安全控制、服务质量控制等工作；
3. 胜任餐厅经理、餐厅长、餐厅领班、厨房主管、管事部主管等岗位，完成餐厅营业前、营业中和营业后的对客服务和运行管理；
4. 胜任康乐部、商品部和外卖部基层管理岗位，协助部门经理开展管理工作。

# 任务一　酒店前厅部管理

任务引例

**预订处理的得与失**

小张是上海某酒店的前厅接待员。2023年五一劳动节期间，上海几乎所有酒店客房都已爆满，而且房价飙升。5月1日11:30左右，小张在繁忙的工作中接到一位李先生预订客房的电话。李先生是该酒店某协议单位的老总，也是酒店的常客，所以小张格外重视。当时刚好还剩下一间标准间，小张就把它留给了李先生，并与他约好抵店时间是当晚23:00。但一直等到23:40，李总还未抵店。在这半个多小时内，有许多电话或客人亲自到酒店来问是否还有客房，小张都一一婉言谢绝了。之后小张心想：也许李先生不会来了，因为经常有客人订了房间后不来住，如果再不订售，24:00以后就很难卖出去了。为了酒店的利益，不能白白空一间房，到23:45，小张将这最后一间标准间卖给了一位正急需客房的熟客。24:00左右李总出现在总台，并说因车子抛锚、手机无电，故未事先来电说明。一听说房间已订售，他顿时十分恼怒，立即要求酒店赔偿损失，并声称将取消与酒店的协议。

（案例来源：根据职业餐饮网改编）

通过以上这个案例，可以看出前厅管理涉及很多技术和管理细节问题，每一个细节问题均会导致酒店工作质量的波动，甚至产生无法挽回的损失，提升前厅部的工作质量是提高酒店经营业绩的重要途径。

## 【任务执行】

## 一、前厅部管理概述

酒店前厅部，也称大堂部、前台部、总服务台。“大堂部”的名称突出了其在酒店中的位置和大堂有关区域的关系。“总服务台”则强调了其在酒店综合服务中的重要地位与作用，但并非指它是酒店所有服务的提供者。

### （一）前厅部地位

1. 前厅部是酒店业务活动的中心

前厅是客人与酒店联系的纽带，服务项目多，服务时间长，酒店的任何一位客人，从抵店前的预订、到入住直至离店结账，都需要前厅部提供服务。前厅部通过客房商品的销售带动酒店其他各部门的经营活动。同时，前厅部还要及时地将客源、客情、客人需求及投诉等各种信息通报有关部门，共同协调整个酒店的对客服务工作，以确保服务工作的效率和质量。所以，前厅部通常被视为酒店的“神经中枢”，是整个酒店承上启下、联系内外、疏通左右的枢纽。无论酒店规模大小、档次如何，前厅部都是为客人提供服务的中心。

2. 前厅部是酒店形象的代表

一个好的形象是酒店的巨大精神财富。酒店前厅部的主要服务机构通常都设在客人来往最为频繁的大堂。任何客人一进店，都会对大堂的环境艺术、装饰布置、设备设施和前厅部员工的仪容仪表、服务质量、工作效率等产生深刻的“第一印象”。而这种“第一印象”在客人对酒店的认知中会产生非常重要的作用，它产生于瞬间，但却会长时间保留在人们的记忆中。客人入住期满离店时，也要经由大堂，前厅服务人员在为客人办理结算手续、送别客人时的工作表现，会给客人留下“最后印象”，优质的服务将使客人对酒店产生依恋之情。客人在酒店的整个居住期间，前厅要提供各种有关服务，客人遇到困难要找前厅寻求帮助，客人感到不满时也要找前厅投诉。在客人的心目中，前厅便是酒店。

3. 前厅部是酒店创造经济收入的关键部门

为宾客提供食宿是酒店的最基本功能，客房是酒店出售的最大、最主要的商品。通常在酒店的营业收入中，客房销售额要高于其他各项。据统计，目前国际上客房收入一般占酒店总营业收入的50%左右，而在我国客房收入还要高于这个比例。前厅部的有效运转是提高客房出租率，增加客房销售收入，提高酒店经济效益的关键之一。

4. 前厅部是酒店管理的参谋和助手

作为酒店业务活动的中心，前厅部直接面对市场，面对客人，是酒店中最敏感的部门。前厅部能收集到有关市场变化、客人需求和整个酒店对客服务、经营管理的各种信息。在对这些信息进行认真地整理和分析后，每日或定期向酒店提供真实反映酒店管理情况的数据报表和工作报告，并向酒店管理机构提供咨询意见，作为制定和调整酒店计划和经营策略的参考依据。



### （二）前厅部组织机构

1. 前厅部的组织结构

常见的大型酒店前厅组织结构如图3－1所示。

2. 前厅部主要部门的职责

（1）大堂副理。大堂副理代表酒店处理日常发生的事件，协调酒店各部门的工作。它是酒店与客人之间密切联系的纽带，帮助客人排忧解难，并监督问题的处理。

（2）预订处。预订处接受客房预订，办理预订手续，制作预订报表，对预订计划进行安排，按要求定期预报客源情况和保管预订资料。

（3）接待处。接待处办理登记入住手续，分配房间；对内联络，协调对客关系；正确显示客房状态，掌握并控制客房出租状况；制作客房营业日报表；保管有关情报资料。

（4）问询处。问询处回答宾客有关酒店各种服务、设施及酒店所在城市的交通、游览、购物等内容的询问。代办客人委托事宜，收发保管客房钥匙，处理客人信函、电报和安排会客。

（5）礼宾处。礼宾处又叫行李处。负责迎送宾客，代客卸送行李、陪送宾客进房，介绍客房设备及酒店服务项目，为离店宾客搬送行李，提供行李托运服务；代客联系出租车辆；机场、车站的迎送工作及其他委托代办事宜。

（6）电话服务处。电话服务处负责转接电话，叫醒服务，回答电话问询，接收电话留言，通知紧急和意外事件，播放背景音乐等。它协调酒店各部门的工作，是酒店与客人之间密切联系的纽带。

（7）商务中心。商务中心为客人提供通信和秘书性质的服务。

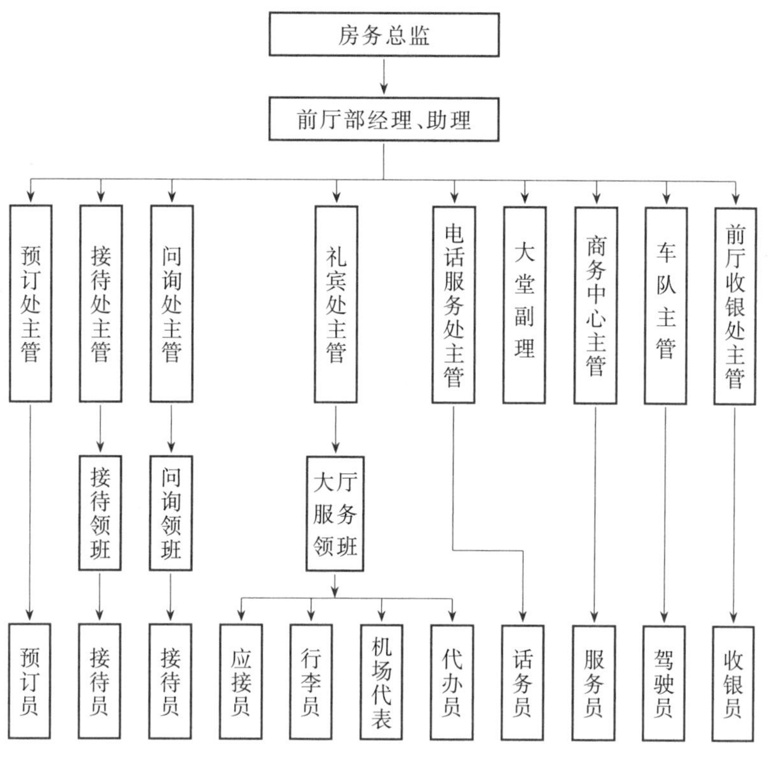


**图 3－1　大型酒店前厅组织结构图**



(8) 车队。车队负责酒店各类车辆的使用管理，包括酒店内部车辆使用、客户车辆管理、酒店经营车辆租赁服务等。

(9) 前厅收银处。负责酒店宾客在店的一切消费的收款业务；货币兑换；同酒店内各营业部门的收款联系，催缴、核实账单；夜间审核全酒店营业收益情况，制作全店当天营业日报表；为离店宾客办理结账手续；负责应收款账的转账等。

### (三) 前厅部功能

前厅部在酒店运行中起着推销、沟通、协调等重要作用，是酒店的“神经中枢”，具有下列 9 项功能。

1. 销售功能

前厅部的首要功能是销售客房。客房是酒店最主要的产品，其收入是酒店营业收入的主要来源。能否有效地发挥销售客房的功能，将影响酒店的经济效益。

2. 信息功能

前厅是酒店的信息中心，前厅服务人员应随时准备向客人提供他感兴趣的资料，如将餐饮活动(举行美食周、厨师长特选等)的信息告诉客人。这样做，不但能方便客人，还能起到促进销售的作用。前厅部服务人员还应向客人提供酒店所在地、所在国的有关信息和指南。前厅部的服务人员应始终做好准备，充分掌握和及时更新各种固定的与变动的信息，以亲切的态度给客人提供正确无误的信息。

3. 协调功能

为了能使客人享受到区别于其他地方的高水准的服务，前厅部服务人员应以优质服务来衔接酒店前、后台之间及管理部门与客人之间的沟通联络工作。为了达到使客人满意的目的，前厅部应在客人与酒店各有关部门之间牵线搭桥。例如，客人投诉房内暖气不足，前台服务人员应及时向工程部反映，并通过适当途径给客人以满意的答复。前厅部的责任是根据客人的需求，发挥其信息的集散点和总经理室的参谋部的作用。

4. 控制功能

控制客房状况是前厅部又一重要功能。这项功能主要由两方面的工作组成：一是协调客房销售与客房管理，二是在任何时候都正确地反映酒店客房的销售状态。

5. 服务功能

作为对客服务的集中场所，前厅部还是一个直接向住店客人提供各类相关服务的部门，如搬运行李、接受投诉、处理邮件、代办票务、收发钥匙、迎宾接站、转交物品、留言问讯服务等。

6. 客账功能

前厅部具有客人统一结账服务功能。客人经过必要的信用证明，查验证件后，可在酒店营业点(商场部除外)签单赊账。前台收款处不断累计客人的消费额，直至客人离店或其消费额达到酒店政策所规定的最高欠款额时，才要求客人付款。要做好这项工作，必须注意建立客人账户、对客人消费及时认真地登记和监督检查客人信用状况这三个环节。

7. 结账功能

客人离店前，应核查其账单。客人要办理离店手续时，应将账单交给客人，请客人检查。离店手续办理完毕，前台应按程序与有关部门进行及时的沟通。

8. 客档功能

由于前厅部为客人提供入住及离店服务，因而自然就成为酒店对客服务的调度中心及资料档案中心。大部分酒店为住店一次以上的零星散客建立客史档案。按客人姓名字母顺序排列的客史档案记录了酒店所需要的有关客人的主要资料。这些资料是酒店给客人提供周到的、具有针对性服务的依据，同时也是酒店寻找客源、研究市场营销的信息来源，所以必须坚持建档和保存制度化两项规范。

9. 决策功能

前厅部应当充分利用每天都能接触到的客源市场、产品销售、营业收入、客人意见等信息，将统计分析工作制度化和日常化，及时将有关信息整理后向酒店的管理机构汇报，与酒店有关部门沟通，以便其采取对策，适应经营管理上的需要。

从上面介绍的 9 项功能中可以看出，前厅部是酒店的营业中心、协调中心和信息中心，它在酒店经营中起着销售、沟通、控制、协调服务和参与决策的作用。前厅部管理的好坏与上述 9 项功能是否正常发挥作用密切相关，特别是与首要功能——销售客房有关，也就是与酒店的经营效益有关。因此，在日常的运转与管理中，前厅部必须重视以上 9 方面功能的正常发挥。

**(四) 前厅部主要管理制度**

前厅部的岗位多，业务多，工作时间长，为保证前厅部各项工作有序开展，必须制定相应的规章制度。通过制度进行管理，确保前厅部运行通畅、服务到位、业绩优良。前厅部的主要规章制度包括礼仪规范、服务规范、业务规范、安全管理制度等内容。不同的酒店各项管理制度的目标是一致的，就是提高前厅部的服务质量。因管理理念、管理模式的不同，不同酒店的前厅管理制度存在侧重点、具体管理项目的要求不一致情况，酒店前厅管理者在制定管理制度时应该博采众长，结合本酒店和部门实际情况制定相关制度，并动态修订完善。

某酒店前厅部主要规章制度目录如下所示，具体制度内容可通过本教材资源包或者通过网络等途径查阅。

(1) 前厅部考勤纪律及卫生管理制度；

(2) 前厅部仪容仪表管理制度；

(3) 前厅部安全及消防管理制度；

(4) 礼宾部夜班工作制度；

(5) 礼宾部安全管理条例；

(6) 行李寄存制度；

(7) 礼宾部小费、礼品管理规定；

(8) 商务中心工作制度；

(9) 商务中心安全管理制度；

(10) 前台接待、问询处住宿登记管理制度；

(11) 前台接待、问询处宾客来访登记管理制度；

(12) 前台接待、问询处消防安全管理制度；

(13) 电话总机规章制度。

## 二、前厅部业务管理



酒店前厅部是客人入住、离店、结账等消费活动的中心，通过一系列前厅部功能的实现，完成对客服务活动，完成客房经营任务，实现酒店经营目的。

### (一) 房价管理

1. 客房价格的特点

(1) 价值的有限性。客房作为一种特殊商品，不同于一般商品，它的使用价值是为旅游者提供住宿环境，满足其物质和精神享受的需要，在一个区间内出租客房的使用权，实现其价值。重复消费不可能，在超区间范围内消费也不可能，房价因此具有有限性。

(2) 价值的不可储存性。客房商品的价值完全随时间而消逝。客房在规定的时间内不出售，当天的效用就自然失去，并永远也收不回来，客房当天的价值也就永远不能实现，客房的价值具有不可储存性。客房作为综合性商品，其基本内涵就是服务，客房商品价值的实现是服务过程与消费过程的统一，在时间上是不可分离的，即客房服务人员利用客房各种设备用品为住客服务的过程，也是客人的消费过程。这又决定了客房商品价格需要考虑从服务的角度来确定。

(3) 客房商品价值集生存因素、享受因素和发展因素于一体。客房是人们旅游活动的物质承担者，又是一种高级消费品，它同时具有满足客人生存需要、享受需要和发展需要三种功能。只要旅游者出门旅游就要住宿，就要购买客房商品，因为这是他生存的基本条件。如果客人要求有舒适感或豪华感，以满足精神上的享受，就可购买更高价格的高档次客房。这一特点决定了商品价格的多样性。

(4) 客房商品价格的季节波动性。客房出租受季节、气候及节假日等因素影响较大，出租率在时间上常呈明显的淡旺季差别。特别是观光型酒店和度假型酒店，出租率的季节波动更为明显。即使是商务旅游者或会议旅游者，也会在旅游时机上有所选择。再如，由于双休日的原因，在周末商务客人会明显减少。这一特点决定了客房商品价格应更具有灵活性。

（5）客房经营费用中不变费用较大，可变费用较小。现代酒店客房商品的一次性投入很大，而经营过程中的劳动耗费很小。在客房经营费用中，不变费用占绝大比重。因此，鉴于不变费用的负担，在确定客房价格时，必须考虑所定房价能够实现保本点的最低出租率。这又决定了客房定价要有一个最低限度。

2. 客房价格的构成

同一般商品一样，客房商品的价格构成也是由其成本和利润构成的。

（1）客房商品的成本。客房商品的成本项目包括建筑投资及由此而产生的利息、客房设备、修缮费、物资用品、土地资源使用费、客房人员工资福利、经营管理费、保险费以及营业税等。

（2）利润。利润包括所得税和客房利润。

3. 影响客房定价的因素

制定房价是企业的自主经营活动，可以自由地选择定价目标。但是由于市场环境和企业内部条件的制约，使得定价自由度受到一定的限制，合理制定房价，必须综合考虑影响房价的各种内在因素和外在因素。

3

（1）影响客房定价的内在因素包括投资成本、非营业部门费用分摊、非营利性服务支出、酒店的等级标准和酒店的服务水准。除以上因素外，客房的位置、朝向、外景等也会对房价的制定产生一定影响。

（2）影响客房定价的外在因素包括酒店所在地区和位置、供求关系、市场竞争状态、国家政策与国际国内形势和汇率变动等因素。此外，诸如通货膨胀、客人的消费心理、需求弹性、季节变动以及其他自然因素（如地震、洪灾等）都是制定房价时需要考虑的客观因素。

因此，制定房价要综合考虑各种影响因素，并根据这些因素的变化及时进行调整。而房价的制定与调整应该有一个区间范围，其下限是酒店为了保本盈利或亏损最小所能接受的最低价格，其上限是对酒店产品价值评价最高的消费者所愿意接受的最高价格。最优化的房价应是在这个变动区间内，既能使酒店收入最大化，又能最大限度地吸引客人的价格。

4. 客房定价的常用方法

酒店有多种房价类型和计价方式。对此，酒店决策者应会同营销部、前厅部、客房部等有关部门和人员认真研究、合理制定。

（1）房价的种类。

① 标准房价。标准房价又称“门市价”“挂牌价”，是由酒店管理部门制定的，价目表上明确公布的各类客房的现行价格。该价格不含任何服务费或折扣等因素。

② 商务合同价。酒店与有关公司或机构签订房价合同，并按合同规定向对方客人以优惠价格出租客房。房价优惠的幅度视对方能够提供的客源量及客人在酒店的消费水平而定。

③ 团队价。团队价是酒店提供给旅行社团队、会议团队及航空公司机组人员等团队客人的一种折扣房价。其目的是确保酒店长期、稳定的客源，保持较高的客房出租率。团队价

可根据旅行社等团队的重要性、客源的多少以及淡季和旺季等不同情况确定。

④ 旺季价。旺季价是酒店在经营旺季所执行的客房价格。这种价格一般要在标准房价的基础上，上浮一定的百分比，有时上浮的比例很大，以求得酒店的最大收益。

⑤ 淡季价。淡季价是酒店在经营淡季所执行的客房价格。这种价格一般要在标准房价的基础上，下降一定的百分比，有时下降的比例很大，以刺激需求，提高客房出租率。

⑥ 小包价。小包价是酒店为客人提供的一揽子报价，除房费外，还可以包括餐费、游览费、交通费等其他费用，以方便客人。

⑦ 折扣价。折扣价是酒店向常客、长住客、订房客人或其他有特殊身份的客人提供的优惠房价。

⑧ 白天租用价。白天租用价是酒店为白天到酒店休息，不在酒店过夜的客人所提供的房价。白天租用价一般按半天房费收取，所以又称半日价，但目前更多的酒店按小时收费。

⑨ 免费。为了促进客房销售，建立良好的公共关系，酒店还为某些特殊客人提供免费房。这些特殊客人主要包括：社会知名人士、酒店同行、旅行代理商、会议主办人员等。按惯例还需对满 15 名付费成员的团队，免费提供双人间客房的一张床位，即所谓十六免一。酒店免费提供客房要严格控制，通常只有总经理才有权批准。

另外，还有家庭租用价、加床费等。

(2) 酒店的计价方式。按照国际惯例，酒店的计价方式通常有以下五种。

① 欧式计价。欧式计价是指酒店标出的客房价格只包括客人的住宿费用，不包括其他服务费用的计价方式。这种计价方式源于欧洲，在美国及世界绝大多数酒店被广泛使用。我国的旅游酒店也基本上采用这种计价方式。

② 美式计价。美式计价是指酒店标出的客房价格不仅包括客人的住宿费用，而且还包括每日三餐的全部费用。因此，又被称为全费计价方式。这种计价方式多用于度假型酒店。

③ 欧陆式计价。欧陆式计价是指酒店标出的客房价格包括客人的住宿费和每日一顿欧陆式简单早餐的计价方式。欧陆式早餐主要包括冻果汁、烤面包、咖啡或茶。有些国家把这种计价方式称为“床位＋早餐”计价。

④ 百慕大计价。百慕大计价是指酒店标出的客房价格包括客人的住宿费和每日一顿美式早餐的计价方式。美式早餐除含有欧陆式早餐的内容以外，通常还包括火腿、香肠、咸肉等肉类和鸡蛋。

⑤ 修正美式计价。修正美式计价是指酒店标出的客房价格包括客人的住宿费和早餐，还包括一顿午餐或晚餐（两者任选一个）的费用。这种计价方式多用于旅行社组织的旅游团队。

5. 酒店房价的定价策略

在影响酒店产品定价的诸因素中，最主要的是产品成本、需求与市场竞争。酒店在定价时，通常考虑其中至少一个因素。因此，酒店产品定价的基本方法通常有以成本为中心的定价、以需求为中心的定价和以竞争为中心的定价三种类型。

(1) 以成本为中心的定价法。以成本为中心的定价法，是以酒店经营成本为基础制定客房产品价格的一种方法，以产品成本加企业盈利就是产品的价格。从酒店财务管理的角度看，客房产品价格的确定应以成本为基础，如果价格不能保证成本的回收，则酒店的经营活动将无法长期维持。具体方法有以下几种。

① 经验定价法。经验定价法又称“千分之一法”，它是以酒店总建造成本为基础计算的。具体的方法是将每个房间所占用的建造成本除以 1 000，得出客房的平均价格。

酒店建造总成本包括建筑材料费用，各种设施设备费用，内装修及各种用具费用，所需的各种技术费用、人员培训费用、建造中的资金利息费用等。

“千分之一法”是人们在长期的酒店管理的实践中总结出来的一般规律。人们认为酒店的造价与房价之间有直接的关系，因此，通过 3 年左右的经营，酒店的建造总成本应通过客房的销售收入收回来。这种方法计算简单，管理人员可迅速地做出价格决策。

但是，这种方法也存在一些问题。首先，这个方法有一定的假设条件：酒店有一定百分比的举债筹资和产权筹资；计划期内债务数额不变；其他营业部门能提供一定份额的部门利润；在扣除资本费用前，酒店需达到一定百分比的利润等。如果这些方面所作的假设与实际情况不符，那么，应用“千分之一法”就不能制定出合理的房价。其次，“千分之一法”只考虑了投资成本的因素，而没有考虑酒店的实际经营费用、供求关系和市场状况等因素。因此，“千分之一法”仅可作为制定房价的出发点，还要综合分析其他各种因素，这样的房价才具有合理性、科学性和竞争性。

② 盈亏平衡定价法。盈亏平衡定价法是指酒店在既定的固定成本、变动成本和产品估计销量的条件下，实现销售收入与总成本相等的客房价格，也就是酒店不赔不赚时的客房价格。

③ 成本加成定价法。酒店经营其实质就是经营酒店的资金以获取利润。在正常的经营情况下，酒店的资金必须获取正常利润。这样，酒店经营者首先要运用成本加成法来制定出保证酒店客房商品取得合理利润的基本价格。

3

④ 目标收益定价。目标收益定价法是另一种以成本为中心的定价法，它的出发点是通过定价来达到一定的目标利润，以期在一定时期内全部收回投资。

美国酒店和汽车酒店协会主席罗伊·赫伯特主持发明的一种类似于目标收益定价法的客房定价法，称为赫伯特公式法，它以目标回收率作为定价的出发点，在客房成本计算的基础上，在保证实现目标利润的前提下，根据计划的销售量、固定费用和需达到的合理的投资收益率来测算客房的平均单价。

(2) 以需求为中心的定价法。以需求为中心的定价法是以市场导向观念为指导，从客人的需要出发，认为商品的价格主要应根据客人对商品的需求程度和对商品价值的认同程度决定的一种定价方法。而以成本为中心的定价方法忽视了市场需求和竞争因素，完全站在企业角度去考虑问题。

① 理解价值定价法。理解价值定价法就是根据客人理解的某种价值即买主的价值观念来制定价格。这就要求企业运用营销组合中的非价格因素影响客人，使其对酒店客房产品形成一种价值概念，并根据这种价值概念制定相应的价格。

采用理解价值定价的酒店，其经营管理人员必须善于识别和创造本酒店所能给予客人的区别于竞争对手的独特利益，并把这种利益恰如其分地，又别出心裁地宣传给客人。在这里客人对酒店所能给予他们的这种独特利益的认识和判定，是他们选择酒店的关键。

② 需求差异定价法。需求差异定价法就是根据酒店不同细分市场的需求差异确定客房价格。酒店在使用需求差异定价法时，要充分考虑到顾客的需求、顾客的心理、产品的差异、地区和时间差别等因素。例如，对顾客群体进行细分，针对不同职业、阶层和收入的顾

客，制定不同的价格；对季节性强的产品和服务规定不同的季节差价。

(3) 以竞争为中心的定价法。以竞争为中心的定价法就是以酒店面临的竞争环境作为制定房价的主要依据。处于激烈竞争中的酒店，往往会把对抗竞争或谋求一定的市场占有率作为定价的出发点。

① 随行就市定价法。随行就市定价法是一种在竞争激烈、价格之间存在差别的时期，酒店普遍采用的方法。它以竞争对手客房产品的平均价格水平作为定价依据，而对本酒店的成本和市场需求考虑较少。价格制定者认为市价在一定程度上反映了行业的集体智慧，随行就市定价能使本酒店获得稳妥的收益率，减少定价的风险。

② 率先定价法。率先定价法就是酒店根据市场竞争环境，率先制定出符合市场行情的客房价格，以吸引客人而争取主动的定价方法。有些酒店经营者认为应有率先定价的魄力，为当地其他酒店树立榜样。率先定价酒店所制定的价格若能符合市场的实际需要，即使是在竞争激烈的市场环境中，也可获得较大的收益。

### （二）客房收益管理

#### 1. 收益管理概述

收益管理(revenue management 或 yield management)是一种谋求收入最大化的新经营管理技术。它诞生于 20 世纪 80 年代，最早由民航系统开发。

收益管理，又称产出管理、价格弹性管理；亦称“效益管理”或“实时定价”。它主要通过建立实时预测模型和对以市场细分为基础的需求行为分析，确定最佳的销售或服务价格。其核心是价格细分，亦称价格歧视(price discrimination)，就是根据客户不同的需求特征和价格弹性向客户执行不同的价格标准。这种价格细分采用了一种客户划分标准，这些标准是一些合理的原则和限制性条件。

收益管理的基本原理是“五个最”：企业的产品能在最佳时机，以最好的价格，通过最优的渠道，出售给最合适的顾客，以实现酒店收益的最大化。

酒店收益管理的操作实务就是通过对市场和客人的细分，对不同目的的顾客在不同时刻的需求进行定量预测，通过优化方法确定动态的控制，最终使酒店总收益最大化，确保酒店利润的持续增长。

在实施收益管理系统时，要明确这一系统不是单靠前厅部就能运作好的，它是酒店提高经营收益、加强管理的一项系统工程，需要酒店层面的全方位运作。因此，要运作好收益管理系统，应由酒店统筹安排，综合营销部(是收益管理的大头)和前厅部，协调运作，并由酒店总经理担任收益管理系统的领导。

#### 2. 前厅收益管理的基本内容

前厅部由于是酒店的信息汇集中心，各种客房经营记录、价格历史档案、各类房价的细分档案、各时期的入住率、各种客史资料等都集中在前厅部的资料库，有时就会产生将前厅作为收益管理系统的主阵地的错觉。谈到酒店的房价收益管理，需要了解酒店房务收入的结构：

一是协议客人房租收入，包括协议公司散客和团队客人、协议旅行社旅行团队收入、协议会议团客收入、协议长住房收入；

二是网络公司和订房中心协议房租收入；

三是前厅散客房租收入。

第一、二类房租收入基本上是由酒店营销部通过协议形式与相关企业签订的，这两类协议客人房租收入大体占到当期酒店客房总收入的 75%～80%，而第三类前厅散客房租收入则占到当期酒店客房总收入的 20%～25%。

前厅的收益管理运作主要是对前厅散客这一部分的营销，要有效地提高前厅散客的房价，充分使用酒店和社会各种资源，增加前厅散客的消费。

3. 前厅收益管理的实务操作

(1) 对市场和顾客细分并进行需求预测。每一个酒店都有其自己的市场定位，但顾客的分类、来源渠道和消费特点仍有许多不同之处，不同类别的客人消费的需求、价格和消费特点也有很大的不同，因此其消费行为模式也不一样。科学地对市场和客人的细分，能为酒店控制资源、提高收益提供准确的信息来源。

在细分市场和客人信息的基础上，就能对不同类别的客人需求进行相对准确的预测，并采用不同的预售方法和价格差异化的控制，实行动态管理和边际收益管理，让资源的使用风险最小化。如果资源使用风险能做到最小化，则酒店的收益预期就比较乐观。

(2) 要调控好门前散客的入住比率。平均房价和平均入住率是影响酒店房务收益的两大因素。而门前散客的房租收入又对酒店的平均房价有重大影响。因此应适度调控好协议客人和门前散客各自的入住比率，才能达到酒店平均房价的最大值。在酒店中，一般协议客人房价要低于门前散客房价，而协议客人通常是由营销部洽谈联系。由于市场竞争激励和酒店管理者对营销部门的关注力度和工作压力加强，营销部门会不断地千方百计地扩大协议客人的覆盖面并以此作为部门的工作业绩。随着营销部门协议客人覆盖面的增加，门前散客的入住率会一路走低。如果要保障酒店平均房价的最大值，就需要酒店管理者加以协调，并根据市场情况和营销、前厅各自的房租收入历史资料进行分析，厘清合适的前厅散客入住比率，才能防止前厅散客入住比率不断下滑。在实施前厅收益管理时，这个问题应引起酒店管理者的足够重视。

(3) 动态的价格设定。价格是顾客最敏感的消费因素，是销售最直接的管理杠杆，是酒店盈利增减的主要手段。现时在供大于求、竞争激烈的市场态势下，几乎所有酒店都对价格管理由单一静态价格发展为多重价格和有市场竞争力的优化价格。动态价格包括了协议公司散客优惠价、旅游团队房价、会议团队房价、长住客房价、门前散客浮动价等。对于酒店来说，在制定动态价格时，最有参考价值的资料数据是同一地区相近星级的竞争对手酒店的分类房价。

**(三) 客房销售管理**

1. 客房预订管理

客人在未到达酒店而预先提出用房的具体要求，称为“预订”。

开展预订业务，一方面旅客在旅行中使用的酒店设施能得到预先保证；另一方面也使酒店对客服务的质量得到保证。

(1) 预订的类别。酒店在接受、处理个人预订时，根据情况分为三种类型：确认类预订、保证类预订和等待类预订。

① 确认类预订是指客人通过各种方式、渠道预先向酒店订房时，酒店根据客情，接受客

人的预订要求，并以口头或书面的形式予以确认。酒店为客人保留房间至预订入住日的规定时限。无论是口头确认，还是书面确认，酒店都必须明确地向客人申明酒店所规定的抵店时限。

② 保证类预订是指宾客可以预付订金来保证自己的订房要求，或酒店以此来避免因预订客人擅自不来或临时取消订房而引起的损失。这类预订为保证类预订。预订金的标准一般为预订客房一天的房费。对如期到达的客人，在其离店结账时予以扣除；对失约的客人则不予退还，酒店为其保留客房至第二天中午 12 时；反之，如届时酒店不能提供房间则负全部责任。

③ 等待类预订是指酒店的客房订满的情况下，仍接受一定数量的等待类订房。对这类订房宾客，酒店不发给确认书，只是通知客人，在其他客人取消预订或提前离店的情况下，予以优先安排。

(2) 客房预订的分类方法。

① 分层预订法。按照客房所在楼层的房号，将确定的客房预订给客人，满足客人对客房等级、方位和设备等要求。分层预订法主要针对贵宾和老顾客。

② 分类预订法。按照客房的等级和种类来预订房间，不考虑楼层和方位。客人预订时，预订处只提供客房的类型、等级和价格等。客人进店后，由总台接待员根据客房租用的具体情况安排房。分类预订法适用于客房以类型区分、客人平均停留天数较少的现代化酒店。

(3) 客房预订的程序，如图 3－2 所示。

3

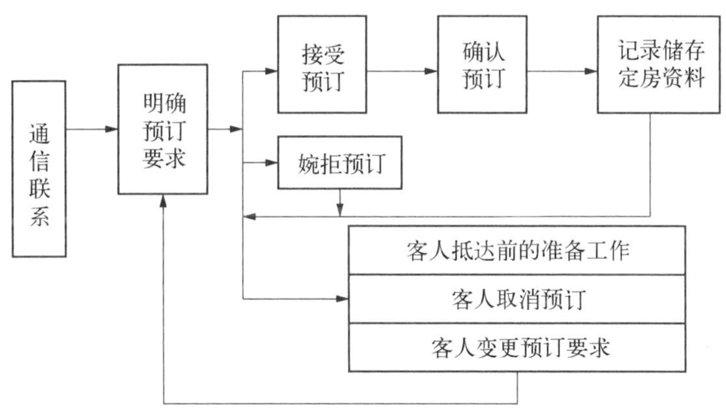


**图 3－2 预订程序图**

2. 销售过程管理

前厅部客房销售包括接受预订的预约阶段和出售的实施阶段以及提供客房的具体服务阶段。由此表明，前厅的销售工作贯穿前厅部运行的全过程。

(1) 充分认识客房预订的重要作用。客房预订是前厅销售工作的基础，是客房产品销售的主要方法。凡预订客房的宾客除少数是慕名而来外，大多是回头客，所以做好客房预订，对巩固和扩大客源十分重要。客人一经订房，前厅部必须讲信用，将房间保留到客人的最晚到达时间；超时进店的客人也应尽量照顾好，对缴纳订金的房间必须保留到客人到店为止。

(2) 加强促销,建立自己的客源渠道。加强对外联系,努力开辟市场,争取更多的回头客。加强业务联系,扩大酒店影响,吸引有名望、有身份的重要客人住店。同时注意与当地机构,如外商机构、外贸办事处、"三资"企业、航空公司、旅行社等建立良好的业务联系,积极地进行"就地推销"。

(3) 控制客房状况,加强分房管理。建立合适的客房显示系统和保持正确的客房状态是做好酒店销售工作以及提高接待服务水准的前提。随时掌握准确的客房状态,既可以做好预订客人的接待服务,又可以随时进行现房销售,提高客房开房率。分房的原则有以下两点。

① 分房需根据旅客的不同特点、要求(如新婚蜜月、老年人、残疾人、团体客人、VIP等),满足其需求。

② 分房要有利于酒店的经营管理和服务,如淡季、旺季的房间安排;冬季和夏季的房间安排;长包房的安排;特殊客人(无行李和不良嫌疑等)的安排等。如有可能,尽可能安排抵店时间和离店时间相近的客人入住同一楼层,以便服务接待和离店的集中清扫和整理。

(4) 提高销售管理的艺术和技巧。为更好地做好客房销售工作,工作人员要充分了解酒店的各种产品和服务,善于观察,把握宾客特点,灵活运用销售政策和技巧,分析客人的消费心理,主动介绍情况,区分不同类型的客人及其特点和需求,兼顾酒店和客人的利益,恰到好处地宣传、推销酒店的产品。特别是要灵活运用不同的客房报价方法,实现客房销售的最佳效益。

3

**(四) 前厅服务项目管理**

前厅接待入住服务

1. 接待服务管理

当宾客抵店后,由前厅接待处办理登记入住手续,安排房间,这样就完成了客房的销售。由此可见加强接待服务管理十分重要。

(1) 精心做好接待前的各项准备工作。包括掌握正确的房态,预先做好预订房的分配,在预先分房的基础上,进行预先登记,当预订客人抵达时,只需签名,即可完成入住登记手续。

(2) 尽可能获取客人的基本资料,为客人提供个性化的服务。在可能的情况下,了解客人的姓名、性别、籍贯等信息,当客人到达时,能够提供以带姓氏的尊称等个性化服务,给客人留下良好的第一印象。

(3) 做好接待应急处置方案。如果出现客人晚点、预订超员入住等特殊情况,前厅要有接待处置预案,以保证客人能够得到满意的服务。

2. 入住登记服务管理

入住登记既是国家法律规定的入住环节,也是前厅接待人员进一步与客人沟通,提供更加个性化服务的关键点,应从以下几方面加强管理。

(1) 接待人员要熟悉业务,为客人提供快捷的登记服务。

(2) 要指导客人登记,做到登记信息完整、正确。

(3) 要按照入住登记程序操作,做到细致入微,不出差错。一般入住登记程序,如图3-3所示。

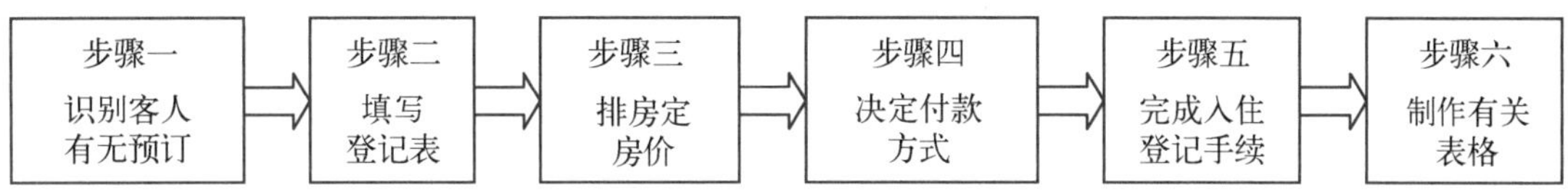


**图 3-3　入住程序图**

3. 客账服务管理

客账管理是前厅收银处的日常工作，按业务性质讲，前厅收银处隶属财务部，但因其所处位置，同时接受前厅部的指挥。客账服务管理的要点有以下几点。

(1) 建立客人账户符合酒店规定。因为客人一旦在酒店建立了记账消费，特别是采取多次消费一次性支付的情况，要符合建账要素方可建账。

(2) 规范客账记录行为。客账记录是前厅收银处的一项日常业务工作，为避免工作中的差错，发生逃账、漏账情况，客账记录应确保账户清楚、转账迅速、记账标准。

(3) 加强不同结账方式的管理。客人结账方式有现金支付、信用卡支付、支票支付和签单支付四种方式。不管何种方式均要按照收银规范操作，特别要加强假钞识别、支票的信用等级、信用卡的身份认证、签单人的授权情况等环节的管理，确保收银成功。

(4) 做好夜审及营业报表编制工作。夜间审核包括核查所收到的账单，把房租登录在宾客账户上，并做好汇总和检查工作。此外，夜审员还负责制作报表，做好各类收入统计、编制营业日报表。

4. 迎送宾客和行李服务管理

做好迎送宾客和行李服务能够给客人留下一个完整的好印象，要从以下几方面进行管理。

(1) 做好迎送宾客和行李人员的选配。迎宾员和行李员是酒店的“门面”，要注重他们的形象、素质和平时的礼仪、操作技能训练。

前厅接待行李服务

(2) 突出操作规范管理，要求迎接客人和进行行李服务符合服务规范，一视同仁，服务到位。

(3) 做好迎送宾客和行李服务的增值服务，如代购、代订出租车等，尽可能为客人提供方便、高效、优质和附加值高的服务项目，提升酒店的形象。

5. 问询邮件服务管理

前厅问询处负责接受可能的问询及查询、处理宾客的邮件、收发住客的房间钥匙等。问询邮件服务体现了酒店优质、细致的个性服务，要从以下三个方面进行管理：

(1) 注意平时培训问询邮件服务人员，做到业务精通，热情、礼貌、耐心、准确、清楚，百问不厌、有问必答。

(2) 谨慎、细致，注意为客人保密。

(3) 按酒店规定的程序处理客人的邮件。

6. 电话总机服务管理

电话总机是酒店内外部信息沟通交流的枢纽，关系到客人的切身利益，应严格规范管理，提供优质、安全、迅捷的服务。

(1) 加强保密管理，服务人员要严格执行保密规定，杜绝泄密事件的发生。

(2) 注重总机服务人员的业务培训，满足迅捷、准确的客人电话转接服务要求。

(3) 准确提供叫醒服务。

(4) 做好联络服务。当住客向总机求助某种服务时,接待员应立即与有关部门联络,及时满足客人的要求。

(5) 接线员是用声音来为客人服务的,因此,要注意讲究语言艺术,文明礼貌、热情服务。

7. 投诉处理管理

投诉是指客人对酒店服务工作感到不满而提出意见。现代酒店都设有大堂副理接受和处理客人的投诉。接受投诉时应关切地倾听,保持平静,不作辩解性的反应,不与客人争执,同时注意与客人交流感情。处理投诉时,要认真记录客人提的问题,在此基础上,作出即刻的判断,告诉客人可以采取的措施。注意尽量提供可选择且切实可行的方案,不作空头保证。然后,及时将有关信息通报或转告有关部门、有关人员,督促及时采取纠正行动,并掌握进展情况。处理后,要继续与客人保持联系,了解客人对投诉处理结果的反应。最后,做好相应的记录工作。大堂副理还应定期对投诉记录写出分析报告,供有关部门分析,供管理层决策。

## 三、前厅部运行控制

### (一) 客房预订控制

预订控制是指客房预订管理过程中采取多种方法和措施来保证客房预订的准确性。由于预订工作随时可能受到宾客的取消、更改、提前、延后、增减人数等的变化,所以酒店预订员要及时掌握预订信息,采取多种方法和措施来做好预订控制。

3

1. 预订检查

(1) 从电脑系统中打印出次日预期抵店客人名单。

(2) 取出所有原始预订凭证,将次日抵店散客报表与原始凭证进行核对。

(3) 核对预订信息。对于散客预订,需具体核对的内容有:抵店日期、离店日期、客人姓名、房型、房价、付款方式。对于团队而言,除了核对与散客相同的内容外,还应留意是否已在计算机系统中做了分账指令,核对早餐及特殊要求,检查是否根据要求在电脑中设置了免费房、陪同房,以及是否有其他特殊要求。如发现有错误,需根据相关信息进行及时修改。

(4) 核对完毕后,在预订报表上签字确认,并将此报表存放于相应的文件夹内。

(5) 将预订款尚未到账的订单与已到账的订单分开,交与总台。

2. 预订确认

(1) 从计算机系统中打印出当日将要到店客人名单。

(2) 在分类的基础上,选择预订类型为保留至下午 6:00 的预订。

(3) 联系客人,确认预订。酒店对于预订确认的时间会有规定。例如,有的酒店规定,下午 4:00 时,根据报表上的电话打电话给客人进行到店时间确认。如果出租率高于 90%,改为下午 2:00 时进行。当酒店出租率达到 100%时,需在下午 2:00 与 5:00 时分别确认两次。

(4) 将客人预计到店时间输入计算机系统。

如果客人使用传真、电邮等方式订房,酒店应以相同的方式给予回复确认。对于保证类预订的宾客,酒店通常还向客人出具预付定金确认书。如果客人留有手机号码的,可以视情况发短信进行确认。

3. 预订中的常见问题以及处理

(1) 预订记录中出错。客人姓名、抵店离店时间记录错误。将预订人当作住店客人。

(2) 误解专业术语。将留房时间理解错误、将相邻房理解成连通房、将大床间理解成两张大床。

(3) 没有记录客人的特殊要求,导致客人对酒店提供的客房不满意。酒店应尽量按照客人的要求安排房间,加强对预订员及其他有关人员的培训教育,提高其工作责任心和业务素质。

(4) 客人预订后,酒店情况有变。酒店应对订房的变更及取消预订的受理工作应予重视,及时与客人沟通。

(5) 预订中介与酒店之间信息脱钩,导致客人到店后没有客房。酒店应加强与预订中心、订房代理处的沟通,以避免此类事件的再次发生。

(6) 过度超额导致客人无法入住。按照国际惯例,酒店方面应该做到以下几点。

① 诚恳地向客人道歉,请求客人谅解。

② 立即与另一家相同等级的酒店联系,请求援助。同时,派车将客人免费送往这家酒店。

③ 如属连住,则店内一有空房,在客人愿意的情况下,再把客人接回来,并对其表示欢迎(可由大堂副理出面迎接,或在客房内摆放花束等)。

④ 对提供了援助的酒店表示感谢。

如客人属于保证类预订,则除了采取以上措施以外,还应视具体情况,为客人提供以下帮助:

① 支付其在其他酒店住宿期间的第一夜房费,或客人搬回酒店后可享受一天免费房的待遇。

② 免费为客人提供一次长途电话费或传真费,以便客人能够将临时改变地址的情况通知有关方面。

③ 次日排房时,首先考虑此类客人的用房安排。大堂副理应在大堂迎候客人,并陪同客人办理入住手续。

### (二) 客房状态控制

前厅接待服务的质量在很大程度上依赖于有效的房态控制,因此,建立适当的房态显示系统和保持准确的房态,是做好酒店客房销售工作和提高前厅接待服务质量的关键。

酒店的客房状况控制是一项非常重要的工作,它关系到前台的运作,前台的接待工作往往依赖准确的客房状况资料,客房的预订及入住登记,是为了掌握最新而又准确的客房状况,在客人入住时,接待员要依靠房态状况及时做好正确的分房工作,特别是接待团体用房。

正确控制客房状况,目的是有效地进行客房的销售,为客人提供优质服务,利用房间状况控制盘或电脑系统,将前台的询问处、预订处、接待处、收银处等紧密地联系在一起。

1. 准确控制客房状态的重要性

(1) 客房状态不准确会减少酒店的客房收入。

(2) 客房状态不准确会降低接待处、收款处、订房处、客房部、电话总机处、问讯处等部门的工作质量与工作效率。

(3) 客房状态不准确会影响酒店与客人之间的人际关系，增加客人的投诉。

2. 客房状态控制的方法

客房部每天至少要在早、晚两次检查每一间客房的房态，然后记录在客房状态核对表上，并把客房状态核对表送交接待处。接待处把该表中的记录与客房状态控制架上的记录相核对。如果双方的记录有差异应立即查明原因，确定最终的正确房态。如果接待处有电脑并与客房部的电脑联网，双方在电脑上随时核对房态即可。接待处在任何时刻都应该保持最正确的房态以便分房。如果酒店客满或接近退房时限，客房状态变化较快，接待员应根据变化情况随时更改房态记录，并通知客房部更改房态。客房部在得知房态变化时，应立即通知接待处，以保持客房状态的准确性。

(1) 检查与核对。

① 检查、核对客房的预订情况，包括预订的复核确认情况、预订客人的航班情况、预订变更及取消情况、预订不到情况的预测等。

② 检查、核对预期离店客房的情况，包括无变动的预期离店情况、延期离店情况、提前离店情况。

③ 检查、核对可出租房，包括可出租房的整房情况、可出租房的房态。

④ 检查、核对次日必须首先保证的客房情况，包括贵宾房、团队房、预订客人的预订房间。

(2) 客房状况报表。

由于前台的工作量大，且客房时常处于变化之中，虽然很多酒店通过电脑查询，可知目前的房态情况，但为了避免由于工作可能出现的差错，而造成前台接待处的房态与楼层实际房间状态的不符，出现“重房”或“漏房”现象，造成前台客房销售及客房服务的混乱，房态的核对、检查是十分必要的。对于房态的检查，是电脑查询与参考相关客房状况报表并用的。无论电脑还是手工制作的客房状况报表都大致包括以下几方面内容。

① 客房状况报告。客房状况报告是接待处根据客房状况显示架或计算机显示的客房状况以及订房资料，每天定时制作的。制作此表的目的，是通过定时统计确定客房的现状以及预订状况。

② 客房状况调整表。客房状况调整表就是将未经预订直接抵店、延期离店等情况汇集起来而形成的一张表。它的作用主要体现在两点：一是用于预订处与接待处之间的信息沟通，使预订处依据调整表中的内容，更改并建立新的客房预订汇总表。二是调整表上的统计数字，可以使接待处掌握有多少临时取消住店、已预订但未到店、提前离店和逾期离店的客人，以及他们所占客源的百分比，这些数字对客房的销售起到很大作用。

③ 接待情况汇总。接待情况汇总是指接待处将客房状况显示架及电脑中所显示出的客房状况记录下来而形成的接待情况报告。它的作用主要是为制作每日客房营业日报表以及前厅的统计分析报表提供资料。

④ 在店 VIP 客人或团队名单。由夜班接待员根据客房状况显示系统提供的资料制作而成。它的作用在于，使酒店及时掌握在店的和即将抵店的贵宾、团队客人的信息，以便酒店做好各方面的准备工作。

(3) 房态信息的沟通。

① 确保销售部、预订显示系统的正确性。

② 做好客房部、接待处、收银处之间的信息沟通，确保客房现状显示系统的正确性。

3. 客房状态的显示系统

目前酒店的客房状态显示系统有两种：客房现状显示系统和客房预订状况显示系统。

(1) 客房现状显示系统。客房现状显示系统，又称客房短期状况显示系统，可显示每一间客房的状态，前台接待处的排房和房价等工作完全依赖此系统提供的状况。营业中的酒店，其客房处于以下几种：空房、住客房、整理房或走客房、待修房等。

(2) 客房预订状况显示系统。客房预订状况显示系统，又称长期状况显示系统。在未使用计算机联网系统的酒店，这一系统是通过"客房预订汇总表"及预订情况显示架来显示未来某一时间内，相对某种类型客房的可销售量。

酒店计算机互联网系统，是指用计算机设备系统综合显示客房状态的最先进的一种方法，目前广泛适用于客房数量多、种类复杂，客流量大的大、中型酒店。如果在前台接待处、前台收银处及客房值班中心配备计算机终端机，各部门可通过操作终端机来了解、掌握、传递有关客房状况的信息，这不仅加快了互相沟通、联络的速度，更能提高工作效率，减少工作差错。同时，酒店计算机联网系统不仅仅用于显示客房状况，它还具有帮助进行客史档案的建立、客账管理、各种表的形成、营业收入汇总等各种功能，可用于前台及整个酒店的管理工作。

4. 客房状态显示的方法

为了确保拥有正确的房态信息，酒店各相关部门必须具有高度的责任心，工作要认真、细致，同时，有必要借助于一定的房态显示设备。目前，房态显示设备大致有以下两种。

(1) 接待处配备客房状态显示架，管家部使用房态报表——手工操作控制。在以手工操作为主的小型酒店，前厅部使用客房状态显示架，它可持续地显示酒店所有客房的房态。客房状态显示架，通常是使用金属材料制成的卡片架，按酒店的客房数量确定格子的数量，格子按酒店的房间号码顺序排列，每间客房都在客房状态显示架上有相应的一格，格子里有该房间的情况介绍，包括房号、房间的种类、房价等基本内容。接待员可以用不同颜色的卡片表示不同的房态，如绿色卡表示空房、红色卡表示住客房等，并将之插在相应的格子里，显示不同的客房状况。客人入住时，接待员放上表示实房的卡片，并注明客人的姓名、性别、房价、到店日期和预离店日期。客人退房后，由前台收银员和接待处接待员换上走客房的卡片，并通知楼层服务员卫生清扫。客房卫生清扫完毕，楼层主管查房后，向接待处报空房，接待员即换上空房的卡片，客房又处于随时可以出租的状态。如果接待处收到有关客房维修的通知，则换上坏房的卡片，这种方法，房态显示较为直观。但有时由于员工的疏忽，或者房态显示不及时，可能造成显示架上的房态不完全准确，因此，管家部楼层有必要出一份真实的房态。管家部楼层每天早、中、晚，以表格形式向前台接待处呈递房态报告表，以便接待处进行房态核对，更正。

(2) 计算机系统显示房态——计算机技术控制。用计算机系统来显示房态是现今酒店业普遍使用的一种方法。酒店在前厅各部门(特别是接待处、收银处)、管家部、客房服务中心配有联网的计算机终端，各自通过操作电脑终端机了解、掌握及传递有关房态的信息。接待员将客房出租后或收银员给客人办理结账退房手续后，计算机系统自动更改该房房态，无须再口头或表格通知相关部门更改房态。当客房卫生清扫、检查完毕，管家部主管可以利用客房服务中心的计算机终端机将房态直接输入计算机，无须用表格形式向接待处呈递房态报表。计算机的使用，加快了酒店各部门内部沟通的速度，房态显示更为及时，更有条理，大大提高了工作效率，而且减少了工作差错，有利于前厅部乃至整个酒店的管理质量的提高。

计算机系统显示客房状况通常有以下几种功能。

① 查找某个房间目前所处的状态。输入该房间的号码机相应的功能键，即可查看到用符号和缩略语表明的该房间的各种基本情况以及目前所处的状态。

② 按客人的要求查找相应的房间的状态。如客人需要一面朝街景、带有两个卫生间、有大号双人床的套间，可输入相应的关键词符号及功能键，即可显示出符合上述要求的套间的房号以及它们目前所处的房态。

③ 按房态种类查找相应的房间。所有房间可根据需要按房态种类排列，方便查找，还可统计处于各类房态下的房间数。

④ 显示并打印出即时即刻的客房状态报表。

**（三）房价的控制和调整**

客房价格制定之后，还要有各种政策和规定与客房价格的制定相适应，并要认真贯彻执行这些政策和规定，使房价具有连续性、一致性和相对稳定性。但是，房价又不是一成不变的，由于情况变化，酒店就需对房价及时调整，以使房价更适应客观实际。

1. 房价的控制

酒店所制定的房价，是由前厅部和营销部负责执行的。在贯彻执行过程中，涉及前台销售、房价限制和团队房价可行性三个方面的工作。

(1) 前台销售。对于酒店制定的各类房价，前台服务人员要严格遵守。同时，酒店还须制定一系列的规章制度，以便于前台工作人员操作执行。这些规章制度要明确规定以下内容的细则。



① 对优惠房使用的报批制度。

② 各类特殊用房留用数量的规定。

③ 与客人签订房价合同的责任规定。

④ 有关管理人员对浮动价格所拥有的决定权的规定。

⑤ 对优惠价格的享有者应具备的条件的规定。

⑥ 对一些优惠种类和程度的规定。

**【解疑释惑】**

你掌握了哪些客房房价的报价技巧？

客房销售的根本是销售其价值，而不是价格。前厅销售人员要针对性地向客人提供价格选择的范围，合理和熟练地使用相关报价技巧。不管采用何种报价方式，均要始终坚持客人利益第一的原则，注意礼貌和言语的精练，而不能夸大其词，强人所难。

常用的报价技巧有以下几种。

(1) “第三者意见”技巧：用“第三者”的意见影响客人。

(2) “代客人下决心”技巧：当客人未最后决定时，先予以登记。

(3) “扳道岔”技巧：将客人的思维引入事先预备好的岔道（如不同的房型）上，提高成交率。

(4) “高码讨价法”：向客人推荐合适其地位的最高价格的客房，如不接受，再推荐低一档次的客房。

(5) “利益引诱法”：向客人说明只需在原来收费标准上稍微提高一些，便可得到其他好处。

报房价时不能只报金额，而且要介绍房间的特点等内容，应采取一定的方式形成最佳的报价，常见的报价方式有以下几种。

(1) “冲击式”报价：先报出房价，再说明房间所提供的服务设施和项目——突出“价廉物美”的吸引力。

(2) “鱼尾式”报价：先介绍所提供的服务设施和服务项目、特色等，最后报出房价——适合推销高价房，减弱客人对高价的敏感强度。

(3) “夹心式”报价：先介绍房型，后报价格，再补充介绍其服务设施、项目及特点，将价格这一十分敏感的东西裹在中间，从两面冲击价格的强度——适合推销中档客房。

(2) 房价限制。限制房价的目的是提高实际平均房价。如果根据预测，将来某个时期的客房出租率很高，这时总经理或前厅部经理就会对房价进行限制。例如，限制出租低价客房或特殊房价客房；不接待或少接待团队客人；房价不打折；不接受住一天的客人等。

前厅部管理人员必须熟知本酒店客房出租率的动态，善于分析近期客房出租率的变化趋势，准确预测未来的各种客人对客房的需求量，及时做出限制某种房价的决定。

(3) 团队房价的可行性。团队房价的可行性研究，即进行团队房价的限制，是前厅部与营销部的共同职责。营销部应逐日预测团队客人数量和客房需求数，并将预测结果通知有关人员。如果根据预测，某一时期的客房出租率可能会接近100%，这时，酒店就只应接待支付较高房价，甚至最高客房价格的团队客人。

但是，酒店使用团队房价限制时，要谨慎行事。任意地限制团队房价，会产生消极的影响，甚至破坏房价的完整性。有关人员必须对未来的客房出租情况做出正确的推测，并制订可行性计划，提出正确的团队和散客接待比例，以保证营业收入和经营利润目标的实现。

2. 房价的调整

酒店的客房价格制定之后，在实际运用过程中应保持相对稳定。但是，房价并不是一成不变的，由于情况变化，酒店就需及时调整房价，以使房价更适应客观现实。房价的调整有两种情况：一是调低房价；二是调高房价。

(1) 调低房价。调低房价是酒店在经营过程中，为了适应市场环境或酒店内部条件的变化，而降低原有的房价。酒店降低房价的主要原因有以下几点。

① 酒店业市场供大于求。在这种情况下，应通过加强促销活动，改进服务质量等途径来稳定客房的销售。如果成效不大，就可考虑调低房价。

② 在激烈的竞争中，酒店的市场份额日趋减少。尤其是在竞争对手调低价格时，为了保持和提高本酒店的市场占有率，有时也要采取调低房价的方法，使房价与竞争对手的价格处于同一水平线上，从而提高竞争能力。

③ 采用率先定价策略的酒店，希望通过降低房价，增加客房销售量或降低成本。这些酒店希望通过低价销售，增加市场份额，以利于在市场确定牢固的地位。

但是，调低房价也会引起一些问题。例如，房价降低了，客房销售量不一定就会增加，即使销售量有所增加，但营业收入的增加往往无法抵消价格下降的影响。价格降低了，客人会对酒店产品质量产生怀疑，从而会影响酒店自身在市场上的声誉，同时还会打乱酒店客源的类型。尤其要注意的是，靠降价竞争将会导致酒店之间的价格大战。当大家都竞相降价，酒店会面临无法控制房价的局面，最终将导致酒店业的全行业亏损，这种竞争也就变得毫无意义。因此，酒店在降低房价的问题上，应采取慎重的态度，进行周密的分析和研究。只有在调低房价之后，酒店仍能实现所预期的销售量，并提高酒店的利润水平，降价才是有意义的。

（2）调高房价。一般来讲，调高房价往往会引起客人和代理商的不满，但是如果成功，就会极大地增加酒店的利润，对酒店而言是有利的。酒店调高房价时，要考虑的主要原因有以下几点。

① 客房供不应求。当客房需求量大于现有客房数量时，可以通过调高房价来限制需求量，实现供求平衡。

② 市场物价上涨。由于物价上涨，酒店的成本费用不断增加。这时酒店需调高房价，并使调价幅度不低于市场物价上涨幅度，以保持或增加酒店的利润水平。

③ 酒店服务质量或档次有明显提高。服务质量、服务档次与价格有直接的联系。所以，如果其他因素不变，酒店的服务质量或服务档次提高，就可以考虑适当提高房价。

无论是提价还是降价，都会对客房销售量造成一定影响，引起客人和竞争者的各种反应。因此，酒店应充分考虑各种可能，做好准备工作，使房价的调整真正能够达到预期目标。



## 【任务框图】

本任务以酒店的前厅部运行管理为重点，从三个方面对酒店前厅部运行管理要求进行了讲述，主要内容框架如图 3-4 所示。

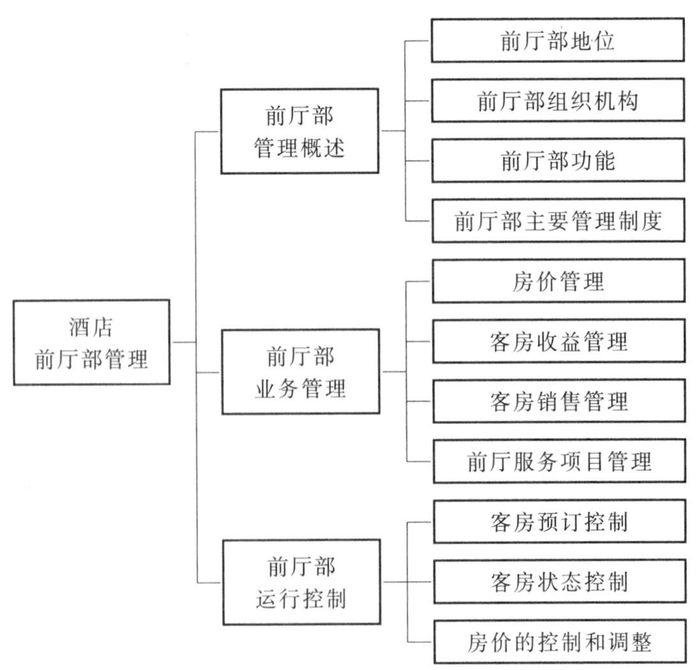


图 3-4 模块三任务一框图

## 【任务拓展】

国际“金钥匙”是一个全球性的协会，分布在全球 40 多个国家和地区，拥有数千名会员。我国于 1997 年加入该协会。“金钥匙”的口号是：“在客人的惊喜中，找到富有乐趣的人生。”对中外商务旅游者而言，“金钥匙”是酒店内外综合服务的总代理，是一个在旅途中可以信赖的人，一个充满友谊的忠实朋友，一个解决麻烦问题的人，一个个性化服务的专家。请通过网络等途径了解“金钥匙”的详细情况并召开一个“金钥匙”交流活动。

## 【任务测试】

**一、判断题**

1. 前厅部的运转和管理水平，直接影响到整个酒店的经营效果和对外形象，而且反映出酒店的工作效率、服务质量和管理水准的整体面貌。（　　）

2. 旅游旺季，房源紧张，此时在与客人进行客房销售时，我们说：“一间客房 300 元，您要不要？”（　　）

3. 预订客房是客人为了使住宿得到保证而进行的单方面活动。（　　）

4. 总机服务人员要能做到迅捷、准确地转接客人电话服务。（　　）

5. 客房收入是酒店经济收入的主要来源，据统计目前国际上客房收入一般占到酒店总收入的 50%，我国要略低于这个比例。（　　）

**二、单选题**

1.（　　）又称“门市价”“挂牌价”，是由酒店管理部门制定的，价目表上明确公布的各类客房的现行价格。

A. 团队价　　B. 标准房价
C. 小包价　　D. 白天租用价

2.（　　）是以酒店总建造成本为基础计算的。具体的方法是将每个房间所占用的建造成本除以 1 000，得出客房的平均价格。

A. 经验定价法　　B. 盈亏平衡定价法
C. 目标收益定价　　D. 成本加成定价法

3.（　　）类预订对失约的客人则不予退还，酒店为其保留客房至第二天中午 12 时。

A. 确认类预订　　B. 保证类预订
C. 口头类预订　　D. 等待类预订

4. 先报出客房价格，然后再介绍房间所提供的服务设施和项目，这种报价方式是（　　）。

A. “夹心式”报价　　B. “鱼尾式”报价
C. “冲击式”报价　　D. “扳道岔”报价

5. 现代酒店都设有（　　）来接收和处理客人的投诉。

A. 大堂副理　　B. 前厅部经理
C. 前厅部主管　　D. 接待员

# 任务二 酒店客房部管理

任务引例

**枕头“拉锯战”**

6月27日，青岛Q酒店正在举办一个旅游发展高层论坛。晚上，酒店宴请来自旅游界的多位专家、学者，大家共同探讨、交流酒店服务与管理中的一些问题，对于如何提供个性化的服务，黄教授提到了入住Q酒店期间亲身经历的一个案例。

Q酒店的客房为客人准备了一硬一软两种枕头，正常情况下，软枕头放在硬枕头之上。他喜欢睡硬的枕头，但硬枕头不够高，于是在第一天睡觉时他就将软枕头拿掉，将浴巾放在硬枕头下面。这一现象本身表现出黄教授的一个睡眠习惯，为酒店提供个性化服务提供了暗示。但酒店员工在第二天整理房间时并没有注意到黄教授的这一细微需求，每次做房时仍把浴巾撤走，重新再放上一硬一软两个枕头。到了晚上休息时这位黄教授还是要把浴巾拿出垫在枕头底下。第三天还是如此，按黄教授的形象说法，在枕头如何摆放上，酒店员工与他展开了一场“拉锯战”。如果员工能多动动脑筋，及时、细心地注意到客人的这一习惯，每天垫上浴巾或进行其他加高处理，客人的感受会大不一样。酒店总经理边听边写了一张纸条，责成相关部门马上处理。黄教授回到房间后发现浴巾已摆放在枕头边。

（案例来源：酒店管理经典案例分析.广州：广东经济出版社）

3

从这个案例中，我们不难看出该酒店员工服务的机械性，不知道怎样去体现个性化服务。个性化服务有时很难做到，有时也很容易做到。像“枕头”服务，如果员工在每天工作或做房时用心观察工作现场，就会发现客人喜欢什么样的枕头，此时按客人的习惯为客人进行针对性的准备也是非常容易做到的。这说明员工粗心或做事不动脑筋。这个案例需要探讨的有两点：一是员工粗心的原因在何处？如何改进？二是在席间客人提到这一案例时，现场的管理人员意识到之后，应该怎么去做？如何避免遗憾又一次发生？

闻过则喜，闻过则改，立即反应，迅速行动。这样的酒店、这样的个人都将是令人敬畏的。或许，这是枕头“拉锯战”带给大家的另一个收获。

## 【任务执行】

### 一、客房部管理概述

客房是酒店的核心产品，通常客房收入能达到酒店总收入的50%～60%，有的甚至高达70%～80%。正因为前厅部与酒店收入直接相关，加上前厅部所处的位置使它有可能最多的接触到各类客人和处理各类问题，所以，前厅部是任何一个酒店中最为重要的部门之一。它的工作质量的优劣，不仅直接影响客房出租率和经济收入，而且反映出一家酒店的工作效率、服务质量和管理水平的整体面貌。

**（一）客房部地位**

客房是酒店的主体，客房部就是顾客的家，酒店一次投入，通过客房的销售分次回收投资，并获取利润。客房部是酒店投入最大，收入最大的部门，酒店的其他功能均围绕客房销售而运行。

（1）客房是酒店存在的基础。酒店是向旅客提供生活需要的综合服务设施，它必须能向旅客提供住宿服务，而要住宿必须有客房，从这个意义上来说，有客房便能成为酒店，所以说客房是酒店存在的基础。

（2）客房是酒店组成的主体。按客房和餐位的一般比例，在酒店建筑面积中，客房占70%～80%；酒店的固定资产，也绝大部分在客房，酒店经营活动所必需的各种物资设备和物料用品，亦大部分在客房，所以说客房是酒店的主要组成部分。

（3）客房收入是酒店经济收入的主要来源。酒店的经济收入主要来源于三部分——客房收入、饮食收入和综合服务设施收入。其中，客房收入是酒店收入的主要来源，而且客房收入较其他部门收入稳定。客房收入一般占酒店总收入的50%以上。从利润来分析，因客房经营成本比饮食部、商场部等都小，所以其利润是酒店利润的主要来源。

（4）客房服务质量是酒店服务质量的重要组成部分。客人在酒店中逗留时间最长的地方是客房，是客人的家外之“家”。因此，客房的卫生是否清洁，服务人员的服务态度是否热情、周到，服务项目是否周全丰富等，对客人有着直接影响，是客人衡量“价”与“值”是否相符的主要依据，所以客房服务质量是衡量整个酒店服务质量的重要标志，也是酒店等级水平的重要标志。

（5）客房是酒店经济活动的枢纽。酒店作为一种现代化食宿购物场所，只有在客房入住率高的情况下，酒店的一切设施才能发挥作用，酒店的一切组织机构才能运转，才能带动整个酒店的经营管理。客人住进客房，要到前台办手续、交房租；要到饮食部用餐、宴请；要到商务中心进行商务活动；还要健身、购物、娱乐，因而客房服务带动了酒店的各种综合服务设施发挥作用。

（6）客房部的运行直接影响到全酒店的运行和管理。客房部的工作内容涉及整个酒店的角角落落，为其他各个部门正常运转提供了良好的环境和物质条件。另外，客房部员工数量占整个酒店员工总数量的比例很大，其管理水平直接影响到酒店员工队伍整体素质的提高和服务质量的改善。

**（二）客房部组织结构与工作任务**

1. 客房部组织结构

常见的大中型酒店客房部组织结构如图 3-5 所示。

2. 客房部主要部门的工作任务

（1）经理办公室。主要负责处理客房部的日常性事务及其他部门的联络、协调等事宜。

（2）布件房。主要负责酒店的布件和员工制服的收发、送洗、缝补和保管。

（3）客房楼层服务组。主要负责各楼层客房的清洁卫生工作和接待服务工作。

（4）公共区域服务组。主要负责酒店范围内公共区域的清洁打扫以及衣帽间、洗手间的服务工作（因地毯、外窗的清洗工作及庭院园艺工作专业性强，所以专设地毯清洁工、外窗清洁工及园艺工）。

3

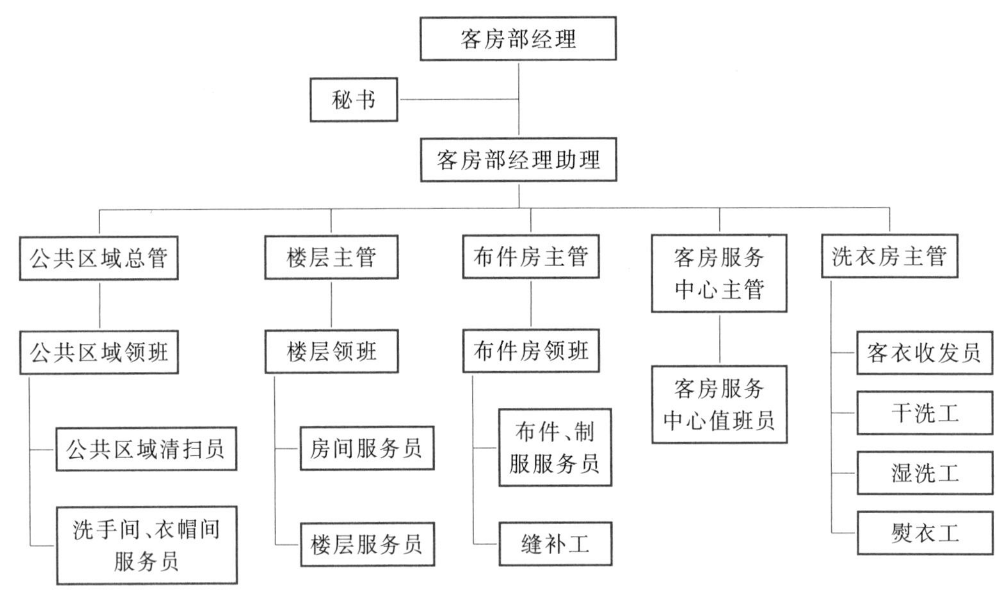


**图 3－5 大中型酒店客房部组织结构图**

(5) 客房服务中心。主要负责统一安排、调度住房的服务工作，并负责失物招领事宜。

(6) 洗衣房。主要负责洗涤客房部、餐饮部等所需的布件、棉织品和全体员工的制服，同时提供酒店住客衣物的洗烫服务。

3

客人到达楼层接待服务

**(三) 客房部管理制度**

客房是顾客的家，安全卫生管理是其管理重点，同时如何营造温馨、舒适、宁静、方便的住宿环境，需要通过各类制度加以规范。客房的管理制度有安全管理类、卫生管理类、运行管理类等。不同类型的酒店管理制度描述和要求差异较大。客房部的主要管理制度目录如下，规章制度的详细内容可通过本课程的资源包或者网络途径查阅。

(1) 客房部安全消防制度；
(2) 客房部工作例会制度；
(3) 客房部钥匙管理制度；
(4) 客房部清洁消毒管理制度；
(5) 客用品发放管理制度；
(6) 客用品使用控制管理制度；
(7) 酒店客人遗失物品管理制度；
(8) “四品(遗留品、贵重品、废旧品及客人赠送品)”管理制度；
(9) 客房部楼层布草管理制度；
(10) 布草管理制度；
(11) 固定资产物品管理制度；
(12) 低值易耗品管理制度；
(13) 酒店工作服管理制度。

## 二、客房部业务管理

### (一) 客房服务管理

1. 客房服务的要求

客房服务项目的内容主要是围绕客人来、往、走三个环节设计的。宾客住店前的准备工作。主要是客房布置、客房设备检查和迎宾准备工作。

迎宾服务(采用客房服务中心的酒店无此项工作)。梯口迎客,使用敬语欢迎客人。客人如无行李员陪同,则要帮助客人提送行李进房,介绍房内设施及酒店其他服务设施。楼层值班员随之做好相应的记录工作和送水送茶服务。

宾客住店期间的日常服务。做好房间清扫卫生和整理工作,调换补充用品,为宾客提供洗衣服务及其他代办业务。进行房间和公共区域的安全防护和检查。

宾客离店后的结束工作。如果客人退房离店应按规范与客人告别,并立即按规范检查客房,随之清扫整个客房,撤换一切床上用品,并将房间状况报告前厅部。

2. 客房服务工作管理

客房服务工作的管理任务包括设计合理的接待服务规程、配备客房服务人员和加强客房服务过程的指挥和协调,使客房工作人员工作任务明确、质量标准明确,加强客房的安全保卫工作,通过服务过程督导,全面提升客房服务质量。

### (二) 客房安全管理

客房是客人的私人空间,安全是优质客房产品的重要组成部分。提高安全意识,加强预防管理,切实落实各项安全制度,是保证客房楼面安全的重要举措。

1. 客房楼面安全管理

(1) 配备齐全客房安全设备。客房是为客人提供住宿和各项服务的地方,人、财、物比较集中,而犯罪分子的犯罪活动正朝智能化、科技化、集团化的方向发展,因此配备必要的客房安全设施可以有效地预防、发现、控制和打击违法犯罪活动,并预防各种灾害事故的发生。客房安全设备包括:电视监控系统、安全报警系统、门禁(钥匙)系统、酒店消防控制系统等。

(2) 制定安全规章制度并严格执行。为了使安全工作落到实处,酒店必须制定一套安全规章制度来约束人们的行为。

2. 强化工作钥匙的管理

工作钥匙按照不同的登记权限可以开启一个楼层、一幢楼甚至全部客房门,为保证客房安全,严格的钥匙控制措施是必不可少的。客房钥匙丢失、随意发放、私自复制或被盗等都会带来各种安全问题。

(1) 统一管理。在客房部办公室内或客房服务中心设置一个钥匙箱,集中存放楼层或区域万能钥匙及楼层储物室钥匙、公共区域万能钥匙。该箱一般由客房中心服务员负责保管。每次交接班都需交接清楚,如发现有遗失,必须马上向客房部报告。

(2) 制定钥匙领用制度。每天客房主管、领班及服务员领用工作钥匙时,客房中心服务员都须记录下钥匙发放及使用的情况,如领用人、发放人、发放及归还时间等,并由领用人签字,客房服务员还应在相关工作记录表上填写进入与离开每间客房的具体时间。

(3) 严格钥匙使用制度。员工领取钥匙时须在钥匙领用表上签名;清洁整理房间时,工作钥匙必须随身携带，严禁私自解下、乱丢乱放或把工作钥匙放在工作车上；下班或离开酒店必须将钥匙交回；服务员在楼层工作时，如遇自称忘记带钥匙的客人要求代为打开房间，应请客人去前台领取钥匙，绝不能随意为其打开房门。

(4) 如果丢失钥匙或门卡，必须第一时间报告上级。有关部门应采取有力的保安措施，保证安全。

3. 认真做好防火工作

酒店火灾的发生率虽然很低，但后果极为严重。它不仅直接威胁酒店内人员的生命安全和酒店的财产安全，而且会破坏酒店的声誉。客房人员多，一旦发生火灾，扑救和疏散工作都很难进行。因此，酒店必须制定完整的火灾预防措施，防止火灾的发生。

4. 切实做好防盗工作

客房是酒店失窃最多的地方。究其原因：一是客房是一个封闭和安静的环境，二是客人在酒店时安全意识不强，三是罪犯犯案具有隐蔽性且容易逃脱。

(1) 客房被盗的类型。

① 社会上不法分子混入酒店作案。此类案件占酒店客房失窃的多数。此类案件的做法主要有以下两种：一是窃贼冒充酒店的客人，骗取服务员开房门作案；二是犯罪分子以会客的身份到客房作案。

② 宾客中一些不良分子进行作案。住店客人在住店期间，窜入别的房间作案。有时趁客人忘记关门而进房行窃；有时趁客人在卫生间窜入客房作案。

③ 内部员工利用工作之便进行作案。此类案件在酒店中也不可忽视。

3

(2) 客房防盗的措施。

防盗工作是客房服务管理工作的重要内容，客房部除了加强员工思想教育，增强员工责任心外，还需完善内部管理制度，防止案件的发生。

① 设有楼层服务员的酒店，值台服务员要坚守岗位，掌握客人出入情况，熟悉客人的特征、国籍、姓名、性别等情况，非住店客人不得无故进入楼层。

② 服务员对住店情况要保密，不向外泄露，以防不法分子了解住客情况后进行作案。发现可疑情况，立即报告。

③ 完善来访登记制度。来访者到客房会见客人须得到被访者允许后方可进入房间，如客人不在房间，来访者不得进入房间。住客的钥匙只能由客人本人领取，他人一律不得代为领取。

④ 严格执行表格登记制度。客房服务员清扫整理客房时，要认真填写进出客房的时间。打扫一个房间开一个房间的房门，严禁打开多个房间后再逐一打扫。打扫完毕或暂时离开房间要将房门锁上，以免为行窃者提供方便。清扫客房时严禁非本房间的客人进入。

⑤ 加强钥匙的管理。宾客凭住房卡取钥匙，必要时提醒客人要将房门锁好；服务员清扫客房时，钥匙要随身携带；实行专人专管收发钥匙工作，履行钥匙领取登记制度，发现钥匙丢失，应迅速采取防范措施。

5. 重视突发事件的处置管理

客房是酒店突发事件多发部门，主要有突然死亡、突然停电、电梯困人、偷盗事件等，酒店应建立突发事件的处理预案，平时加强突发事件的处置演练和突发事件的监控工作，做到预防为主、化险为夷、处置及时，减少酒店的损失。

案例

## 某酒店的客房部突发事件处置预案

1. 客人突然死亡事件处置预案

在日常工作中，如遇客人突然死亡事故，应按如下程序处理。

(1) 保护现场并及时报告。保安部接获客人在酒店内死亡的报告后，应有保安部经理在内的保安人员及时赶到现场，并做好现场保护措施，阻止无关人员靠近，同时报告酒店领导和公安机关。

(2) 配合公安机关开展必要的调查访问。在公安人员到达前，应首先向报案人或发现人了解所见所闻，其次向死者家属或同行人了解有关情况。另外，还要从服务员中了解死者在酒店的各种情况，最后把调查访问的情况综合后提供给公安机关有关部门参考。

(3) 做好善后工作。配合酒店公关部做好家属接待工作，协助家属做好遗体处理。事件处理结束后，写出详细的书面报告，呈送上级领导并存档。

2. 突然断电的处置预案

(1) 立即通知工程部并询问原因。

(2) 通知相关部门并打开应急灯。

(3) 加强对重点部位安全巡逻和监督。

(4) 值班主管配合大堂副理、值班经理处理有关工作。

(5) 封锁营业区域及重点出入部位。

(6) 配合有关人员向客人作出解释。

(7) 维持好各部门的运作程序。

(8) 督促工程部发电机投入运作。

(9) 做好事件的记录和报告。

3. 客人滞留电梯的处置预案

(1) 发现电梯出故障，应敲打电梯门询问是否有客人滞留于电梯内，并通知工程部紧急维修。

(2) 通过对讲机向客人解释，安抚受困客人，使客人保持镇静，等待救援。

(3) 配合医务室采取必要的急救措施。

3

### (三) 客房卫生管理

客房部清洁卫生工作是客房服务的重要内容，也是客房服务质量和管理水平的综合反映，因此，应严格按照服务规程制定的标准、要求进行管理和检查。客房清洁卫生工作，一般可分为日常清洁和计划清洁两大类。

1. 客房日常清洁工作管理

许多客人入住酒店，不一定经常在酒店就餐，但会天天使用客房。客房的清洁程度是客人入住酒店最关心的问题之一，也是客人选择酒店的标准之一。明亮清洁的房间、优雅的环境能让客人产生一种宾至如归的感觉。因此，服务员必须按时、按服务规程和标准，认真、高效地清洁客房。

(1) 确定科学的清洁工作规范和程序。

① 客房清扫的顺序。客房服务员必须先到相关楼层巡查，核实其要打扫的客房的具体状况，然后根据开房的急缓先后、客人情况或主管的特别交代，决定房间的清扫顺序。一般

情况下，客房的清扫顺序为：挂有 MUR(make up room)指示的房间，即请速打扫房；总台或领班指示打扫的房间；走客房；普通住客房；空房。另外，VIP 客房一般采取专人打扫；长住房则与宾客协调，定时打扫。

② 客房清扫的准备工作。客房服务员按以下工作程序操作：领取客房钥匙；了解当天房态；决定清扫顺序；准备房务工作车及清洁用品、器具与各类客房用品；准备吸尘器；检查着装。

③ 走客房清扫的注意事项。客房服务员接到通知后，迅速来到客房，对客房进行检查，检查要点为宾客有无遗留物品，房间的设备与家具、物品有无损坏及丢失，房客的 Minibar 与饮料消耗情况。如有以上情况，立即通知前台及领班，并进行登记；对卫生间各个部位进行严格的洗涤消毒；清扫合格后，立即通知总台。

④ 住客房清扫的注意事项。要先征得房间内宾客的同意后再打扫房间，宾客的物品与文件不能翻看，不得自行处理宾客物品；不得接听客房电话；房间清扫完毕后不得无故停留。

(2) 进行有效的客房检查控制。

① 服务员自查。自查时间在整理客房完毕并上交检查之前。自查内容包括设备是否完好、环境及物品布置是否整洁。

② 领班查房。领班必须对每间客房进行检查并保证质量合格。

③ 主管抽查。主管抽查客房的数应在 10%以上。

④ 经理查房。客房经理一般会定期和不定期检查客房卫生状况，一般称为“白手套”式检查，检查的数量少，但检查要求高。

2. 客房计划清洁工作管理

3

客房除日常打扫工作外，还须有计划地进行全面的清洁打扫，加强计划清洁工作的检查、考核工作，以达到计划清洁目的。计划清洁的内容包括以下几点。

(1) 地板打蜡：选择干燥晴朗天气，搬动家具，按除尘、上蜡和磨光的程序，对整个地面、地板进行打蜡。

(2) 清洗地毯：除了对地毯每天吸尘外，还应定期清洗。

(3) 擦拭家具：对客房的某些家具物品，除了日常除尘外，还要擦抹家具四周的底部及背后等部位，并给铜器上油。

(4) 清洁墙面：客房内四壁墙面，包括天花板及空调出风口等，也要定期打扫。

(5) 卫生间清洁消毒：卫生间四壁、天花板、卫生洁具上金属部件需定期重点擦洗，坐厕要重点消毒。

3. 公共场所的清洁卫生工作管理

公共场所(简称 PA)包括楼道、前厅、办公室、客厕、庭院等部位。公共场所清洁卫生工作是一项经常性的工作，稍有疏忽，将对整个公共环境产生不良影响，甚至对整个酒店的服务质量产生消极影响，应加强过程控制，采取有效的措施保证公共卫生质量，建立岗位责任制，明确职责和清洁服务的标准，加强日常的检查和督促，以保证清洁服务工作的质量。

## 三、客房部运行控制

### (一) 客房部管理系统运行控制

现代酒店是一个综合性很强的服务性企业组织，客房管理要实现其目标，首先必须要确立合理的管理系统。在明确管理系统的基础上，设计组织结构，这样才能适应酒店客房管理需要,达到预定目的。

酒店客房管理系统是由客源市场预测、计划、决策、执行、客房商品生产和反馈等几个环节构成的,如图 3-6 所示。

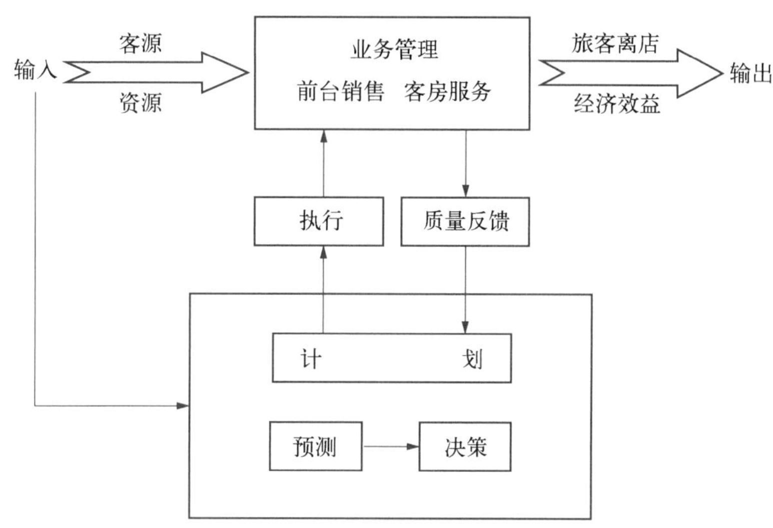


图 3-6 酒店客房管理系统

这个系统的输入不仅有客房物资设备(渐进消耗,提供使用价值而不发生所有权的转让)和水、电等能源消耗,还有客源;否则,客房商品生产无法进行,客房服务就没有对象。输出即指旅客离店,同时酒店获得经济效益。而酒店客房管理系统则是根据客源市场预测,在综合平衡、统筹安排的基础上作出决策;制订客房部门管理计划方案,中心是贯彻部门经济责任制;然后由前厅部、客房部贯彻执行,将客房商品销售、生产和个人消费结合起来,将旅客住店后的反应形成质量反馈,发现问题,作出新的决策。

在客房管理系统中,一般来说,有三个不同层次的思维角度,这就是战略角度、策略角度和执行角度。在客房商品营销活动中,酒店业务经理(有的直接由总经理负责)处于战略地位,他最关心的是酒店计划目标、经营方针、管理体制、部门经理人才和经济效益。客房管理机构处于策略地位,其管理人员所关心的是部门经济责任制的贯彻执行,是客源状况、客房销售、物资定额以及经济收入如何同部门经济责任制结合起来。管理员则处于执行地位,他们所关心的是如何执行部门计划给自己规定的任务,保证服务质量。但是,如果问题改变,管理级的地位也会随之发生变化。例如,我们只谈客房商品生产,这样客房部处于战略地位,管理员处于策略地位,客房班组处于执行地位。酒店客房管理系统中这种和某一问题的战略、策略和执行地位所对应的管理级都可以组成一组,这就是酒店企业管理三元组。管理人员的作用就在于明确自己在不同三元组中的地位,从而灵活驾驭相应的管理职能,实现管理目标,如表 3-1 所示。

表 3-1 酒店客房管理三元组

| 项 目 | 三元组(1) | 三元组(2) | 三元组(3) |
| --- | --- | --- | --- |
| 战略地位 | 酒店经理 | 客房部 | 管理员 |
| 策略地位 | 前厅部、客房部 | 管理员 | 班组 |
| 执行地位 | 管理员 | 班组 | 服务员 |

3

### （二）客房部组织机构控制

酒店客房管理系统是建立客房管理组织机构的基础，客房的管理组织机构设置必须与管理系统相适应。组织管理系统的创始人巴克斯克曾说："领导的职责就在于成功地设计一种组织，并委派最恰当的人选，然后力求按照组织原则促使大家去达到目标。"酒店客房管理要完成计划任务，必须设计这样的组织机构。这些组织机构有的是平行的，其相互关系是分工协作关系；有的是垂直的，其相互关系是领导和隶属关系。它们是一个有机的统一体，服从于酒店客房管理的总目标。

1. 酒店客房组织机构控制原则

客房组织机构管理是酒店客房管理系统正常运行、提高客房管理效率的保证，应遵循以下原则。

（1）层次分明、职权制度化。酒店客房管理是一种系统管理，客房商品生产、销售和个人消费密不可分，因此，机构设置必须将它们融为一体，形成一个层次分明的组织系统。但这个组织系统中要做到逐级授权，分层管理，因此，职责和权限要制度化。这包括两个方面：一是各部门、各班组、各环节要根据旅客投宿活动的规律和实际需要设置，不能因人设事。管理人员配备要精干，人员数量要少，避免人浮于事。人员数以及各部门、各班组、各环节的关系要形成制度，一经确定，就不能随便变动。这样才有利于保证领导关系的连续性和稳定性。二是要明确规定每一层管理人员的管理职责，同时赋予完成这一职责所不可缺少的管理权限，职责和权限保持协调一致。有权无责会助长瞎指挥、滥用权利的官僚主义，有责无权或权限太小又会束缚管理人员的积极性、主动性，实际上不可能负起应有的责任，等于虚设。所以，只有层次分明、职权制度化，才能各得其所，人尽其才，提高管理工作效率。

3

（2）幅度合理、指挥统一化。幅度是指管理幅度，即一名上级领导直接指挥多少下级人数。影响管理幅度的因素包括企业规模、组织机构的类型、管理人员的能力、素质等几方面。因此，管理幅度大小，往往因时、因地和管理层次、酒店客房数量的多少而变化。

确定管理幅度是为了更好地指挥。为了提高管理实效，还必须要指挥统一化，这也包括两个方面：一是组织机构本身就是一个统一的管理系统，必须实行统一指挥，部门、班组在执行经济责任制和部门经济责任制的过程中又必须有相对的独立性，给下级机构一定的权限，实现权、责、利的统一。二是一个好的客房管理组织机构不允许员工同时有多头领导；否则，令出多门，各唱各的调，各吹各的号，相互矛盾，相互推诿，下属人员无所适从，很难达到预想的效果。

（3）渠道畅通，管理工作效率化。渠道是指信息渠道。现代社会化大生产和科学技术、管理技术的广泛发展，使企业管理对信息的要求越来越高，管理工作效率取决于信息传递的速度、数量及质量。信息可以是数据、图像、设计图纸、传票、作业卡、计划表、统计表等，可以通过开会、电话、电传和利用电子计算机的传递来获得。信息流不断反映物质流的状况，指挥着物质的运动。物质在企业中不断地改变其状态，信息也就随之变换其形式。管理者的职责就是通过信息流来控制物质流。所以，用一句精辟的话来说：管理艺术在于驾驭信息。

酒店客房管理是一种微观经济管理，在信息时代，对信息传递的速度和质量要求更迅速、更准确无误；否则，一个有几百间、上千间客房的现代化酒店，管理者对每时每刻的客房出租状况心中无数，必然造成大量客房闲置或旺季时的应接不暇。前者造成永远也无法弥补的经济损失，后者影响服务质量和酒店信誉，这样也就谈不上管理效率了。所以，渠道畅通、管理工作效率化，是设立客房管理组织机构的最高原则。

2. 酒店客房组织机构控制要求

组织机构只是完成客房管理任务的一种组织保证，管理人员能否完成任务是由多种因素决定的。就酒店客房控制来说，有三个问题必须首先解决：一是管理关系的明确；二是管理人员的素质；三是客房管理的职责范围。只有控制好这三方面的问题，才能更好地完成管理任务。

(1) 明确客房组织机构中成员之间的管理关系。酒店客房管理人员处在一定的组织机构中，要提高服务质量和工作效率，完成管理任务，获得好的经济效益，首先必须明确自己在组织机构中的地位和管理关系。

在现代酒店中，任何一个组织机构，都是由四种不同地位的人员组成的，即高层管理人员、中层管理人员、基层管理人员和服务人员。而高层、中层和基层并不是绝对的，组织系统层次发生变化，管理人员的层次地位也随之变化。任何管理人员在酒店客房组织机构中，一般都要遇到以下三个方面的问题：一是管理方面的，即清楚地了解组织机构的职责、权限和管理原则；二是实务操作方面的，即明确工作程序、工作标准和工作操作细节；三是人际关系方面的，即管理人员不仅要善解上级的意图，还要了解下属人员的要求和其对工作的态度，善于发现问题，及时解决问题，设法增强下层人员的事业心和责任感，这三个方面的问题形成错综复杂的管理关系，但对同一组织机构中不同层次的管理者要求又有所不同。明确其相应的要求程度，客房管理人员就有了明确的指导思想和管理原则，便于有重点地完成管理任务。这种管理层次任务分配，如图 3－7 所示。

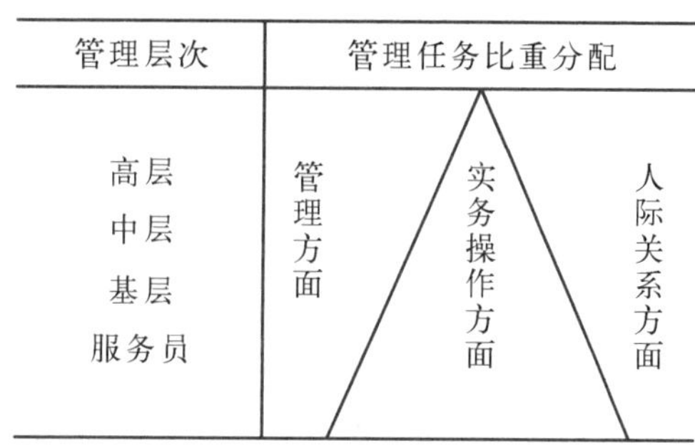


**图 3－7　客房组织机构管理层次任务分配**

酒店客房管理人员除了明确自己在组织机构中的地位和管理关系以外，还要处理好另外两种管理关系：一种是管理人员所担负的具体工作和来自各方面的要求、压力之间的关系，只有处理好这种关系，才能完成任务。例如一名客房部经理，对上要对酒店总经理负责，对下要组织、指导和督察管理员努力按计划完成管理任务；对外要处理市场销售方面的关系和应对其他部门及家庭甚至社会方面的压力。只有灵活处理这些关系才是一名出色的客房部经理。另一种是管理人员为了完成工作任务，采取一定的原则和方法去组织、指导和督察有关人员而经常遇到的人事关系和工作关系。这种关系因接触的人员不同，关系的性质和应该采取的态度也不相同，只有正确处理这种关系，才能充分调动员工的积极性和主动性。

(2) 注重酒店客房管理人员的基本素质的提升。管理人员的素质高度决定了管理绩效，通过加强酒店客房管理人员素质的提升，提高客房管埋整体质量。因此酒店要制定客房管理人员的基本素质要求，在聘任、考核过程中加以对照，在平时管理人员的培养教育中加以提高，形成一支优秀的客房管理团队。

(3) 积极推行酒店客房管理责任制。酒店客房管理的职责范围是由它的管理任务决定的，是通过客房管理组织机构实现的。在规模庞大、组织细密、经营复杂的现代酒店里，推行管理责任制，明确客房各管理层级的职责，通过责任状等方式进行明确职责，通过奖惩机制，实现客房管理的最优化。

(4) 科学设置客房部的机构。科学合理地设置组织机构是客房部工作正常有序运转的重要保证。客房部的组织机构应是一个统一指挥、分工明确、层次分明、沟通顺畅的有机整体。酒店应遵循精简、高效、分工明确的原则，并结合本酒店的实际情况，考虑酒店的规模、等级、经营管理方式等因素来具体确定客房部的组织机构。各酒店之间存在一定的差别，并没有固定不变的模式。

### (三) 客房部人员配备控制

客房部的人员配备和安排不仅关系到日常工作能否顺利进行，而且其配备人数的多少及能否有效的使用还直接影响到整个酒店的劳动力成本，关系到整个酒店的经济效益。客房人员的配备要根据客房服务模式(客房服务中心制和楼层服务班组制)、客房工作预测数量和酒店确定的员工劳动定额等具体情况来科学确定，进行有效控制才能实现经营管理目标。

1. 人员配备的步骤

(1) 确定客房部门管辖区域内所有的岗位或工种设置，如客房清扫员、值台班服务员等。

(2) 明确各工作岗位的班次划分。

(3) 根据工作定额和工作量的预测，确定每个班次的员工数及整个客房部的员工数。

3

在具体的应用中，可依据工种及岗位性质，分别采用效率定员、比例定员、岗位定员、设备定员等不同的定员方法，并利用下面的公式最终确定员工及管理人员的配备数量：

$$客房部所需员工数=\frac{全年所需工作量/工作定额}{有效开工率}$$

其中，

$$有效开工率=\frac{员工一年中实际工作天数}{365}\times 100\%$$

$$=\frac{365-双休-法定假日-年假-病假}{365}\times 100\%$$

2. 酒店客房人员配备实例

某酒店有 1 000 间客房(均折成标准间)，分布在 6 层到 30 层，其中 6 层到 15 层为内宾房，设早、晚值台班，服务员各 1 名/层。客房清扫员的定额为：日班 12 间，中班 48 间。领班的工作定额为：日班 60 间，中班 120 间。假定酒店年平均开房率为 80%，员工每天工作 8 小时，每周工作 5 天，享受固定假日共 11 天(元旦 1 天，春节 3 天，清明 1 天，劳动节 1 天，端午 1 天，中秋 1 天，国庆 3 天)，年假 7 天，一年中人均可能病事假 7 天。客房部设部门经理、经理助理和主管三级管理人员。试计算上述客房部人员总数。

解：由题意可得：

员工一年中实际工作天数＝365－(365÷7)×2－11－7－7＝236(天)

有效开工率＝236÷365×100%＝65%

(1) 服务人员数：

$$日班清扫人员人数=\frac{全年所需工作量/工作定额}{有效开工率}=1\,000\times80\%\div12\div0.65=103(人)$$

中班清扫人员人数＝103÷4＝26(人)

$$值台班服务员人数=\frac{2(班次)\times10(层)\times365(天)}{236(天)}=31(人)$$

(2) 领班人数(领班与服务员的比例为 1∶5)：

日班人数＝103÷5＝21(人)

中班人数＝103÷10＝11(人)

(3) 主管人数：

按领班与主管 6∶1 的比例确定，主管人数为 6 人。

(4) 经理、助理人数：

各设 1 名，共 2 人。

则上述客房部人数总计为 200 人。

3. 加强客房劳动力的动态控制

虽然事先经过仔细的斟酌和计算，但由于种种原因，劳动力定额和实际需求之间通常不是自然吻合的，这就要求在实际工作安排中做好调节，使其具有“弹性”。

(1) 根据劳动力市场的情况决定用工的性质和比例，如果劳动力较为饱和，则制定编制时应偏紧，以免开房率较低时造成窝工而影响工作氛围，而在旺季开房率较高时，可招聘临时工缓解矛盾；反之，则要将编制做得充分些，以免在开房率较高时造成工作质量下降。



通常为了控制正常编制，减少工资和福利开支，许多酒店愿意使用临时工来做一些程序比较简单、技能要求并不太高的工作。这对于增强人员编制的弹性、降低培训费用等较为有利。但这种编制弹性应限制在可控范围内，同时不能因此而放松对合同工的技能和观念的培训，以便掌握劳动力安排的主动权。

(2) 了解客源市场动向，力求准确预测客情。客源情况是不断变化的，因而由客房部承担的那部分可变动工作量也在不断地变动，而掌握了客情的大致动向后就可以做好应对准备，以免到时措手不及。

客房部除了要作出年度及季度的人力预测外，更应做好近期的劳动力安排。这样，掌握客情预测资料就成为一项十分重要的工作。客情预测资料主要包括每周预测表、团队和会议预定报告、每日开房率及客房收入报表、住客报表和预计离店客人报表。

(3) 制订弹性工作计划，控制员工出勤率。客房管理者必须通过工作计划来调节日常工作的节奏，如计划卫生的周期性工作和培训的穿插进行等，做到客人少时仍有事可做，工作忙时又有条不紊。控制员工出勤率的方法有很多种，除了利用奖金差额来控制外，还可通过合理安排班次、休假等来减少缺勤数或避免窝工。对于一些特定的工种，可灵活安排工作时间，采用差额计件制等各项行之有效的方法进行人员控制。

4. 做好劳动力成本控制

客房部劳动力成本的控制，除上述方法进行科学合理的定员外，还应从以下几方面进行劳动力成本控制管理。

(1) 坚持遵循以岗定人的原则。另外，在酒店日常运转中，还应根据本酒店的星级档次和客源构成等情况，考虑对某些岗位是否能合并或取消。

(2) 做好年出租率的预计工作。必须对酒店的年出租率情况有一个比较精确的预计，因为这是测定客房实际工作量的重要依据。

(3) 做好有关的计划和研究工作。必须科学合理地制定工作程序，进行动态研究，以期达到提高工作效率、节约劳动力成本的目的。

(4) 酒店所规定的员工数必须控制在酒店人均营业收入或工资成本预算线以内。

(5) 合理安排合同工与临时工的比例。根据酒店营业的淡季、旺季，合理安排合同工与临时工的比例，做到忙时有人干，闲时无人余。

(6) 计划接收职业院校旅游类实习生，通过校企合作，实现职业院校学生技能提升与企业劳动力补充的双赢。

## 【任务框图】

本任务从三个方面对酒店客房部管理进行了讲述，主要内容框架如图 3－8 所示。

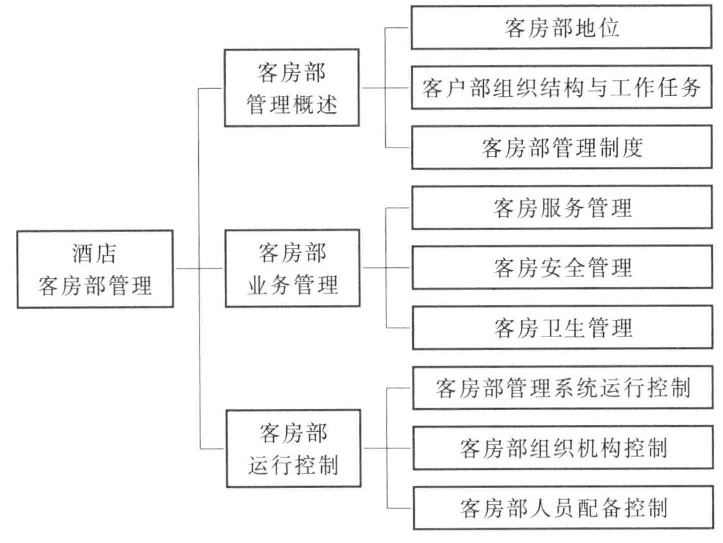


**图 3－8 模块三任务二框图**

## 【任务拓展】

### 客房部与其他部门的沟通管理

客房是酒店的核心产品，但是如果没有酒店其他部门的配合支持，就无法保证客房产品的质量。顾客在酒店消费客房产品的过程就是客房部与酒店相关部门密切合作的过程。客房部必须重视与相关部门的沟通管理。

1. 客房部与前厅部的沟通

客房部与前厅部的联系最为密切，很多酒店的前厅部与客房部都是合二为一的。客房部与前厅部的沟通有以下几个要点。

(1) 客房部每天需要随时从前厅部获取宾客入住信息，以便做好楼层接待服务，准确核对最新的客情房态。

(2) 客房部根据前厅部提供的客情房态，获得即将抵店的宾客、团队等信息，根据客情的特殊要求，做好准备工作；根据客情预报定期安排清洁计划和客房维修。

(3) 对携带少量行李的住客，客房部与前厅部需保持密切联系，防止逃账。

(4) 客房部接到前厅收银处传来的宾客结账信息，立即查房并告知结果，协调行李生送出行李。

(5) 宾客离店时，客房部需及时清理房间，并通知前厅部来调整房间状况。

(6) 前厅部根据电脑登记情况和客人入住及离店情况及时作出房态表或预先口头通知客房部，客房部根据前厅部提供的信息进行每日例行查房，做出房态误差报告送交前厅部。

2. 客房部与工程部的沟通

工程维修人员是除客房部员工外被允许进入客房的少数员工之一，是负责客房产品硬件质量的主要部门，客房部与其的沟通要点有以下两点。

(1) 当客房设备设施发生故障，客房部应填写报修单或电话通知工程部，工程部应及时派人修理。如果是住客房，将由客房服务人员陪同。两部门需密切配合，对客房的设备设施进行定期的维护和保养都负有重要责任。

(2) 客房部应向工程部提供客情预报，以便工程部安排客房维修计划。

3. 客房部与餐饮部的沟通

驻点客人是餐饮部的重要客源，为客人提供酒店特色餐饮也是酒店客房部重要的服务项目，客房和餐饮部门应加强沟通，密切合作，提高酒店的经营效率。

(1) 客房部要负责餐厅范围内的清洁卫生、布草和员工工装的洗涤熨烫工作。

(2) 客房部要协调餐饮部搞好客房送餐及餐饮促销活动，如在客房内放置餐饮宣传材料。

4. 客房部与保安部的沟通

(1) 客房部应积极协助保安部对酒店客房和公共区域进行细致检查，做好防火防盗工作，确保住客安全。

(2) 客房部发现可疑住客、访客情况或者安全隐患，应及时与保安部取得联系。并在必要时协助公安局、保安部打开客房门。

(3) 客房部和保安部应共同制订住客紧急疏散方案，一旦出现险情，客房部应配合保安部，并在保安部的统一指挥下，做好住客安全保卫工作。

(4) 对重要外宾将由保安部提供特别保卫。

(5) 对住客报失报案要会同保安部处理。

5. 客房部与采购部的沟通

(1) 客房部所需要物资种类繁多，为保证客房服务质量的上乘稳定，应向采购部提供所需设备物资的规格、质量要求，特别是在客房更新改造前提出切合实际的采购建议。

(2) 为控制客房成本费用，客房部应对价格问题提出建议。采购部应按要求采购美观、价格合理的设备物资，保证及时足量供应。

6. 客房部与财务部的沟通

(1) 客房部要协助财务部做好客房有关账单的核对、固定资产的清点。

(2)客房部要在财务部的协助下制订房务预算、定期盘点布草和其他物料用品。

7. 客房部与公关部的沟通

(1)客房部要协调销售部的公关促销活动,在客房内放置酒店宣传卡,宣传推销客房和酒店其他设施和服务。

(2)对公关销售部陪同参观的宾客,客房部要积极配合、给予方便,并热情介绍房间设施等。

8. 客房部与人力资源部的沟通

为保证客房服务质量,客房部应协调人力资源部做好部门员工的招聘、培训等工作。

(1)当酒店出现人手紧缺时,客房部可向人力资源部报告,由人力资源部协调处理。除了可以补充临时工外,还应注意合理安排人手,以老带新;或将工作表现良好的公共区域服务人员抽调至楼层服务组,而把临时工配备给公共区域服务组。

(2)当酒店出现季节性接待任务不足时,为避免劳动力过剩,客房部可与人力资源部组织员工休假、培训等。

## 【任务测试】

**一、判断题**

1. 客房收入一般占酒店总收入的50%左右。从利润来分析,因客房经营成本比饮食部、商场部等都小,所以其利润是酒店利润的主要来源。 ( )



2. 通常为了控制正常编制,减少工资和福利开支,许多酒店愿意使用临时工来做一些程序比较简单、技能要求并不太高的工作。 ( )

3. 发生客房钥匙丢失事件后,服务员应及时另配一把。 ( )

4. 客房服务员进房清扫,如房内无人则可直接开门进去。 ( )

5. 领班查房只需要检查员工打扫过房间的80%即可。 ( )

**二、单选题**

1. 按客房和餐位的一般比例,在酒店建筑面积中,客房占( )。

A. 40%~50% B. 50%~60% C. 60%~70% D. 70%~80%

2. 下列不属于客房内消防设施的是( )。

A. 烟感报警器 B. 花洒

C. 安全通道示意图 D. 取电盒

3. 客房服务员在清扫房间时,必须将工作钥匙( )。

A. 随身携带 B. 放在工作车上

C. 挂在门把手上 D. 插在锁孔里

4. 一般情况下,正确的客房清扫顺序为( )。

① 空房 ② 走客房 ③ 住客房 ④ 挂着"请清理房间"牌子的客房

A. ①②③④ B. ④②③① C. ④③①② D. ④③②①

5. ( ),因为要求较高,被象征性地称为"白手套"式的检查。

A. 服务员自查 B. 主管抽查

C. 领班查房 D. 经理查房

# 任务三　酒店餐饮部管理

任务引例

**被撕碎的照片**

某天的下午，某酒店楼层服务员 Mary 正在整理工作车，准备将垃圾运走。正在这时，402 房间的李先生急匆匆地来到服务台："小姐，请问你收拾房间时，有没有看到垃圾桶里有张照片？"Mary 迅速地回忆了一下，这个房间是上午清扫的，如果有，也可能给收拾走了。"先生，您说照片在垃圾桶里？""对！"客人懊恼地说："昨天晚上我喝醉了，将一张与亲人合影的照片撕碎后扔进了垃圾桶。"

这张照片是和已过世亲人的合影，非常重要，但要从一大袋垃圾中找出这张照片的小碎片，又谈何容易！可 Mary 又想到，酒店一直要求员工"想客人所想，急客人所急"，在客人最需要的时候，更应该主动为他们提供服务。想到这里，Mary 微笑着安慰客人说："请不要着急，您先回房休息，我一定尽力帮您找到。"客人听了，非常感动，怀着希望走了。

Mary 将垃圾袋从工作车上取下来，翻开后，一点一点扒垃圾，仔细地查找着每一片纸片。垃圾袋中散发着刺鼻的臭味，但她仿佛没有注意到这些，仍然认真地寻找着，"功夫不负有心人"，撕碎了的照片碎片终于被找齐了。Mary 又找来胶水，将碎片一一粘好，碎片又变成了一张完整的照片。

客人看到这张虽有污迹，但完整无缺的照片时，激动地紧紧地握住 Mary 的手说："小姐，太感谢你了，没想到贵酒店的员工服务这么好，住贵酒店将是我永远的选择。"

（案例来源：根据最佳东方官网酒店案例分析资料整理）

一张照片，被客人无意撕碎丢弃，服务员本可不承担任何责任，客人也没有责怪服务员，然而该员工却用自己对客人的热诚和对工作的认真负责，弥补了客人的失误。她弥合的不仅是一张照片，而且还弥合了客人在酒店的遗憾，为酒店提高了声誉。

标准化的服务，是必须做到的，这是我们的责任。个性化的服务则要有真情，真正把客人当作亲人，才能急客人所急，满足客人所需。

## 【任务执行】

## 一、餐饮部管理概述

### （一）餐饮部的地位和作用

通常酒店里的餐饮部包括点菜餐厅、团队餐厅（多功能厅）、咖啡厅、酒吧、特色餐厅、自助餐厅、客房送餐、外卖部的部门。酒店餐饮部在整个酒店经营活动中具有重要的地位和作用，主要表现在以下几方面。

1. 餐饮部是酒店的重要组成部分

酒店的客房产品是核心，但是现代酒店特别是中国的酒店，餐饮产品越来越成为酒店的重要组成部分，得到了高度的重视并发挥着积极的作用，在宾客的心目中产生深刻的印象。

2. 餐饮服务直接影响酒店声誉和形象

在酒店，宾客往往根据餐饮部为他们提供的食品、饮料的种类、质量以及服务态度等来判断一个酒店服务质量的优劣和管理水平的高低。

3. 餐饮收入是酒店收入的重要组成部分

餐饮部是酒店获得经济效益的重要部门之一，它的收入是一个弹性收入。虽然餐位数是基本固定的，但餐饮部的工作效率和专业化服务水平所产生的日接待人数和人均消费是不固定的，所以餐饮部收入的伸缩性较大。我国旅游酒店的餐饮收入大约占酒店总收入的1/3。

4. 餐饮部是酒店劳动力密集度最高的部门，为社会创造了就业机会

餐饮部由多个小分支组成，而每个分支又是由前台服务、后台服务人员组成，从餐饮原料的采购、验收、储存、发放，到厨房的初步加工、切配、烹调，再到餐厅的各项服务工作，需要许多员工共同配合才能做好。但从中也反映出它为社会创造了众多的就业机会。

**（二）餐饮部的工作任务和组织结构**

1. 餐饮部的工作任务

酒店餐饮部主要承担着向海内外宾客提供优质菜肴、饮料、点心和优良服务的重任。并通过满足客人的各种需求，为酒店创造更多的营业收入。

（1）向宾客提供以菜肴酒水等为主的有形产品，满足宾客的需求。

（2）向宾客提供有针对性的，能满足心理和生理需求的个性化服务。

（3）增收节支、开源节流，提高餐饮经营管理水平。

（4）加强自身的形象建设，为酒店树立良好社会形象。

2. 餐饮部的组织结构

酒店无论规模大小，餐饮部主要通过四个模块开展业务，具体如图3－9所示。

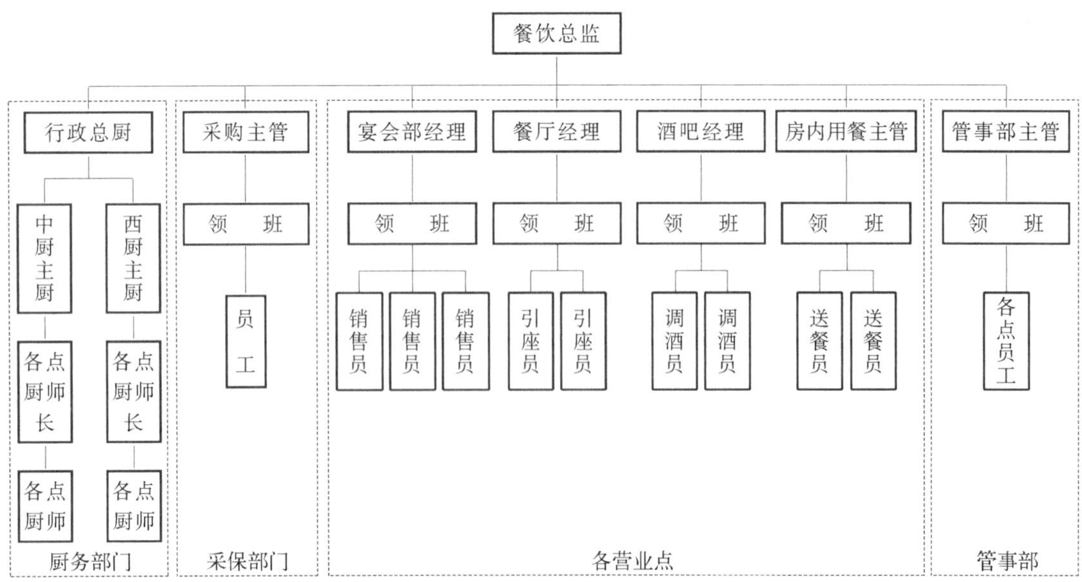


图3－9　大中型酒店餐饮组织结构图

(1) 采保部门(purchasing and storing department)。负责餐饮部生产原料的采购与保管(以鲜活原料为主)。

(2) 厨务部门(kitchen)。负责所有餐饮产品(菜肴、点心等)的烹饪加工。

(3) 各营业点(outlets)。餐饮部门直接对客服务的部门,包括各类餐厅,宴会厅、酒吧、房内用餐服务部等。

(4) 管事部(steward)。是餐饮运转的后勤保障部门,担负着为前后台运转提供物资用品、清洁餐具和保障餐饮后台环境卫生的重任。

## 二、餐饮部业务管理

餐厅,是供就餐者进餐的场所,也是酒店餐厅工作人员为就餐者提供服务的场所。餐厅服务与烹饪加工工作一起构成膳食供应工作中的前台服务和后台服务。而作为前台服务的餐厅服务直接对顾客服务,其服务水平的高低,一方面影响着就餐人员的饮食效果,另一方面影响着酒店的声誉。即使后台工作人员的烹饪水平很高,制作的饭菜可口,若前台服务不热情,不周到,丢三落四,甚至对就餐者冷言冷语,让人好饭好菜吃不好,就餐人员也是不会满意的。

### (一) 餐厅服务管理

1. 餐前服务管理

在餐厅开门营业前,服务员有许多工作要做。首先是接受餐厅经理的任务分配,了解自己的服务区域,然后检查服务区域和工作台,熟悉菜单及当日的特选菜。充分的餐前准备工作是优良、有效经营的重要基础和保证,因此是不可忽视的重要一环。

3

(1) 任务分配。通常在餐厅里要将所有台子按一定的规律划分成几个服务区域。服务人员的安排要根据服务区域而定,通常是每个服务区域安排两个服务员为一组,一人负责前台,一人当助手,这样始终保持前台服务区域内至少有一人值台。服务员接到自己的需要负责的服务区域后,要了解本区域的台子是否有客人已经预订,客人是否有特别要求等。

酒店餐厅餐前服务

(2) 餐厅准备工作。包括准备餐桌椅、台布、餐具、餐具柜,进行卫生保洁。

(3) 熟悉菜单。服务人员对本店的菜单是否熟悉直接影响着服务质量与经营效果。熟悉菜单可以方便推销,有助于向客人提供建议。服务员要熟悉菜单的种类、内容、菜品的烹饪方法和烹制时间,即时掌握菜单变化信息。

(4) 餐前短会。在服务员已基本完成各项准备工作、餐厅即将开门营业前,餐厅经理或领班负责主持召开短时间的餐前会,餐前会议的主要任务和所要达到的目的是:

① 检查所有服务人员的仪容仪表,如头发、制服、名牌、指甲等。

② 使员工在意识上进入工作状态,形成营业气氛。

③ 再次强调当天营业的注意事项,特别是有重要客人的接待工作或已知客人的特殊要求。

2. 餐间服务管理

(1) 迎宾和领位服务管理。餐厅迎宾工作是营造宾客至上的氛围的重要服务环节,应合理有效安排客人的流动,维持餐厅有序的就餐秩序。要重点加强迎宾规程和 VIP 客人的迎宾服务管理。

(2) 点菜服务管理。点菜服务既是重要的销售环节,更是餐厅优质服务的重要体现。要严格按照点菜服务规范进行点菜,做到点菜服务姿势规范、准确。在点菜服务过程中要热情回答客人提出的酒店和餐厅相关信息,耐心介绍菜肴知识,把握好推荐菜点的机会和尺度，多用建议性语言，做到为客人着想，要及时把点菜单传送至厨房。

(3) 上菜服务管理。上菜服务管理的要点是：首先要核对菜肴食品，不要上错菜；其次是要按照上菜程序规范上菜、正确摆放；最后注意安全，行走时注意保持平稳，留心周围情况，以免发生意外。

(4) 餐间服务。就餐是一个动态的过程，随着客人就餐的进行，上菜、撤换餐具等一系列服务工作要有条不紊地进行。首先要掌握好上菜时机。做到既不让客人等菜，又不出得太快而使客人感到有催促之意。其次要积极做好台面服务，及时整理台面菜肴，照顾好老人、小孩等特殊顾客，及时提供斟酒、更换骨盘和小毛巾等服务。

(5) 特殊情况处置。就餐过程中，儿童、老人、醉酒客人、残疾人要特别服务，并随时处置突然停电、弄脏客人衣服等突发情况，按照事先制订好的餐厅突发事件处置预防方案妥善处置。

(6) 餐厅安全与卫生。为客人提供一个安全、卫生的就餐环境是酒店的头等大事，餐厅应时刻关注餐厅的安全状态，消除安全隐患。要加强工作人员的卫生教育，保持餐厅良好的卫生状态。

3. 餐后服务管理

餐后服务指宾客用餐结束后，由酒店餐饮部门为其提供的结账收银、收台等相关服务。

(1) 结账与收款。客人现金结账时，服务员应迅速到收银台为客人结账，用收银夹或小托盘送上账单；现金送收银台收银员加盖收讫章后，迅速将发票和找零送还客人；向客人致谢并欢迎其再次光临。当客人为酒店的签约用户，可按照签单操作规范为客人提供签单服务。服务员要迅速到收银台取账单请客人签字。使用信用卡已经成为餐饮消费结账的一个重要方式。要告知客人本餐厅可使用的信用卡类型，及时将账单送客人过目，然后连同信用卡送交收银台，协助客人进行信用卡的身份认证等工作。

3

(2) 收台服务。客人用餐完毕离开餐厅时，餐厅经理或引座员应主动向客人道谢，欢迎客人再次光临。在全部客人都离开餐厅后，各值台区域的服务员进行收台清扫工作。收台时要严格执行收台服务程序，领班和经理要及时检查收台服务质量，召集餐后会，简短总结，为下一次营业做好准备。

**(二) 厨房业务管理**

厨房管理是现代餐饮业管理的重要组成部分。不论是从客人不断改变的餐饮要求方面看，还是从餐饮业获得最佳利润和长远发展的方面来看，厨房管理都是重要的。

1. 厨师长基本岗位职责(以中餐厨房为例)

(1) 在中餐部经理、行政总厨的督导下，全面负责中厨的组织、指挥和烹饪工作。

(2) 了解掌握各岗人员技术水平和工作特点，根据各人专长，合理安排技术岗位。

(3) 组织中餐厨房执行完成月、季、年度工作计划。

(4) 组织调度、指挥大型宴会、酒会的菜品制作。

(5) 熟悉各种原材料种类、产地、特点、价格、淡旺季。熟悉掌握货源供应情况。

(6) 与采购部保持良好的联系，保证货源供应及时，质量良好，遇有重要宴会，需亲自与采购部协商做好货源的采购工作，同时亲自检查。落实货源购进的验收和储存。

(7) 定期与中餐部经理、中餐营业部主任了解市场行情、竞争形势以及宾客的意见。不断地研制、创新菜式。在保留餐厅传统菜式、保持特色不变的基础上，推陈出新，原则上每周出品一至两个新菜。

(8) 与中餐营业部、楼面部保持良好联系，在做到稳定和不断提高出品质量的基础上，逐步改进和提高技术水平、烹调方法。

(9) 经常向中餐营业部、采购部调查了解市场货源进出、其他餐饮公司的出品价格，做好菜品的合理定价，以掌握良好的毛利率。

(10) 控制食品成本，合理使用各种原材料，减少浪费。

(11) 做好每月的工作计划、材料领用以及月工作总结。

(12) 抓好厨师的管理和技术培训工作。保持公司的餐饮特色，提高厨师技术水平。

(13) 严格贯彻执行《中华人民共和国食品安全法》，抓好厨房食品安全与卫生工作。

(14) 严格执行消防操作规程，预防火灾事故发生。

2. 厨师长日常管理技巧

厨师的工作状态直接影响着菜点出品质量。如果员工的状态达到了最佳，才可能“生产”出优质的菜品，因为任何一个微小的细节都会影响正常出品。因此，把每一位厨房员工的情绪调整到最佳状态至关重要。

(1) 师傅和学徒分级教育。因为师傅级的人员有一定的社会经验，也熟悉工作流程，所以对待他们，只是在其上任之前讲解成品菜出品的重要性，让他们充分认识到菜品质量决定自己的命运与前途就可以了。这样他们会很自觉地在生产前期细心做好准备工作和细节的检查。同时，教育他们把工作当成爱好，不要当成任务敷衍了事，应全心地投入、认真细心地去完成。对待小师傅和学徒们，则是教育他们应从基本学起，养成一个良好的厨德作风，不会的要虚心向大师傅们请教。

(2) 两种制度弥补教育不足。仅仅是教育还不够，因为说教多了便变成了“唠叨”，员工也会对此产生免疫力。因此，厨师长在教育的基础上还应配合施行激励机制，即对后厨管理实行菜品责任到人制和成品菜销售排行制。这样，每一道菜品都有了自己的“主人”，如果菜品出错，“主人”就要买单。除此之外，对每一位师傅的菜品销售情况，实行一日一公布、一月一排行。每月对销售排行前几位的师傅给予一定的物质奖励，排行末位的师傅取消下月绩效工资，连续三个月排行末位者劝其自动离职。这样一来，每位师傅对自己的菜品从原料购进到初加工、保存以至出品皆会尽心尽职、认真对待。

(3) 文化信息调动工作激情。厨师长还可通过把文化带到后厨的方式来调动员工的工作激情。例如，后厨定期创办黑板报，提出工作口号，并挂出条幅，每周组织员工观看烹饪视频，每月举行不同岗位的技能比赛。通过这种方式培育后厨的凝聚力，每个岗位的人员都互相帮助、相互协作、密切配合，以确保共同提高，营造一个具有奋斗精神的团队。

(4) 抓好细节把工作做到最佳。很多师傅对待工作和菜品只抓表面现象，忽略细节。比如，工作中很多师傅在工作完成以后，通常会自我感觉良好。但是到前厅听取客人反馈意见时却有这样的同感：这道菜明明不错，怎么顾客会有如此低的评价呢？菜品在后厨出菜时色泽很好，汤汁也很到位，现在看来色泽变了，汤汁也出来了，怎么整体效果不到位了呢？这就是细节没有考虑到位。厨师长可要求每位师傅在出成品菜时，要把这道菜由传菜部到前厅、最后到台面形色会不会改变考虑到位，上了台面会不会因时间的差异、温度的改变而发生变化考虑到位，并要求他们采取有效措施。

(5) 重中之重：管理者要做领头羊。要使员工进入最佳工作状态，除了上述的方法以外，其实最重要也是最关键的是管理者自身先要进入最佳工作状态，只有这样才能让自己的员工信服。首先管理人员要调整好心态，把心静下来，投入管理，热爱生活。其次是多做总结，勤写计划。理清自己每日、每月、每季度、每年的工作情况，好好回忆，及时总结，这样工作起来才不至于感到累和紧张。再次是走出去，多交流，充实自己的知识，挖掘自己的潜力。管理者要把工作当成自己的爱好，在工作中找乐趣，而不是当成任务去马虎地完成，使自己在工作时充满激情。

**(三) 餐饮物料管理**

餐饮物料是酒店餐饮服务的重要物质基础。通过对餐饮物料的管理和控制，既能确保餐饮生产所需的各类原料供应，又能使餐饮原料成本处于最理想状态。

1. 餐饮原料采购管理

餐饮原料的采购管理，主要是为了保证所采购的原料质量符合要求，以及使餐饮成本得到控制。

(1) 采购质量控制。采购过程中要坚持规格标准，坚持适用和经济性原则，坚持质量优的原则。

(2) 采购数量控制。应根据营业需要、资金情况、仓库条件、现有库存量、原料特点、市场供应状况等因素确定近期所需采购的原料数量。

(3) 采购价格控制。以理想的价格获得满意的原料和服务是采购工作的目标之一；通过货比三家，取得最优的价格；通过采购效益分析不断提高采购技术；利用市场竞争因素，与供应商商定延长付款的信用期，以尽量提高酒店资金的利用率。



2. 餐饮原料验收管理

原料验收是餐饮物料管理的重要环节，目的是保证所收到的货物是已订购的数量，已说明了的质量和已报过的价格。

(1) 原料验收程序控制。严格按照核对价格、盘点数量、检查质量三个程序操作。认真填写有关报表，将原料送到仓库储存。

(2) 原料验收方法控制。验收人员要严格按发票验收和填单验收的方法进行验收。

3. 食品原料储藏管理

对食品原料储藏管理主要是为了保证库存原料的质量，延长其保质期，减少损耗。储藏管理应做好以下三方面的控制管理。

(1) 人员控制。应由专人负责储藏工作，任何人未经许可不得进入库区。严格控制有权进入库区的人员数，库门钥匙须由专人保管，门锁应定期更换。

(2) 环境控制。不同原料应有不同的储藏环境，如干藏仓库、冷藏仓库、冷库等。各类库房均应符合安全卫生要求和原料储存条件。如有条件应在库区安装视频监控以便监察。

(3) 日常管理要求。

① 定点存放。合理规定各种原料的固定存放点，以便于操作。

② 先进先出。按进库日期确定发货顺序，以保证原料质量。

③ 温度、湿度。确保各种原料在合适的温度和湿度环境中储藏。

④ 清洁卫生。保证库区清洁卫生，杜绝鼠害、虫害。

4. 食品原料发放管理

原料发放是物料管理的最后一个环节。通过对发料的控制，既能满足厨房用料需要，又能有效控制发放数量，从而达到控制成本的目的。库存原料发放控制的要求有以下几点。

（1）定时发料。酒店应根据具体情况，规定仓库每天发料的时间和次数，以促使厨房作出周密的用料计划，避免随便领料，减少浪费。

（2）凭单发料。即凭已经审批的领料单发料。领料单是仓库管理和餐饮成本控制的重要工具。使用领料单发料有三大作用：① 控制仓库的库存；② 检验各厨房的餐饮成本；③ 控制领料量。

（3）准确计价。领用原料的成本是酒店每天食品成本的组成部分。因此，仓库管理员应每天及时、准确地计算领料单上各种原料的成本及全天的领料成本总额。

**（四）餐饮生产管理**

智能烹饪机器人

餐饮生产过程即是食品加工过程。餐饮生产管理就是对食品加工过程中的各种活动进行计划、指导、监督和控制。

1. 餐饮生产的组织

为使餐饮生产活动正常开展，应本着科学、合理、经济、高效、实用的原则，配置餐饮生产的组织。

（1）餐饮生产各部门的职能。

加工部门：主要负责菜点原料的初加工，向切配岗位提供净料。

配菜部门：负责原料的成形加工和配份，是成本控制的关键。

炉灶部门：将配好的半成品烹制成菜肴，并及时提供给餐厅。

冷菜部门：主要负责冷菜的制作和供应。

点心部门：主要负责各类点心的制作和供应。

（2）餐饮生产人员的配备。

合理选配餐饮生产人员既能保证餐饮生产效率和产品质量，又能控制劳动力的成本。一般有以下几种方法来确定餐饮生产人员的数量。

① 按比例确定。就是根据酒店的餐位数来确定生产人员。目前国内酒店平均的人备比例是 1∶10，即平均 10 个餐位配备一名餐饮生产人员。

② 按工作量确定。将既定的厨房里每天所有加工生产制作菜点所需时间累计起来，计算完成当天所有餐饮任务的总时间，乘以轮休和病休等缺勤的系数（如 10%），除以每个员工规定的日工作时间，即可得出所需餐饮生产人员的数量。公式为：

$$总时间\times(1+10\%)\div 8=餐饮生产人员数$$

③ 按岗位描述确定。根据厨房规模，设置相应的工作岗位，将厨房所有工作任务分各岗位描述，进而确定各种岗位完成其工作任务所需人手，汇总成厨房用工数量。

2. 餐饮产品生产运作管理

餐饮产品生产运作过程，主要是指加工、配份和烹调三大阶段，餐饮生产运作管理就是针对不同阶段的特点，制定操作程序，及时、灵活地对生产中出现的各类问题加以协调、督导，确保生产运作有序开展。

（1）产品加工阶段的管理。

加工阶段包括原料的初加工和深加工，通过加工使原料适合烹调。加工质量主要有以下几方面要求。

① 冰冻原料的解冻质量。为使解冻后的原料恢复新鲜、软嫩的状态，尽量减少汁液流失，保持其风味和营养，应注意控制解冻时的温度；要防止微生物的污染；要控制好外部和内部解冻所需时间差；尽量在半解冻状态下进行加工。

② 提高原料加工出净率。出净率越高，则原料的利用率越高；出净率越低，则菜肴单位成本就越大。

③ 做好加工的规格标准。产品加工数量管理。原料的加工数量，应以菜肴销售预测为依据，以满足生产为前提，留有适当的储存周转量，避免加工过多而造成质量降低。

(2) 产品配份阶段的管理。

配份阶段决定了每份菜肴的用料量及其相应的成本，对配份阶段的控制既是保证产品质量的需要，也是经营盈利的需要。

① 产品配份数量的控制。为既保证消费者的切身利益，又使酒店获取应得的利润，在产品配份时应按照标准食谱规定的配份规格标准，用秤称量或论个计数。

② 产品配份质量管理。原料的配份必须相同。应按标准食谱，统一用料配菜。

③ 健全配菜程序和工作制度。要严格防止和杜绝配错菜、配重菜和漏配菜等现象发生。

(3) 产品烹调阶段的管理。

烹调是餐饮产品生产的最后一个阶段，是确定菜肴色泽、口味、形态、质地的关键。为此，要求做到：严格按照操作规范进行烹调，禁止厨师随心所欲、任意发挥。

3. 餐饮产品原料成本核算

餐饮产品原料成本，就是产品所耗用的各种主料、辅料和调味品的成本之和。正确地核算产品的成品，就能合理地制定产品售价，从而保证酒店的利润。

3

(1) 单件产品制作核算方法。

先算出产品中所耗用的主料、配料和调味品的成本，然后逐一相加，即得出产品单位成本。

例：咸菜黄鱼汤一份，用料如下：新鲜小黄鱼(净料)250 克，(毛料：12.00 元/500 克，净料率 80%)，笋丝、咸菜等辅料共计 3.00 元，调料 1.50 元。计算菜肴的成本。

解：小黄鱼(净料)单位成本：12.00 元÷80%÷2=7.5 元(每 250 克)

则该菜肴的成本为：7.50+3.00+1.50=12.00(元)

(2) 成批产品制作核算方法。

先算出整批产品所耗用的主料、辅料和调味品的总成本，再按其产品数量平均计算，即可得出产品单位成本。其计算公式是：

单位产品成本=本批产品所耗的原料总成本÷产品数量

### (五) 餐饮销售管理

1. 餐饮销售模式

(1) 宣传式营销。宣传式营销实际上就是通过广告宣传、展示宣传等手段和方法达到宣传推广的目的。

(2) 交流式营销。交流式营销有两种方式，一是语言推销，通过和客人之间进行交流，在交流过程当中，达到营销的目的。二是分析和研究顾客购买心理的八阶段，在不同的阶段里面，采用不同的营销策略。顾客购买心理的八个阶段具体如下所示。

注目：客人是从注目开始的。餐厅通过宣传引起客人的兴趣，客人就开始关注餐厅，然后到餐厅就餐。

兴趣：客人来到餐厅之后，服务员或管理者要向他推荐餐厅的情况，包括产品、服务、地理位置等。推荐的目的是引起客人消费的兴趣。

联想：客人有了兴趣以后，再伺机接近他，让他产生联想。

产生欲望：客人有了联想之后，再给他以说明，给他以劝诱，最后让他产生消费的欲望。

比较思考：有了消费的欲望以后，服务员就要跟进，向客人提供进一步的服务，让他去比较、去思考。

信赖：当客人犹豫不决、比较思考的时候，服务员要有事实例子来举证，而不是强迫客人点餐，不能说你要不要这个菜。而是告诉他，这个菜有什么样的好处，那个菜有什么样的特点，甚至可以把以前的销售经验告诉他。

行动：只要服务员举出的例子非常让人信服，客人马上就会产生信赖，进而由思考产生行动，最后还感谢服务员。

满足：因为客人的整个消费过程都非常开心，既得到了餐厅的支持和帮助，又在餐厅的营销策略的推动下，最后和餐厅达成了共识，促成了交易，所以他的心情非常愉快，整个消费过程也非常愉快。

(3) 奖励式营销。奖励式营销的方法多种多样，现在很多酒店都在做。例如，通过抽奖、摇奖、积分等方式提供奖品，像奖券、奖金、奖品等；又例如，通过消费券、优惠卡、礼品券、旅游券、果盘、鲜花、蛋糕、酒水、日用品、巨奖等吸引顾客，这都是刺激客人消费的方式。

(4) 增值式营销。所谓增值式营销，实际上就是增加和提高顾客的享受价值。例如，增加知识氛围的促销、提供附加服务的促销等，都属于增值式营销的手段和方法。

(5) 体验式营销。体验式营销常用的手段和方法，包括设计情调、增加体验、前卫消费。它以餐饮服务为舞台，以餐饮产品为道具，以顾客为中心，创造能够使顾客参与，值得顾客回忆的活动。体验式营销令顾客在参与活动的过程中得到一种前所未有的体验，从而对企业留下深刻的印象。

(6) 热迷式营销。因为现在的消费者越来越聪明，所以我们要采取与消费者合作，共创价值的营销策略。热迷式营销强调吸引顾客的能力、留住顾客的能力、倍增顾客的能力。

(7) 故事式营销。现在餐饮业强调饮食文化的弘扬，比如弘扬历史文化，就把菜品和某个历史故事联系起来，让客人在消费过程当中留下深刻的印象。

(8) 演秀式营销。就是增加餐饮服务的表演性。用厨房做舞台，厨艺就是演出。这种厨艺展示、厨艺表演，尤其是现场的演出，非常受客人欢迎，因为它增加了餐饮活动的趣味性。

(9) 效应式营销。就是通过名人、专家达到提升和扩大餐厅知名度、提高美誉度的手段。

(10) 美食节的营销。就是通过美食节来引起消费者的注意，吸引消费者的眼球，给顾客以消费的理由，给常客以新颖的感受，给管理以能力的展示，给员工以培训的契机。

2. 销售过程管理

餐饮产品销售包括接待、介绍、成交和成交后的服务四个步骤。当有客人进入到餐厅时，迎宾员应主动问候接待，并引客入座。客人入座后应不失时机地向客人介绍菜单菜目和本店的风味菜，向客人推销产品。客人点菜之后，厨房应立即生产，立即销售，成交成功。成交之后要在餐饮产品销售的同时提供服务。

3. 餐饮产品销售价格管理

餐饮产品的价格由食品或饮料成本、费用开支、税金和利润四个部分组成。餐饮部门要根据酒店管理目标确定定价目标，运用科学和具有竞争力的定价策略，在价格折扣与优惠政策制定、提价与降价的时机的把握等方面精心管理，确保销售价格能被顾客接受并为餐饮部获得利益最大化服务。

**（六）餐饮管事业务管理**

大型酒店和较大规模的独立餐饮企业一般在餐饮部下设置管事部机构，负责餐饮部运行所需要的物品保障，用品清洗、消毒，公共场所的清洁卫生等工作。而小型酒店这方面的工作一般由厨房、餐厅等部门分担，不独立设置部门，以提高组织运行效率。

1. 管事部的日常管理

作为餐饮部运行的服务部门，管事部经理（主管）是餐饮总监和行政总厨的得力助手，对提高餐饮部的运行管理水平和服务质量具有重要作用，对其日常管理工作不可忽视。

（1）管事部经理（主管）岗位职责。

① 形成并保持部门整洁、规范的职业形象。

② 督导领班优质完成规定任务。

③ 检查各类设备设施的完好情况，及时发现问题并解决。

④ 负责各类器皿等物品盘点工作，规范保管，做好台账。

⑤ 及时补充清洁等用途的物品，做到节约高效。

⑥ 与餐饮部各餐厅、厨房等部门沟通联系，保证餐具等物品供给和保洁服务需求。

⑦ 对餐饮部的公共区域卫生进行检查督导。

（2）管事部下属主要岗位的设置和工作任务。

管事部一般设置管事部洗碗间领班、公共区域卫生领班和餐具保管领班等下属基层管理岗位。在领班的带领下，根据酒店餐饮规模，配置若干名洗碗工、保洁员和保管员。

管事部的工作任务是：

① 及时对餐具、酒具、布件等餐厅用物品进行清洗、消毒。

② 对各类餐用物品进行分类保管，统计损耗和及时补充。

③ 按照营业要求，向餐饮各部门配送各类餐具、酒具、部件等物品。

④ 按照保洁要求，对餐饮部的公共部位进行日常保洁和计划保洁。

⑤ 负责清洁剂、清洁工具的采购申请工作。

⑥ 对贵重餐酒具等餐厅高档用品、装饰品进行重点保管和保养工作。

⑦ 对本部门所属的洗碗机等设备进行日常维护保养工作。

⑧ 完成上级交办的其他工作，配合餐厅营业部门完成突击工作任务。

2. 管事部运行管理技巧

管事部工作苦、脏、累，但是其工作质量的高低直接影响到餐饮出品、餐饮服务水平和酒店企业的品牌形象，必须实施规范、科学运行管理。

第一，管事部要树立全力以赴为餐饮营业一线部门服务的思想。餐饮部是为客人提供餐饮服务的部门，而管事部是服务餐饮部的服务部门。全体管事部员工要围绕餐饮营业需求，及时、高质量提供保洁、餐具供给等任务。

第二，管事部要做好员工选聘和日常管理工作。由于管事部工作的特殊性，对员工的吃苦耐劳、勤奋工作的基本素质要求较高，同时要求员工有较好的体力和耐力以胜任较繁重的清洁工作。酒店餐饮部门一方面要综合考虑管事部员工的工作待遇，另一方面要加大对员工的考核力度，以保持部门稳定的工作质量。

第三，要全面贯彻细致、细心的工作作风。酒店餐饮的用品品种多、数量多、易破损，管事部对每一件物品的清洁均要做到一丝不苟。没有细致的工作作风，不细心对待每一件餐具、每一块需要保洁的地面和墙面，整个餐饮部的清洁卫生形象将受到很大的伤害。

第四，制定突发事件的处置方案。管事部在工作过程中经常会出现一些无法预料和控制的事件，应有事先控制的措施和方案，主要表现在以下几点。

（1）意外伤害事件。容易发生在洗碗过程中，如洗碗工被划伤、烫伤和滑跌摔伤等。管事部应经常开展安全教育，并配好常规处理的药物。

（2）贵重餐酒具损坏事件。高档餐酒具上千元甚至几万元，在清洁保养过程中容易损坏，管事部应对贵重物品进行专人负责，培训保洁保养技术，实施保管、使用责任制。

（3）物品失窃短缺事件。由于营业过程中餐酒具被客人顺手拿走、清洁后餐酒具等物品的保管不到位等原因，很容易发生物品失窃短缺情形。管事部要加强每日的餐酒具等物品的回收、清查工作，及时发现失窃、短缺情况，并做到每日报告，以分清责任，减少酒店的损失。

（4）卫生责任事件。餐酒具等清洁不到位而被顾客投诉的情况在酒店时有发生。管事部应加强各类清洁、保洁工作的督查，做到常规性检查、突击抽查、科学检测等方法相结合，把此类事件控制在最小状态。

（5）保供不及时事件。由于管理不到位、员工配备不到位等原因，在餐饮营业过程中出现餐酒具因等待清洗而出现供应短缺、临时清洁工作（如处理客人呕吐物）不及时而影响餐厅服务质量的情形。管事部应加强工作过程的监控，及时了解餐厅预订情况，积极与餐厅、厨房沟通，了解客情，及时调整工作节奏和临时调配人员。

第五，严格执行工作程序和标准。清洗和保洁工作看似简单劳动，实际上有许多环节和过程有严格的技术要求。管事部要制定各项工作的工作程序和标准，并在实际工作中加以贯彻执行。管事部的主要工作标准和程序有以下几点。

（1）洗碗机开机前的准备工作程序。

（2）餐具清洗程序和质量标准。

（3）放置干净餐具程序。

（4）洗碗机换水和清垢程序。

（5）金、银、铜餐酒具清洁程序和标准。

（6）制冰机清洁程序和标准。

（7）清洁药品、清洁剂安全使用控制程序和标准。

（8）餐具盘点和报损程序。

第六，做好台账工作。及时统计和记载可用物品、在用物品、库存物品、破损物品的数量，及时提出采购申请，提前做好采供，保证餐饮企业营业的需求。

## 三、餐饮部运行控制

### （一）餐饮服务质量控制

通过建立合理的服务规程，了解、收集各种服务质量信息，形成餐饮服务质量控制的长效措施。通过对准备阶段、执行阶段和结束阶段的预先控制、现场控制和反馈控制，实施餐厅服务质量的有效控制。

1. 预先控制

就是在开餐前做好一切相应的管理，防止在开餐过程中发生偏差，其主要内容有：合理安排、灵活使用劳动力，确保员工仪表仪容符合规范要求，实现人力资源的预先控制；各类用品品种齐全、数量充足，实现物资资源的预先控制；卫生到位，符合标准，实现卫生质量的预先控制；客情通报及时、迅速、完整，前后台联系应规范、畅通，实现突发事件的预先控制。

2. 现场控制

就是现场监督正在进行的餐饮服务，使其规范化、程序化，并迅速妥善处理意外事件。其主要内容有：及时发现偏差并纠正，启动服务程序现场控制；恰到好处，符合要求，实现上菜时机现场控制；迅速及时处理宾客投诉，做到突发事件现场解决和控制；满足动态客情需要，划分区域，分工负责，实现人力资源的现场控制。

3. 反馈控制

就是通过内部系统和外部系统质量信息的反馈，找出服务工作在准备阶段和执行阶段的不足，采取措施，加强预先控制和现场控制，提高服务质量，使宾客更满意。

3

### （二）餐饮收银服务控制

餐饮服务收银控制是保证餐饮收入、防止酒店损失的重要手段。收银控制包括收银员和餐厅服务人员的舞弊控制和差错控制。

1. 餐厅人员的舞弊行为

（1）走单。走单指故意使整张账单丢失，以达到私吞营业收入的目的。比如，有意丢弃或毁掉账单，私吞相应的收入；不开账单，私吞钱款；一单重复收款等。

（2）走数。走数指账单上的某一项目的数额或该项目数额中的一部分漏记。比如，擅改菜价；漏记收入等。

（3）走餐。走餐指不开账单，也不收钱，瞒报餐饮收入。当有工作人员（服务员或收银员）的亲朋好友用餐时，这类作弊尤易发生。

（4）走汇。走汇主要指餐厅收银及有关人员私兑收入的外币而使酒店的营业收入因私兑外币蒙受损失。

2. 餐厅人员的差错

餐厅人员的差错主要表现在账单遗漏内容或计算错误、外汇折算不正确、给予客人优惠折扣错误、账单汇总计算发生误差等。

3. 收银控制手段

（1）单据控制。是餐饮收入日常控制的主要手段。为此须设计和运用适当种类和数量的单据来控制餐饮收入的发生、取得和入库，做到单单相扣、环环相连。

（2）“三线两点”控制，就是控制收入活动。涉及钱、物、单三个方面，其中物品是前提，货币是中心，单据是关键。把钱、物、单分离成三条互相独立的线（即货币传递线、物品传递线、账单传递线）进行传递，在三条传递线的终端设置两个核对点，以联络三线进行控制。经手物品的人，不经手账单和货币，而仅仅从事物品传递，形成一条线；经手账单和货币的人又将账单和货币分开进行传递形成另两条线，从而形成餐饮收入的三条传递线运作。其中，每一条线上都由相关传递链条或环节组成，每向前传递一步，就对上一步的传递进行检查、总结一次，最后再将三个传递结果互相核对准确，从而进一步提高整个控制系统的可靠程度。

**（三）餐饮销售过程控制**

餐饮销售控制是从控制的角度来保证餐饮产品经过销售最终转化为餐饮商品的过程。餐饮销售控制的目的是要保证餐厅向客人提供的菜品都能产生收入。有些经理人称若控制好成本我们餐饮企业就会盈利，其实不然，如果我们的餐饮产品在销售过程中没有得到预期的收入，那么成本控制的效率也就无法得以实现。

例如：如果餐厅出售金额为 1 000 元的食品，耗用原料的价值是 350 元，食品成本率为 35%。如果餐厅销售控制不好，只得到 900 元的收入，则成本率会提高至 38.9%，这样毛利额就减少 100 元，成本率就提高 3.9%。

由此可见，对销售过程要严格控制。如果缺乏这个控制环节，就可能出现内外勾结、钻制度空子、使企业利润流失等问题。销售控制不力，常常会造成吞没现款、少计品种、重复收款、中饱私囊、不收费或少收费、偷窃现金、欺骗顾客等违纪现象发生。为了避免以上现象的发生，应采取了措施来控制餐饮销售。

1. 点菜单的控制

销售的第一个环节就是将客人所点的菜品及价格清楚而正确地记载在客人的点菜单上，如果销售的菜品不记载在点菜单上，现金短缺将难以追查。所以点菜单控制是我们销售控制中重要的一个环节。一般可通过点菜单的检查核对等方法控制。

2. 收银员控制

收银员的职责是记录现金收入和记账收入，向客人结账收款。根据餐饮收银员的职责进行有效的控制，顾客已付款的账单要盖上“现金收讫”章。将已收款的账单锁在盒子里。

以上两种方法都是为防止已收现金的账单再次被收银员或服务员使用而窃取企业的收入。

3. 出菜检查员控制

大型酒店的餐厅一般都在厨房中设置一名出菜检查员。出菜检查员一般委任资深的专家或退休的餐饮经理人，必须要熟悉餐厅的菜品品种和价格，了解各种菜肴的质量标准，岗位设在厨房通往餐厅的出口处，是食品生产和餐厅服务员之间的协调者，是厨房生产的控制员。出菜检查员的主要责任有以下几点。

（1）保证订单上的菜品及时生产，并保证服务员取菜和送菜正确。

（2）保证厨房只根据点菜单副联所列菜品生产，可防止服务员或厨师无订单私自生产并擅自免费把食品送给熟人、朋友。

（3）检查客人点菜单上价格是否正确，防止服务员出于私利或粗心将价格写错。

3

(4) 检查所生产的菜肴质量和分量是否符合标准。

(5) 保管客人点菜单副联,防止丢失。

随着科技的进步,经济的发展,越来越多的关于点菜系统方面的软件被开发出来,并且许多大型酒店开始运用这方面的软件,客人或接受点菜的服务员只需在操作盘上点出所需要的菜肴,厨房、收银台以及吧台等立即会收到信号,进行相关的操作。从而省去手写点菜单的麻烦,也提高了餐饮销售控制的效率。

**(四) 餐饮成本控制**

1. 餐饮产品成本和费用结构的特点

(1) 变动成本比例大。餐饮部门的成本费用中,除食品饮料的成本以外,还有物料消耗等一部分变动成本。这些成本和费用在营业费中占的比例大,并随销售数量的增加而成正比例增加。这个特点意味着餐饮价格折扣的幅度不能太大。

(2) 可控制的成本比例大。除营业费用中的折旧、大修理、维修费等是餐饮管理人员不可控制的费用外,其他大部分费用及食品饮料成本都是餐饮管理人员能控制的费用。这些成本和费用的多少与管理人员对成本控制的好坏直接相关,而且这些成本和费用占营业收入的很大比例。这个特点说明餐饮成本和费用的控制十分重要。

(3) 成本泄漏点多。餐饮成本和费用的大小受经营管理的影响很大。在菜单的计划、食品饮料的成本控制、餐饮的推销和销售控制以及成本核算的过程中涉及许多环节:菜单计划—采购—验收—储存—发料—加工切配和烹调—餐饮服务—餐饮推销—销售控制—成本核算。每个环节都可能影响成本。

3

菜单计划和菜单的定价决定菜品的成本率,也影响顾客对菜品的选择。对食品饮料的采购、验收控制不佳,或采购的价格过高、数量过多造成浪费,或采购的原料不能如数入库,或采购的原料质量差等,都会引起成本提高。储存和发料控制不当,会造成原料变质或被偷盗、丢失和私用。对加工和烹调控制不严,不仅会影响食品的质量,还会增加原料的折损和流失量。对加工和烹调的数量计划不好,也会造成浪费。餐饮服务不仅影响顾客的满意度,也关系到顾客对高价菜的挑选,从而影响成本率。餐饮推销搞得好不好,不仅影响收入,也影响成本率。例如,加强宴会和饮料的推销会降低成本率。销售控制不严,售出的食品饮料得不到收入,也会使成本比例增大。企业应该加强对成本的核算和分析,不应放松对各个环节的成本控制。

总之,成本控制的每一环节都可能产生成本漏洞。其原因主要是工作效率低和不负责任,从而造成原料的丢失和浪费。

2. 餐饮管理的成本控制

赢得合理的利润是酒店餐饮经营目的之一。利润是收入总数减去支出总数的结果。所以欲提高餐饮的利润,最有效的方法当然是开源节流,也就是用促销的方法尽可能提高销售收入,同时用控制的方法使各项支出都能运用得当,将损失和耗费降至最低。有效的控制系统是非常重要的,通过控制程序,餐饮管理者可迅速根据市场变化的情况而重新定位,减少错误出现。

(1) 餐饮成本分析。餐饮成本分析是指利用酒店餐饮成本核算资料及其他有关资料,全面分析酒店餐饮成本水平及其构成的变动情况,研究影响酒店餐饮成本升降的各个因素及其变动的原因，寻找降低成本的潜力。酒店餐饮收入一般占总收入的 30%～40%，成为酒店收入的主要来源之一，其相应发生的成本也就成为成本控制的主要内容。酒店餐饮成本的分析是成本控制的前提条件。通过成本分析可以正确认识和掌握成本变动的规律，不断挖掘酒店餐饮内部潜力，降低餐饮成本，提高酒店的效益。通过酒店餐饮成本分析，可以对成本计划的执行情况进行有效控制，对执行结果进行评价。肯定成绩，指出问题，以便采取措施，为提高经营管理水平服务，为编制下期成本计划和作出新的经营决策提供依据，给未来的酒店餐饮成本管理指出努力的方向。

酒店餐饮成本控制要以成本分析为基础，才能落到实处。餐饮成本分析的重点是菜单标准成本与实际成本的分析、销售比率的分析、存货周转率的分析等。

（2）酒店餐饮成本控制步骤。积极的成本控制有利于满足宾客的需要并维护宾客的利益，还可以改善餐厅的经营管理。餐饮成本控制的工作步骤包括以下四个阶段。

① 制定标准成本，提供控制依据。成本控制是以制定标准成本为起点的。从理论上讲，标准成本有理想标准成本、正常标准成本和预算标准成本。理想标准成本是指在最理想的控制和效率条件下，企业没有任何浪费，不出现废品、停工等情况下所达到的成本水平。正常标准成本是指以过去的统计资料为基础，结合实际情况所达到的平均标准成本。预算成本是指以事先估计为基础所制定的标准成本。在餐饮成本控制中，以正常标准成本和预算标准成本为主要依据。标准成本的制定要根据成本控制的各个环节分析成本对象、成本构成，确定各项成本项目的标准成本，其内容又可分为直接成本和间接成本。直接成本以食品原材料为主，包括采购成本、原料库存、生产加工食品销售过程中的各项成本。间接成本主要包括水电燃料消耗、客用消耗用品、餐茶用品、人工成本等计划期内的标准成本。

② 加强实际控制，掌握成本消耗。标准成本制定后，各项实际成本消耗是在餐饮业务管理过程中发生的，如食品原材料采购成本、生产加工中各种菜点的成本、企业全部原料成本、水电费用、燃料消耗、餐茶用品消耗等。管理过程中，要按照标准成本要求控制实际成本消耗，就必须掌握各个环节各项成本的实际消耗额，以便和标准成本比较，发现成本管理的问题。以食品成本为例，它是指食品原料或半成品购入时的价格，不包括人工费用和其他费用。食品成本比例取决于三个因素：采购时的价格；每一份食物的分量；销售价格。

餐饮业中有不成文的规定，如果成本不超过销售价格的 3/4 就应该会赚钱。然而，由于有某些不可抗拒因素，如烹调错误的耗损、食品丢失等，食物成本的控制自然无法准确无误。一般而言，1/10 以下的耗损率应属于正常。为了维持一定的获利率，现在的餐饮经营单位一般将食物成本定在售价的 30%～35%，饮料的成本则在售价的 18%～25%，而薪资的比例则在 30%左右。这些比例标准通常是由计算平均数、财务报表、操作预算表等计算出来的。

③ 分析成本差额，评价控制绩效。在餐饮业务管理过程中，各项实际成本每天都发生变化，其成本消耗不可能和标准成本完全一致。这时，管理人员要根据各项成本的实际发生额，同标准成本比较，分析成本差额。

④ 结合实际业务，提出改进措施。成本差额分析对成本控制业绩作出了评价，但对造成成本差额的原因还要结合实际业务进行具体分析。如价格差是市场物价变动造成的，还

是采购价格控制不当造成的,数量差是标准成本制定不合理造成的,还是实际消耗数量背离标准成本规定的数量造成的。只有结合实际,分析具体原因,才能有针对性地提出改进措施,不断做好餐饮成本控制工作。

(3) 餐饮管理成本控制的方法。餐饮产品始于原料采购,终于销售,每一过程都与成本有不可分割的关系。具体控制方法如下。

① 菜单设计的控制。在菜单的设计中,每道菜制作所需的劳力、时间、原料、数量及其供应情况都会反映在标准单价上,所以设计菜单时要注意上述因素,合理调配主、辅、配料,谨慎选择菜品的种类和数量。

② 采购成本控制。采购成本控制是在采购预算安排和采购进货原始记录的基础上进行的。采购过量可能会造成储存的困难,使食物耗损的机会增加(尤其是生鲜产品);但数量太少又可能造成供不应求、缺货的尴尬局面,而且单价也可能随之提高。所以准确地预测销售、定时盘点以及机动性改变部分菜单,以保证使用的安全量等,都是采购与库存管理人员需注意的要点。采购预算安排中的各种食品和饮料采购数量和规定价格形成标准采购成本。在分析采购成本差额的基础上,管理人员要进一步查明造成价格差和数量差的具体原因。如价格差可能是市场物价变动造成的,也可能是采购人员价格控制不严、高价进货造成的。数量差可能是计划数量制定不合理造成的,也可能是实际进货过多或过少造成的。在查明具体原因的基础上,有针对性地提出具体控制办法,可以控制采购成本,降低成本消耗,逐步提高采购成本控制水平。

3

③ 库房成本控制。库房成本控制是在每月盘点的基础上进行的。其目的是控制库存资金占用,加快资金周转,节省成本开支。在库房管理中,要制订食品和饮料库存资金占用计划,由此形成库房标准成本占用。随着厨房生产和餐厅销售业务的进行,库存食品和饮料不断采购入库,同时又不断发货。到了月底,管理人员通过库房盘点来掌握库存余额及其资金占用,分析库房资金占用差额。

库房成本控制是在分析库存资金占用中的价格差、数量差和成本差额的基础上,重点抓住那些价格高、存量大的食品原材料或饮料,控制库存资金占用。为此,要明确指出重点控制哪些品种,采用哪些控制方法,如暂停进货、调拨处理、尽快出库使用等,从而迅速减少库存资金占用,加快资金周转。

④ 生产成本控制。生产成本控制是以厨房为基础,以食品原材料为对象,根据实际成本消耗来进行。厨房餐饮产品生产花色品种很多,各种产品要事先制定标准成本。绝大多数菜品是以净料为核算基础的,而市场上供应的原材料又多是毛利,如海河鲜、禽蛋肉、蔬菜,需要通过粗加工去毛皮,经过拣洗、涨发、宰杀、拆卸后才能成为净料,然后才能投入使用。一些烹饪过程中还会发生折损,为了便于控制成本,合理利用原料,必须对食品加工切配和烹饪折损进行控制。

⑤ 酒水、饮料成本控制。酒水、饮料成本控制与食品的成本控制有不同之处,也就是不需要复杂的切配过程,但易携带、易丢失,因此对酒水、饮料成本控制需要特殊的控制方法。重点是酒水和饮料的控制消耗量和营业收入差异控制。

⑥ 标准成本控制法。标准成本控制法在每月成本核算和控制时使用最多。常用的办法是对饮料库房和酒吧、餐厅的存货进行盘点,核算出饮料消耗的净成本。然后根据实际营业收入和标准成本率计算出标准成本额。

标准成本率的确定，最常用的方法是根据标准配方的饮料售价和标准成本，确定标准成本率和各种饮料的销售额百分比，一次性算出饮料综合标准成本率。

⑦ 人工成本控制。人工成本控制是在保证服务质量的基础上，对劳动力进行计划、协调和控制，使之得到最大限度的利用，从而避免劳动力的过剩或不足，有效地控制人工成本支出，提高企业利润。主要通过定岗、定员，制定各项人工安排指南、确定劳动生产率和合理配备人员、提高工作效率和广泛运用用工技巧等措施进行控制。

**（五）菜点出品质量控制**

由于种种因素的影响，菜点质量具有随时发生变动的可能性，而厨房管理的任务正是要保证菜点质量的可靠性和稳定性。要实现这一目的，就应采取切实可行的措施和综合采用各种有效的控制方法与控制形式。

1. 阶段控制法

厨房生产运转，是从原料的购进到生产的完整过程，这个过程可分为食品原料、食品生产两个阶段。加强对每一阶段的质量检查控制，是保证餐饮质量可靠的根本。

（1）食品原料阶段的控制。食品原料阶段主要控制原料的采购规格标准和验收质量把关。

原料采购：要严格按采购规格书中规定的质量规格采购各类食品原料，确保购进的原料是优质适用的，能最大限度地发挥食品原料的作用，并使加工生产变得方便快捷。

原料验收：全面细致地做好验收工作，保证进货质量合格，把不合格的食品原料杜绝在酒店、餐厅之外。验收各类原料，首先要严格依据采购规格书的标准，若没有规格书的食品原料采购，或新上市的品种，对质量把握不清楚，要随时邀请有关专家进行认真检查，保证验收质量。

（2）菜点生产阶段的控制。

原料申领与加工：食品原料申领是菜肴生产的第一个环节，同时又是原料加工和接受使用的重要环节。进入厨房的原料质量要在这里得到认可。因此，要严格计划领料，并检查各类将要用作加工原料的质量，确认可靠才可进行生产加工。

菜肴烹调前的预制处理：原料经过加工切割，大部分动物、水产类原料还需要进行浆制，这道工序对成品的色泽、嫩度和口味产生较大影响，如果因人而异，烹调岗位则无所适从，成品难免千差万别。因此，对各类菜肴的上浆，挂糊用料应作出规定，以指导操作，有的厨房在“标准菜谱”中已有规定。若无标准菜谱，可单独编制浆、糊用料规格表。

2. 岗位职责控制法

利用厨房岗位的有效分工，强化岗位职能检查督导，对菜品的质量亦有较好的控制效果。

（1）所有工作均应落实。菜肴生产要达到一定的标准要求，各工作必须全面分工落实，这是岗位职责控制法的前提，厨房生产既包括炒菜、切配等主要岗位，也少不了打荷、领料等零散、容易被忽视的岗位。只有将厨房所有工作明确划分、合理安排，毫无遗漏地分配至加工生产岗位，这样才能保证餐饮生产运转过程顺利进行，生产各环节质量才有人负责，检查和改进工作也才有可能。厨房各岗位应强调分工协作，每个岗位所承担的工作任务应该是确定的。

(2) 岗位责任应有主次。厨房各岗位承担的工作责任不是均衡一致的，而应该有主次之分。将一些价格昂贵、原料高档，或高规格、重要身份客人的菜肴的制作，以及技术难度较大的工作列入头炉、头案等重要岗位职责内容，这样在充分发挥厨师技术潜能的同时，进一步明确责任，可有效地减少和防止质量事故的发生。

3. 重点控制法

重点控制法，是针对餐饮生产与出品某个时期、某些阶段或环节质量或秩序相对较差，或对重点客情、重要任务，以及重大餐饮活动而进行的更加详细、全面、专注的督导管理，以及时提高和保证质量的一种方法。

(1) 重点岗位、环节控制。通过菜点生产及产品质量的检查和考核，找出影响或妨碍生产秩序和产品质量的环节或岗位，并以此为重点，加强控制，提高工作效率和出品质量。餐饮生产管理者必须加强对炉灶烹调岗位的指导、培训和出品质量把关检查，防止和杜绝不合格菜肴送出厨房。

(2) 重点客情、重要任务控制。根据厨房业务活动性质，区别对待一般正常生产和重点客情、重要任务，加强对后者的控制，对厨房社会效益的影响亦可发挥较大作用。对待重点客情或重要任务，从菜单制定开始就要强调以针对性为主，从原料的选用到菜点的出品，各环节都要注意全过程的安全、卫生和质量可靠。厨房管理人员，要加强每个岗位环节的生产督导和质量检查控制，尽可能安排技术、心理素质较好的厨师为其制作。每一道菜点，在尽可能做到设计构思新颖独特之外，还要安排专人跟踪负责，切不可与其他菜品交叉混放，以确保制作和出品万无一失。在客人用餐后，还应主动征询意见，积累资料，以方便以后的工作。



(3) 重大活动控制。餐饮重大活动，不仅影响范围广，而且为企业创造的营业收入也多，同样消耗的食品原料成本也高。加强对重大活动菜点生产制作的组织和控制，不仅可以有效地节约成本开支，为酒店创造应有的经济效益，而且通过成功地举办大规模的餐饮活动，向社会宣传酒店厨房实力，进而通过就餐客人的口碑，扩大酒店及厨房影响。厨房生产管理人员对此应有足够的认识。

酒店厨房对重要活动的管理，应从菜单制定入手，充分考虑客情，结合酒店物资库存和供应情况，以及季节特点，开列一份既具有一定风味特色，又能为其顾客广为接受和酒店生产能力所能及的菜单。然后要精心组织和合理使用各种原料，适当调整厨房人手，计划厨房设备使用时间，妥善及时提供各类出品。菜点生产管理人员、主要技术骨干均应亲临第一线，从事主要岗位，严格把好各阶段菜品质量关。

**(六) 食品安全控制**

食品安全管理是指政府及食品相关部门在食品市场中，动员和运用有效资源，采取计划、组织、领导和控制等方式，对食品、食品添加剂和食品原材料的采购，食品生产、流通、销售及食品消费等过程进行有效的协调及整合，以确保食品市场内活动健康有序地开展，保证实现公众生命财产安全和社会利益目标的活动过程。

食品安全管理的这一定义包含了以下四层含义。

第一，食品安全管理的主体是国家食品安全管理相关部门，我国的食品安全管理相关部门主要有农业农村部、国家卫生健康委员会、国家市场监督管理总局、商务部、生态环境部等机关部门。

第二，食品安全管理的客体是与食品有关的各个环节，包括食品生产和加工、食品流通和餐饮服务、食品添加剂的生产经营、用于食品的包装材料、容器、洗涤剂、消毒剂和用于食品生产经营的工具、设备的生产经营、食品生产经营者使用食品添加剂、食品相关产品、对食品、食品添加剂和食品相关产品的安全管理，从而保证实现公众生命财产安全和社会利益目标。其受益对象是全社会。

第三，食品安全管理的内容集中概括为提高生活质量，保证社会公共利益。这就决定了食品安全管理是永久性存在的，而且随着社会发展会经常进行调整。

第四，食品安全管理只能是通过对食品安全的一系列活动的调节控制，使食品市场表现有序、有效、可控制的特点，以确保公众的人身财产安全及社会的稳定，促进社会经济发展。

国家政府部门非常重视食品安全的管理，希望食品加工企业自身严加管控，确保消费者利益及健康。

1. 食品安全管理制度

酒店餐饮部主要食品安全管理方面的制度目录如下，制度的具体内容可通过课程资源包或者网络查阅。

（1）进货索证索票制度。

（2）食品进货查验记录制度。

（3）库房管理制度。

（4）食品销售卫生制度。

（5）食品展示卫生制度。

（6）从业人员健康检查制度。

（7）从业人员食品安全知识培训制度。

（8）食品用具清洗消毒制度。

（9）卫生检查制度。

2. 食品安全管理体系

食品安全管理体系英文简称 FSMS（即 Food Safety Management System 的首字母缩写）。随着经济全球化的发展、社会文明程度的提高，人们越来越关注食品的安全问题。这要求生产、操作和供应食品的组织，证明自己有能力控制食品安全危害和那些影响食品安全的因素。顾客的期望、社会的责任，使食品生产、操作和供应的组织逐渐认识到，应当有标准来指导操作、保障、评价食品安全管理，这种对标准的呼唤，促使食品安全管理体系要求标准的产生。标准既是描述食品安全管理体系要求的使用指导标准，又是可供食品生产、操作和供应的组织认证和注册的依据。

3. 餐饮食品安全管理要点

（1）加强全员食品安全教育，提升员工的食品安全意识和法制观念。

（2）依据国家食品安全法和地方食品安全管理规定，制定本企业切实可行的食品安全管理制度和工作计划，并严格执行。

（3）进行经常性的食品安全检查、督查，及时发现存在的食品安全隐患，保持食品安全工作的常规化。

(4) 建立食品安全内部奖惩和问责机制，重奖食品安全工作先进个人和部门，重罚食品安全违规、不负责的行为。对发生食品安全问题的责任人要进行问责。

(5) 主动接受上级食品安全卫生监督部门的业务指导，保持良好的食品安全美誉度。

## 【任务框图】

本任务从三个方面对酒店餐饮部管理进行了讲述，主要内容框架如图 3-10 所示。

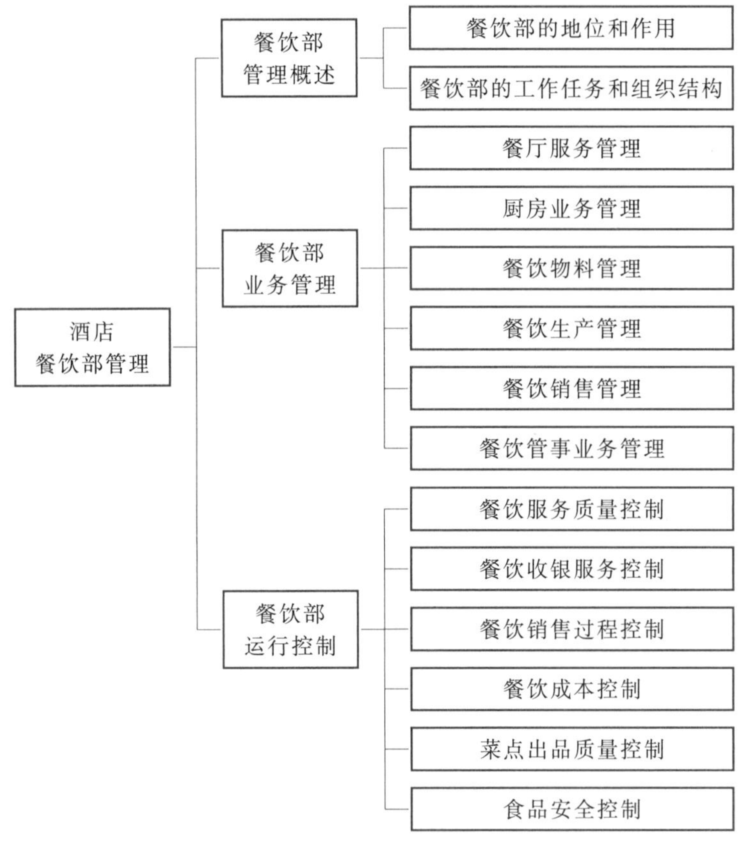


**图 3-10 模块三任务三框图**

## 【任务拓展】

成功的餐饮经营需要技术和经验。在相同的条件下，酒店餐饮经营管理的好坏，取决于餐饮部经营管理团队的综合素质，除了本任务所讲述的知识和能力外，餐饮的经营管理是一个动态的过程，这个过程中，外部环境如社会经济形势和餐饮大市场的变化、新的食品安全管理政策的出台、顾客餐饮消费观念的改变、酒店内部经营战略的调整等，都会对餐饮经营管理带来新的挑战和机遇。为此，优秀的餐饮经营管理工作者在具备丰富的知识和技能的前提下，要善于总结经验和教训，应具有良好的创新精神、敏锐的洞察力和快捷的反应。只有这样，酒店餐饮的经营才能一直立于不败之地。

作为初学者，应注重自我餐饮经营管理应变能力的提高，在学习和实践过程中，勤于思考和总结。请思考以下问题，并与大家一起交流您自己的看法。

1. 纯餐饮企业与酒店餐饮部的经营管理有哪些不同之处？

2. 某酒店的客源结构发生变化，酒店作出调整餐饮菜肴风味的决策，由原来的淮扬菜改变为川菜，请问餐饮部的经营管理环节应作哪些调整？

3. 某酒店的餐饮部生意不错，就是利润一直不高，你认为应该从哪些方面进行控制？

4. 传统厨房生产是以厨师为主体的手工生产，随着人工智能技术的发展，智能烹饪机器人已经出现在厨房，请观看智能烹饪机器人视频，并谈谈你的感受。

## 【任务测试】

### 一、判断题

1. 通常每个服务区域安排两个服务员为一组，一人负责前台，一人当助手，这样始终保持前台服务区域内至少有一人值台，不会出现“真空”现象。（　　）

2. 准备餐具时因为客人还没有到，可以不用托盘托出餐具，手拿餐具时也不用太注意。（　　）

3. 在餐位安排过程中要特别注意老年客人和残疾客人安排在便于行走的地方、年轻情侣或谈生意的客人安排在安静的角落、体面的客人安排在显眼的位置、高峰期要根据先来后到的顺序安排客人就餐。（　　）

4. 在计算食品原料的成本时，只需要计算其净料成本即可。（　　）

5. 酒店餐饮部门人工成本控制主要通过定岗、定员，制定各项人工指南等措施进行控制。（　　）

### 二、单选题

1. 增加和提高顾客的享受价值，例如增加知识氛围的促销、提供附加服务的促销等，属于（　　）的手段和方法。

A. 增值式销售　　B. 交流式营销
C. 奖励式营销　　D. 体验式营销

2. 某餐厅的透明厨房里，厨师们在列阵大显身手，厨房外的顾客们可以一览无遗，而不用害怕油烟，这种营销模式是（　　）。

A. 效应式营销　　B. 演秀式营销
C. 故事式营销　　D. 热迷式营销

3.（　　）适合用于企业开发新产品需要的投资量大、产品独特性大、竞争者难以模仿、产品的目标顾客对价格的敏感度小的场合。

A. 市场高价策略　　B. 市场渗透价格策略
C. 短期优惠价格政策　　D. 顾客定价策略

4. 食品成本比例不取决于（　　）因素。

A. 采购时的价格　　B. 每一份食物的分量
C. 销售价格　　D. 人事成本

3

5. 负责餐饮部运行所需要的物品保障，用品清洗、消毒，公共场所的清洁卫生等工作的部门是(　　)。

A. 厨房　　　　B. 采购部

C. 管事部　　　　D. 宴会部

# 任务四　酒店其他直接对客部门管理

任务引例

**被烫伤的责任是谁的**

顾客殷先生到某俱乐部洗浴，在汗蒸房加热过程中受伤，为此殷先生将北京××休闲俱乐部有限公司(以下简称××公司)诉至法院要求赔偿。日前，法院审结了这起人身损害赔偿案。

殷先生前往××公司洗浴，在洗浴过程中，由于工作人员在汗蒸房加热过程中，操作不规范，导致殷先生左耳、左肩及左肩部位被烫伤。经医院诊断，为烫伤Ⅱ度。另外，殷先生还在单位办理了休假，休假期间工资全部扣除。期间，殷先生多次找到××公司，协商赔偿事宜，均未果，故起诉法院，要求××公司承担赔偿责任。

在庭审中，××公司认可了顾客殷先生被烫伤的事实，但对殷先生主张的医疗费、交通费、护理费等不予认可。法院审理后认为，公民的人身健康权受法律保护。殷先生在××公司洗浴过程中，由于××公司工作人员操作不当而烫伤，××公司对此应承担相应的赔偿责任。在案件审理过程中，殷先生虽然未能就其主张交通费、护理费提供充分证据，但从殷先生所受烫伤的实际情况来看，其被烫伤对其正常的生活工作产生了一定影响，故法院酌情予以判定。据此，法院依法判决被告××公司赔偿殷先生包括医疗费、误工费等在内共计人民币 3 155.5 元。宣判后，双方当事人均未明确表示是否上诉。

(案例来源：根据中国法院网讯资料改编)

3

随着人们生活水平的迅速提高，人们休闲、娱乐等康乐活动需求大增，相关康乐产业发展迅速，本案例中的洗浴场就是我国康乐业的一个缩影，由于疏于管理，工作人员的业务生疏，导致的客人受伤事件时有发生。由于康乐相关产业的快速发展，无论是国家的法规和制度建设，还是行业管理和服务人才、管理模式和管理方法手段的建设均处于一个起步、发展时期，加强对康乐服务业的管理，对该行业的健康发展具有重要的意义。

## 【任务执行】

### 一、康乐部运行管理

康乐是现代人生活的重要需求，调查研究表明，酒店是否有康乐设施是影响顾客选择酒店的重要因素之一。康乐部是为宾客提供娱乐健身等服务项目的部门，是酒店增加服务功能，方便客人，满足客人需求，并借以吸引宾客，提高酒店声誉和营业额的重要组成部分。

**（一）康乐部的任务与组织**

1. 康乐部的工作任务

（1）满足客人健康需求。康乐项目有益身心健康，其中有些项目本来就是运动项目，可以使人们在娱乐的同时增强体质，强健体魄，精神焕发，在酒店优秀的服务、优越的环境、良好的场地、设施设备与器材情况下，宾客的健身等需求得到最大满足。

（2）满足客人娱乐的需求。酒店的客人来自不同的地方，有不同的背景，住进酒店的原因也各不相同，但在娱乐需求方面是一致的，就是希望在酒店的康乐场所能找到自己喜爱的娱乐活动项目，投入其中，享受快乐，康乐部满足了客人正常的娱乐需求。

（3）满足客人安全的需求。康乐场所存在不安全因素，如果日常管理工作做得不细或不完善，将会给客人的生命财产造成重大损失。康乐部应将各种不安全因素减到最低限度，努力为客人提供一个安全的康乐环境，满足客人正常康乐的需求。

（4）满足客人卫生的需求。康乐场所应是个高雅洁净的地方，但因其客流量大，设备使用频繁，所以卫生工作量很大。康乐部营业场地的环境卫生工作要经常做，设备的清洁卫生也要经常搞。

（5）满足客人求知的需求。人具有潜在的求知需求，常受生活环境的影响而激发，随着人的成长成熟，求知的愿望会越来越强烈。通过参与康乐活动可以学习到许多平时难以学习和掌握的运动、竞技和健身知识。

（6）满足客人社交的需求。酒店的公共场所功能使之成为宾客社交理想之地。康乐部应精心设计和开展有特色的康乐项目，以满足客人的社交需求。

2. 康乐部的组织结构

康乐部组织设置方式有二级设立和三级设立两种方式。

（1）二级设立方式。所谓二级设立，是以欧美模式为代表，赋予康乐部以较高地位的模式，将娱乐（康乐）部直接设在总经理之下，与其他主要业务部门如前厅、客房、餐饮、营销等部门平行设置，成为一个二级部门，如图 3－11 所示。

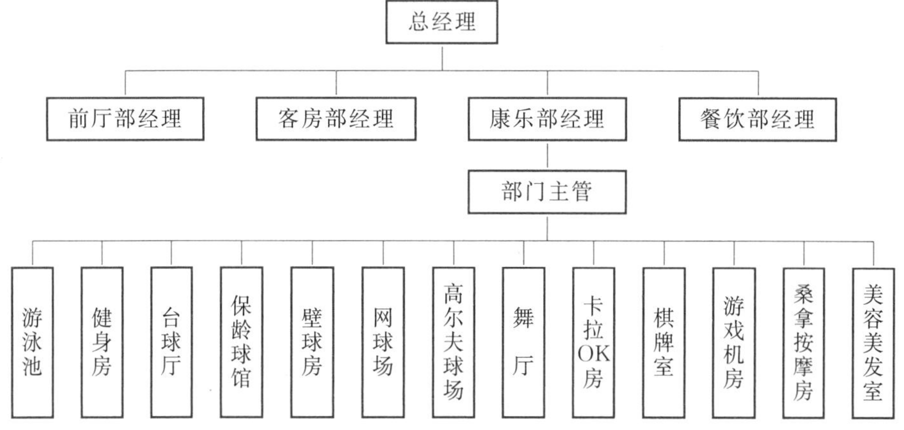


**图 3－11　康乐部二级设立方式组织结构图**

这种模式有利于康乐部专业管理，能提高管理效率，也有利于企业内部经济核算，有利于提高康乐部的积极性。一般适用于集住宿、餐饮、康乐于一体，并且康乐收入在酒店总收入中占有重要地位的酒店。

(2) 三级设立方式。这是适应那些主要以提供住宿、餐饮服务为主的酒店。在这些酒店里，一般的康乐设施、康乐项目较少，其经济收入在酒店中所占比例也较少。康乐部的设立，是在某一个二级部门之下，如房务部、餐饮部之下，作为酒店的第三级部门，如图 3－12 所示。

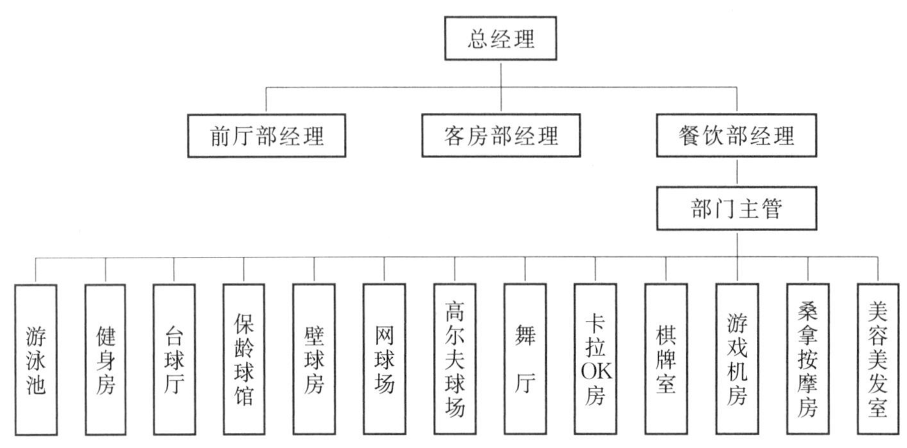


**图 3－12　康乐部三级设立方式组织结构图**



这种模式适用于功能还处于较简单的状态的酒店，有利于避免管理部门的臃肿。康乐部与业务联系较紧密的部门合在一起，可避免服务过程中的扯皮现象，提高工作效率。由于餐饮部一般与康乐部的联系较紧密，所以一般酒店往往将康乐部设立在餐饮部之下。

### (二) 康乐项目

现代康乐项目从功能特点上一般可分为：运动类、娱乐类、保健美容类、知识类、附属类。

1. 运动类项目

借助一定的设施、设备和场所，通过自己的参与，达到锻炼身体、增强体质的目的。康乐部所涉及的运动类项目不同于专业的体育项目，只是体育项目中的一小部分，是一些有代表性的、易于接受的、趣味性很强的项目。一般运动类项目包括戏水运动、健身运动、台球运动、保龄球运动、壁球运动、网球运动、高尔夫球运动等。

2. 娱乐类项目

是指康乐部为客人提供一定的环境、设施设备和服务，由客人积极参与，全身心投入，使其得到精神满足的活动。娱乐活动要求康乐部门创设优雅的环境氛围，设置高级的视听和电子游艺设施设备。一般娱乐类项目有歌舞类娱乐活动、棋牌类活动、游艺类娱乐活动等。

3. 保健美容类项目

通过环境设施作用于人们身体或专业服务人员，提供相关服务，从而使人达到放松身心、恢复体力、振作精神、焕发活力目的的活动项目。按功能形式一般可分为桑拿浴、保健按摩、美容美发等。

4. 知识类娱乐

包括影视中心、阅览室等增加知识、陶冶情操的活动。

5. 附属类娱乐

客人的需求常常超越娱乐项目本身而需要一些配套服务，其中最常见的是客人在娱乐活动过程中对酒水小食品服务的需求。于是各种酒吧渐渐成了各种娱乐场所不可缺少的附属设施。例如，现酿啤酒酒吧（鲜啤酒屋）、各种主题酒吧、氧吧、网吧、茶艺馆、茶吧和咖啡屋等。

### （三）康乐部服务质量管理

1. 康乐服务与管理的基本原则

（1）坚持计划管理与灵活管理相结合的原则。科学的计划管理是保证康乐管理顺利进行的必要条件，但在计划实施的过程中，会遇到一些无法预料的情况，经营管理者必须及时调整计划，改变经营策略，重新确立目标市场。

（2）坚持以人为中心的管理原则。坚持以人为中心的管理原则，是指根据康乐经营管理的需要不断地对本部门所属各工作环节、工作岗位的人员进行合理调整，引进激励机制，激励员工充分发挥主观能动性，更好地进行工作。

（3）坚持责、权、利相结合的原则。责、权、利三者有机结合，这是康乐部科学管理的基础，只有这样才能激励员工出色地完成工作。

（4）坚持经济核算的原则。酒店康乐部通常是作为一个单独的营业部门、相对独立的经济组织而设置的，因而应充分考虑经济效益，实现独立的经济核算。

（5）坚持管理现代化的原则。坚持管理现代化的原则就是要做到：管理思想现代化；管理方法现代化；管理手段现代化，如电子计算机运用于管理的各个环节。管理人员知识化、专业化。

2. 康乐部业务服务规程

康乐服务项目很多，每一个项目应该制定与项目相符合的服务规程，通过服务规程的实施，达到服务规范，质量稳定的管理目标。游泳馆服务规程的详细内容可以通过本教材的配套资源或者通过网络查阅，主要服务规程有以下几种。

（1）康乐场所治安管理规定。

（2）游泳馆服务规程。

（3）网吧服务规程。

（4）茶吧、咖啡吧服务规程。

（5）氧吧服务规程。

（6）啤酒吧服务规程。

3. 康乐服务项目质量标准制定

康乐项目服务质量标准应包括卫生、安全、服务态度、服务效率等方面的要求，应尽量量化，尤其是效率要求。质量标准中描述性语言应具体、准确。

（1）康乐项目服务质量标准内容。

① 卫生要求。营业场所环境必须装饰完好美观，家具陈设整齐，无尘，无破损；场所内干净、无垃圾；花木、盆景修剪整齐，无枯枝败叶，无灰尘，无昆虫，观赏效果好；照明灯、装饰灯完好有效，无灰尘，无污迹；地面、地毯平整，无破损，无卷边，无变形，无污迹，无异味，干净，光亮；天花板、墙面、楼梯等应无脱落，无裂痕，无污迹，无蛛网；公用洗手间及桑拿、泳池等地的公共浴室的天花板、墙面、地面应平整，无破损，干净无尘，无污迹，无毛发，镜面明亮、完好；室内空气清新无异味；管道无滴漏，无阻塞，水质清澈；电话机完好清洁，经消毒，无异味。

客用设备及用具必须定期清洗消毒，做到无尘，无污迹，无细菌。对桑拿、美容、泳馆内与宾客皮肤直接接触的设备应做到一客一消费或换场消毒。对客用棉织品必须一客一换，严格消毒或使用一次性用品。

娱乐设施员工一般要求每天洗发、洗澡，做到无头屑，无异味。工作服应经常更换，领圈、袖口无污迹，并且着装挺括、规范。不留长指甲。女服务员不用有色指甲油，双手保持清洁。皮鞋光洁，袜子无破损。为宾客递送东西应用托盘，端送食品饮料时手指不碰碗边杯沿。不随便使用客用设备和用品。

② 安全要求。各种客用娱乐设备应严格按计划进行保养，使其外观和性能都处于完好状态。每天开始接待宾客之前，必须对设备的关键部位进行测试和检查，确保各衔接部位衔接牢固，使用时不发生任何问题。电源、电器等设备必须有安全保险装置，万一发生事故可使损失降至最低。

服务人员要不厌其烦地向宾客解释设备的正确使用方法，为娱乐宾客进行安全装置的检查及进行必要的运动保护。劝阻宾客使用有碍安全的不规范娱乐方式。

强调生命财产安全保障，各服务点应有保护宾客财产的具体措施，如宾客物品寄存处或保险箱，并设专人负责保管。娱乐设施应制定安全巡逻制度防止治安事故的发生，给宾客以安全感，并进行规范和严格的消防管理，保障宾客在娱乐场所的生命安全。

③ 服务态度要求。礼节礼貌要求：服务人员应具有良好的职业化仪表仪容、言行得体、举止大方、热情殷勤的待客态度，掌握表示尊重的言谈和行为方式。

服务时主动性的要求：服务人员要做到对待每一位宾客就像对待到自己家做客的朋友一样，真诚地欢迎他们，随时帮助他们，态度主动、诚恳而热情。

服务周到的要求：服务人员应熟悉大多数宾客的需求，将方便宾客的措施想在宾客要求之前，至少应在宾客提出要求后及时予以满足。

服务技巧的要求：服务人员应遵守服务规程，但又不能生搬硬套，要根据不同宾客的具体情况灵活使用语言、表情技巧、动作技巧等。

④ 服务效率要求。对兴致勃勃的娱乐宾客来说，等待是最令人扫兴的，尤其是由于服务人员工作效率低下而造成的等待更是他们不能容忍的。因此，娱乐设施的服务质量标准中应有明确的效率要求，对服务工作中的各个环节都应有时限的规定和要求。

（2）制定娱乐服务质量标准的关键点。

① 服务质量标准应尽量以量化表达，尤其是效率要求。如宾客到达娱乐场所时应在30秒内得到服务人员的问候和接待，在营业高峰期也不得超过60秒；服务生接电话时，3声铃

响之内必须接听；营业场地内的室温冬天在 18～22℃，夏天 25～28℃；室内游泳池的水温保持在 26～28℃，室外游泳池的水温在 35℃以下，池水的 pH 值在 7.2～7.8 之间等。

② 质量标准中描述性的语言应具体、准确，以便于执行、检查。如对服务态度的要求应明确规定在什么时候应该微笑、站立或说什么话，而不能仅仅用“宾客第一”，“使客人如沐春风”等形容词笼统概括。

③ 娱乐设施应根据本企业市场定位及主要客源的需求情况制定服务质量标准，不应照搬国内外高档娱乐设施的质量标准。

4. 康乐部业务服务质量管理要点

康乐服务质量管理的内容由两大部分组成：一是通过制定服务规程和质量标准来规范难以计量的服务质量，将服务过程制度化，使宾客期望之内的基本服务质量稳定，确保宾客不会产生不满意的感觉，达到质量控制的最低限度；二是鼓励服务人员在研究宾客共同心理的基础上，掌握不同宾客对每种康乐产品的期望，特别是潜在期望，提供因人而异的个性化超常服务，提高宾客满意度，培养忠实宾客。

(1) 制定服务质量标准。康乐项目服务质量标准的内容包括卫生要求、安全要求、服务态度要求和服务效率要求等几个方面。

(2) 进行服务质量控制培训。培养员工具备良好的服务意识和熟练的服务技巧，掌握各服务岗位特定的服务程序和服务质量标准内容，明确质量要求，是确保企业服务质量的根本措施。

(3) 以服务规程和服务质量标准为依据规范服务工作。管理人员应以服务规程、服务质量标准为依据检查和监督服务员的工作，以此控制服务过程中的服务质量，并根据检查结果对服务人员进行奖惩。

(4) 对服务质量进行评估，不断改进服务工作。要对服务质量进行客观的评估，可从宾客投诉、宾客表情、宾客议论、宾客意见表等多种渠道获得宾客对服务质量的评价，在此基础上分析产生问题的原因，找出主要影响因素，制定解决问题的计划和措施。

(5) 教育员工提供超常服务。创造“忠实宾客”是所有康乐经营者所孜孜追求的目标，为了达到这一目标，康乐项目的经营者必须下功夫研究宾客对每一种康乐产品的期望，在日常工作中自觉地有意识地了解不同类型的宾客和他们的各种特点，不断积累各种宾客不同的期望信息，努力提高服务艺术，做到察言观色就能分析出宾客的现实期望和潜在期望，在保证宾客现实期望得到满足的基础上，出其不意地满足宾客一些潜在期望，往往会取得很好的服务效果。这就是“超常”服务的作用，是优质服务的秘诀。

## 二、酒店附属商场(商品部)运行管理

酒店附属商场是酒店相对独立的直接对客营业部门，一般设置在酒店的前厅的公共部位，其大小、规模与酒店应相适应，经营方式有承包和自营等方式。因其开设在酒店，与社会普通的商场有较大的区别。

### (一) 酒店附属商场(商品部)的任务和组织

1. 工作任务

(1) 制订年度、季度和月经营计划，并积极开展经营管理活动，完成各项经营管理目标。

(2) 确保附属商场日常运行管理有序，符合酒店商场设置的目的，主动服务酒店中心工作。

(3) 科学组织采购工作，掌握供应市场信息，确保酒店商场货源充足，质量高，价格具有竞争力。

(4) 加强商场营业管理，掌握客源市场信息，做到服务热情、规范、有序，不断提高服务质量。

(5) 针对进、销、存各经营管理环节，建立商场内部控制机制，建立商品库存、盘点和对账制度，各级核算目标责任到人。

(6) 加强员工职业道德和职业素质教育，调动员工积极性，建立完善的考核和激励体系，实现员工工作绩效的最大化。

(7) 加强商场的环境氛围、安全和卫生管理。

(8) 总结工作，提升管理工作质量，完成上级交办的其他工作。

2. 组织结构

常见的酒店附属商场组织结构图，如图 3 - 13 所示。

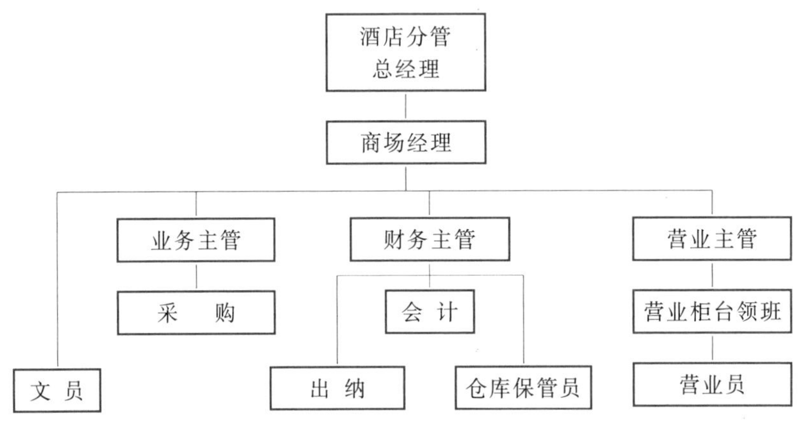


**图 3 - 13 酒店附属商场组织结构图**

3. 岗位职责和规章制度

酒店附属商场(商品部)的岗位职责、管理制度和管理规范可通过本教材资源包或者通过网络查阅，此处不一一列举。

### (二) 酒店附属商场(商品部)管理控制要求

1. 商场(商品部)配置

(1) 酒店配有与其星级档次、接待能力和周边地区商品市场相协调的商场，能够适应住店客人购物要求。

(2) 商场(商品部)位置设在酒店 1 层或 2 层或客人进出方便和便于前往购物的地方。

(3) 商场应组织机构健全，岗位职责清楚，分工合理。

2. 商场(商品部)设备

(1) 门窗宽大、严密，表面装饰与室内装饰协调、美观，手感轻松无杂音。

（2）选用商品销售标准柜台，美观光洁；货架坚固，高度、宽度适宜，便于商品陈列。

（3）天花板与商场（商品部）装饰协调，反光、吸音效果良好，表面光洁，无开裂、起皮、掉皮。

（4）墙面色彩美观柔和，与室内装修协调。墙饰、商品宣传画安装合理、美观。

（5）地面采用花岗石或水磨石，平整光洁。

（6）灯具造型美观舒适，安装位置适当，照明充足，室内照明不低于 80lx，柜台、货架照明不低于 70lx。

（7）采用中央空调，运行正常，无噪声。控制器可随意调节室温。

（8）室内通风良好，空气新鲜，无异味。

（9）消防装置、消防器材齐全，如烟感设备安装位置适当，灵敏有效，安全门安全通道标志明显，畅通无阻，保证照明。

（10）计量器具、收款台、收款机等设备用具配套齐全完好，度量准确无误。

（11）各种设备维修保养良好，完好率不低于 98%。

3. 商场（商品部）环境

（1）门前整洁、舒适，过道门厅畅通，标志标牌美观，安放位置合适。

（2）商品柜台，货架分区设置，布局合理，互相关联衔接，有利于引导客人购物。

（3）环境美观舒适。色彩选用、墙面处理、装饰物品、灯光气氛与装饰风格协调。盆栽盆景、花草布置适当，能调节气候，美化环境。

（4）温度冬季不低于 20℃，夏季不高于 24℃。

4. 商场（商品部）卫生

（1）天花板光洁，无蜘蛛网、灰尘，灯具明亮，无积尘。

（2）墙面整洁，无印迹。墙饰用手触摸无灰尘，门窗墙面玻璃光洁，无印迹、污点。

（3）地面平整，光亮、无废纸杂物及卫生死角。铺地毯柜台每天吸尘。盆栽盆景内无烟头、废纸、枯叶等。

（4）柜台、货架及陈列商品始终保持干净，无灰尘、手印、污渍等。

（5）直接进口食品不用手拿，无过期、变质和包装破损食品出售。接触食品员工每年体检一次，持有健康证上岗。

5. 商品陈列

（1）各类商品分类陈列，区域划分合理，陈列形象美观，摆放整齐，便于拿取。

（2）货架商品分类陈列，摆放整齐美观，拿取方便。

（3）货签、价签字迹统一、清晰。照明良好，便于客人看清，有利于促进销售。

（4）橱窗陈列商品主题设计鲜明，突出重点，展示商品特色。背衬、色彩、灯光适宜，具有广告艺术效果，有推销吸引力。

（5）悬挂商品整齐美观、疏密得当、无互相遮盖，便于客人挑选。

6. 柜台售货

（1）按规定着装，佩戴胸卡，保持良好的仪表仪容和精神面貌。

（2）熟练掌握商品种类、特点、价格、规格，具有丰富的商品知识和实际经验。

（3）始终坚持站立服务，微笑服务，在柜台前巡视，注意客人需要。见到客人热情招呼，对常客和回头客能称呼姓名。

3

(4) 客人注视、询问某种商品时，主动上前，展示商品轻拿轻放，介绍商品百问不厌，讲究语言艺术，坚持实事求是。

(5) 严格执行服务规程。商品上货，按规定的手续领取，拆零上架，摆放整齐，取拿方便。

(6) 严格遵守劳动纪律、坚守岗位，无扎堆、聊天、看报、吸烟、吃东西、干私活等现象发生。

(7) 对需检查质量的商品，当场检验、演示功能，操作熟练，告知客人使用方法。对需试穿、试用的商品，主动帮助客人试穿、试用，提供方便。对需计量的商品，准确使用计量器具，当场计量，使客人放心满意。

(8) 客人挑选好的、互相影响的商品，应分开包装，特别是食品应特别包装。包装牢固、平整美观、迅速利落，包装物有店徽、店名。

(9) 客人购买了商品，应主动表示谢意，对没有购物的客人一视同仁。

(10) 客人购买易破易损或高档商品时，应当场显示，同时征求客人对商品的包装盒是否满意，并做好连带商品的推销工作。

(11) 做好每班商品交接、现金交接和其他事项的交接记录。

7. 收款结账

(1) 收款台设置位置合理、台面美观、舒适，便于客人前往交款。

(2) 收款台、收款机、收款用具、票据齐全完好，摆放整齐，取用方便并备足找零货币。

(3) 严格执行收款工作流程和财务制度，操作熟练无差错。

(4) 及时填写日报表和交款单，做到票据、报表、金额三相符。

8. 售后服务

(1) 售出的商品，客人要求退换，做到接待主动耐心，无借故推托和不理睬客人等现象发生。

(2) 除不能退换的食品、药品等入口商品要耐心向客人解释外，如退换的商品保持原样，无缺损，要接受退换，做到手续完善。

(3) 客人要求送货上门的商品，做到记录客人姓名、电话和送货时间准确无误，并按时送到，签收手续完善。

(4) 客人要求预购的商品，做到问清客人需求，准确记录商品名称、规格、型号、要求及客人的姓名、地址，商品到货及时通知客人前来挑选。

(5) 客人要求邮寄、托运的商品，应按邮寄、托运商品工作流程办理，做到准确及时，手续完备。

9. 商品采购

(1) 严格执行商品采购管理制度和商品采购工作流程，遵纪守法，维护酒店商场(商品部)声誉和利益。

(2) 掌握市场信息和柜台反馈信息，在洽谈业务时，坚持公平竞争、货比三家、平等互利的原则，做到议价有据，报价合理，定价准确。

(3) 鉴别商品质量，坚持看样、试样、留样、抽样的质量分析工作方法，把好质量关，确保商场(商品部)无假冒伪劣商品。

(4) 订购商品均有购货合同，内容全面、具体，经济责任分明。

(5) 商品进货坚持做到进货先验货,验货后付款。

10. 储存保管

(1) 商品仓库实行分类定位存放,始终保持整齐有序,清洁干燥。

(2) 商品进出库严格执行验货、出货工作流程,实行先进先出的原则,做好登账记卡及时,定期检查、盘点,保证货、卡、账三相符。

(3) 确保仓库安全,库内严禁吸烟,不存放私人物品,保持通道畅通,并设有适量的灭火器材,放置位置恰当,性能良好。

## 三、外卖部运行管理

酒店餐饮外卖有两种基本模式:一是在酒店开设对外销售窗口,为客人提供酒店餐饮特色产品,如当地小吃、特色冷菜等,客人到门店购买,打包后回家食用;二是酒店通过电话、网站、QQ、微信等现代营销工具,根据客人的需求,把餐饮产品送货上门。大型酒店一般专设外卖服务部门(也称"网购部""外卖服务中心"等),统一经营管理外卖服务工作。

### (一) 酒店按送货式外卖服务的优势和消费群

即使是一家品种单一到只有米粉的小店也会印发商品销售传单,发布送货预订电话,越是这样的小店越是清楚外场的生存及存在价值。不光如此,肯德基及麦当劳也早早瞄准了外卖这块领地,相继推出各自的外卖服务,已经深得顾客的青睐。产品外卖是现代酒店企业非常重要的销售形式,与发达便捷的网络服务和现代物流服务相融合,餐饮外卖成为酒店重要的利润增长点,并逐步形成独立的餐饮经营方式。

外卖是个历史悠久的传统行业,最初都是提供给大顾客、熟顾客的特殊服务,近年由于城市人口的大量流动与新的办公形式写字楼的急剧增多才使这个行业独立并专业起来。外场消费市场有以下几种。

(1) 企业白领,蓝领阶层的午餐、晚餐。

(2) 大型集会的午餐供应:比如人才招聘,商品展销会等。

(3) 商业公司集体饮食:比如各种商城、超市、电脑城、证券公司、银行等。

(4) 工业企业团议项目:比如企业员工就餐、食堂承包等。

(5) 其他:比如中小学生、沿街商铺、网吧、普通居民等用餐。

### (二) 酒店送货式外卖的经营管理控制

1. 确定经营模式

充分利用本酒店的品牌影响力,选择本酒店具有特色和竞争力的产品作为外卖的菜单,体现营养和卫生。采用现代网络营销技术开展营销宣传工作,建立一套方便、快捷的订单接受体系。建立一整套标志统一的运送交通工具、外卖送货员服饰等配送物流体系。

2. 强化客户资源管理

利用现代顾客市场细分技术,细分外卖顾客群,一般的分类方法有以下两种。① 以购买金额划分:团购客户(一次性消费 10 份以上)、大客户(单次消费 5 份以上)、散客户(单次消费 1 至 3 份);② 以忠诚度划分:老客户(长期较稳定的订餐)、新客户(近期加入的新增点)、流失客户(以前在我店点餐,现阶段不接受我们的服务)、潜在客户。根据以上类别,建立外卖顾客管理资源库,定期统计维护。当顾客第二次打进电话时,外卖人员不用重复去问,就能知道顾客是谁,在哪里等,减少操作时间,为提升工作效率做铺垫。数据统计工作也要开展,根据每日外卖金额和客户资源分布,对外卖情况进行动态分析,以便及时发现流失点及新增点和市场发展趋势。

3. 加强外卖团队管理

完善的外卖部团队是外卖部高效经营管理的重要保证。团队人员包括前台工作人员,由外卖接线员、外卖送货员、辅助人员三类人员组成。后台人员可借助酒店餐饮部的工作人员如厨师队伍等,通过合理调度实现人力资源的使用的最优化,通过团队建设保证外卖部业务的正常运行。外卖前台人员的主要岗位职责有以下几种。

(1) 外卖接线员:负责接听外卖热线,要求声音甜美,态度和蔼,积极主动为顾客提供服务及推单技巧,满足顾客对外卖产品需求及地址电话。记录确定准确无误后交收银台打单,随后迅速递单给后厨。

(2) 外卖送货员:积极主动完成外卖配送工作,为顾客提供保质保量保速的服务,同时具备敏锐的市场开拓眼光,收集外界相关信息。根据外卖人员数量及所在辖区外卖销售情况,合理配备相关设施。保证主力外卖员配备专车、外卖箱,同时外卖人员要求形象统一。

(3) 辅助人员:辅助人员辅助接线员递单,外卖产品分类打包,依据时间顺序合理分配给外卖员配送,同时根据工作实际情况需要亦可进行外卖配送工作。

3

4. 实施最优化的销售过程管理

外卖销售管理工作过程分为以下几个阶段。

(1) 制定销售计划及相应的销售策略。

(2) 建立销售组织及对销售人员进行培训。

(3) 制订销售人员的个人销售指标,将销售计划转化为销售业绩。

(4) 对销售计划的成效及销售人员的工作表现进行评估。

对外卖销售管理首先要制定销售目标,必须十分清晰产品的目标市场和目标客户,然后要制订出切实而有效的销售策略和计划,并培训外卖人员,使其意识到销售任务及目标可行性。在管理过程中要动态掌控市场的经营环境、行业的竞争状况等信息,并不断调整销售策略,同时及时总结销售经验和问题,提升工作质量。

5. 实现最优的绩效管理

针对外卖服务工作的特点,激励外卖人员努力工作,更好地服务于顾客,为企业创造更多的效益,可通过新客户开发奖励、业务提成等激励措施实现部门最大绩效。

## 【任务框图】

本任务讲述了酒店常见的三个直接对客营业部门的运行管理知识,主要内容框架如图 3－14 所示。

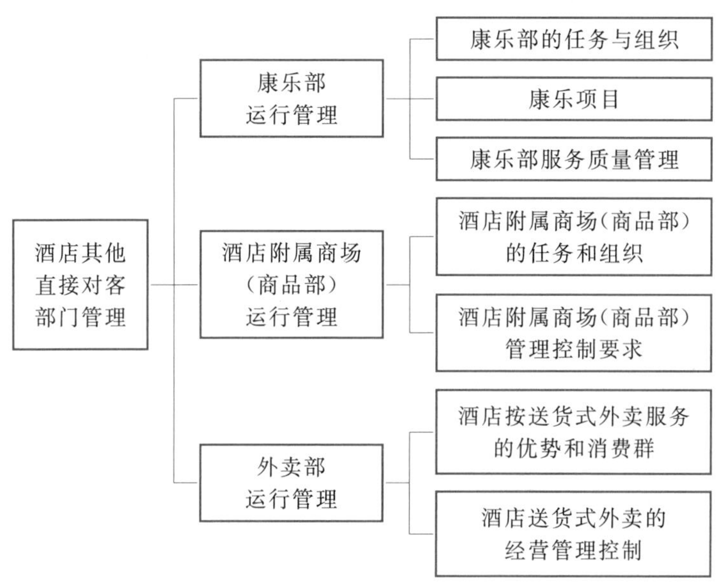


**图 3－14　模块三任务四框图**

## 【任务拓展】

随着社会发展，酒店不断与其他行业相互渗透，直接对客服务项目不断创新，使酒店逐步成为一个综合性服务行业，请通过图书馆资料检索、网络查询等途径，列出 5 个本教材未讲述的酒店直接对客服务部门，并大胆设计、建立 5 个新的直接对客营业部门。

## 【任务测试】

**一、判断题**

1. 康乐部能满足人的健康、求知和社交等方面的需求。（　　）
2. 桑拿浴是酒店常见的非运动类康乐项目。（　　）
3. 康乐项目中直接接触客人皮肤的设备应一客一消毒或换场消毒。（　　）
4. 酒店商品部对工作人员的要求不高，任何人都可以胜任。（　　）
5. 商场（商品部）位置设在酒店 1 层或 2 层或客人进出方便和便于前往购物的地方。（　　）

**二、单选题**

1. 康乐部组织结构（　　）方式，是以欧美模式为代表，赋予康乐部以较高地位的模式，将娱乐（康乐）部直接设在总经理级之下，与其他主要业务部门如前厅、客房、餐饮、营销等部门平行设置，成为一个二级部门。

A. 一级设立　　B. 二级设立　　C. 三级设立　　D. 四级设立

2. 下列不属于运动类项目的娱乐是（　　）。

A. 戏水运动　　B. 健身运动　　C. 保龄球运动　　D. 棋牌类活动

3. 室内游泳池冬季的水温应保持在（　　）。

A. 15～18℃　　B. 20～22℃　　C. 25～27℃　　D. 30～32℃

4. 康乐项目按功能特征分类，不属于保健类的是(　　)。

A. 按摩　B. 桑拿　C. SPA　D. 球类项目

5. 商场(商品部)温度冬季不低于(　　)℃，夏季不高于(　　)℃。

A. 18　20　B. 22　24　C. 20　24　D. 24　25

### ◇ 模块学习总结

前厅和客房是酒店的销售中心、利润中心和对客服务中心。任务一和任务二从前厅和客房的地位作用入手，介绍了酒店前厅和客房部的任务、组织机构、主要业务的管理要求，通过典型案例，传授前厅和客房部的管理方法和技巧。与相关课程客房服务与管理、前厅管理等课程配合，期待形成初级管理者较系统的酒店前厅和客房运行管理能力。前厅管理的重点是宾客的进出环节，规范的销售、接待、登记、退房离店、收银结账等业务环节是前厅管理的重中之重。管理者必须掌握这些环节的管理规程和管理要求，同时要举一反三，触类旁通，才能形成前厅管理能力。通过实践提高，才能成为优秀的前厅管理者。客房部的管理能力形成也是同样的过程。在酒店从事前厅和客房工作，除掌握前厅和客房管理基本知识和技能外，管理者还必须具有强烈的销售意识、安全和卫生意识，具备生态、环保、低碳等现代酒店经营理念，具备发自内心为顾客服务的心态，只有这样，才能成为一名合格的前厅客房经营管理者。

3

餐饮部是酒店中的一个重要部门，是为宾客提供食品、饮料和良好服务的部门。餐饮部的任务是在酒店餐饮部经理领导下，以经营计划为指导，以经营责任制为基础，全面策划餐饮产品的生产、销售、服务等活动，科学合理地组织厨房生产和餐厅服务；组织客源，扩大销售、降低成本消耗，提高服务质量，满足客人的餐饮需求，以获得最大的经济效益。随着社会生产的高度发展和人们生活价值观念的改变，餐饮需求日益多样化，人们对餐饮产品的质量、用餐环境和就餐气氛、餐饮服务质量要求越来越高。为了满足消费者的这些需求，餐饮部在酒店的经营中所起的作用越来越大，所肩负的责任也越来越大。作为酒店餐饮部门的经营管理者应该充分认识到酒店餐饮部门的特殊地位和作用，熟悉餐饮经营管理的任务，突出酒店餐饮在现场服务、出品质量、成本控制、全员销售等重要环节的作用，能够针对餐饮经营管理的特点合理选用服务人员和厨师，加强服务意识和服务、操作技能培训，保持酒店餐饮质量的稳定。

本模块还对酒店所属的康乐、外卖和商品部进行运行管理概述，如从事这些部门的管理工作，还需要进一步学习相关管理知识和技能。

### ◇ 模块学习链接

1. 通过浏览携程、美团等平台网站，酒店营销创新、酒店观察网等公众号，了解酒店业经营运行的最新动态，实时掌握酒店业经营管理最新策略。

2. 通过阅读《美食研究》等杂志，《酒店OTA平台运营增长指南》《酒店管理与经营全案》《酒店/民宿场景化营销实战》《饭店营销实务》《餐饮管理》(第五版)等著作，扩展酒店营销、餐饮管理理论知识，丰富酒店直接对客部门管理实践经验。

# 模块四　酒店间接对客部门管理

- 任务一　酒店安全部管理
- 任务二　酒店采供部管理
- 任务三　酒店工程部管理
- 任务四　酒店信息部管理
- 任务五　酒店财务部管理
- 任务六　酒店总经理办公室管理

## 职业能力目标

1. 能运用安全知识进行酒店安全日常运行管理，保障酒店管理活动正常开展；
2. 能执行酒店采供工作流程和管理要求，运用采供技术实施酒店科学采购；
3. 能处理酒店工程部一般管理事务，保障酒店管理活动正常开展；
4. 能制定酒店信息管理系统构建需求、正确运用酒店信息管理系统实施管理，提高酒店管理效率；
5. 能对酒店各部门收入和利润进行管理，具有运用财务管理手段提升酒店各部门经营效益的能力；
6. 能组织和服务酒店各类会议以及总经理办公室日常事务，具有举办高质量会议、规范处理公文和行文的能力，以及较强的酒店企业上下、部门间沟通能力。

## 典型工作任务

1. 胜任安全部经理助理、治安主管、保安主管和消防主管工作，确保酒店安全运行，快速和正确处置安全事件；
2. 胜任采供部经理助理、主管和采购员工作，执行采供计划，运用采购技术实施科学采购；
3. 胜任工程部、信息部经理助理、主管工作，完成酒店日常工程维修管理、信息保障管理；
4. 胜任办公室主任助理工作、秘书工作；
5. 在酒店的不同的管理工作岗位上运用财务知识，指导经营管理活动。

# 任务一　酒店安全部管理

任务引例

**烟感器发出报警声**

一天晚上，杭州某酒店保安员小郝正在保安室值班，突然，烟感报警器发出报警声。同时，913 房的警孔上不断闪现红色信号。他立刻冲出房门，直奔 913 房。只见 913 房门口挂着“请勿打扰”的牌子，小郝接连按几下门铃，都没有动静，小郝便用力敲起门来，一面大声叫道：“913 房客人请快开门。”里面还是死一般的寂静。小郝当机立断，叫来楼层服务员小范用备用钥匙打开房门。只见缕缕浓烟直冲烟感报警器装置。原来是垃圾桶里的废纸冒出烟雾，废纸上火星点点，但尚未燃烧起来，两人急忙到卫生间弄来两杯冷水将桶里废纸的火星浇灭。“好险啊！”小郝和小范轻轻地舒了口气。

到这时，他们才发现客人正躺在床上呼呼大睡，原来客人是喝醉了。小郝便使劲用力反复推他，一边还大声叫喊：“先生，请醒醒！”客人终于醒来。小范去泡了杯茶给客人，客人喝了几口，酒意渐渐消散。小郝向客人说明得到烟感器报警赶来抢救的过程，并请他说说事情经过。

原来这位客人晚饭喝醉了，坐在靠椅上抽了一支烟，随手把烟头往垃圾桶里一扔，就蒙头睡大觉了，以后的事情他就全然不知。小郝态度严肃而语气平缓地对客人说：“先生，维护所有客人的生命和财产安全，是酒店的责任，也是每位客人的责任，您喝酒应有节制，不要喝醉，喝醉了对身体也没好处。醉后抽烟，乱扔烟头，易造成火灾，后果不堪设想。刚才您差点酿成一场事故……”客人羞愧地低头认错，表示今后一定吸取教训。

（案例来源：根据最佳东方官网资料改编）

本例中酒店保安员小郝及服务员小范面对烟感器报警采取了积极有效的措施，值得肯定。同时提出了一个值得深思的问题：如何正确处理好醉客？试想，本例中客人喝醉后，从餐厅到走道，从电梯到客房楼层，如果酒店员工都有强烈的安全意识，注意观察，及时发现醉客，从各个环节加强防范，本例的事故苗头，可能早就避免了。可见，全员关心和投入安全保卫工作，十分重要。

## 【任务执行】

### 一、安全部管理概述

安全部是酒店的专业职能部门，负责保卫酒店和客人的生命、财产安全，维护酒店良好的经营秩序。

安全是酒店一切经营管理工作顺利开展的保障。现代酒店是开放式的经营企业，现代酒店的性质就是为社会大众提供各种服务的公共场所。酒店是否安全，不仅直接关系到酒店的正常经营秩序、酒店的声誉、酒店的经济效益，还关系到地区和国家的声誉。加强酒店安全管理的重要性显而易见。酒店安全运行管理要充分认识到其艰巨性，要依法推动。在错综复杂的情况下，酒店要做到全面管理，打持久战，突出突发性事件的预防和处置。

**（一）安全部工作任务**

酒店的日常安全工作管理

安全部是在酒店总经理领导下，在公安机关、司法部门和上级主管部门指导下，对酒店内部的治安、消防、秩序等工作进行管理，通过检查、督促和防范等手段，实现酒店内部安全有序。其主要工作内容包括：

（1）加强对酒店开业、作业、客人登记以及兼营舞厅、音乐茶座等直接面客场所的管理工作。

（2）加强对酒吧、咖啡馆、商场、游乐场等酒店内公众出入频繁场所的治安管理，维护内部治安秩序。

（3）加强对危险物品如枪支弹药等的管理。当前被列为治安行政管理的危险物品主要有：枪支弹药、爆炸物品、放射性同位素、其他易燃易爆物品、剧毒腐蚀性化学物品和管制刀具。

（4）对酒店内部员工的轻微违法犯罪行为进行教育、帮助。严肃查处各种治安案件。治安案件通常是指违反治安管理条例，依照《中华人民共和国治安管理处罚条例》的规定，应予处罚的案件。内部治安事件，由单位的保卫组织负责调查取证，需要给予治安处罚的按照治安管理处罚裁决权限的规定，报送公安机关裁决，对发生在酒店内部的刑事案件，安全部有责任协助公安机关做好侦破工作。

（5）完成公安机关的治安、保卫、刑侦、外事等部门交办的其他任务。

（6）落实酒店安全防范管理制度，积极推行安全保卫岗位责任制。

**（二）安全部组织机构和岗位职责**

（1）安全部的组织机构，如图 4－1 所示。

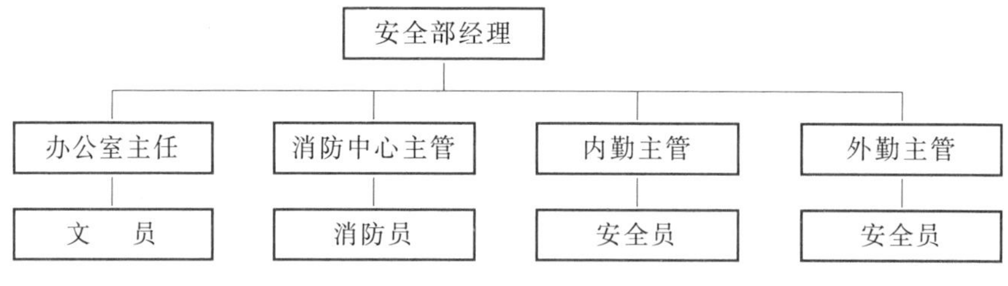


**图 4－1　安全部组织图**



（2）主要岗位职责。根据酒店安全部的岗位设置，主要的岗位职责目录如下，详细岗位职责内容可以通过网络查阅。

① 安全部经理、副经理职责。

② 内勤、外勤工作职责。

③ 消防中心工作职责。

④ 办公室工作职责。

⑤ 门口安全员岗位职责。

⑥ 大堂安全员职责。

⑦ 巡逻安全员职责。

### （三）安全部管理制度

酒店安全部管理制度包括两大类，第一类是国家颁布的法律、法规和规定，如消防法、公共场所治安管理条例等；第二类是酒店为了安保工作顺利开展制定制度，主要制度目录如下，详细制度内容可以查阅本教材配套的资源库或者通过网络查阅。

（1）消防管理制度。

（2）治安管理制度。

（3）安全责任制。

（4）安全事故处理规定。

……

## 二、安全部技术管理

为了充分运用现代先进技术，构建实用、可靠、先进、经济的安全技术防范体系，维护旅馆的治安秩序，提高旅馆的安全技术防范能力和安全管理水平，保障旅客的人身、财产安全，根据国务院《企业事业单位内部治安保卫条例》、住房和城乡建设部《安全防范工程通用规范》（编号为 GB 55029—2022）和有关行业标准的规定，各酒店均在开业前实现了安全技术防范系统建设。管理好酒店的安全技术防范系统，是提高酒店管理水平的重要任务。

### （一）安全技防系统构架（表 4－1）

**表 4－1　　酒店安全技防系统构架一览表**

| 编号 | 项目 | | 安装区域或覆盖范围 | 配置要求 |
|---|---|---|---|---|
| 1 | 视频监控系统 | 彩色摄像机 | 三星级以上（含）旅馆、酒店的正门外、候车区 | 强制 |
| 2 | | | 与外界相通的楼栋出入口、地下停车场（库）与外界相通的出入口、地下停车场（库）层与层之间的车辆通道、停车场（库）内 | 强制 |
| 7 | | | 地下停车场（库）电梯厅、电梯轿厢、底层楼梯出入口、地下停车场（库）楼梯出入口、其他楼层电梯厅、楼梯出入口、非客房通道 | 强制 |
| 10 | | | 面积大于 60 $m^2$ 的前厅（大堂） | 强制 |
| 11 | | | 配电间、水泵房等重要设备间 | 强制 |
| 12 | | | 会客厅、餐厅、酒吧、会议厅、咖啡座、功能转换层及康乐设施场所的楼层电梯厅、楼梯出入口和主要通道 | 强制 |
| 13 | | | 舞厅、KTV 等娱乐场所门口、客房通道 | 强制 |
| 16 | | | 自动扶梯出入口、各层安全出口、疏散出口 | 强制 |
| 17 | | | 总台接待处、收银处、外币兑换处、贵重物品寄存处 | 强制 |
| 21 | | | 重要工作室的通道 | 强制 |
| 22 | | | 购物中心、商务中心出入口和主要通道、旅馆外围周边或广场 | 强制 |
| 26 | | | 重要管理人员办公室、高层酒店顶层出入口、安防中心控制室 | 推荐 |
| 29 | | 人脸识别系统终端 | 总台接待处 | 推荐 |
| 30 | | 控制、记录与显示装置 | 安防中心控制室 | 强制 |

4

续 表

| 编号 | 项目 | | 安装区域或覆盖范围 | 配置要求 |
|---|---|---|---|---|
| 31 | 入侵报警系统 | 入侵探测器 | 建有围墙(栏)周界封闭屏障处 | 强制 |
| 32 | | | 重要管理人员办公室、重要物品库、财务室 | 强制 |
| 35 | | | 设备层、水泵房和房屋水箱部位、配电间等重要设备间 | 强制 |
| 38 | | 紧急报警装置 | 总台接待处、收银处、外币兑换处 | 强制 |
| 41 | | | 重要工作室、重要物品库、财务出纳室 | 强制 |
| 44 | | | 贵重物品寄存处、小件行李存放处、安防中心控制室 | 强制 |
| 47 | | 防盗报警控制器 | 安防中心控制室及相关独立的设防区域 | 强制 |
| 48 | | 电子地图 | 安防中心控制室 | 强制 |
| 49 | 出入口控制系统 | | 客房 | 强制 |
| 50 | | | 贵重物品寄存处、小件行李存放处 | 推荐 |
| 51 | 停车库(场)管理系统 | | 出入口 | 推荐 |
| 52 | | | 停车场(库)出入口(道闸) | 强制 |
| 53 | 声音复核装置 | | 总台接待处、收银处、外币兑换处 | 推荐 |
| 54 | 电子巡查系统 | 巡查点 | 配电房、锅炉房、电梯机房、空调机房、总机房、电脑房、油库、停车场(库)、避难层、各楼层出入口及其他重要部位 | 强制 |
| 55 | | 控制、记录、显示 | 安防中心控制室 | 强制 |
| 56 | 电话通信系统 | 来电号码显示 | 对外公开的直线电话 | 强制 |
| 57 | | 来电通话记录 | 对外公开的直线电话 | 推荐 |
| 58 | 实体防护 | 防盗门、金属防护门 | 财务室、重要工作室、重要物品库 | 强制 |
| 59 | | | 客房门、安防中心控制室 | 强制 |
| 61 | | 防盗保险箱 | 财务室 | 强制 |

### (二) 技防管理要点

(1) 加强设备维护管理，确保技术监控等系统的正常运行。

(2) 加强技防队伍建设，全面提升安保人员操作技防系统的技能。

(3) 加强系统值班制度，记录好安全技防日志，加强保卫过程的基础材料建设。

(4) 加强过程监控，对预警信号实现同步反应并在第一时间内处置。

(5) 强化服务意识，延伸和拓展安全技防服务领域。



## 三、安全部业务管理

### (一) 安全工作总要求

防患于未然，勤查严防，确保安全。

### (二) 安全工作“五防”

安全工作“五防”分别是防火、防盗、防抢、防破坏、防治安灾害。

### （三）内部重点安全防范部位

内部重点安全防范部位有：餐厅、歌舞厅、酒吧咖啡厅、大堂、机房、楼层、配电房、油库、仓库、商场、财务室、停车场等。

### （四）内部治安管理秩序标准

（1）人员管理。不得在院内马路上打球和进行娱乐活动；不准小孩在马路上玩耍；禁踏草坪。

（2）车辆管理。车辆进入酒店限速 5 千米/时；大卡车、货车不得进入酒店；单车、摩托车一律放在指定的地点；对进出酒店停车场的所有机动车辆要做到检查、验证、登记。

（3）物资流动管理。禁止搬走酒店财产；禁止随便动用一切机械设备；若发现酒店设施有人搬走，要立即上前问清情况后，按规定处理。

### （五）消防知识及消防管理

（1）防火的基本概念。火灾的形成必须要在可燃物、空气和一定的温度之下才会形成，这三者缺一不可。火灾扑灭的方法通常有窒息、冷却和拆除三种，窒息就是将火源和空气隔绝，让火源得不到所需的氧气而熄灭；冷却就是将火源的温度降下来，使火熄灭；拆除即将火源周围的可燃物移开。

如何正确使用灭火器

（2）火灾的种类。火灾通常分为普通火灾、油类火灾、电气火灾和金属火灾。

（3）灭火器的种类和使用方法。常见的灭火器有泡沫灭火器、二氧化碳灭火器、干粉灭火器和碱化烷灭火器。泡沫灭火器适用于普通火灾和油类火灾，使用时将灭火器倒下并左右摇摆，使药剂混合后产生二氧化碳，拔去灭火器的插销用手压开关就会喷出二氧化碳的泡沫溶液阻断火源的氧气而将火扑灭。其缺点为容易造成污染，不可使用于电气火灾类，每 4 个月需要检查一次，药剂一年必须更换一次。二氧化碳灭火器，适用于油类火灾和电气火灾，使用时先拔出保险插销，握住喇叭喷嘴前的木质握把，再压下活门开关即受内部高压而喷出，每 3 个月需要检查一次，重量减少应及时灌充。干粉灭火器，适用于普通火灾、油类火灾和电气火灾，使用时先拆断封条，拔起保险插销，喷嘴管朝着火点压下二氧化碳钢瓶压板即喷出。每 3 个月应检查压力表一次，压力表应维持在 150～200 磅，药剂有效期限为 3 年。碱化烷灭火器，适用于所有火灾类型，对油类火灾和电气火灾尤其有效。

（4）酒店消防管理要点。严格执行酒店所在地区消防安全管理规范，重点做好以下管理工作：

① 健全消防安全机构，配备合格的消防工作人员。

② 明确酒店消防各级安全职责，做到安全责任明确，分工到人。

③ 建立消防安全制度和操作规程，并贯彻实施。

④ 严格执行国家消防安全场所设置要求，消防安全管理措施得力。

⑤ 开展常态化防火检查、火灾隐患整改、消防安全宣传培训、灭火和应急疏散预案和演练等消防常规性工作。

⑥ 严肃处理火灾事故和火灾苗头。

⑦ 建立消防档案，切实加强消防安全经费投入。

4

## 四、安全部运行控制

安全部工作的出发点和目标是保证客人人身、财物安全和保护个人秘密；保证员工人身、财物安全；保证酒店财产不受破坏、被盗、遗失，不出任何安全事故。重点防患于未然，勤查严防，确保安全。要做到以上目标，除了加强安全部运行管理外，还应重点从以下四个方面进行运行控制。

**（一）队伍与质量控制**

加强安保队伍建设，全面提升安保人员安全管理意识和技能，建立适合酒店管理需求的安保人员素质拓展机制。对酒店保安人员及工作质量的控制应从以下几方面着手。

（1）控制保安来源渠道。尽可能与保安公司合作，招聘保安人员；本单位独立招聘应该制订详细的招聘计划，突出素质考察。

（2）建立保安人员日常业务学习、体能训练工作考核，及时调整不符合要求的保安人员。

（3）要选聘符合条件的安保部门负责人。

（4）强化服务意识，延伸和拓展安全服务领域。

（5）经常性开展安保服务质量督查和竞赛活动，奖励优秀，处罚落后者。

（6）设立服务质量举报箱，完善举报制度。

（7）安全保卫人员应掌握酒店保安工作要求，对治安、消防有关保安知识熟悉，执行过程中把控到位，防止违法现象发生。

**（二）监控系统有效性控制**

保安部应加强设备的日常维护管理，确保技术监控等系统的正常运行，使整个酒店的安保软件和硬件系统始终处于有效状态。具体从以下三个方面进行控制。

（1）建立设备设施管理责任制，做到责任到人。

（2）制订定期安保设备维护计划，并督促执行。

（3）加强检查和检测，及时发现安保设备设施故障并安排维修。

**（三）值班控制**

酒店的安保值班工作是保证酒店始终处于安全控制状态的一个重要工作，关键部门、关键部位、关键时段应保证值班人员的到位和责任到位。具体应该从以下五个方面进行控制。

（1）值班安排到位，无值班盲区。

（2）值班标准到位，责任要求明确。

（3）值班检查到位，严肃处理缺岗、怠工保安人员。

（4）值班安全信息传递到位，能及时传递和汇总酒店安全状态信息。加强过程监控，对技防预警信号实现同步反应并在第一时间内处置。

（5）值班记录到位，安保值班记录完整、全面，并按照规定存档备查。

**（四）基础材料控制**

安全基础材料是酒店安保重要工作之一，由于安全工作的特殊性，基础材料对以后的安全工作的指导，对已经发生的安全事故的处置等具有重要的作用。不管是纸质材料还是电子材料，均应严格执行基础材料的管理规定，从以下几方面进行控制。

（1）按照上级部门要求设置安保工作档案目录，建立相应的台账，确保台账齐全。

（2）记录要求明确，记载清晰、完整，基础材料的传递有手续，查阅符合安全规定。

（3）电子档案资料及时、安全存储，防止被误删和被病毒破坏。

（4）所有安保基础材料按照存放年限妥善保管，以备查阅使用。

## 【任务框图】

本任务从四个方面讲述了酒店安全部管理和运行控制要求，主要内容框架如图 4－2 所示。

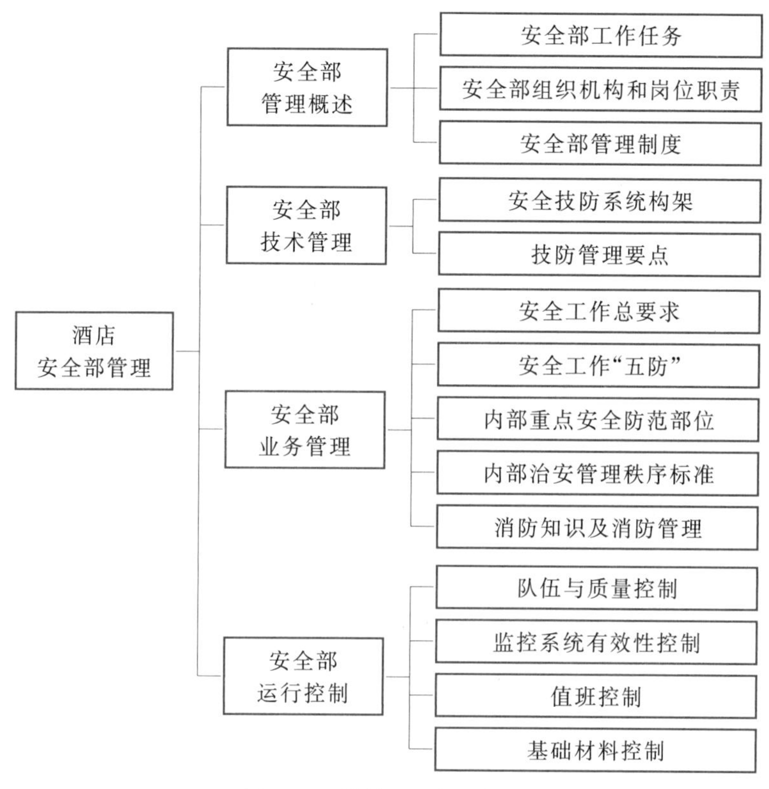


**图 4－2　模块四任务一框图**

## 【任务拓展】

酒店安全工作面广量大，政策性强、技术性强，防患于未然是每一位酒店管理者必须树立的酒店安全管理工作理念。



本任务只从酒店组织机构、基本管理制度、酒店安全知识、消防管理、安全技防管理等酒店安全管理基础和重点入手，阐述了酒店管理基本要求。酒店是社会的缩影，许多社会安全问题也是酒店安全问题，请通过网络资料查询、图书资料检索、课外讨论等方式获取酒店以下安全问题的处置方法，整理后在学员中共享。

（1）酒店内发生恐怖事件如何处置？

（2）在自然灾害面前（地震、洪水、海啸等），酒店应如何应对？

（3）酒店内发生顾客或者员工涉毒事件应如何处理？

（4）酒店出现员工集体罢工事件如何处理？

（5）如何应对外界对酒店的诽谤？

（6）酒店发生食物中毒事件应如何积极处置？

## 【任务测试】

**一、判断题**

1. 泡沫灭火器，适用于普通火灾和油类火灾，也适用于电气火灾类。 ( )

2. 安全工作总要求是防患于未然，勤查严防，确保安全。 ( )

3. 门口安全员要对夜间 23:00 以后开出的车辆严格把好验证关，要做到“三对照”，即对照驾驶证、行车证和身份证，发现手续不全和可疑情况要及时报告和记录。 ( )

4. 大堂安全员在值班期间，只需要负责酒店大堂的安全和秩序，不能和客人说话并回答客人的询问。 ( )

5. 酒店发生火灾的机会很小，因此只要由保安员兼任消防员即可，不需要设专门的消防员。 ( )

**二、单选题**

1. 下列不属于保安部组织机构的是( )。

A. 内勤　B. 外勤　C. 消防中心　D. 后勤

2. 安全工作“五防”指( )。

A. 防火、防盗、防抢、防灾害、防治安　B. 防火、防盗、防抢、防破坏、防治安灾害
C. 防火、防盗、防抢、防灾害、防破坏　D. 防火、防盗、防抢、防治安、防破坏

3. 以下最适合电气火灾的灭火器是( )。

A. 干粉灭火器　B. 二氧化碳灭火器　C. 碱化烷灭火器　D. 泡沫灭火器

4. 对 VIP 客人进行重点护卫是( )的工作责任。

A. 内勤　B. 外勤　C. 消防中心　D. 办公室

5. 火灾的形成必须要在( )之下才会形成，这三者缺一不可。

A. 可燃物、空气和一定的湿度　B. 可燃物、火源和一定的温度
C. 可燃物、空气和一定的温度　D. 火源、空气和一定的温度

# 任务二 酒店采供部管理

4

**任务引例**

**“豪华”水晶灯毁掉了酒店前程**

X 酒店在鲜花和鞭炮的喧嚣中开业，大堂里的一盏绚丽夺目、熠熠生光的水晶灯吸引了社会各界人士的眼球。这盏价值 120 万美元的水晶灯是王总亲自找货源，从某珠宝公司高价购买的，不仅全国罕见，在国外也只有少数著名星级酒店才能见到。这盏灯成为 X 酒店开业的重磅新闻，使 X 酒店一举成名，同时带来了生意兴旺的良好开局，王总也得到了赞扬。

然而，好景不长，两个月后豪华的水晶灯出现了状况：灯体光泽暗淡，灯杆出现锈斑，灯珠脱落，败象丛生。当日高档水晶灯的雄风不复存在，王总再也笑不起来。经查实，该水晶灯不是从什么珠宝公司处购得，而是从 W 代理商处购买的赝品。王总中饱私囊，贪污受贿，一手操纵了从确定供应商家、协议签订、验收入库和付款等整个采供过

程，收受了 W 代理商的巨额好处费，最后得到了法律的制裁。X 酒店蒙受巨大损失，更为严重的是酒店的名誉受损，成为同行笑柄。这对一家新开业的酒店形成了致命的打击。X 酒店从此一蹶不振，亏损严重，最后被出卖转让。

（案例来源：根据酒店采购网官网资料改编）

在这里需要反思的是，“悲剧”是如何发生的？酒店应该如何防范呢？本案例暴露出该酒店很多采供漏洞，酒店的大型物资应该通过招标等一系列的规范程序采供，必须监控采供过程，必须建立风险防范措施等。因为该酒店的漏洞百出的采供体系，导致了一家酒店的毁灭。

## 【任务执行】

### 一、采供部管理概述

采供部即酒店经营业务所需物资的采购供应部门。它的主要任务是在酒店计划管理指导下，按质、按量、按时、适价地组织和采购、供应酒店经营所需要的物资，满足经营管理活动的需求。

采供部是酒店的主要的费用支出部门，其采购供应的计划和组织工作对酒店经营及其效果都有着重要影响。其职责是根据领导指示和酒店现状，结合市场的供应情况，审定采购计划，及时组织和购买酒店运营所需的各种物资，并保证与酒店的星级、档次相适应；同时，在采购过程中要严格控制，努力降低成本，科学使用采购资金，合理有效掌握人力和车辆的投入，广泛建立供货渠道，真正做到“开源节流，增收节支”。

#### （一）采供部工作任务

采供部的工作任务为组织市场调研，根据市场供应情况和酒店要求审定价格合理、质量可靠、信誉和服务上乘的供应厂商，确定供需关系；负责与厂商进行业务洽谈，审查所有供货合同和其他业务合约；积极开发市场货源，努力创造提高采购质量，降低采购成本；掌握、指导库存商品周转和存量，了解所采购商品的有效使用率；审查采购申请单、订货单；认真落实经济、海关、检疫、卫生等法律法规规定的有关部门项目的执行，及时处理发现的问题。

#### （二）采供部组织结构

常见酒店的采供部组织结构，如图 4 - 3 所示。

4

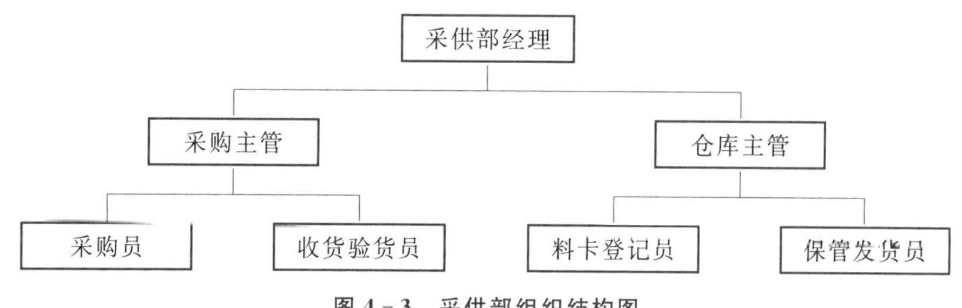


图 4 - 3 采供部组织结构图

#### （三）采供部管理制度

酒店采供部的主要管理制度目录如下，制度的详细内容可以查阅本教材资源库或者通过网络查询。

（1）采供计划审批制度。

（2）采供业务操作流程。

（3）仓库操作管理流程。

（4）原料物品采购、盘查和损耗处理制度。

（5）仓库物资管理和安全管理制度。

## 二、采供部业务管理

### （一）采供管理内容和目标

1. 采供管理的内容

（1）通过统计分析，掌握酒店所有业务活动的物资需要，依据市场现实情况，科学合理地确定采购所需物资的种类与数量。

（2）通过市场调查，掌握物资的供应价格变化规律，根据酒店各部门对物资的质量需求与价格需求意向，选择最为合适的供货商，并及时订货或直接采购。

（3）控制采购活动全过程，堵塞每个环节中可能存在的管理漏洞，使物资采购按质、按价、按时到位。

（4）制定采购各种物资的严密程序、手续和制度，使控制工作环环相扣。

（5）制作并妥善保管与供货商之间的交易合同，保证合同合法有效并对酒店有利。

（6）协助财务部门做好酒店对供货商的贷款清算工作。

2. 采供管理的目标

（1）按时、不间断供应酒店所需物资，这是采购工作的中心任务和最低目标。

（2）控制采购费用，实现最小的投入，保障酒店物资在质量上、数量上和时间上的需求。

（3）做到所采购的物资质量最理想化，在相同的投入下尽可能提高物资的整体质量。

（4）降低净料成本。采购的物资经去毛取净后，净料的价格才是酒店物资消耗的真实成本。所以采购人员应该具有丰富的经验，不仅要考虑原始成本价格，还要清楚加工后的净料成本价格。

（5）实现最有利的竞争地位。在与供货商的交往过程中确立自己最有利的竞争地位是实现采购成本降低、采购物资质量提升的有效做法。可以通过采购规模、酒店的声誉等来提升和巩固竞争地位。

4

### （二）采供过程管理

1. 采供项目申请

凡仓库储备的项目，由仓库根据库存限额及各部门的使用情况反馈认真测算后提出；各部门所需仓储之外的物品，由各部门填写“零星物品采购申请单”（三联单），附书面申购说明，经部门经理签字后交采供部；各厨房所需仓储之外食品材料，由各厨房填写“零星食品、物品采购申请单”（三联单）经厨师长认可后交采供部。

厨房日耗品采购须在前一天 16:00 之前交采供部；本地低值易耗品采购须至少提前 4 天交采供部；本地非低值易耗品采购须至少提前 1 个月交采供部；异地采购应至少提前 1.5 个月交采供部；需采购货物最少要有 3 个月供货时间；特殊情况则具体商议安排。

2. 采供的确认和报价

厨房日耗品由供货商每周报价一次，采供部负责进行调研、比价和评估后将确认的价格交各厨房和收货员查存。

仓库常备用品和营业常备用品的加工和采购实行“综合考核，对比择商，定点供应”的原则组织进货。改变供应渠道须有书面说明并经采供部经理同意。

供应厂商的优惠、赠送、折扣、回扣等归酒店所有，并在报价中注明。

“国外采购申请单”可以传真、函电方式向国外供货商询价。属国家控制进口的商品要向国家有关部门办理申报审批手续。

对有特殊要求或特殊加工的采供项目，需方要作详细说明或提供完样，供方提供样品由需方确认。确属疑难采购项目，采供部和使用部门要及时沟通联系，研究对策。无力解决的要及时上报。

3. 采供项目的审批

各厨房日耗品须由厨师长签字，采供部经理审批；库存补充计划提出后由财务部审核，总经理签批；各部门营业物品采购计划提出后交财务部审核，采供部询价后报总经理签批。所有采供项目须经审批成为有效订单后，才能实施购买。

4. 采供项目的购买

依据有效订单，由采供部统一购买，其他部门一律不得自行购买。所有购买活动必须依据有效订单规定的项目、数量、价格、时限要求进行。

5. 采供项目的验收

到货前填写“采货查验联系单”（两联单），说明货物的品牌、规格、数量、质量要求等项目，一联留存，一联交收货员。收货员据此将货物入库，同时出“收货单”（三联单），一联交供应商、一联留存，另外一联交财务。要进行货品抽样检验，根据检验结果发“验货单”（三联单）。

6. 采供项目的结算

须预付货款的采购项目，在交易前须签订供销合同，付款时，凭供销合同填写“付款申请单”或“支票领用申请单”向财务部申请付款；即时付款的供应项目，凭有效采购申请填写“支票领用单”或“付款申请单”向财务部申请付款；以现金支付的采购项目，以核发的备用金支付，采购手续办理完结后，向财务部申请领补备用金；延迟付款的供应项目，其付款单据由采供部统一管理，定时核对无误后付款。



## 三、采供部运行控制

酒店采供管理工作是酒店管理活动的重要行为之一，采供部门是酒店资金支出大户，其管理工作质量的高低，既影响酒店的经济效益，又影响酒店的服务质量。

采购成本控制

### （一）采供计划控制

采购什么、采购数量、采购时间等采购要素必须提前做好计划，并按管理规定来规范其编制行为，保证采供计划科学、合理，满足酒店管理对物资的需求。

1. 计划申报

一般由酒店的基层使用单位提出采购需求，经各职能部门审核、归类汇总后，确定本部门计划期内的物资需求明细，上报采供部。

2. 需求汇总

采供部逐项检查各部门申请采购的每种物资库存和实际需求数量，按照规范的采供报告格式，形成完整的酒店采供计划书。

3. 财务审核

财务部门应根据酒店的资金和预算执行状况，审核修正无法实施和不合预算的采供项目，使采供计划书更加可行、合理。

4. 总经理审批

总经理或者分管副总经理依据部门申请、采供部意见、财务审核意见，以及酒店的经营管理策略，综合平衡，最终批准采供计划书。

### （二）采供价格管理控制

要获得理想的采供价格就必须进行充分的价格比较，并作为采供管理的重要的管理环节。理想的采供价格是指在某一价格水平上能够获得所采供的物资的理想使用价值。包括物资质量和理想的供货服务。

1. 酒店物资比价原则

（1）价格相对最低原则。指在同一的时间段、同等质量条件等前提下价格最低。

（2）物资质量第一原则。价格比较必须坚持质量第一的前提，而不是压价后再看质量。

（3）供货商信誉良好原则。应注重供货商的一贯服务质量和诚信情况，相同的价格应优先考虑信誉高的供货商。

2. 价格比较的程序

采供价格的比较是一个技术性强和需要丰富采供经验支持的工作。酒店的一般比价程序如图 4-4 所示。

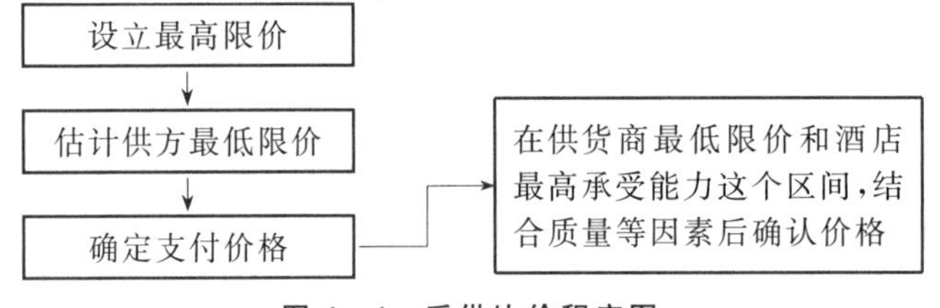


**图 4-4 采供比价程序图**

3. 获取理想价格的手段和途径



首先，酒店可以充分利用企业形象资本，采取集中批量订货的方式来获得理想价格。其次，要注意物资价格等信息的采集和分析，选择恰当的采购时机进行采购。再次要建立长期的购销合同，减少中间商，直接进货，选择恰当的支付方式，与供货商进行谈判，通过富有技巧的讨价还价来压低供货商的报价等措施来降低价格。最后寻找合适的替代品，一旦没有获得理想的价格，采取替代品是规避风险的重要措施。

### （三）供货商管理控制

供货商是酒店重要的合作伙伴，在选择供货商时要坚持平等、公开、广泛的原则。公平对待每一位供货商，公开选择供货商的每一个环节，让更多的供货商参与公开竞争，只有这样才能选择到最理想的供货商。在坚持供货商选择原则的基础上，还应该考虑以下因素。

（1）供货商与采购单位的空间距离。较短的距离可以缩短供货时间、提高物资的新鲜度和减少运输成本，规避因道路中断等因素造成的供货中断风险。

(2) 供货商的信誉。良好的供货商的信誉既减少了供货的风险,又提升酒店自身的形象。

(3) 供货商的供货能力和合作精神。供货商供货能力包括的接受订单量、存货量、日供量、物资质量、加工能力和加工技术等。另外,供货商合作意识和服务意识等合作精神也是选择时应考虑的因素。显然供货能力强、具有合作精神的供货商,供货质量就高,供货的风险就小。

(4) 供货商的内部管理水平。包括员工队伍、卫生管理、财务管理等,直接和间接影响着供货的质量。

酒店一旦选择了供应商,应主动与其建立良好的供货关系,互通信息,相互体谅,认真履行合同条款,尤其要按时支付购货款。一切交易手续清楚,不留纠纷隐患,保证双方长期愉快合作。

**(四) 采供方法管理控制**

采供是一门技术,只有科学地采供,才能满足酒店管理活动对物资的需求。目前酒店的采购方法有市场直接采购法、预先订货法、外包采购法和集中采购法等四种。

(1) 市场直接采供法。由采供人员直接与供货商进行洽谈,完成采购计划。

(2) 预先订货法。采供人员依据采供计划,与选定的供货商签订供货合同,按照合同约定供应相关物资。

(3) 外包采购法。外包采购法指把酒店的一段时间内的相关物资供应以外包的形式,一次性发包给信誉好、实力强的供货商,一次订货,分期到货。

(4) 集中采购法。集中采购法是酒店集团常采用的方法,由酒店集团下的采供中心完成对集团下多家酒店的物资集中供应。

酒店的物资采供要加强环节管理,着重要注意以下几点。

(1) 防止供货商买空卖空。防止供应商没有所需物资而从市场上倒卖或者拼凑酒店所需物资,从中牟利,损害酒店的利益。

(2) 防止重复付款或超额付款。由于酒店的物资需求量大、品种多,加上定期结算货款的支付方式,货款支付往往出现差错,如多支付、重复支付、供货商恶意骗付等。加强验收、签字和核对等环节的管理,才能避免货款支付错误的发生。

(3) 防止供货商在交货时以次充好。不诚实的供货商,往往采用以次充好的伎俩,如表面质量高,里面质量差;第一次质量好、以后的质量差;通过不法手段掩盖质量问题等。

(4) 加强采供凭证管理。供货凭证是酒店采供工作的最基础的经营活动资料,应加强归档和保管工作。所有凭证应由专人保管,定期按日期装订归档,对与供货商之间的重要书面文件(如:拒付通知、索赔文件等)应与相关凭证合并装订后存档,还要注意对空白凭证统一管理,防止丢失,不得私自销毁处理。



**(五) 物资验收与仓储管理控制**

1. 物资验收管理

酒店物资采购成功后,必须经过验收环节方可入库和使用,物资的验收工作直接关系到物资管理工作质量。

物资的验收包括物资的检验和收货两部分工作。物资检验主要是检查物资的相关凭证是否符合采供计划,检查物资交货时间与订货单是否一致,检查数量是否与订货单一致,检查质量是否符合订单要求,检查物资的价格是否与市场行情一致,质量和价格是否相符合。

在开展验收工作之前,验收人员要做好相关的准备工作,如采供计划、相关检验工具等,然后按照验收的要求验收入库，在操作过程中逐一进行，认真细致。在物资验收合格后，应办理相关的登记手续，包括填写验收清单、进货日报表等，记录验收结果，同时接受货物，并及时通知相关部门，按照管理规定由部门领用或者放仓库保存。

在验收过程中发现物资不符合采供计划，出现时间不对、品种不符、质量不符等情况应当行使拒收权，下达拒收通知书，并把相关物资未正常采购的信息告知有关部门，协助做好补救工作。

2. 物资仓储管理

物资进入酒店后，部分直接使用，部分需要进入仓库保管，供以后使用。酒店保管工作是保证酒店管理活动所需要物资的重要环节，应做到进入仓库的物资不短缺、不积压、不破损、不变质，发挥仓库保质、保量、保安全、保成本和保急用的功能，具体应从以下几方面加强管理。

(1) 加强仓储环境的管理。选好仓库是保证物资仓储管理质量重要的基础性工作，仓储的场所应考虑方便领用、存放和方便清扫等日常维护管理。

(2) 加强物资安全管理。做好防盗工作，防止物资遗失。

(3) 加强仓储物资质量管理。应做到先进先出、保持储藏条件的稳定，经常性检查物资的质量状态，对质量呈下降趋势的物资要有应急处理方案。

(4) 加强物资的盘点管理。定期对所存储的物资进行仔细点数检查，做到账物相符合。通过盘存来了解库存数量，为采供计划决策提供及时的信息。

(5) 加强保管人员的管理。仓库保管人员需要有良好的职业道德，具有较强的敬业精神。平时要加强教育，通过考核、激励等措施，确保仓库物资供应及时、物资保管安全可靠、物资账物一致、仓库内部清洁卫生、物品放置规范。

## 【任务框图】

本任务从三个方面讲述了酒店采供部管理和运行控制要求，主要内容框架如图 4－5 所示。

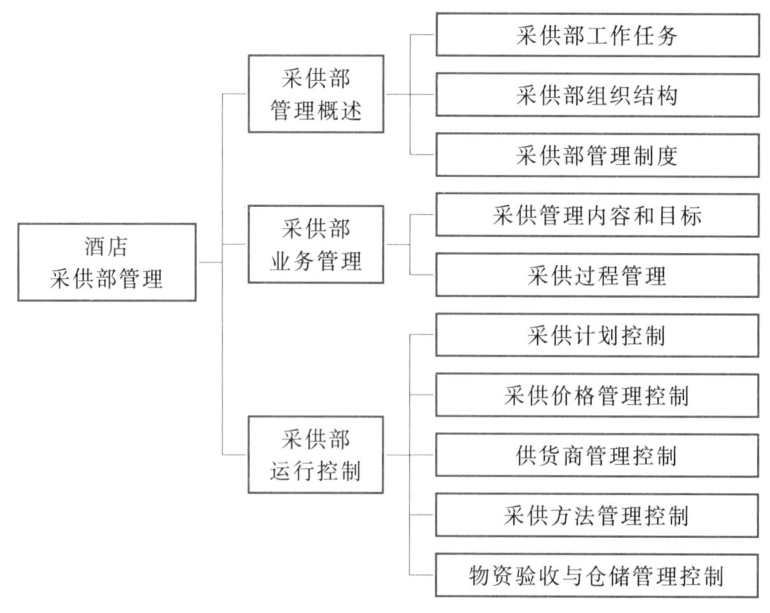


图 4－5 模块四任务二框图

4

## 【任务拓展】

采供部是酒店降低经营成本和提升服务质量控制的关键点，加强酒店采供部的管理是酒店管理活动的重要环节。酒店无论大小、类型和档次，应加强采购人员管理，严格执行采购规程，强化采购过程的控制管理，通过科学管理，实现酒店经营效益的提升。

采供工作是一项需要丰富实践经验、强烈的责任心和良好的职业素养的专职采供人员的工作。采供岗位是酒店重点工作岗位，也是酒店管理者日常重点控制和容易发生问题的岗位。加强采供管理，在确保质量的前提下，在适当的时间、以适当的价格、购入必需的商品，才能满足酒店运营的需求。

请分析以下案例，指出该酒店在采供工作过程中存在的问题。

**案例**

**某酒店的采购工作困境**

某南方城市海鲜大酒楼，开业半年来生意十分红火，每天采购人员忙得不亦乐乎。但是其他各部门对采购人员的评价不高，批评声不断。该酒楼经常出现以下情况：有些海鲜品种断货、部分海鲜压货严重；厨师长经常部分原料不新鲜，并向总经理反映出了食物中毒事故他不负责任；厨师长提出的采购清单缺货，原因是该酒店唯一的固定供应商没有货；每天的进货时间均在邻近营业时间，为了保证正常营业，大量的货物无法逐一验收就进入了加工程序等。此类情况在很长时间内频繁发生，厨师长、餐厅经理均向总经理反映过，但因为采购组的人员均是老总的亲戚而不了了之。半年后酒楼的生意下滑，相互埋怨、推诿责任，总经理十分烦恼，苦思破解之道。

假如你是总经理，请拟一个方案解决该酒店存在的问题。

（案例来源：作者根据某酒店调研资料编写）

## 【任务测试】

**一、判断题**

1. 各部门所需仓储之外的物品，由各部门填写“零星物品采购申请单”（三联单），附书面申购说明，经部门经理签字后交采购部；各厨房所需仓储之外食品材料由各部门厨房填写“零星食品、物品采购申请单”（三联单）经厨师长认可后交采购部。（　　）

2. 仓库常备用品和营业常备用品的加工和采购实行“综合考核，对比择商，定点供应”的原则组织进货。（　　）

3. 采供人员应只考虑原始成本价格，不需要考虑物资加工后的净料成本价格。（　　）

4. 价格比较必须坚持价格第一的前提，应该先压价后再看质量。（　　）

5. 供货凭证是酒店采供过程中最基础的经营活动资料，应加强归档和保管。（　　）

**二、单选题**

1. （　　）的主要任务是在酒店计划管理指导下，按质、按量、按时、适价地组织和采购酒店经营所需要的物资，确保经营管理活动的需求。

A. 信息部 B. 采购部 C. 工程部 D. 安全部

2. 采供计划的程序是( )。

A. 计划申报—需求汇总—财务审核—总经理审批

B. 需求汇总—计划申报—财务审核—总经理审批

C. 计划申报—财务审核—需求汇总—总经理审批

D. 总经理审批—计划申报—需求汇总—财务审核

3. ( )是采供人员依据采供计划,与选定的供货商签订供货合同,按照合同约定供应相关物资。

A. 市场直接采供法 B. 外包采购法

C. 集中采购法 D. 预先订货法

4. 物资的验收包括物资的( )两部分工作。

A. 检验和仓储 B. 检验和收货 C. 收货和仓储 D. 采购和收货

5. 加强仓储物资质量管理。应做到( )的稳定,经常性检查物资的质量状态,对质量呈下降趋势的物资要有应急处理方案。

A. 保持储藏条件 B. 先进先出

C. 后进后出、保持储藏条件 D. 先进先出、保持储藏条件

## 任务三 酒店工程部管理

**任务引例**

**改变维修工作的被动局面**

北京Q酒店工程部张工程师主管维修工作,他在工作中感到很被动。一是酒店领导总是批评工程部维修工作不及时,有时造成客人投诉,如餐厅空调出风口偶尔吐出土来,影响客人就餐;餐厅的洗碗机水温加热加不上去。二是工程部维修人员总是充当消防队,不是这个设备出现问题就是那个机器有故障,四处抢修,不但投入了很多人力,而且还要加班加点,被动局面时有发生。如正当厨房忙于开饭时,突然排风机的皮带断了,油烟排不出去,反而跑到餐厅,熏得客人不得不离开酒店,影响餐厅正常营业。即使工程部派人即时修复,可大家心里总不是滋味。三是张工程师还发现由于维修不及时,有的设备寿命大大缩短,造成资金的浪费,恶性循环越来越严重。针对这个问题,张工程师建议工程部经理,要尽快改变这种工作的被动局面,摸索工作中的规律,制订可行和科学的维修计划,否则,后果不堪设想。

(案例来源:根据最佳东方官网资料改编)



工程部的主要责任是负责酒店的设施设备正常运行。首先在设备使用前和使用时要充分了解设备的功能、性能、使用方法等,帮助使用者或操作者正确使用和操作,做到对设备的使用情况及时了解。其次,做好设施设备的维护、保养和维修工作计划,做到预防在前,根据生产周期及机器使用情况,定期维护、保养为主,提高设备使用率,延长设备使用时间。

请思考：该酒店维修工作存在的问题是什么？工程部经理在建立计划性维修保养工作方面需要做哪些工作？

## 【任务执行】

## 一、工程部管理概述

工程部负责为酒店的运营提供良好的设施、设备，以保证酒店能够为客人提供一个良好的居住、工作与生活环境。

工程部是保证酒店正常运转的动力保障部门，负责酒店的能源供应、设施设备的管理与维修保养、供水供电，是酒店正常运转的心脏。工程部设施设备种类多，数量大，工作技术性强，业务繁杂。任何一个环节的中断，都会直接影响整个酒店的运营。所以，工程部的良好管理显得至关重要。

### （一）工作任务

(1) 负责酒店所有设施设备的配置。设施设备包括全部在用的和暂时未用的各种设施设备。要对配置作出初步决策，提出配置方案，负责设施设备的选择、购买、运输、安装、使用、维修和更新。

(2) 保证设施设备的正常运转和使用。在设备使用前和使用时要充分了解设备的功能、性能、使用方法等，帮助使用者或操作者正确使用和操作，并做好设施设备的维护、保养和维修工作，提高设备使用率，延长设备使用时间。

(3) 设计、安装、保全酒店系统设施。酒店系统设施是指具有共同功效和性能的设施设备，由一定管线连接成的一个系统。主要有上下水道系统、供电系统、空调系统、电话系统、闭路电视系统、计算机管理系统、消防报警系统、排污系统、电梯系统、音响语言系统。一般在酒店建造时已完成了这些系统的设计安装工作，工程部主要是对新增加系统或原系统改造进行设计和安装。酒店系统设施在使用运转过程中，工程部要负责保全、维护保养和维修。

(4) 负责酒店电、水、气、冷暖气的供应。酒店是服务行业，在为客人提供的服务中涉及生活的各个方面，酒店必须保证供应动力用电、生活用电和用水、各种用途的用气；同时，还必须按照酒店计划和部门计划的要求限量消耗各种能源、原材料和资金，在可能的情况下，还要尽量节约能源消耗。工程部负责记录全酒店能源使用和消耗情况，实施能源管理计划。

(5) 负责酒店一定规模的土建以及设施改造和保养。一般小规模的土建可由工程部负责设计、施工。一些装修项目也可由工程部来完成。工程部还负责部分建筑设施的日常维修工作，如外墙粉刷墙面、墙纸贴补、设施维修、各种装饰物的损坏修补等。一般家具的损坏修补、修理、油漆翻新等也由工程部承担。

(6) 节日装饰。无论是彩灯、霓虹灯等常规装饰，还是喜庆节日或特殊节日装饰，其中的电路电器、机械装置、土木搭建及音响等工作，也需要由工程部来完成。

### （二）组织结构设置

工程部的组织结构视酒店客房规模的大小和工程部经理选用人员的不同，可分为技术型组织和管理型组织，如图 4 - 6 所示。

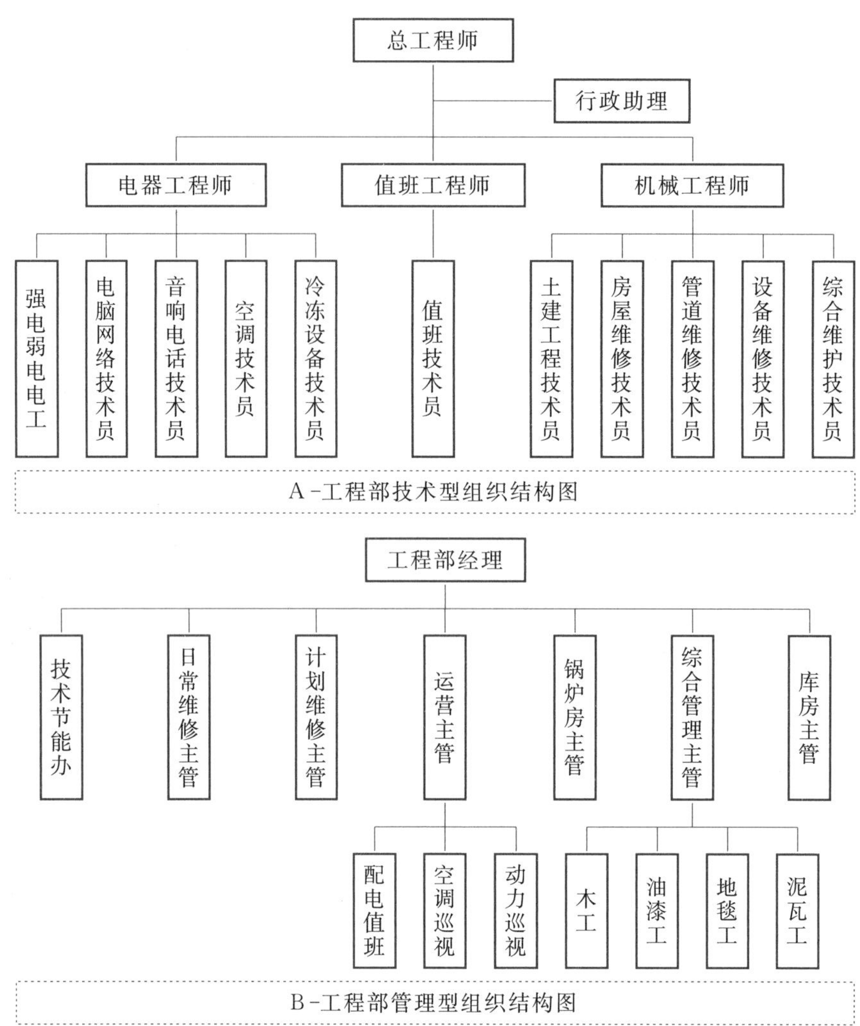


图 4-6 工程部组织结构图

### （三）酒店设施设备

工程部管理着酒店的各类机器、用具、仪器仪表和建筑物。这些设施设备具有长期使用、功能发挥安全稳定的特点。

4

（1）建筑物，指酒店房屋建筑，包括主楼、辅楼、配套用房和景观建筑等。

（2）基础设备，包括供水设备、供气设备、供暖设备、供电设备等。

（3）系统设备，包括照明系统设备、上下水道系统设备、排污系统设备、安全技防系统设备等。

（4）生产设备，包括厨房设备、清洁卫生设备、信息管理系统设备、通信设备、电梯设备、家具设备、娱乐健身设备等。

## 二、工程部技术管理

### （一）工具管理

工程部使用的工具主要有电工仪器、电动工具、测量工具、制作工具等，保持工具的良好状态和完好无损是酒店降低消耗的重要环节。

（1）工具保管。工具买进后，首先由主管工程师按产品说明书检验后由仓库保管员验货后登记入账。工具价格较贵、容易损坏、必须每班配备的由保管员负责保管。使用时在保管员处借用，即借即还。经常使用的工具和维修人员每人必备的工具由仓库保管员调拨给班组，由班组长记入班组工具账；每人必备的工具，建卡并由个人负责保管，班组公用工具由班组长负责保管。仓库保管员每季度末要与班组核对一次工具账。

（2）工具报废。待报废的工具要经主管工程师检验，确认符合报废规定后交保管员统一处理，并在仓库账和班组账注明，仓库保管员工具账与班组工具账的报废数额每年核定一次。

（3）工具赔偿。丢失的工具或因违反操作规程损坏的工具，要追究当事人的责任，据工具的新旧程度或受损坏程度按工具原价的一定比例酌情赔偿。

### （二）资料管理

工程部的资料主要是指工程竣工图、设备维修单、产品合格证、设备技术说明书及专业工具书等。

（1）工程竣工图按专业系统分类、编号、登记和保管。

（2）专业工具书按专业分类登记、保管。

（3）酒店配套设施及更新增加的设备资料和技术说明书一般可按下列分类登记保管：洗衣房设备；炊事机械设备；电器设备；空调、采暖系统设备；给排水系统设备；多功能娱乐设备；电信设备；音响设备；消防设备；升降梯设备等。

（4）借阅。班组须借阅的资料由班组长负责办理借阅手续；借阅资料须按规定及时归还。

### （三）设备事故管理

（1）设备事故范围和分类。由于使用操作、保管或维修不善而造成设备或设备主要部件损坏均可称为设备事故。

① 特大设备事故。由于设备损坏造成酒店停水、停电、停气 72 小时以上，或修复费用估计在 50 万元以上。

② 重大设备故障。设备损坏影响酒店营业 36 小时以上，或修复费用在 20 万元以上。

③ 一般设备事故。设备损坏影响酒店日收入 20%以上或修复费用在 2 万元以上。

④ 微小设备事故。设备损坏对日收入的影响及修复费用低于一般设备事故的。

（2）损失计算。修复费用即损失部分的修复，包括人工、材料、配件和附加费用等；收入损失等于酒店年度月收入计划除以当月天数再减去当月实际收入即得。

（3）设备事故的调查处理。

① 设备事故调查：坚持事故原因分析不清不放过，事故责任者没有受到教育不放过，没有防范措施不放过。

② 事故原因分类：设备缺陷；安装、调试缺陷；违章操作、指挥；巡回检查不及时或超期检修；维修保养不周；检修技术方案失误；野蛮检修作业或检修质量差；安全附件或仪器仪表失灵。

③ 事故处理：找出事故原因，提出防范措施研究修改方案，事故部门和工程部应及时提出事故报告，由事故调查组提出处理意见。

## 三、工程部业务管理

### （一）报告制度管理

一般情况下，可履行下列报告制度。

(1) 下列情况报告当班技师。

① 主要设备非正常操作的开停；

② 主要设备除正常操作外的调整；

③ 设备发生故障停机检修；

④ 零部件改造、代换或加工；

⑤ 运行人员、上岗人员短时间暂离岗位；

⑥ 维修人员的工作去向；

⑦ 对外班组的联系内容。

(2) 下列情况要报告班组管理人员。

① 重点设备除正常操作外的调整；

② 采用新的运行方式；

③ 主要设备发生故障或停机检修；

④ 系统故障及检修；

⑤ 重要零部件改造、代换或加工修理；

⑥ 领用材料、备件、工具；

⑦ 加班、换班、补班、病假、年假等；

⑧ 对酒店外部的协作联系。

(3) 下列情况下一般应向经理报告。

① 重点设备发生故障或停机检修；

② 影响营业的设备故障或检修；

③ 系统运行方式发生较大的改变；

④ 重要设备主要零、备件的更换；

⑤ 系统及主要技术设备改造或移位安装；

⑥ 系统及设备的外协加工；

⑦ 管理员以上的人员调整及班组重大组织机构调整；

⑧ 管理员及员工的请假批示。

(4) 报告程序。

① 一般情况下逐级上报；

② 紧急情况下可根据制度规定直接报告，但同时还要逐级报告，并说明已经报告、处理的情况。

4

**(二) 值班管理**

(1) 坚守岗位，定时巡查，如离开值班室去巡查或抄表应报告。

(2) 注意观察，及时发现和处理隐患。

(3) 接到维修报告后要及时通知和安排。

(4) 发现故障无法处理时要及时上报。

(5) 在规定的时间就餐，要轮流就餐，保证值班。

(6) 做好值班记录和交接班。

**(三) 交接班管理**

交接班人员应提前至少 10 分钟到岗，做好接班准备。

(1) 查看交接班记录,听取上一班情况介绍。

(2) 查看仪表、工具,在交接班记录上签名。

(3) 检查设备运行情况。

下列情况下不得交班:

(1) 上一班情况未交代清楚。

(2) 当班负责人未到或未经管理员统一指定合适的负责人。

(3) 交接班人数未达到需要人数的最低限度。

(4) 设备故障影响运行或营业时间。

(5) 交接班人员有酗酒现象或神志不清时。

(6) 不能正常交班时,应立即逐级上报,寻求解决。

**(四) 安全管理**

(1) 加强治安防范意识,执行酒店治安管理制度。

(2) 未经经理批准,外来人员禁止进入配电室、电梯机房、锅炉机房、空调机房、煤气调压室等重要场所。经批准进入人员必须办理登记手续,由管理员负责带领执行。

(3) 各机房钥匙不得随意配制,不得外借。

(4) 严格执行防火规定。

(5) 坚持安全例会。

(6) 特殊工种上岗必须按规定穿戴劳动保护用品,使用器械工具。

(7) 对重型设备、设施、压力容器要定期检查。

(8) 随时检查和处理设备使用中的不安全因素,制止违章作业和违章指挥。

## 四、工程部运行控制

**(一) 工作标准控制**

酒店的工程部技术性强、服务目的明确,明确了工作标准才能保证工作质量。酒店应遵循酒店管理目标,从本工程部管理需求出发,保证标准符合酒店层次、满足管理要求,操作性强。

例一:某酒店的工程部管理工作标准如下所示。

(1) 酒店各处的环境和建筑外观完好,整齐、干净、无破损。

(2) 酒店内各处的公共标志正规、整洁。

(3) 各种照明灯具完好有效。

(4) 客房及所有服务区的服务设施完整、有效。

(5) 后勤区干净、整洁、明亮。

(6) 各工程系统的运行安全可靠,运行标准达到政府的要求,并取得运行合格证书。

(7) 各区域分散设备外观整洁,运行正常。

(8) 所有机房干净、整洁、明亮。

(9) 工程管理制度齐全有效。

(10) 各种工程资料齐全完整。

(11) 所有员工分工明确,服务制度规范化、标准化。着装整洁、精神面貌、行为举止符合服务标准。

(12) 各类日常管理表格齐全有效。

(13) 各类设备档案保存完好，记录真实可靠。

(14) 准确按时地完成各种年度计划及预算。

例二：某酒店工程部运转电工巡视标准如下所示。

(1) 筒灯应无破损、下垂现象，保持灯具干净、常明。

(2) 出口灯应外观良好、稳固、常亮，电池电量充足。

(3) 射灯应牢固，应准确照在指示牌上。

(4) 壁灯灯具应端正稳固，完整无缺，保持常亮，检查遮光板是否有烤煳痕迹，若不正常需及时更换。

(5) 检查插座有无破损烧煳，有无松动，表面应干净。

(6) 消防楼梯照明应常亮，检查灯具有无损坏，节能部分灯管应配齐。

(7) 餐厅调光器应完好无缺，使用灵活，损坏的立即更换。

(8) 花园灯、围墙灯应外观良好，损坏立即修理或更换，灯内要干净。

(9) 楼体射灯坏的立即修复，灯具严重损坏的立即上报，每周五夜班做楼体射灯的表面清扫工作。

(10) 公共区照明灯应常亮，灯具完好，灯板无断裂、缺角现象，无异常现象、异味。

(11) 客用卫生间干手器固定可靠，使用灵活。

(12) 检查霓虹灯是否完好，若有损坏处作交班记录。

(13) 每日巡视时注意时钟，开关时间是否准确，各处时钟是否同步，不准确及不同步的立即调整一致。

(14) 筒灯筒体各种开关、钟控、接触器等设备应无异声、异味，定期清扫，做一次清扫尘土工作，保持筒体干净整洁。

(15) 楼层放备料的风机房内不得存放坏件(如坏的镇流器、灯管、灯泡等)，更换下来的坏件及时送至垃圾房，保证备件最低储存量，并保持机房内清洁卫生，备件码放整齐。

(16) 以上各种灯具及设备，每班按照各自的责任区逐一巡视，不能当时修复的均要立即上报当班运转主管，同时详细交班，做好记录。

**(二) 人员素质控制**



工程部的工作十分繁杂，大型设施设备运行正常的同时，一个细小设施设备故障都应该在第一时间内给予修理，恢复正常；否则，将直接影响服务质量。因此，工程部从经理到员工的每一项工作均直接影响着工程部的工作质量，只有发挥合力，才能保证服务质量的稳定和提升。突出团队负责人的作用，发挥工程部团队合力作用。工程部的人员应从以下几方面进行控制。

(1) 加强继续教育，及时更新知识和技术。定期组织技术技能培训进修，经常性检查人员对专业知识和维护技术的掌握情况，使工程技术人员的知识和技能满足工程部运行管理要求。

(2) 注重团队建设。一方面，酒店的设施设备的运行维护和维修往往需要多人配合才能完成；另一方面，酒店设施和设备出现故障具有随机性和不可控性，在分工负责的基础上需要工程部所有人员相互协作配合，相互补台。

### （三）设施设备运行控制

大部分酒店的设施设备处于动态运行状态，运行停止将直接影响酒店的服务质量，部分设施设备运行状态具有隐蔽性，需要维护人员加强巡查，及时发现并处置。维护人员应从以下几方面着手。

（1）根据设施设备具体情况制订巡查计划。

（2）实施部分设施设备强制维护和更换制度，如润滑油等。

（3）建立使用责任制度，及时报修和及时汇报设施设备的运行状况。

### （四）维护记录控制

酒店的各类设施设备遍及酒店的每一个部位，许多设施设备具有隐蔽性、装饰性和安全性，及时发现、及时维护方能保证酒店整体服务质量。因此，酒店工程部的工作过程管理就显得十分重要和必要，应从以下两方面加以控制。

（1）制度维护记录规范，做到记录及时、准确和明确。

（2）及时检查、汇总和分析维护记录信息，发现问题、寻找规律，提高工程部的工作质量。

## 【任务框图】

本任务从四个方面讲述了酒店工程部管理和运行控制要求，主要内容框架如图 4－7 所示。

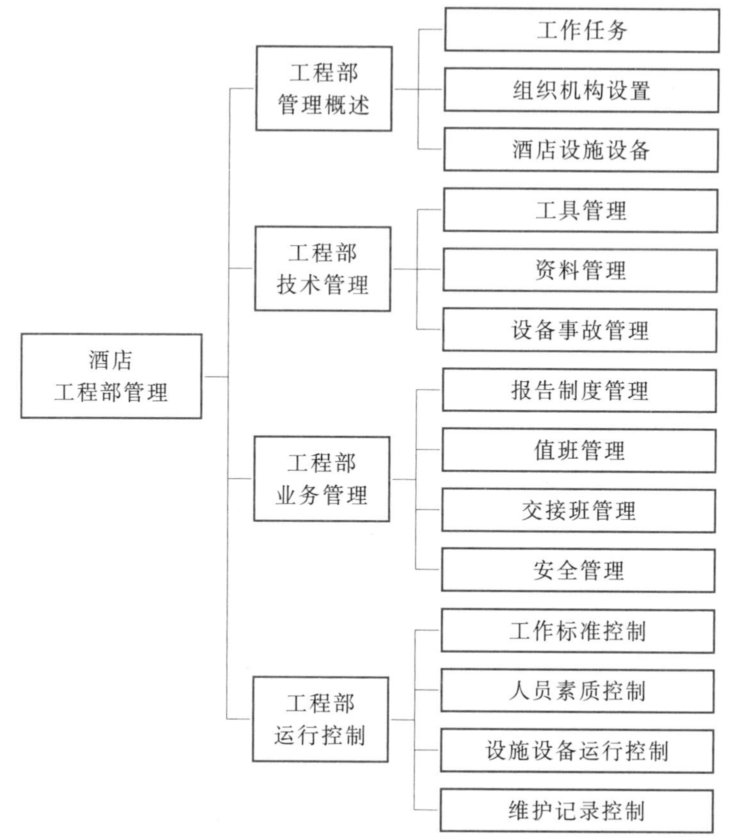


图 4－7　模块四任务三框图

4

## 【任务拓展】

酒店工程部是酒店正常经营管理活动开展的重要后勤保障部门，其管理质量直接影响酒店整体服务质量。工程部与酒店的其他非营业部门不同，具有较强的技术性，工程部的管理人员和员工需要通过相关的专业训练和上岗证书方可从事工程部的工作。本任务主要从工程部的任务、组织机构、一般事务管理和运行管理要点等方面介绍了工程部管理的过程和要求，作为具体负责工程部的管理人员和工作人员还需要根据自身的工作需求掌握相关工程专业技术知识和技能。

为检验学习效果，请您阅读以下案例，并回答问题。

**案例**

### 设施更新选购工作不能马虎

B酒店是一家四星级的酒店，设施齐全。工程部刘经理在这家酒店工作了十几年，他发现有些设备在使用中存在着不同问题，从而影响了酒店的服务质量，加大了设备维修量和维修费用；有些设备还因原设计考虑欠佳造成使用后浪费能源，如生活水泵、风机造型过大等；有些设备由于与技术的发展不相适应，如酒店网络总带宽不够，入住率过半时，无线网络就很慢了，设备不升级就解决不了这样的问题等。几个月来，工程部几位主管对此进行了反复研究，但从何着手改造更新，刘经理也心中无数。他认为设备更新是一项责任重大的事情，既要保证新购设备质量，又不浪费资金。刘经理决定找几位主管工程师研究后再作决定。

思考并回答：工程部刘经理必须为设备更新选购做些什么工作？

## 【任务测试】

### 一、判断题

1. 酒店的工程部技术性强、服务目的明确，只有明确的工作目标和标准才能保证工作质量。 （ ）

2. 设备管理的目标就是设备的使用寿命越长越好。 （ ）

3. 维修工在维修设施设备时，可以随时关闭水、电、电梯、空调、排风扇。 （ ）

4. 待报废的工具要经主管工程师检验，确认符合报废规定后交保管员统一处理，并在仓库账和班组账注明。 （ ）

5. 交接班人员应提前至少5分钟到岗，做好接班准备。 （ ）

### 二、单选题

1. （ ）是酒店正常运转的心脏。

A. 工程部 B. 采供部 C. 安全部 D. 销售部

2. 主要设备除正常操作外的调整情况应该向（ ）报告。

A. 班组管理人员 B. 班长

C. 经理 D. 当班技师

3. 工程部报告制度规定上报程序为(　　)。

A. 一般情况下逐级上报　　B. 直接报告总经理

C. 可报告任何领导　　D. 紧急情况下无需报告

4. 酒店工程部设备维护记录应(　　)。

A. 每周集中记录一次　　B. 每月集中记录一次

C. 及时准确记录　　D. 有突发问题时才需及时准确记录

5. 酒店工程部值班人员出现(　　)情况时可以交班。

A. 上一班情况没有交代清楚　　B. 交接班人数没达到规定的最低人数

C. 满足交接班要求　　D. 交接班人有酗酒行为

# 任务四　酒店信息部管理

任务引例

**信用卡的快捷与“麻烦”**

某客人于18日入住808房间，该客人是用工商银行的信用卡来支付费用的，入住时收银员做了1 000元的预授权处理。入住2天后，客人要求续住3天，这时已授权1 000元的信用卡不够支付以后的费用，收银员请客人再出示信用卡进行压卡授权，客人不同意，拒绝出示信用卡。收银员向客人解释工行牡丹卡一张手工卡只能填写一个授权号码和一笔授权金额，这是工行的规定，请求客人谅解由此给他带来的不便，并向客人道歉。最后客人同意出示信用卡。

(案例来源：酒店管理经典案例分析.广州：广东经济出版社)

持有信用卡的客人在消费中一般都有优越感，希望在手续方面能够得到快捷服务，不希望出现麻烦的事情，这是我们必须了解的客人心理。同样，在收银员用信用卡进行预授权时，要对客人的疑问及时予以解释，接待员在为客人办理入住手续时要尽量问清客人打算入住天数，以便收银员确定授权金额。另外在开通电话授权的情况下也可通过电话授权的方式进行预授权，在结算时再请客人出示信用卡作压卡处理即可，尽可能地避免客人的麻烦。作为酒店的收银员还应该了解更多的关于国内外信用卡使用信息，以便更好、更快捷地为客人服务。

## 【任务执行】

### 一、信息部管理概述

在现代酒店管理中，信息资源的重要性已被酒店管理者充分认识到，信息技术已经成为现代酒店的重要组成部分。掌握信息技术并服务于酒店管理，用信息的要求去管理酒店已成为现代酒店管理者的共识。信息技术在酒店管理中的广泛应用正改变着人们对酒店管理的理念，同时提高了酒店的市场竞争能力。

### (一)信息部工作任务

信息部在不同规模和类型的酒店有不同的名称,有计算机部、网络部、技术支持中心等名称。其主要的任务有以下几点。

(1)酒店的所有计算机的维护。

(2)酒店计算机应用系统的开发与维护。

(3)酒店计算机网络的开发与维护。

(4)酒店计算机信息数据备份与运行安全管理。

(5)酒店计算机系统应用层技术支持。

### (二)信息部组织结构

有的酒店信息部挂靠财务部或其他部门,现在很多酒店已建立独立的信息部,一般分为技术和管理两部分,其常见组织结构图如图4-8所示。

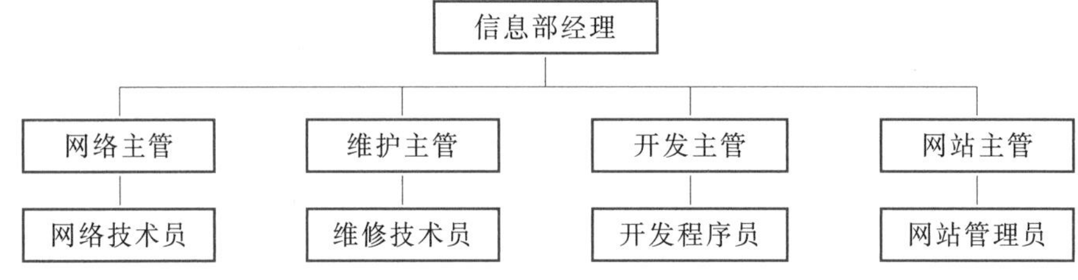


图4-8 常见酒店信息部组织结构图

### (三)信息部岗位职责

1. 信息部经理岗位职责

(1)全面负责酒店信息部的运行管理,确保酒店信息管理系统的运行畅通。

(2)负责信息部与其他部门之间的协调工作。

(3)组织解决信息运行过程中的技术问题、安全问题和应用问题。

(4)负责进行计算机应用技术培训。

(5)负责信息部的规章制度制定和执行督查。

(6)主持酒店计算机信息系统的应用开发和技术升级工作。

(7)负责信息部人员的考勤、考核和培养工作。

(8)负责酒店信息保密工作。

(9)完成上级交办的其他工作。

2. 信息部主管岗位职责

(1)协助计算机部经理对各计算机系统进行维护和保养,确保酒店各计算机系统正常运行。

(2)掌握设备的运行情况,认真做好巡检工作,做到有问题早发现、早解决。

(3)带领员工及时处理使用部门上报的计算机问题。

(4)根据工作的需要及时做好员工的技术培训工作。

(5)贯彻上级精神,听取下属意见,对工作中出现的问题及时协调解决。

(6)指导下属做好绩效目标的制定。

4

(7) 协助计算机部经理做好电脑机房的日常安全、消防以及卫生等工作。

(8) 负责安排员工的日常工作并履行检查、督导职责。

(9) 协助电脑部经理检查员工日常维护工作的完成情况、交接班情况及工作日志的记录情况,负责部门考勤。

(10) 完成计算机部经理交办的其他工作。

3. 信息部领班和员工岗位职责

(1) 信息部领班(技术级)岗位职责。

① 负责酒店所有电脑设备的日常维护和保养。

② 及时解决各种计算机故障,不能解决的问题要查明原因及时向上级领导汇报。

③ 指导、帮助使用部门或个人正确操作,确保各计算机系统的正常使用。

④ 认真做好各计算机系统的日常检查、安全自查以及数据备份工作。

⑤ 严格执行门禁制度,严格遵守各项保密制度、机房管理制度、操作规程。

⑥ 做好工作日志,认真进行交接班,做到“谁在岗,谁负责;谁操作,谁负责”。

⑦ 认真订立个人绩效目标并付诸实施。

⑧ 保持计算机机房良好的卫生环境,所有设备清洁有序。

⑨ 完成上级领导交办的其他任务。

(2) 信息部员工岗位职责。

① 根据分工和绩效考核目标,负责系统的日常管理工作,监督并保证系统的正常运行。

② 协助主管负责系统的安装和调试工作,按规定的程序实施软件的完整性、适应性和正确性维护。

③ 定期检查软件和硬件设备的运行情况。负责系统运行中软、硬件故障的排除工作,及时发现问题、查明原因并解决问题,及时向上级汇报系统运行状况。

④ 维护各种系统辅助设施设备,如打印机、复印机、UPS等。

⑤ 指导一线操作人员正确使用系统,回答和解决一线操作人员提出的问题。

⑥ 严格执行门禁制度和保密规定,负责系统管理机房的每日值班和轮班工作,并做好值班记录和日常清洁卫生工作。

⑦ 做好系统的安全管理工作和数据备份工作。

⑧ 完成领导交办的其他任务。



## 二、信息部技术管理

计算机科学的飞速发展,给酒店计算机应用带来了蓬勃生机,出现了酒店计算机管理信息系统、安全保卫系统、电子门锁系统、酒店信息服务系统、客房计算机保护系统以及计算机娱乐系统。计算机在酒店中的应用,已深入酒店的各个部门,特别在信息处理领域,计算机已成为最重要的工具。在酒店现代管理理论中,酒店管理信息系统已成为酒店现代科学管理的重要内容,是酒店经营必不可少的现代科学工具。

### (一) 酒店管理系统发展简况

酒店管理信息系统是管理信息系统(management information system ,MIS)中的一个重要分支，它实现的是计算机管理系统在酒店中的具体应用。它最早是于20世纪70年代初在国外开始发展起来的，到了20世纪80年代，国外的酒店管理系统整个模式已基本定型，技术较成熟，功能也较齐全。

国内的酒店管理信息系统最早是在20世纪80年代初开始的。到了20世纪90年代中期，随着计算机在酒店中的普及应用，以及计算机技术的不断发展，酒店计算机系统的发展到了一个新的时期，新的系统平台、新的软件功能、新的系统特点及发展方向不断涌现。

### （二）酒店管理信息系统的作用

酒店计算机管理就其表现形式看就是对酒店大量的常规性信息的输入、存储、处理和输出过程，其作用主要表现在以下几个方面。

（1）提高酒店的管理效益及经济效益。应用酒店管理信息系统通过节省大量的人力、物力，增加酒店的服务项目，提高酒店的服务档次，减少管理上的漏洞，从整体上提高酒店的经济效益。如完善的预订功能可防止有房不能租出或满房重订的情况出现，可随时提供准确的房间使用和预订情况，从而提高客房出租率。客人费用的直接记账，可有效防止逃账的现象发生。完善的分析功能可用于市场销售，如确定宣传的重点地区和如何掌握价格的浮动等。正确控制房价，控制客人优惠，从而减少管理漏洞，提高客房收入。

（2）提高服务质量。由于计算机处理信息的速度很快，可以大大减少客人入住、结账的等候时间，提高对客服务质量。快速的客人信息查询手段，使客人得到满意的答复。餐费、洗衣费等费用的一次性结账，不仅方便了宾客，也提高了酒店的管理水平。回头客自动识别、黑名单客人自动报警、VIP客人鉴别等均有利于改善酒店的形象。清晰准确的账单、票据、表格，使客人感到高档次的享受。完善的预订系统，使客人的入住有充分的保障。完善的客户档案管理更使客人的“个性化”服务得以很好地实施。利用计算机保存大量的客人历史资料，通过统计分析，可对常客或消费额达到一定数量的客人自动给予折扣；也可对客人的消费特点进行分析，总结出客人生活方面的要求和特点，研究如何为客人提供更合适的个性化服务。

（3）提高工作效率。计算机管理可大大提高业务运作的速度和准确性。如计算机的自动夜间稽核功能结束了手工报表的历史，计算机资料的正确保存避免了抄客人名单的低效工作，严格的数据检查避免手工操作的疏忽而造成的错误，票据的传送、登记、整理、复核等一系列的繁重劳动也可大为减少。

4

（4）完善酒店内部管理体制。科学、正规、系统的酒店软件系统在酒店管理体系中还发挥着强有力的稳定作用，可明显地减少员工及管理人员的流动对酒店管理运作的不良影响。系统提供的多种安全级别，保证各类数据不被无权过问的人查阅和操作。每天的审核制度，各种费用的优惠控制，应收账款的管理，员工工作量的考核，员工操作过程的跟踪，均可加强酒店管理。

（5）全面了解营业情况，提高酒店决策水平。酒店管理信息系统能提供完备的历史数据，又可提供各种分析模式，可使管理人员很方便地完成复杂的统计分析工作，并加强对酒店运营的内部控制，增强管理人员的控制决策水平。

### （三）酒店管理信息系统的构成

（1）计算机硬件。硬件指计算机设备，系统软件指系统的运行平台，它们一起构成酒店电脑系统的体系结构。酒店管理系统使用的体系结构一般有三种类型：单机系统、集中式和分布式。这三种结构随计算机技术的发展而产生，至今还在不断地发展变化着。

早期的单机系统，由一台主机、显示器、键盘、打印机等，再配备一定的软件组成，能完成一些简单的酒店业务，该结构目前已很少有人使用。

集中式处理结构，采用 1～2 台小型计算机或超级微机作为主机，使用人员通过各终端与主机联系，进行各类数据处理作业。它的数据处理能力强，数据安全，可靠性高。缺点是终端本身没有处理能力，系统处理速度将随终端数量的增加而明显减慢，而且一般终端只有字符界面，用户界面不美观。因此，在 PC 机及 Windows 流行之前的 20 世纪 70 年代到 80 年代末，这种结构是酒店最理想的结构。

分布式处理结构以高档微机或小型机作为网络服务器，通过网络连接各个工作站，而各工作站都是一台独立的微机，本身具有数据处理的能力，需要时可联机入网在服务器内进行数据处理，是目前理想的体系结构。以前流行的局部网络系统（文件服务器结构，基本上是 DOS 系统，现已淘汰），目前流行的 C/S 结构（即客户机/服务器结构）都是分布式结构。C/S 结构中，客户机支持用户的前端处理，而且一般是 Windows 图形界面，服务器用于支持应用的系统环境，包括数据库的管理及查询。它结合了局部网络和集中式多用户系统的优点，由服务器和客户机协同处理，充分发挥系统的各种优越性，是目前酒店中最佳的体系结构。

随着通信技术的发展，因特网的普及，分布式结构实现了远程数据处理。这种广域网分布结构更适合酒店集团的信息管理。集团总部可以通过因特网有效地管理各地的酒店，及时了解各酒店之间的经营情况，各酒店之间也可通过因特网实现信息互传。从计算机应用的发展趋势看，基于 B/S（浏览器/服务器）结构的广域网方式是今后发展的方向。

（2）计算机软件结构。一个酒店管理信息系统从使用者的角度看，软件结构就是酒店管理系统的功能结构。各种功能之间又有各种信息联系，这样就构成了一个有机结合的整体，形成一个完整的软件功能结构。因此，系统一般可分为前台（对客服务）和后台（内部管理）两大部分，另外还可包括对前后台系统的功能补充的扩充系统（有的系统把扩充系统直接包含在前后台系统中），以及各种各样的系统接口。图 4－9 是一般酒店管理信息系统的功能结构图。

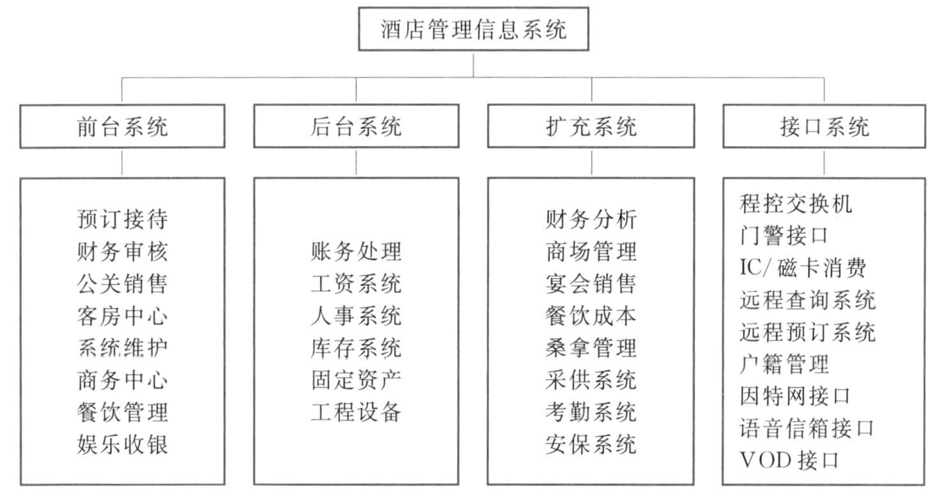


**图 4－9　酒店管理信息系统功能结构图**

事实上，酒店管理软件可以是一个覆盖整个酒店管理所有方面的非常庞大的系统。对某些酒店，这样的功能模块还可增加和完善，如与酒店床头柜的联结接口、与酒店内部寻呼台的联结接口、办公自动化 OA(office automation)系统、预测决策支持系统等，而且各种软件系统之间的功能名称和分法均可不一样。

**（四）国外 PMS 系统**

（1）ECI(EECO)酒店系统。ECI 系统是美国易可(ECI)电脑公司最早于 1969 年开发的酒店信息系统，被全世界公认为酒店电脑系统的翘首。ECI 公司是美国加州电子工程公司(Electronic Engineering CO.，简称 EECO)所属的子公司，因此该软件也称 EECO 系统。1970 年，在美国夏威夷的喜来登饭店(Sheraton Hotel)安装了全世界第一台 ECI 酒店电脑系统。

（2）HIS 酒店系统。酒店业资讯系统有限公司(Hotel Information Systems，简称 HIS)成立于 1977 年，总部位于美国洛杉矶，目前是美国上市公司 MAI Systems Corporaion 的全资子公司，全盛时期在全世界 80 多个国家拥有 4 000 多家用户，如中国的北京王府、北京中国大饭店、北京长城、上海锦江、上海希尔顿、广州花园、浙江世贸中心等，而香港采用 HIS 系统的高星级酒店最多时占了 75%，目前该系统已有许多被更换。

（3）Fidelio 酒店系统。Fidelio Software GmbH 于 1987 年 10 月在德国慕尼黑成立。成立四年就成为欧洲领先的酒店软件供应商，成立六年跃居世界酒店信息系统供应商之首，后来该公司合并入美国 Micros System Inc.。目前已经在全球 16 000 余家酒店、豪华游艇和休闲别墅使用，在国内四星级以上酒店市场占有 40%左右的市场份额；在五星级酒店市场，占有超过 70%的市场份额，而且是目前外资或外方管理的酒店采用最多的软件。1995 年，公司在香港成立了 Fidelio Software(China) Limited，专门开发中国内地市场。

（4）OPERA。OPERA 系统是美国 MICROS 公司在 MICROS-Fidelio 系统的基础上开发的新版本。作为企业级软件解决方案，OPERA 系统包含了前台管理系统、销售宴会系统、物业业主管理系统、工程管理系统以及中央预订系统、中央客户信息管理系统和收益管理系统等，其中前台管理系统是其核心部分，它可以根据不同酒店之间运营需求的多样性，来合理地设置系统以贴合酒店的实际运作。并且除单体酒店模式外，还提供多酒店模式。通过一个共享的数据库，对多个酒店进行数据存取甚至相互访问。



**（五）国内主要 PMS 系统**

（1）阿里系。阿里系主要代表是阿里控股的北京中长石基信息技术有限公司(简称石基信息)，于 1998 年在北京成立，早期通过代理美国公司 Micros(2014 年被 Orcale 收购)的明星产品酒店物业管理系统 OPERA PMS 逐步进入酒店信息化市场，2007 年在深交所主板上市，是国内酒店信息化领域领先企业。石基信息旗下的石基西软，在国内四五星级酒店市场占有率超过 80%，稳居国内市场占有率第一。作为 OPERA 在中国的唯一代理商，可以说在一定程度上石基信息垄断着中国高星级酒店的酒店管理系统。进入 2020 年，石基西软践行“云＋移动”战略，全面升级云 XMS 平台，除了 PMS 功能以外，云 XMS 还集成了 POS、移动产品、ITF 等模块，广泛适用于单店、集团用户。

（2）携程系。携程先后收购中软好泰与佳驰酒店软件服务商，并且在 2015 年 3 月将其与旗下慧评网合并成立了众荟，力拓酒店大数据业务，后控股艺龙拥有了住哲、云掌柜、好栈友三家酒店 PMS 服务商。携程系 PMS 逐渐形成了“中软好泰＋佳驰＋客栈通＋住哲＋云掌柜＋好栈友＝众荟”的格局。其中代表是“中软好泰”(简称中软)，为国内著名的高端星级酒店提供一体信息化解决方案的供应商，中软在 C/S 模式中处于领先水平。

(3) 传统豪强系。传统豪强系代表有金天鹅、金蝶酒店管理软件、用友酒店管理软件等。金天鹅成立于 2003 年，为 C/B/S 模式，占据中小酒店市场份额 80%以上，市场认可度和知名度显著提升；金蝶酒店管理软件创立于 1993 年，依托于金蝶财务管理方面的品牌影响力，占据一席之位；用友酒店管理软件是中国最大的 ERP、CRM、人力资源管理、商业分析、内审、小微企业管理软件和财政、汽车、烟草等行业应用解决方案提供商。软件为 S/S 模式，在三星级以上酒店使用较多。

(4) 新锐少壮系。新锐少壮系包括绿云科技、别样红、番茄来了等酒店软件系统。绿云科技在 2014 年 7 月买下“iHotel”域名，意在打造一流酒店信息化平台，并与君澜等多家知名酒店集团展开合作，与携程旗下众荟进行战略合作，建立分销渠道与酒店 PMS 直连接口。别样红推出了基于互联网化的 PMS 酒店管理系统。酒店管理的整个过程可以通过微信平台完成，用户可以在微信公众号上自助办理入住手续，通过微信控制客房的智能门锁，微信一键退房等功能，基本实现了从酒店选房、支付、开门全程自助式操作。番茄来了以免费客栈管理系统为入口，建立一个目的地旅游产品的 B2B2C 平台，为这些客栈老板提供机票、火车票、租车、旅行线路等产品，使客栈老板在游客的旅行中持续获益。

## 三、信息部业务管理

酒店信息部的业务工作具有很强的技术性，其日常运行管理无论是管理层面还是技术层面，均应该依据规范的工作程序和操作标准实施运行，本节举例说明，不作详细叙述，相关信息管理人员可以参考相关信息技术专业资料。

### (一) 服务器日常维护工作程序标准

1. 外观检查

(1) 外观无破损、无污垢。

(2) 各固定螺丝紧固。

(3) 表面温度不超过人体温度。

(4) 各按键灵活有效。

2. 线路检查

(1) 各数据连线连接牢固。

(2) 网线接插牢固。

(3) 电源线接插牢固。

3. 系统检查

(1) 卸载多余的应用程序。

(2) 磁盘数据优化(删除临时文件和数据整理)。

(3) 校对系统时钟。

(4) 查看系统日志文件。

(5) 升级各安全程序("防火墙"软件和病毒定义库)。

(6) 查杀本机病毒。

### (二) 处理上网障碍工作程序标准

1. 测试线路

(1) 用测线仪测试网络接口到网络设备的连接情况。

(2) 用测线仪测试网络接口到电脑终端设备的连接情况。

2. 电脑操作系统检查

(1) 检查网络设备的驱动程序。

(2) 检查网络应用协议的配置情况。

3. 网络应用程序检查

(1) 检查应用程序的代理连接情况。

(2) 检查应用程序的其他设置情况。

## 四、信息部运行控制

企业信息安全

### (一) 人员控制

酒店信息系统正常运行与人员的正确使用和维护关系密切,因此,加强人员管理至关重要,应从以下几方面加强控制。

(1) 严格控制酒店系统终端操作人员数量,通过培训和授权,发放上岗操作证。禁止无关人员操作运行终端设备。

(2) 实施人员与操作电脑捆绑的管理模式,禁止有操作权限人员操作非授权操作终端。

(3) 中央机房实现权限进入制度。

(4) 实施操作人员身份认证和记录制度,确保每一个终端的操作人员均为合法操作人员。

### (二) 保密控制

酒店管理系统内保存了大量的酒店企业商业秘密,一旦泄露,将会给酒店带来损失。应从以下几方面进行管理的保密控制。

(1) 所有具有系统操作权限的操作人员均应进行保密教育,能够接触到重要商业秘密数据的人员应签订保密协议。



(2) 加强日常重要信息(商业秘密)的安全检查,及时发现泄密线索,杜绝泄密途径。

(3) 对离岗、离职人员应及时取消操作授权。

(4) 重要商业秘密信息实现专人保管和采用专用设备保管。

### (三) 数据控制

酒店企业在经营过程中产生大量的数据,这些数据一方面是经营管理活动的真实记录,另一方面又是持续经营活动必不可少的基础数据,应加强保护,保证其连续性、完整性和正确性。酒店系统数据应从以下几方面进行控制。

(1) 采用数据备份技术,严格执行定期备份制度。

(2) 及时发现和处置数据异常情况。

(3) 配备不间断电源等设备,保证系统运行的不间断。

(4) 严格数据拷贝制度,禁止个人存储设备使用,禁止个人转移数据。

(5) 采取必要的安全措施,防止人为破坏。

**(四) 安全控制**

酒店系统运行过程中的安全问题较多,应予以高度重视,从以下几方面加以控制。

(1) 安装正版防毒、防黑客攻击工具,并及时更新。定期进行病毒木马扫描,发现异常应立即处置并查找原因,杜绝漏洞。

(2) 定期升级操作系统和扫描系统漏洞,保持操作系统处于最新状态。

(3) 尽可能做到营业用系统终端独立建网并限制其与外网连接。部分可上网的终端应加强对操作人员的教育,明确防控病毒、木马等安全责任。

(4) 遵守机房、计算机终端操作台安全管理规范,防止人为因素引起管理系统硬件的损坏。

(5) 酒店企业应按照系统设备使用周期,及时升级管理系统的软、硬件,通过投入保证系统运行的安全可靠。

## 【任务框图】

本任务从四个方面讲述了酒店信息部管理和运行控制要求,主要内容框架如图 4-10 所示。

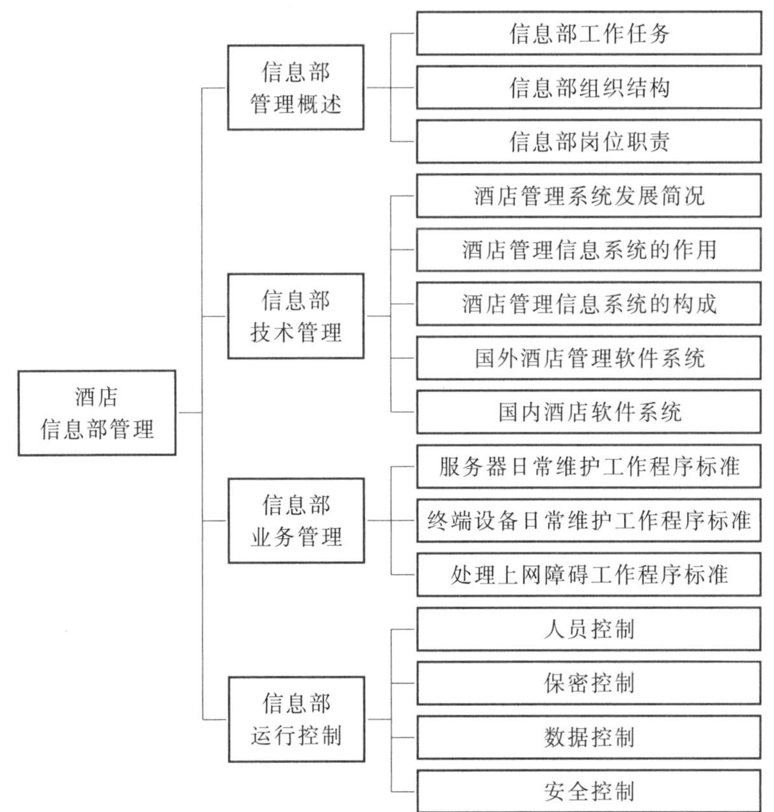


**图 4-10　模块四任务四框图**

## 【任务拓展】

酒店管理信息化是酒店管理的重要理念，也是实现酒店现代化管理的重要工具。作为酒店管理者必须了解酒店信息化管理的基本理论知识，掌握酒店信息管理系统的操作，充分利用酒店信息管理系统的支持来改进管理方式、解决经营管理中的重点和难点问题，从而提高经营管理效率。

由于个人信息技术掌握的程度不同和对信息技术兴趣差异，作为一名酒店管理者没有必要掌握较深的酒店信息技术，酒店信息技术的实现可以通过购买和设置部门，由专业人士来实现，重要的是管理者必须具有强烈的信息化管理意识和具体的行动。

请以小组为单位，收集酒店网络销售实现的途径，设计一份酒店网络销售所实现的需求报告。具体要求如下：

(1) 提出您的网络销售酒店产品的思路。

(2) 设计 10 个网络销售的酒店产品。

(3) 提出需要网络工程师实现的销售功能。

## 【任务测试】

**一、判断题**

1. 国内的酒店使用管理信息系统最早是在 20 世纪 80 年代初开始的。 ( )

2. 酒店管理信息系统具有提高酒店的管理效益及经济效益、提高服务质量、提高工作效率等作用。 ( )

3. 信息部的离职人员应及时取消酒店管理系统的操作权限。 ( )

4. 为了保证酒店管理系统数据安全，管理人员个人可以随时转移数据。 ( )

5. Fidelio 酒店系统是目前国内高星级酒店(特别是外资或外方管理的酒店)采用最多的软件。 ( )

**二、单选题**

1. 全面负责酒店信息部的运行管理，确保酒店信息管理系统的运行畅通是( )的职责。

4 A. 信息部经理　　B. 信息部主管

C. 信息部领班　　D. 信息部员工

2. 一个酒店管理信息系统从使用者的角度看，( )就是酒店管理系统的功能结构。

A. 计算机硬件　　B. 计算机软件结构

C. 网络服务器　　D. 计算机硬件和软件

3. 下面在关于因特网为酒店服务的描述中，错误的是( )。

A. 因特网使得酒店的信息公之于众，毫无安全性可言

B. 可以通过因特网有效地管理各地的酒店，及时了解各酒店之间的经营情况

C. 各酒店之间也可通过因特网实现信息互传

D. 酒店可以在因特网上寻找自己满意的供应商

4. ( )不是保证酒店管理系统安全运行的措施。

A. 个人转移数据 B. 定期升级操作系统
C. 安装正版防毒软件 D. 安装正版防黑客工具
5.(  )不是信息部的工作任务。
A. 维护酒店所有计算机 B. 维护酒店网络
C. 负责酒店计算机系统运行安全 D. 负责财务部运用系统管理酒店财务

# 任务五 酒店财务部管理

## 任务引例

### 周先生的欠费该谁付?

某日,A宾馆大厅人来人往,像往常一样忙碌而有序。到下午,总收银台向中班小张反映,2215房客人周先生超支907元。小张及总收银台均向周先生催账并送去了催账单。稍后,周先生送来一张支票放在收银台。

小张与销售部联系,得知销售部认为周先生信用水平有待观察,持保留态度,故不愿为其担保。小张与总收银台商量后,以该账户未在防伪鉴定中心登记为由,将支票还给周先生,并要求其用现金补交。周先生称第二天上午10点交,并将其护照扔在总台,说他会用现金来取。鉴于其信用水平,小张决定暂时将其在宾馆内的签单权改为观察级,采取内紧外松的策略,向客房部了解其房间行李情况(房间有较多行李),同时通知客房部、保安部关注该房动向。

此后,每班小张均与周先生联系催账事宜,但其一直未来补交费用,上午推下午,下午推晚上,再推至第二天,一推再推,至第三天仍未付,此时,已超支1 500多元。期间周先生曾表示已与宾馆的长包客户某公司联系好,他的费用由该公司支付,但小张向该公司相关负责人确认时,得知该公司不会为其支付费用,明确表示周先生费用应由其自理。小张将催账情况向经理作了汇报,经理肯定了小张的工作,并指示加大催收及监控力度。到第四天,某公司老总通知小张,周先生的费用由该公司付清,随即在周先生的相关单据上签了字。

直到周先生退房离店,宾馆员工对周先生的服务都保持了热情礼貌,服务周到,小张还亲自送周先生离店。周先生对宾馆的优质服务表示相当的满意和感谢,并对因欠费而造成的麻烦表示了歉意。

(案例来源:酒店管理经典案例分析.广州:广东经济出版社)

这个案例颇有些戏剧性,也反映了财务部催账工作的复杂性。这一结局,很可能为酒店留住了周先生这个老客户。尽管今后向他收账仍然可能会有很多麻烦,但毕竟还是一个可能常来入住的客户。同时,也使酒店方面避免了一次不希望发生的特殊处理。本案例中所采取的这些措施,都是按照酒店的程序规定进行的,这也反映了预先制定出具有指导性和可行性的有关业务规定对于酒店工作的极端重要性。同时,该酒店的收银程序和收银过程控制与让顾客100%满意还存在差距,财务部的管理需要进一步改进。

## 【任务执行】

## 一、财务部管理概述

酒店一切经营活动的目的就是赢得效益，这当中包括社会效益和经济效益。没有了效益，酒店将无法生存下去，财务部担当了此重任。财务部担负着酒店聚财理财的重要任务，是整个酒店管理工作的信息中枢，是反映酒店经营成果，为总经理进行市场预测和经营决策提供信息和数据资料，督导各部门改善经营管理、提高经济效益的职能部门。

### （一）财务部组织机构

酒店财务机构的设置一般有两种形式，即财务采供一体化和财会一体式。前者是指财务工作、会计工作和物资采购工作都由财务部门来完成。这样有利于对资金尤其是物资储备资金的控制，但管理跨度和难度较大；后者是指物资采购供应工作由专门的职能部门负责，财务部门只负责财务会计工作。这种组织形式较难控制采供环节的资金占用情况，不利于资金的合理利用，但这种组织形式管理专业化较强。本任务主要分析后一种形式。

财务部管理的一般组织结构形式如图 4－11 所示。

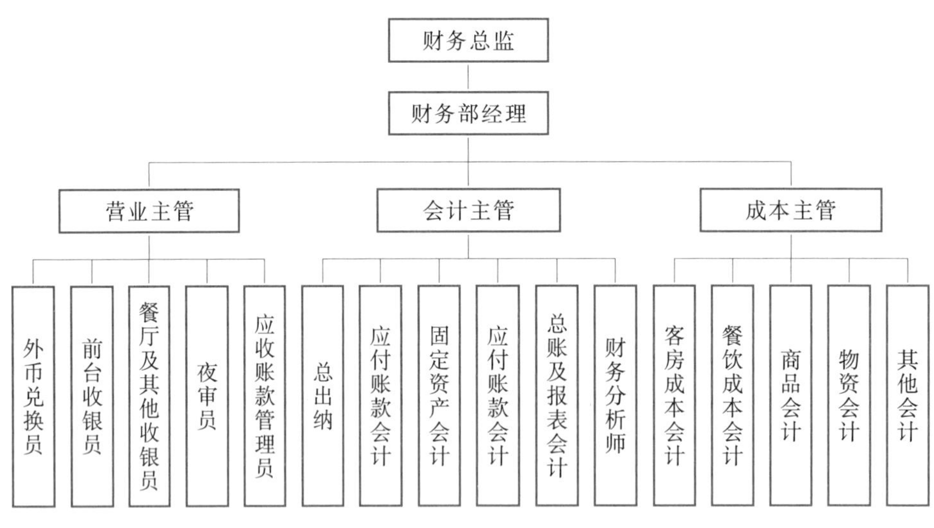

图 4－11 财务部组织结构图

### （二）财务部主要职责

财务部的主要工作职责是建立各种会计账目；处理日常财务工作，稽核各类营业收入和支出；制定对商业往来客户和客人的信贷政策并负责执行；负责成本控制和定价事宜；负责处理各种应收、应付款事宜；负责固定资产管理；负责编制财务预算；代表酒店对外处理银行信贷、外汇、税务、统计等；负责定期向酒店管理层提供各种财务报表和经营统计资料；负责召集客房和餐饮两大营业部门的月底财务分析会议；负责发薪。

4

财务部设置不仅要明确财务部各级管理人员的职责，同时也要明确财务部和其他各部门的权责，以实现对酒店财务活动的综合的全面性的管理设计。酒店其他部门要做到，根据财务部下达的指标，组织制定本部门财务预算；检查分析财务预算的执行情况；组织基层单位的财务管理工作，建立基层单位财务控制制度；填写多种原始记录和报表，做好各项基础工作等。

## 二、财务部业务管理

酒店的营业收入和利润是反映酒店财务状况和经营成果的两个基本因素。所以，做好酒店营业收入管理和利润管理是非常重要的，也是财务部业务管理的主要内容。

### （一）酒店营业收入管理

酒店以一定价格，通过提供劳务和出租客房、出售商品或其他服务项目获得的货币收入都称作酒店的营业收入。

1. 建立完善的客账管理系统

（1）住店客人账务管理系统。住店客人账务管理系统应包括客人账户的设立、记账核对和结账三个方面。

客人入住酒店，首先是在总服务台办理入住手续，填写“住宿登记单”，由前厅开出客人账单及其他文件。结账处要进行核对，无误后将客人的总账单及有关部门附件放入相应房号的账夹。

将客人住店期间在酒店各营业点的消费状况如实记录在客人账户上，并入稽核组核对。

客人离店时，通知各营业点将客人账单迅速汇集前台，以防出现跑账漏收现象。每日下班前要编制收款员收入明细表、收款员收入日报表和收款员缴款袋，分别投于缴款箱内和交给夜间稽核员。

（2）非住店客人账务管理系统。非住店客人往往是在酒店的餐饮部、商品部或康乐部等营业点进行消费。以餐饮消费为例，首先根据客人点菜要求填写点菜三联单，并在厨房联上盖上收款员印章，交服务员，在财务联上填列日期、桌号、人数、服务员工号、品名、数量及单价等，放入账单架，待客人结账；若客人增加点菜，应继续填写在原账单内，一般不要重新开立新账单，以防漏收。客人要求结账时，应立即计算出应付款额，交服务员呈送给客人，接受客人付款后将客人联交付客人。收款员下班前也要编制收入明细表、日报表和缴款袋。



2. 保证客账管理系统的正常运行

完善的信息传递系统是做好账务管理工作的基础。要求酒店要做到记账准确，走账迅速，结账清楚。如果信息不畅或传递速度达不到要求，就有可能造成跑账漏收的后果，给酒店带来不必要的损失。目前的信息传递方式主要有人工传递、电话传递及网络传递等。人工传递是指各类营业点的账单由专人负责传递到前台，这种方式速度慢，成本高，衔接不好易造成跑账漏收；电话传递速度较快，但不能提供文字单据的传递；网络传递是用计算机将各营业点终端联结起来，通过计算机终端记录和传递信息的一种方式，是目前普遍采用的方式。

在建立畅通有效的信息传递渠道的同时，还必须健全和完善酒店的内部牵制制度。完善各环节的操作规程，以前后工序的相互配合和制约为基础，健全内部牵制制度。完善收入稽核制度，稽核一般分为日间稽核和夜间稽核。夜间稽核是指在每天营业结束时检查核对所有营业部门的销售记录是否准确无误，同时编制出客账汇总表；日间稽核的工作主要是进一步检查营业记录是否真实，并对夜间稽核工作进行复查，以保证销售记录的真实性和正确性。稽核后编制营业日报表，通过营业日报表为管理者了解营业情况，进行科学决策提供信息保证。

3. 核算营业收入的管理

根据国家最新《会计法》《税法》等相关法规和制度规定，酒店应采用权责发生制来核算营业收入。酒店应在劳务已提供，商品已售出，同时收讫价款或取得收取价款权利证据时，确认营业收入的实现。这样就会出现应收收入和预收收入。预收收入是指本期或前期已收到并已入账，但要到以后的会计期的部分才能作为当期的收入。应收收入是指本期已经获得，但尚未收到款项的收入，如客人已住宿但尚未付款的收入，根据权责发生制，这些应收收入应作为本期的营业收入。

4. 结算业务管理

酒店营业收入的取得主要有三种形式，即预收、现收和事后结算。

(1) 预收就是在提供服务之前预先收取全部或部分服务费的形式。对于预收服务费的项目，酒店一定要按照合同规定认真执行合同项目，如果酒店单方面违约，就要部分或全部退还预收款甚至要进行赔偿，更重要的是影响酒店声誉和形象。所以，预收款能否真正留下取决于酒店是否遵守合同约定。

(2) 现收即在为客人提供服务的同时收取服务费的形式，这种形式保持有效的关键是内部牵制制度健全程度，保证稽核质量。

(3) 事后结算即在向客人提供服务后，一次性或定期结算的形式。这种形式常在单位之间进行，如酒店和旅行社之间就多采用这种方式。对于事后结算须注意的是保证及时结算，不要等积压款项过多时才去控制结算时间和金额。

### （二）酒店利润管理

利润是一个相对复杂的概念，在酒店经营中，我们一般会涉及以下几个与利润相关的概念，一是经营利润，经营利润是指酒店营业部门营业收入扣除营业成本、营业费用和相应营业税之后的余额；二是营业利润，营业利润和经营利润概念范围不同，营业利润是经营利润再扣除相关管理费用和财务费用后的净额；而酒店总利润是在营业利润的基础上再加上营业外收支(净额)和投资净收益。



1. 酒店利润的评价

评价酒店利润，通常有利润额和利润率两大指标。

(1) 利润额就是指总利润，绝对利润额可以全面反映酒店经营活动的效果，并对酒店利润预算的完成情况进行考核。但对于不同酒店和酒店的不同时期，绝对利润额无法很好地来进行比较，而人均利润额则弥补了这一不足，人均利润额，是在一定时期内，酒店总利润和全体员工数的比率，即人均利润额＝总利润/员工人数。这一指标较能反映员工的总体的劳动效率。

(2) 另一个评价指标是利润率，它是衡量酒店经营质量管理的相对性指标。我们通常用到的利润率指标有营业收入利润率、成本费用利润率和总资产利润率等。

营业收入利润率即利润总额和营业收入总额的百分比，即

营业收入利润率＝(总利润/营业收入总额)×100%

成本费用利润率是酒店利润和获得该利润所花费的成本费用的比例，即

成本费用利润率＝(总利润/成本费用)×100%

它反映的是一定营业收入中利润的比重。

这一指标越高说明酒店经营状况越好，但也不是越高越好，因为成本过低可能影响产品质量，最终还是会影响利润实现。

总资产利润率是总利润和总资产(平均)占用额的比例，即

总资产利润率＝(总利润/总资产占用额)×100%

总资产利润率反映了总资产的利用效率，进而反映了总资产投资决策的合理程度。

2. 酒店利润的分配

遵循相关财务制度的规定，酒店在缴纳所得税后的利润，按以下顺序分配。

(1) 支付被没收财物损失和各项税收的滞留金、罚款。

(2) 填补酒店以前年度亏损。

(3) 归还贷款。

(4) 提取法定盈余公积金，比例为当年税后利润的10%，当法定盈余公积金已达注册资金的50%时可不再提取。

(5) 提取公益金，主要用于员工集体福利支出。

(6) 向投资者分配利润，以前年度未向投资者分配的利润可并入本年度分配，国家作为投资一方从酒店分得投资收益。

股份制酒店在提取公益金后按如下顺序分配。

(1) 支付优先股股利。

(2) 按公司章程或股东会议提取任意盈余公积金。

(3) 支付普通股股利。



## 三、财务部运行控制

### (一) 财务预算编制控制

财务预算首先要进行财务预测。财务预测是根据财务活动的历史资料，考虑现实的要求和条件，对酒店未来财务的科学研究和财务成果进行预计和测算。财务预测通过对不确定性未来的预测，从而使酒店防患于未然，处惊而不乱。其目的主要有以下几点。

1. 为计划和管理提供信息

酒店财务计划是财务控制的依据和绩效考核的基础，所以财务计划的准确性和科学性是非常重要的。而只有将精心预测到的信息进行科学的归类加工整理，才能为计划的制订提供有效的来源。

2. 为经营决策提供依据

财务预测得到的资料和信息为准确的财务决策提供了依据，财务决策是酒店经营决策的核心，所以说财务预测为整个经营决策提供了依据，奠定了基础。

进行财务预测的一般步骤是：首先确定预测的目的和对象。财务预测通常包括销售收入预测、成本费用预测、利润预测、货币流量预测、资金需要量预测等。其次是收集和整理资料。根据预测的目的和对象，广泛收集各种相关资料，还要对资料进行分类汇总，使它们符合财务预测的需要。再次是确定计算方法。常见的财务预测的方法包括现金流量法、时间序列分析法、回归直线法、量本利分析法、投资回收期预测法等。最后是确定最佳方案。将制订的各种方案进行对比分析研究，确定一个最佳方案，为今后的财务管理工作奠定基础。

在财务预测的基础上进行财务预算，是财务管理的重要内容之一。进行财务预算一般包括以下步骤：首先是进行财务预测。其次是编制部门预算草案。每年第四季度由各部门制定出部门预算指标。考虑到酒店的季节性特点，预算指标要有一定弹性。再次是在各部门预算指标基础上编制酒店财务预算，财务部门对各部门的各项指标进行核对和研究，本着综合平衡的原则编制财务预算草案。最后由总经理召开预算会议，由财务总监宣布财务预算草案的各项指标，经过讨论修订后，正式下达各部门。

**（二）财务预算实施控制**

财务控制是财务管理的重要手段和内容之一，是以财务预算指标和各项定额为依据，对资金的收入、支出、占用、耗费等进行计算和审核，找出差异，采取措施，以保证预算指标的实现。

要做好财务控制，首先要制定控制标准，制定成本费用定额和资金定额，实行定额管理，结合各项定额将财务预算指标分解落实到各部门、班组以至个人。其次是制定日常执行标准，对资金的收支、设备的占用等运用各种手段进行记录、计算，将标准和实际发生额对比，找出差异，对不符合标准的支出要予以限制。最后要将形成差异的原因找出来。

**（三）财务分析和内部审计**

财务分析是以会计核算资料为主要依据，对酒店财务活动的过程和结果进行分析对比，对预算完成情况及财务状况作出评价，并提出改进的措施。通过财务分析，一方面可以掌握财务预算的完成情况，发现影响财务成果实现的因素及影响程度，另一方面可以及时总结经验，发现问题，为下一轮的财务预算工作的改善提供依据。



酒店内部审计是审计人员对酒店一定时期内的财务收支及其经济效益从真实、合法、效益三方面进行审查和评价的活动，目的是加强酒店内部管理和控制，挖掘内部潜力，提高酒店效益。酒店内部财务审计包括对酒店的财务报告及其反映的资产、负债、所有者权益、成本费用和损益方面的审计。

## 【任务框图】

本任务从三个方面讲述了酒店财务部管理和运行控制要求，主要内容框架如图 4-12 所示。

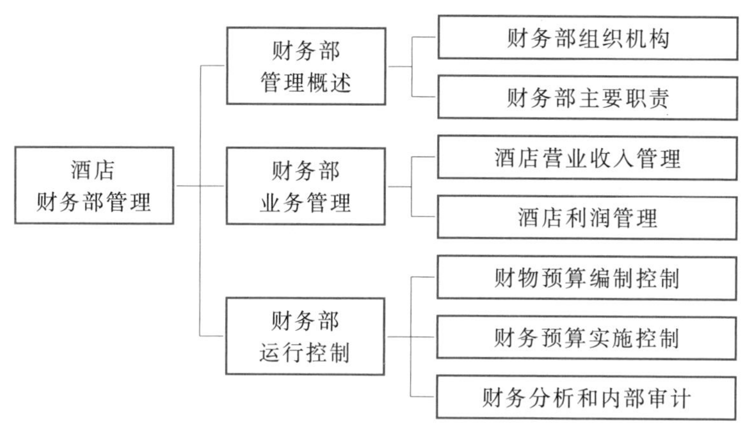


图 4-12　模块四任务五框图

## 【任务拓展】

酒店财务部门肩负着酒店聚财和理财的重任，及时反映酒店的经营成果，为经营管理者提供经营管理决策所需要的信息，督导酒店的各部门提升经营管理水平，降低成本消耗、提升经营管理绩效，酒店管理者必须熟悉酒店财务及财务管理工作。

请认真阅读案例，通过讨论，回答案例提问。

案例

### 协力解决宾客投诉（财务收银结算服务案例）

一天中午，一批来自某企业的客人到某餐厅用餐。餐后客人提出本企业在该餐厅约有两万元内存，要求签单。经信用结算组查阅，发现客人所报金额与签单人姓名均与原始记录不符。为维护签单人权益，信用结算组便通知餐务中心该单位并无内存，而宾客坚持称确有内存，一定要签单。餐务中心与客人协调，提出先将本次餐费结清，由账台出具收条，待有确切证据证明能够签单，再退还此款，在内存中结算餐费。客人当时表示同意。

过了两天，该企业存款当事人与酒店联系，说明上次餐费可以签单，酒店立刻退还了钱款。而此时宾客以该餐厅工作有疏漏为由提出投诉，并要求给予餐费折扣。餐务中心与信用结算组共同向客人解释了缘由，再三说明这也是维护该企业内存的安全以及保密性而执行的一项工作制度，对于此事给宾客造成的不便表示歉意，餐务中心给予该企业用餐 8.8 折优惠，信用结算组也提出将尽快改进工作方法，避免类似的误会发生。

最终，宾客满意而归。事后，餐厅质管办召集两部门针对此投诉进行分析。财务部态度非常积极，提出了一项改进方法，向各内存企业签单人发放临时卡片，其他客人消费时只需出示此卡同样签单有效，能够使工作做得更圆满一些。餐务中心也表示将增强两部门之间的协调与合作，促使服务产品更完美。

（案例来源：酒店管理经典案例分析.广州：广东经济出版社）

请思考：

（1）餐饮部和财务部门在此投诉中应承担什么责任，同时总结他们处理此投诉的成功之处。

（2）通过查阅资料，制定一份客户预存资金店内消费签单的管理办法。

4

## 【任务测试】

**一、判断题**

1. 要做好财务控制，首先要制定的是日常执行标准。 （ ）

2. 酒店的物资采购供应工作由专门的职能部门负责，财务部门只负责财务会计工作的模式，较难控制采供环节的资金占用情况，不利于资金的合理利用。 （ ）

3. 财务部设置不仅要明确财务部各级管理人员的职责，同时也要明确财务部和其他各部门的权责，以实现对酒店财务活动的综合的全面性的管理设计。 （ ）

4. 酒店内部审计的目的是加强酒店内部管理和控制，挖掘内部潜力，提高酒店效益。 （ ）

5. 评价酒店利润，通常有利润额、成本额和利润率三大指标。 （ ）

**二、单选题**

1. 反映酒店经营成果、为总经理进行市场预测和经营决策提供信息和数据资料、提高经济效益的职能部门是（ ）。

A. 财务部　B. 工程部　C. 信息部　D. 采供部

2. 酒店的财务工作、会计工作和物资采购工作都由财务部门来完成的机构设置方式是（ ）。

A. 财务采供一体化　B. 财会一体式

C. 采供会计一体化　D. 采购一体化

3. 反映酒店财务状况和经营成果的两个基本因素是酒店的利润和（ ）。

A. 营业收入　B. 人工成本　C. 房租　D. 税收

4. 住店客人账务管理系统应包括客人账户的设立、记账核对和（ ）。

A. 账户冻结　B. 账户审计　C. 查账　D. 结账

5. 酒店进行财务预测时一般首先进行的步骤是（ ）。

A. 确定预测的目的和对象　B. 确定计算方法

C. 确定最佳方案　D. 确定应急预案

# 任务六 酒店总经理办公室管理



### 任务引例

**失败的营销员会议**

某酒店总经理在周一早上告诉总经理办公室文员小刘，本周四上午9:00到11:00召开酒店营销员会议，要求小刘通知有关人员。小刘刚到公司不久，不清楚公司有多少营销员，她来到酒店营销部，营销员均已外出。因总经理办公室主任出差，总经理办公室工作很杂很忙，接下来小刘忙于其他的事情，几乎把通知的事忘了。

一直到周三下午，总经理问她会议通知了没有，她才匆忙在公司的布告栏里写了如下的通知：“兹定于星期四上午在会议室召开营销员会议，会议重要，请务必出席。”

星期四上午8:30左右，有2个营销员到了会议室，但会议室里没有人招呼，以为会议不开了，坐了一会儿就走了。9:00 左右有 6 名没有任何准备的营销员来参会，其中两个说，他们已经约好客户在 10:00 见面。到了 10 点，只剩下 4 位营销员，也谈不出什么东西，会议草草结束了，总经理很不高兴。公司一共有 12 位营销员，事后去问另外 4 位，他们说根本没有看到通知。经理对小刘非常不满。

（案例来源：作者根据网络资料整理编写）

本案例告诉我们，作为酒店总经理办公室工作人员，组织好酒店的会议是重要职责，弄清参会对象和会议要求，发出有效的会议通知，适时确认，会前做好会议各项工作，是确保营销员会议成功的关键环节之一。

## 【任务执行】

### 一、总经理办公室管理概述

#### （一）总经理办公室工作任务

总经理办公室是酒店的办事机构，它的职责可以概括为“三服务”和“四作用”，即为酒店领导服务，为各部门服务，为员工服务；起到上承下达，联系协调，沟通信息，参谋咨询的作用，是典型的职能部门。主要工作任务是切实执行总经理的工作指令，认真贯彻党和政府的方针和有关法律、法规，坚持“以市场为导向，以效益为中心，以质量为生命”的经营方针和“让客人完全满意”为服务宗旨，合理调配使用和有效发挥酒店的人力、物力和财力资源，制定严格的管理规范和管理制度，实行科学管理，加强对酒店管理的监控力度，加强管理队伍的思想建设和作风建设，树立良好的酒店形象，取得最佳经济效益和社会效益，达到最好管理水平和质量水平，并统筹和协调与社会各界、上级主管部门或业务协作部门以及酒店内部的横向、纵向各方面关系，为提高酒店的经济效益和社会效益服务。

#### （二）总经理办公室职责与组织结构

1. 酒店总经理办公室的组织结构

大中型酒店总经理办公室常见的组织结构如图 4－13 所示。

4

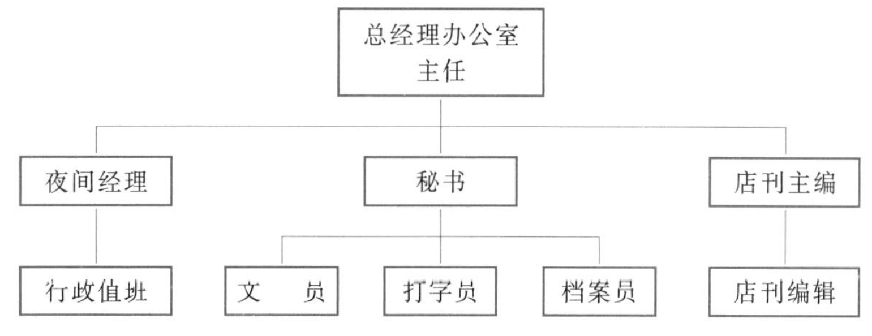


图 4－13　常见酒店总经理办公室组织结构图

2. 岗位职责与管理制度

酒店总经理办公室主要有办公室主任、秘书、机要员、文员等岗位，主要管理制度有会议管理制度、保密制度、计划和总结管理制度、部门沟通协调制度、公文处理和行文规范等。管理制度和岗位职责的详细内容参见本教材配套资源库或通过网络查询获得。

## 二、总经理办公室业务管理

### （一）会议服务管理

召开会议是酒店总经理开展酒店的经营管理活动的一种重要形式，总经理办公室是为总经理召开各类会议做准备、过程服务和会后落实的职能部门，应从以下几方面对会议进程全程管理。

（1）充分准备。总经理办公室应明确会议的性质、目的、时间、地点、出席会议对象和主持人等要素。做好会议议程的起草、会议通知的发布、参会人员的落实、会议文件等材料物品的准备等工作；要提前一个小时做好会场的布置等工作，安排好会议接待服务工作。

（2）会议记录。记录会议的主要精神是总经理办公室的重要工作。会议记录包括会议的主要议题、每一个议题的主要内容，领导讲话的主要精神，与会人员的发言记录，有书面材料的要做好材料的收集工作，根据会议的重要性，安排全程录像和录音工作。会议记录要做到记录格式正确、内容基本准确、无遗漏。在会议结束的一个工作日内（重要会议应立即）整理会议记录形成会议纪要并发放到相关部门和人员。

（3）督查执行。总经理办公室负有对会议精神贯彻执行的督查责任。对会后材料收集、工作任务的落实情况、会议召开后的效果等信息向总经理反馈，为总经理进一步经营管理做好参谋。

### （二）公文收发及内部行文管理

公文收发和行文是总经理办公室的一项常规工作。应做到专人负责，程序清晰，管理有序。

（1）公文收发管理。公文是指来自政府、行业协会等部门的文件，是指导酒店管理的重要依据。公文收发要做到签收、处置规范，及时呈送领导批阅，依据领导的批示意见做好文件的落实执行跟踪管理工作。对每一份公文及处置情况及时收集归档，按照档案管理规定进行保管。

（2）内部行文管理。内部行文是指酒店领导下达的经营管理指令、各部门的请示报告批复等。内部行文是酒店管理活动的重要形式，应该按照行文规范进行处理。内部行文应包括发文者、致达者、抄报者、发文时间、发文编号、事由等项目，统一拟稿格式和印刷要求，按照管理权责签发生效。



### （三）接待服务管理

酒店到访客人的接待是总经理办公室的日常事务工作之一。对到访客人应区分不同情况分别作出接待安排。总的接待原则是热情礼貌、了解目的和及时处置。对重要客人（VIP）应按照酒店 VIP 接待程序做好接待服务工作。对预约来访客人要按照预约安排及时安排与相关人员会谈。对没有预约突然来访的客人，应摸清目的，分别处置，特别是无法接待来访的情形要说明情况，表示歉意。

### （四）办公用品管理

办公用品是酒店行政管理和业务管理的重要工具，大部分属于低值易耗品，包括稿纸本、笔、记事本、胶水、曲别针、大头针、订书钉、打印机碳粉、墨盒、文件夹、档案袋、印台、印台油、订书器、电池、计算器、复写纸、软盘、支票夹等。酒店办公用品应从采购、发放等环节加以管理。

1. 办公用品的采购

根据各部门的申请，库房结合办公用品的使用情况，由保管员提出申购单，交主管会计审核，交总经理批准后实施采购。

2. 办公用品的发放

按照各种办公用品发放标准和范围实施发放。

实例：某酒店的办公用品发放标准如下。

(1) 员工入职时每人发放圆珠笔 1 支，笔芯以旧换新。

(2) 每个部门每月发放 1 本原稿纸。

(3) 部门负责人每人每半年发放 1 本记事本，员工每 3 个月发放 1 本记事本。

(4) 胶水和订书钉、曲别针、大头针等按需领用，不得浪费。

(5) 办公用打印纸、墨盒、碳粉等须节约使用，按需领用。

## 三、总经理办公室运行控制

### (一) 总经理办公室事务控制

总经理办公室事务繁杂，控制好各项事务，做到事务工作有计划性，分清事务的轻重缓急，才能提高事务工作效率，从而提高总经理办公室的工作效率。

(1) 做好事务的计划工作。酒店总经理办公室的绝大部分事务工作具有规律性，应制订详细的计划，使事务性工作有条不紊地开展，如年度、月、旬的计划和总结的制定和收集，店刊的定期出版等均应列入计划工作，按时完成，不得拖拉。

(2) 提高应急事务的处置能力。对总经理安排的或者部门突发的事务性工作，要有应对方案，不可顾此失彼。

(3) 分工协作，发挥总经理办公室团队作用。

### (二) 总经理办公室会议控制

酒店组织的各类会议与总经理办公室均有直接关系。对于部门召开的会议应向总经理办公室备案，全酒店性质的会议则由总经理办公室直接安排，会议质量的高低直接关系到酒店的正常经营管理秩序，应从以下三个方面进行控制。

(1) 控制会议数量。协助酒店总经理审核会议，控制数量，计划性会议准时组织，严格控制非计划性会议。

(2) 控制会议时间。充分做好会议准备工作，准时开会，不拖会，不开长会，通过各种方法提高会议效率。

(3) 控制会议成本。做好会议预算，节省会议开支。

### (三) 总经理办公室服务质量控制

酒店总经理办公室究其工作性质是一个为全酒店服务的机构，服务总经理，服务中层、基层管理人员，服务员工，其服务质量的高低对酒店的经营管理质量有直接影响，应该从以下两个方面加以控制。

(1) 通过工作标准和制度控制服务质量。总经理办公室工作烦琐,但是每一项工作均应制定工作标准,如会议制度、行文标准等,只有标准化、制度化管理,按照标准和制度开展工作才能保证服务质量。

(2) 通过提升工作人员素质来提升服务质量。在酒店总经理办公室工作是“无名英雄”,难以做出惊天动地的业绩,但是总经理办公室的工作时间长,非计划性的工作多,需要工作人员具有较高的素质。一方面业务精,另一方面具有吃苦耐劳和奉献精神,只有优秀的从业团队才能确保总经理办公室服务工作的到位。

## 【任务框图】

本任务从三个方面讲述了酒店总经理办公室管理和运行控制要求,主要内容框架如图 4-14 所示。

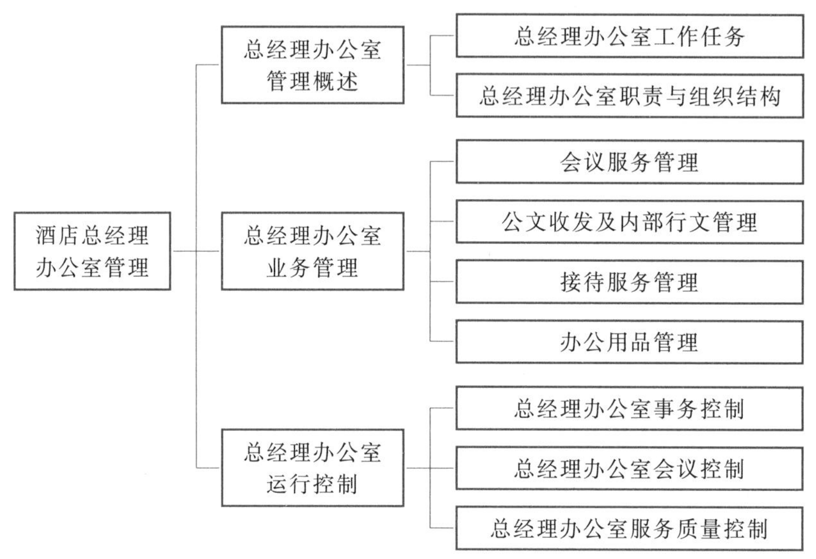


图 4-14 模块四任务六框图

## 【任务拓展】

总经理办公室是总经理工作的助手,是酒店管理、行政运行的重要参谋部门,是酒店高层管理与中低层管理衔接的枢纽,管理好总经理办公室,发挥好总经理办公室的作用,对酒店提升形象、提升业绩、提升管理水平具有重要的意义。

我们回到本任务的开始的案例,通过本任务的学习,请在课后时间做以下三件事。

(1) 每人收集酒店店刊店报一份,并组织一次酒店店刊店报展示活动。

(2) 做一名兼职通讯员,自定选题,为你理想的店刊店报写一篇稿件。

(3) 根据酒店总经理办公室的职责,列举出总经理办公室主任应该具备的知识能力。结合自己的现状,分析成为一名总经理办公室主任需要努力提升哪些素养。

## 【任务测试】

**一、判断题**

1. 总经理办公室是酒店的间接对客服务机构，起到上承下达，联系协调，沟通信息，参谋咨询的作用。（ ）

2. 总经理办公室应在会议结束的2个工作日内整理会议记录形成会议纪要并发放到相关部门和人员。（ ）

3. 公文收发和行文应做到专人负责，程序清晰，管理有序。（ ）

4. 内部行文应包括发文者、致达者、抄报者、发文时间、发文编号、事由等项目，按照管理权责签发生效。（ ）

5. 总经理办公室对到访客人总的接待原则是热情礼貌、了解目的和及时处置，对无法接待来访的情形可不做说明，只表示歉意。（ ）

**二、单选题**

1. 总经理室各类会议召开准备、过程服务和会后落实的职能部门是（ ）。

A. 总经理办公室　B. 行政部　C. 总机办　D. 会务部

2. 记录总经理的指示，打印、复印各种文件、资料和信函的职责属于（ ）。

A. 行政管理员　B. 行政办主任　C. 机要室主任　D. 总经理秘书

3. 总经理办公室会议管理要做到充分准备、会议记录和（ ）。

A. 内部行文　B. 督查执行　C. 外部行文　D. 公文查收

4. 总经理办公室公文收发应做到程序清晰，管理有序，并要求（ ）。

A. 定时定点　B. 定时定人　C. 专人负责　D. 多人负责

5. 总经理办公室对没有预约突然来访的客人，应（ ）。

A. 摸清目的，统一处置　B. 摸清目的，分别处置

C. 按照一般接待程序做好接待　D. 按照VIP接待程序做好接待

### ◇ 模块学习总结

酒店非营业部门虽然不直接与顾客打交道，也不能直接产生经济效益，但是它是酒店正常运行必不可少的职能部门，这些部门技术性强，管理难度和管理要求高，对酒店的整体经营管理水平的提升作用直接，非营业部门与营业部门同样重要。本模块详细讲解了酒店的安全、采供、工程、信息、财务部和总经理办公室六个非营业部门的工作任务、组织结构、岗位职责、业务管理和运行控制等内容，为初级酒店管理者提供了一个较全面的、针对性强的酒店部门基层管理实务知识。本部分内容与其他专业课程一起帮助学生构建一个较为完整的酒店非营业部门的业务运行和管理的知识和技能体系。

通过本模块学习，学生应该掌握酒店非营业部门的结构框架、工作任务、业务管理要点和运行控制要点等理论知识。通过案例分析，形成非营业部门业务管理的实战经验。由于酒店非营业部门涉及的专业工种门类多，学生应根据自己的兴趣爱好和专业知识的结构，有针对性地深入1～2个酒店非营业部门的管理知识、技能的学习和思

考，为今后进入酒店非营业部门工作打下坚实的基础。

酒店的非营业部门的业务管理有许多国家的技术标准和规范，如财务部管理有《企业会计准则》等。请结合本模块讲授到的6个部门，通过图书馆资料查阅和网络检索，为每一个非营业部门列出与业务管理和技术操作相关的国家标准和规范。

◇ 模块学习链接

（1）通过浏览华住集团、锦江酒店等企业网站，酒店设施管理、酒店安保学习平台等公众号，了解酒店设施设备、安全、财务管理等最新实践，实时掌握酒店非营业部门经营管理最新动态。

（2）通过阅读《酒店职业经理人》等杂志，《现代酒店设备管理》《酒店安全管理实务》等著作，丰富酒店管理间接对客服务部门的管理理论知识和实战经验，拓展酒店非营业部门经营管理视野。

# 模块五　酒店持续发展管理

- 任务一　酒店文化建设管理
- 任务二　酒店品牌建设管理
- 任务三　酒店经营战略管理
- 任务四　酒店创新管理

## 职业能力目标

1. 能理解不同层次的酒店文化特征，熟悉现代酒店文化内涵、层次和建设要求；
2. 能根据酒店品牌内涵和建设要求对酒店品牌进行正确的维护和推广；
3. 能依据酒店经营战略制定过程分析和建议酒店实施不同层次的酒店经营战略；
4. 能根据市场需求模仿设计酒店创新服务产品；具有一定的酒店内外部环境变化判断能力，即时提出酒店转型升级建议。

## 典型工作任务

1. 培养良好的文化素养和文化管理能力，主动适应和融入本酒店文化，在具体工作岗位上传承、丰富本酒店文化，充分发挥酒店文化对经营管理活动的积极作用；
2. 在强大的酒店品牌维护和推广意识下，主持酒店某品牌的创建、维护和升级工作；
3. 在较强的酒店经营战略意识下，认同并自觉执行本酒店的发展战略并有意识地对发展战略进行动态调整和完善；
4. 在任何酒店管理岗位上均具有创新意识和创新精神，主动开展和积极参与各类创新活动；主动发现酒店主客观经营管理环境的变化，能正确判断酒店转型升级的方向，积极支持和参与酒店转型升级活动。

# 任务一　酒店文化建设管理

**任务引例**

**某酒店的企业文化**

管理方针：文化、形象、品质、效益。

文化理念：以人为本，以德为本；点滴改进，超越自我；顾客至上，利润第二；唯才是举，公私分明；铁的纪律，爱的管理。

服务宗旨：让我们的服务服务得更好。

服务准则：热情、礼貌、迅速、周到。

核心价值：求实、勤奋、创新、卓越。

管理理念：以顾客为导向，以员工为中心，以质量为灵魂，以文化为源泉。

工作作风：现场看、现场办，立即反应，马上行动。

成功秘诀：一是检查，二是检查，三是检查。

管理要求：高、严、细、实、新、活。

（案例来源：根据酒店企业文化资料改编）

上述案例对我们的启迪是，酒店企业文化对酒店企业经营管理影响巨大，是酒店成功管理经营的重要保证。作为酒店管理人员，必须认识酒店文化的重要性，掌握酒店文化管理的基本理论，形成酒店文化管理和建设的能力。

## 【任务执行】

文化是人类社会历史实践过程中所创造的物质财富和精神财富的总和。一个成功的企业必须有一个强有力的企业文化支撑，没有文化意识的企业，如同丢失了灵魂的人、丧失了精神的民族。企业文化是现代企业支撑发展最本质的东西，随着市场的逐步规范和竞争的深化，所有竞争的方式、内容最终都将升华成为企业文化的竞争。

## 一、酒店文化内涵

### （一）企业文化的形成

企业文化理论形成于20世纪80年代初期。第二次世界大战结束后，世界各国，尤其在西方国家，随着科学技术的迅猛发展及在生产领域的广泛应用，企业规模越来越大。传统的企业管理理论和管理方法受到严重挑战，那些基于“机械人”“经济人”看法的经验型管理和靠组织技术严密控制型的管理已经落伍，逐渐被以人为中心的管理模式所取代。

第二次世界大战结束后，世界各国流行的以人为本的管理方法，改变了以物、以事、以任务为中心的传统管理模式，重视把人的需求和价值实现放在第一位；改变了单纯依靠严格规章制度和严密监督体系进行管理的强制性管理方法，重视对员工心理、行为的深入研究，通过培养人的自主性，实现自主管理和自我控制；改变了金字塔式的科层组织体系和独裁式的管理方式，通过建立大森林式的扁平组织结构和分权式管理方式，鼓励员工参与管理，参与决策；传统的权力纽带和资本纽带作用递减，而文化纽带却在日益发挥巨大的凝聚作用和导向作用。同时，企业也正在逐渐摆脱“一切以利益为中心”的传统经济伦理的束缚，坚持顾客利益至上，谋求企业利益和社会利益的融合，谋求企业与社会的同步发展。

在美国，多数公司积极倡导个人能力主义的管理方式，企业把原来人事部的牌子换成人力资源部，以加强对人力资源的开发。在西欧各国，企业强调员工参与制度和弹性工作制度，让员工通过员工管理委员会、工作改善委员会等组织表达意见，直接参加企业的决策与管理。在日本，企业对以人为中心的管理进行更多的探索和实践，取得了明显的成效。日本企业重视家族意识和团队精神的培养，倡导集体决策和全员管理，成为日本企业管理模式的支柱。可以说，日本经济的成功和企业管理的成功，为企业文化理论的诞生提供了最直接的实践依据。在中国，大批的民营企业、三资企业和管理意识较超前的国有企业正积极地进行企业文化的建设。众所周知的华住酒店集团，是全球发展最快的酒店集团之一。根据美国《HOTELS》杂志公布的“2022 全球酒店集团 200 强”（HOTELS 200）的最新排名，华住集团升至第六位。华住的成功除了我国良好的经济环境外，重要的一条是华住酒店集团优秀的企业文化。华住集团遵循“求真、至善、尽美”的企业哲学，秉承“一群志同道合的朋友，一起快乐地成就一番伟大的事业”的初心，恪守“价值创造、平等共生、奋斗为本、取法乎上、结果导向、美好生活”的价值观，为华住酒店集团的品牌创新、市场创新提供了巨大动力。

可以说，在当今社会，没有无文化的企业，一个企业离开了企业文化的建设便无法在日趋激烈的竞争中求得生存与发展的机会。

随着经济全球化进程加速，加之世界各国文化相互渗透，经济和文化的结合日益紧密，企业文化理论得以迅速传播与发展，并成为企业管理学科的一个新的里程碑。

### （二）企业文化的内涵

企业文化是一种微观文化现象，也是一种管理方式，还是一种管理理论。关于企业文化的概念，国内外学者众说纷纭，理解上有一定的差别，但他们都认为企业文化是一种重视人，以人为中心的企业管理方式，代表着企业管理理论发展的新阶段。企业文化决定着企业的生产效率，决定着企业的生命力，强调要通过文化的力量把企业建成一种人人都有责任感和使命感的命运共同体。因此，企业文化可作如下表述：企业文化是指在一定的社会大文化环境影响下，经过企业领导者长期倡导和全体员工的积极认同、实践与创新所形成的整体价值观念、信仰追求、道德规范、行为准则、经营特色、管理风格以及传统和习惯的总和。

企业文化作为一个完整的概念由企业整体价值观、企业精神、企业伦理道德、企业形象四个基本要素组成。这四个要素以企业整体价值观为核心，相互影响，相互制约，形成一个系统的整体，体现出企业文化的全貌。

1. 企业整体价值观

企业整体价值观主要指企业的基本信仰、追求和经营管理的基本概念。它是整个企业文化系统，乃至整个企业经营运作、调节、控制与实施日常操作的文化内核，是企业生存的基础，也是企业追求成功的精神动力。

2. 企业精神

企业精神是一个企业基于自身特定的性质、任务、宗旨、时代要求和发展方向，为谋求生存与发展，在长期生产经营实践基础上，经精心培育而逐步形成的，并为整个员工群体认同的正向心理定式、价值取向和主导意识。企业精神是企业员工群体健康人格、向上心态的外化，是员工群体对企业的信任感、自豪感和荣誉感的集中表现，是企业赖以生存和发展的精神支柱。对企业的成败兴衰起决定作用。

3. 企业伦理道德

企业伦理道德是指调整企业与员工、管理者与普通员工、员工与员工、企业与社会公众之间的关系的行为规范的总和。企业伦理道德以公众舆论、规章制度等形式表现出来，对规范员工的个体行为、协调大家的行动、保证个人目标同企业目标一致性起到教育、引导和制约作用。

4. 企业形象

企业形象是企业从事生产经营活动和管理活动所表现出来的外部行为特征、视觉特征以及企业风格、风气等，表现为企业在社会上的知名度、美誉度、忠诚度的大小和企业内部精神面貌的好坏。良好的企业形象作为企业的无形财富，对于企业员工的工作追求、工作干劲、凝聚力、创造力及企业整体竞争力都有直接影响。

上述四个基本要素在企业文化结构中处于不同层次。其中，企业整体价值观和企业精神处于企业文化结构中的深层，企业伦理道德处于企业文化结构的中层，企业形象处于企业文化结构的表层。深层文化是企业文化的核心，决定着企业文化的方向、本质；中层文化直接把深层文化转换成一种成文或不成文的规则，对组织成员的言行起引导和制约的作用；表层文化体现着企业文化的整体风格和品位，也以一种特有的氛围对组织成员起教育作用。表层文化和中层文化是由深层文化决定的。

**（三）酒店文化的内涵**

**案例**

**北京饭店的企业文化**

北京饭店，这座融合中西元素的建筑群，见证着中国的崛起与发展。著名的“开国第一宴”，即在北京饭店举行。1949 年 10 月 1 日晚，北京饭店灯火通明，党和国家领导人和社会各界代表共 600 多人参加了这场盛大的宴会。如今，北京饭店守正创新，擦亮新时代“老字号”的黄金招牌。

北京饭店作为老字号发展至今，离不开一代又一代饭店人的努力，“高品质的服务，是北京饭店最大的特色”。把服务做好，并将之持续下去，并非易事。

服务的好坏，人是关键。这离不开企业文化的熏陶，北京饭店的企业文化，就是“家文化”。在管理层看来，正是这种“家文化”，让工作人员能够在无数场大型政务活动中，出色地完成好服务工作。

师带徒活动则是企业文化的另一特色，“我们也做了老师傅的思想工作，强调了传承的重要性。老师傅们把技艺传授给年轻一代厨师，让他们能学到北京饭店的精髓，也把老字号的烹饪技艺和匠人精神发扬光大”。只有年轻队伍跟上，服务的基因才能被不断强化。

在习近平新时代中国特色社会主义思想的指引下，北京饭店人将用真挚热情的服务，薪火相传的技艺，迎接来自五湖四海的宾客。坚持守正创新，弘扬品牌文化，让这座承载着百年历史和文化的老字号传承下去，酒店的经营处处有生机。

酒店文化是指在一定的社会大文化环境影响下，酒店在经营管理活动中形成的具有本企业特色的整体价值观念、信仰追求、道德规范、行为准则、经营特色、管理风格以及传统和习惯的总和。作为一种特殊的企业文化，酒店企业文化也有着自己的丰富内涵。

1. 酒店的整体价值观

酒店的整体价值观是酒店企业文化的核心，为酒店生存与发展提供精神支柱，也对员工行为起到导向和规范作用。在酒店的发展过程中，企业价值观的内容经历了最大利润价值观、经营管理价值观和企业社会互利价值观三次演变。早期的最大利润价值观是指酒店的全部管理决策和行动都围绕着如何获取最大利润这一标准来进行。经营管理价值观是指酒店除了尽可能地为投资者获利以外还非常注重酒店内部人员自身价值的实现。在当代，企业社会互利价值观要求在确定酒店利润水平时，把员工、酒店、社会的利益统筹起来考虑，不能失之偏颇。

酒店希望通过一切管理手段使酒店领导者和所有员工认同酒店的价值观，由此形成共同理想、信念、追求、宗旨和目标，增强酒店竞争力。

2. 酒店的企业精神

酒店的企业精神是酒店价值观的形象概括，是酒店向心力、凝聚力和员工对酒店信任感、自豪感的集中表现形式。每个酒店都有各具特色的企业精神，它往往以间接而富有哲理的语言形式加以概括。

3. 酒店的企业伦理道德

酒店是一个小社会，酒店内部存在着股东、管理者和普通员工相互之间的错综复杂的关系，酒店对外与社会公众也有多方面复杂的社会关系。正确处理和协调好这些关系，促进酒店的健康发展，就必须有相应的伦理道德。一个合格的酒店应建立伦理道德规范，即规章制度，来确保工作团队的良性运作。酒店的规章制度包括各种职责、条例、规范和操作程序，涉及酒店的方方面面，是酒店制度文化和行为文化的具体体现，成为酒店中每个人的行为准则和工作业绩的衡量标尺。

4. 酒店的企业形象

酒店的企业形象的内容相当广泛。包括以下几点。

(1) 理念形象。理念形象反映了企业的价值观念和企业精神，往往通过向社会公开昭示的企业精神、经营方针、服务宗旨、主打广告语等反映出来，体现了企业的精神文化。成功的企业理念宣传能够为酒店树立起一面鲜明的旗帜，作为企业形象的象征深入人心。

(2) 产品形象。产品形象是企业形象的物质基础。酒店出售给顾客的产品包括有形物品和无形服务两大类。酒店要塑造良好的产品形象和服务，从而提高企业的美誉度和知名度。

(3) 员工形象。员工形象指酒店劳动者的整体形象。企业是人的集合体，酒店又是劳动密集型企业，员工的形象直接影响企业的形象，酒店员工的形象好，可以增强社会公众对酒店的信任度，为酒店长期稳定发展打下牢固的基础。

(4) 经营管理形象。经营管理形象是酒店的经营过程、经营方式、管理组织、管理制度、管理基础工作、经营成果与效益等在社会公众和员工中留下的总体印象。它是酒店实力的表现。



(5) 公共关系形象。公共关系形象是酒店为了获得社会公众的信任和支持，求得自身事业的发展，创造最佳社会关系所进行的各种活动中树立的形象。现代酒店不仅是一个经济组织，而且是一个社会组织，只有争取公众舆论的理解和支持，优化社会环境，才能求得生存与发展。公共关系已被现代企业视为一种无形资产，它与企业的资产、技术和人才并列，是企业发展的“四大支柱”之一。

(6) 环境形象。环境形象是一个酒店内外生产、生活条件的总体表现，体现着企业的物质文化。环境形象能影响人的心理，对于酒店来说，为顾客提供一个“家外之家”的舒适环境，为员工提供一个愉悦舒畅的工作环境是至关重要的，它不仅会吸引消费者并且能够激发员工的积极性和创造性，获得意想不到的情感表述效果，从而使酒店形象大为增色。

随着中国加入世界贸易组织，我国酒店业面临着市场环境的转变、企业制度的转型、国外酒店集团的竞争等诸多问题。在这种情况下，酒店如何解决好对外坚持以顾客为主，扩大市场，树立良好的诚信形象，提高竞争力，对内坚持以员工为本，激发员工积极性、主动性和创造性，提高酒店凝聚力等问题显得特别突出。酒店只有培养现代企业价值观、塑造现代企业精神、建立新型的企业伦理道德，树立个性鲜明的企业形象，才能在未来竞争激烈的市场中立于不败之地。

**(四) 酒店文化的功能**

酒店企业文化在酒店管理过程中表现出来的功能是多方面的。这些功能主要有以下几个方面。

1. 凝聚功能

酒店企业文化是被酒店全体员工所接受的共同信念，它像一根纽带把员工的个人追求和企业的追求紧密地联系在一起，并使所有员工产生相同的集体意识和价值归属，从而产生强大的凝聚力，获得整体效益。

2. 导向功能

酒店企业文化在员工及其行为方面起着引导作用。由于企业价值观是企业多数人的共识，因此，这种导向功能对多数人来讲是建立在自觉的基础之上。他们能够自觉地把自己的一言一行经常对照企业价值观进行检查，纠正偏差，发扬优点，改掉缺点，力求使自己的行为符合企业的目标要求。对于少数未取得共识的人来讲，这种导向功能就带有某种强制性质，使他们按照企业的目标、规章制度行事。优秀的酒店企业文化可以长期引导员工为实现酒店的发展目标而自觉地努力工作。

3. 教育功能

具有优秀企业文化的酒店是一所学校，它能为员工创造良好的工作环境，使人树立崇高理想，锻炼人的意志，学会为人处世，学会生产经营的知识和经验，不断提高员工的整体素质。

4. 辐射功能

酒店企业文化通过与外界的接触，包括业务洽谈、宣传促销、参加各种社会活动，以及员工与社会各界的交流，向社会展示酒店成功的管理风格、良好的经营状态和积极的精神风貌，使消费者更加了解酒店，从而为酒店塑造良好的整体形象。

5. 优化功能

优秀的企业文化一旦形成，就会产生一种无形的力量，对企业经营管理的方方面面起到优化作用。如当酒店目标偏离企业价值观时，它可以自动加以纠正。企业文化对组织活动和个人行为起到必要的预防和监督作用。

酒店企业文化的五大功能在酒店经营中发挥十分重要的作用，各个功能有机地组合达到整体的效应。

## 二、酒店文化层次

酒店文化是一个由表及里、由浅入深组成的完整结构体系，一般酒店企业文化分成三个层次，表层（物质和服务）结构、中层（体制和机制）结构和深层（精神和理念）结构。

### （一）酒店文化的表层结构

酒店文化的表层结构体现在酒店的环境与建筑风格、装修与美化、广告和酒店用品等方面。

1. 酒店环境与建筑风格文化

一家酒店的环境文化包括其所处的地理位置、所处区域的社会大环境等。

酒店的地理环境包括位置、交通和自然环境等因素。有地处繁华商业区、交通方便、车水马龙的环境。有地处风景如画的旅游区，山清水秀、曲径生幽的环境。不同的环境文化吸引的顾客类型以及给顾客留下的印象存在很大差异，同时也对经营管理者对酒店文化取向产生很大的影响。

酒店的建筑设计风格是酒店形象的标志。迪拜七星酒店的独特造型，HCM 酒店独特的欧洲中世纪建筑风格，不仅代表了酒店的层次，往往还代表着一个城市的形象，更体现着酒店人的文化价值取向。它们或者是现代化的，或者是古典主义的，或者是充满东方气息的，或者是散发着西方浪漫情调的，无论哪一种风格，其内在是孕育着文化根基，给顾客留下的是来自建筑文化的魅力和震撼。

2. 酒店装修与美化文化

酒店开业和经营一段时间后，需要进行装修和内部的美化，构建和重塑酒店的形象。酒店的装修和内部美化水平是酒店文化水平的集中体现，往往反映了酒店决策者的文化修养。从提升酒店文化内涵的角度出发，酒店的装修和内部的美化应做到以下几点。

（1）装修和美化的水准要与酒店的档次相符合。一家五星级酒店，按照星级酒店的标准，其装修的豪华程度和美化的艺术要求都非常高，在星级酒店标准中做了明确的要求，必须与之相吻合。

（2）整体和局部要协调一致。任何优秀的文化艺术表现一定是整体和局部的高度一致。例如，酒店在处理过渡区格调和环境格调时，在酒店一般把各类通道称为过渡区，把通过这些通道到达消费目的地的空间称为环境，过渡区和环境的协调是酒店装修和美化的重点和难点，要做到既显示酒店的文化艺术品质，同时方便顾客活动，能给客人留下美好的印象，充分体现酒店的文明意识、管理意识和艺术修养。

（3）艺术呈现和服务特性要和谐统一，任何装修和美化时的艺术呈现要满足酒店服务过程的需求，切忌好看不中用，甚至影响服务质量的稳定和提升。

酒店装修风格迥异，有现代、古典、西方、东方、抽象等不同风格，任何一种风格的选取均应与酒店定位相匹配，特别要与酒店确定的顾客群相一致，这样才能引起顾客的共鸣。仅仅从酒店决策者自身的文化修养出发，决定酒店的装修风格，往往难以达到设定的文化效果。

酒店内部有多种美化途径，一般通过工艺品的陈列、绿化等形式达到美化环境的目的。酒店陈列的工艺品是酒店价值和民族文化的体现，通过名人字画、古董的价值能够提升酒店的价值，彰显酒店的高贵，显示酒店所在地域文化和民族文化特征，能够给客人形成鲜明的文化艺术享受，达到调节顾客心理的目的。酒店绿化以绿色植物和花卉为主，它能让酒店充满生机和活力，能给顾客带来舒适和回归自然之感。选取不同的植物、花卉能够体现酒店人的文化价值取向，通过不同的摆放、组合，能够产生奇妙的环境艺术效果，达到陶冶情操，烘托气氛，平静心情的作用。

3. 酒店广告和印刷品文化

酒店广告是酒店管理活动的重要手段，有内部广告和外部广告。一个好的广告，无论是做在公共媒体上，还是体现在酒店的服务指南、各种引导指示牌上，均能给顾客留下深刻的印象，表现出酒店的魅力、档次和先进的经营管理理念。

酒店的印刷品包括服务指南、客房用文件夹、信笺、各种贺卡、请柬和菜单等。这些印刷品一般印有酒店的标志、标语等，是酒店与顾客进行文字交流的一种重要方式。这些印刷品一般会被客人随身带走，称为酒店的活广告。酒店印刷品的设计和印刷水平体现了酒店人的文化修养，同时保持酒店印刷品充足、整洁光亮和全新状态，是酒店文化意识和文明修养的重要体现。

4. 酒店产品文化

酒店产品包括菜点、酒水、宴会、服务等。它是顾客消费的主体，也是酒店文化的主要载体。具有酒店鲜明特色的菜点名称，在一定区域享有盛誉的名宴，在服务细节、服务过程和服务方式等方面融入地方民俗、人文等，是酒店产品文化的具体表现，可谓是酒店整体文化不可或缺的组成部分。许多酒店十分重视菜名的确定，往往赋予与酒店文化主题相关的菜名，体现酒店的文化意境。

**案例**

**无锡鸿运大酒店的菜名文化**

无锡的一家名叫鸿运的大酒店，菜名中有“金牌鸿运蹄”“鸿运千岁面”“鸿运大包”等，吉祥的菜点名称彰显了酒店以鸿运为主题的文化价值观，同时这种“鸿运高照、大展宏图”的传统文化的巧妙运用，为其带来了良好的商机，成为喜庆、商务宴请的首选酒店。

（案例来源：依据对无锡鸿运大酒店的调研资料改编）

加强酒店产品质量管理和提升，使之成为酒店品牌战略的一个组成部分，是酒店产品文化建设的重要目标。品牌是代表某一种产品或服务的广为人知的名称，是酒店最重要的无形资产，也是酒店建立竞争优势和未来盈利的基础，拥有一个强势品牌是酒店竞争力的源泉，它可以为酒店创造长期优良的经营业绩；品牌具有提升酒店价值的作用，品牌特色越鲜明，就越容易获得顾客的认知，越能增强顾客的购买信心和顾客忠诚度。一个好品牌是提升酒店竞争力最为有利的武器，也是酒店文化的重要体现。

另外酒店区域饮食文化、酒店特色服务文化、各类活动文化也是酒店文化表层结构中重要的组成部分。

### （二）酒店文化的中层结构

酒店文化的中层结构包括酒店的体制文化、制度文化等。它在酒店文化层次中起到承上启下的作用。

1. 酒店体制文化

我国酒店体制不断在创新发展之中。从第一家北京建国酒店引进外资、引进管理形成“建国模式”开始，酒店的体制在近几十年内，不断朝着适合酒店健康发展和经济全球一体化方向发展。从星级标准制定推行到星级酒店的快速扩张；从“先仿后创”的单体经营到打造品牌集约化连锁酒店的急速发展；从酒店投资结构以国营酒店企业一枝独大到民营资本介入全面酒店私有化进程加速，同时境外资本在酒店业的比重逐渐增多；从观光游览为主的旅游酒店为主到多业态发展。在不同的时期、不同酒店体制为酒店业的发展注入了新鲜血液，成为我国特有的酒店体制文化风景线。酒店体制不断地创新发展，体现了我国酒店行业与时俱进的体制文化特征。

经济体制文化是酒店的体制文化的重要组成部分，酒店的经济体制一般分为全民所有制、集体所有制、“三资”和私有制等三种形式。

（1）全民所有制酒店即国有酒店，其体制文化中渗透了政府行为和行政意识，在经营过程中要维护酒店的财产不受任何单位和个人的侵犯，其经营的业绩为国家所有，其领导一般由上级任命，实现统一领导，员工的待遇执行国家的统一政策。在经营过程中占有天时、地利、人和的优势，能够得到政府权力的支持。但是，全民所有制酒店存在许多影响酒店发展的不利因素，主要表现在，传统观念影响了酒店的经营管理绩效，队伍的老化形成了酒店的沉重负担，行政的干预扭曲了酒店的管理、经营规律等。这些不利因素需要国有酒店在体制上进行创新，扬长避短。事实证明，一批国有酒店在我国改革开放的进程中，不断进行体制创新，成为当今我国酒店的主力军。

（2）集体所有制酒店创建于我国城市基层组织和农村，开始的规模小，实力弱。其特征为酒店的资产归集体所有，自主经营、独立核算，自负盈亏，决策权在集体或者股东，经营业绩的好坏决定了酒店的命运。集体酒店创建于我国的基层组织，传统文化对酒店的影响十分明显，同时集体所有制酒店积极吸取先进酒店的管理模式，在酒店管理文化方面兼有国有酒店和外资酒店的特征，形成了经营方式灵活、注重经营业绩、主动适应社会发展、不断改进经营管理机制的集体所有制酒店体制文化。

（3）“三资”和私有制酒店是我国酒店经济体制改革的重要成果。“三资”酒店有外商独资（含公司和个人投资，属于私有制）和合作、合资酒店，这类酒店的私有制成分占主导，酒店在管理理念、管理机制等方面特征鲜明。总的来说，“三资”和私有制酒店管理理念先进，代表了时代先进的酒店管理思想。管理方法先进，运用了世界上最成功和最领先的管理方法，酒店的管理水平与世界酒店的现实管理水准同步。管理绩效高，总体上实现了较高的经营管理业绩。

2. 酒店制度文化

酒店制度是酒店运行管理过程中所遵循的领导体制、组织结构和各项管理规章制度，酒店制度文化包括领导体制文化、酒店组织结构文化和酒店管理制度文化等方面。



（1）酒店领导体制文化。酒店领导体制是酒店制度文化的核心内容。酒店领导体制的产生、发展、变化，是酒店生产发展的必然结果，也是文化进步的产物。酒店领导体制是酒店领导方式、领导结构、领导制度的总称，其中主要是领导制度。酒店的领导制度，受生产力、上级行政领导体制和文化的多重制约，上级行政领导的更替、生产力水平的提高和文化的进步，就会产生与之相适应的领导体制。不同时期的酒店领导体制，反映着不同的酒店文化。在酒店制度文化中，领导体制影响着酒店组织机构的设置，制约着酒店管理的各个方面。

（2）酒店组织机构文化。酒店组织机构是指酒店为了有效实现酒店目标而筹划建立的酒店内部各组成部分及其关系。如果把酒店视为一个生物有机体，那么组织机构就是这个有机体的骨骼。因此，组织机构是否适应酒店管理的要求，对酒店的生存和发展有很大的影响。不同的酒店文化，有着不同的组织机构。影响酒店组织机构的不仅是企业制度中的领导机制，而且酒店文化中的酒店环境、酒店目标、酒店生产技术以及酒店员工的思想文化素质也是重要因素。

（3）酒店管理制度文化。酒店管理制度是酒店为求得最大效益，在经营管理实践活动中制定的各种带有强制性义务，并能保障一定权力的各项规定或条例，包括酒店的人事制度、民主管理制度等一切规章制度。酒店管理制度是实现酒店目标的有力措施和手段。它作为员工行为规范的模式，能使员工个人的活动得以合理地进行，同时又成为维护员工共同利益的一种强制手段。因此，酒店的各项管理制度是酒店进行正常的生产经营管理所必需的，是一种强有力的保证。优秀酒店文化的管理制度必然是科学、完善、实用的管理方式的体现。

### （三）酒店文化的深层结构

酒店文化的深层结构是酒店管理精神理念形态的体现。包括酒店的人员文化、礼仪文化、沟通文化、道德文化以及酒店的经营管理风格文化等，是酒店的深层文化和内核文化，它稳定，不易被改变，是酒店文化的灵魂。

1. 酒店员工文化

酒店员工是酒店经营管理的主体，也是酒店文化的核心成分。优秀的员工队伍必然会形成先进的、特色鲜明的员工文化形态，从而使酒店文化大放异彩，使酒店管理业绩非凡。一个好的酒店员工文化形态的形成是一个漫长的过程，应该从员工的素质入手，在员工的修养、知识、身体等方面加以培育。

酒店员工的修养是酒店员工文化的最重要的成分，酒店员工修养直接影响酒店的经营管理和服务水准，是酒店良好的形象和口碑的重要载体。员工的修养的提升来自其员工的学习和知识积累，来自员工良好的行为习惯的形成和培养，来自员工的自制力的加强和锻炼，来自员工责任心的教育和培育，来自员工对酒店企业的忠诚和强大的社会责任感的建立。

酒店员工的知识结构是酒店员工素质提升的重要标志。一支优秀的酒店员工队伍一定是勤奋好学，进取上进，崇尚科学，热爱学习的集体。他们不仅掌握了酒店管理与服务的知识和技能，而且在文学、科学等知识方面也积极吸取，形成了良好的追求意识，形成了良好的知识结构，员工之间的知识体系形成了和谐的、互补的、有利于酒店文化打造的良好状态。

酒店员工的身体素质也是员工文化不可忽视的一个方面，良好的身体是从事经营管理活动的基础，是知识和道德的载体，是员工成才的基础。一名称职的员工应该生理健康和心理健康。生理健康的标志是具有健康的体魄，能够在酒店的各种环境下工作，具有坚强的艰苦环境承受能力。心理健康是指员工智力发育正常，情绪镇静，行为协调，工作专心一致，能够进行有效的沟通，形成良好的人际关系。

2. 酒店礼仪文化

中餐宴会礼仪

有礼走遍天下，无礼寸步难行。我国是一个文明礼仪大邦，具有许多优秀的传统文明礼仪习惯，并与时俱进，形成了现代礼仪规范。酒店礼仪是酒店管理与服务过程中的礼节礼貌的规范形式，是酒店道德风尚、文化修养、文明行为的外在表现，是酒店文化的深层次表现。

酒店是接待宾客并为其提供优质服务的场所，礼仪服务在酒店服务中具有十分重要的地位，成为酒店优质服务和服务特色的重要组成部分。酒店礼仪文化主要表现在酒店的员工服饰、员工的形象和员工的语言等诸方面。酒店的服饰首先应该潇洒自然、符合时尚、干净整洁，同时具有酒店文化取向和地方文化印象。酒店员工的形象应该在外表上落落大方，化妆得体，仪态端庄，处处体现礼貌待人，讲究礼节。酒店的语言是礼仪文化的重要元素，使用礼貌语言，亲切、贴切但有分寸，热情、热烈但有尺度，准确、及时但有区别。酒店的礼貌语言表现在酒店的每一个经营活动中，表现在每一个服务细节过程中，体现在每一位酒店的员工身上。

3. 酒店公共人际关系文化

酒店是与人打交道的地方，有人说，不懂人际关系的人无法成为合格的酒店员工。一个酒店如何去建立公共人际关系，公共人际关系的状态如何，将直接影响酒店的整体形象，从而影响酒店的经营管理业绩。酒店人际关系可分为内部人际关系和外部人际关系。

（1）形成良好的内部人际关系。一是要建立管理者之间协调的人际关系；二是要形成员工之间友好的正常的人际关系，使员工士气高、凝聚力强、效率高，在愉快的情感体验中强化员工对酒店的关心程度；三是要处理好上下级关系，做到管理者对员工的尊重、信任和关怀，员工对管理者的尊敬、信赖和拥护；四是要重视各部门之间的有效配合，充分发挥其效能，酒店的整体功能就会充分地发挥出来；五是要处理好酒店与股东之间的人际关系，重视股东的地位、权益和作用。

（2）建立良好的外部人际关系。一是要认识到宾客的重要性，树立“宾客至上，服务第一”的经营服务思想，通过建立良好的宾客关系，通过“宾客满意”“建立忠诚顾客”等策略来争取和扩大客源。二是要与同行处好关系，要经常保持与同行之间的接触、互通信息，及时消除误解、增进友谊。通过相互学习，取长补短，达到互相促进、携手并进的目的。三是要积极与社区形成合作关系。在社区中树立良好的形象，争取社区公众的信赖、支持和合作，创造一种对酒店生存和发展有利的“地利、人和”环境。四是要主动与业务合作者协调关系，在业务上形成相互依存、相互促进的良好合作局面。五是要在社会上塑造酒店良好形象，与新闻媒体等公众建立良好的关系。六是要积极承担企业社会责任，提高政府部门对酒店的信心和重视程度，促进酒店的经营活动。

【释疑解惑】

多元文化缔造了丰富多彩的世界，各国的酒店受本国文化影响，具有鲜明的本国、本地区的文化特色。随着我国改革开放的深入，我们身边的中外合作酒店越来越多，中外合作酒店企业的文化建设成为热点、难点和重点问题，你知道跨文化概念和管理知识吗？

所谓跨文化管理又称为交叉文化管理(cross-culture management),是指涉及不同文化背景的人、物、事的管理,也就是在跨文化条件下如何克服异质文化的冲突,进行卓有成效的管理。其目的在于如何在不同形态的文化氛围中,设计出切实可行的组织结构和管理机制,最合理地配置企业资源,特别是最大限度地挖掘和利用企业人力资源的潜力和价值,从而最大化地提高企业的综合效益。中外合作的酒店应从以下几方面加强跨文化管理。

(1) 立足长期才会有可观的回报的企业战略,在经营中,协调双方共同利益,精诚合作,从整体出发,兼顾双方需求,实现“双赢”目标。

(2) 消除种族优越感,加强文化间的尊重和理解,实现企业价值观的整合与重塑。

(3) 要控制文化差异,搞好跨文化管理有赖于一批高素质的跨文化管理人员。加强高层管理者的培训、学习,选用具备良好的技术和管理水平,思想灵活,平等意识强,善于与不同文化下的人合作,有较强的移情能力和应变能力的高素质人才。

(4) 处理好东道国分公司与母国总部的沟通、分公司内部不同文化背景员工之间的沟通、分公司所在国其他组织与企业的沟通、分公司与当地公众环境间的沟通。

(5) 正确对待冲突的正负效应,要恰当评估冲突源,通过本土化策略、文化相容策略、文化创新策略、文化规避策略、借助第三方文化策略、占领式策略等化解跨文化冲突。

只有正确认识不同国家的文化差异,做到相互理解,求同存异,发挥多元文化的交叉优势,才能实现文化融合,建立自己的企业文化,用文化软实力增强酒店的市场竞争力。

## 三、酒店文化建设

酒店企业文化建设是一项复杂的系统工程。这一工程周期长、涉及的因素多。只有遵循企业文化的演变规律,系统规划、组织、协调好各方面的建设力量,广泛吸收群众参与、不断创新,按照科学的原则、程序和方法办事,才能确保工程建设的速度和质量。

### (一) 酒店企业文化建设的基本原则

1. 目标原则

在酒店企业文化建设中坚持目标原则,首先意味着要科学合理地制定企业文化的发展目标,即明确企业的基本信念和基本哲学。这种理念性的目标一旦确定下来,就不会轻易改变。其次意味着要采取有效的办法实现既定文化目标。

2. 共识原则

酒店企业文化建设必须强调共识原则。企业文化的形成过程,就是企业成员对企业所倡导的价值标准不断认同、内化和自觉实践的过程。只有全员参与达成共识,才能使企业产生凝聚力。可以说,优秀的企业文化本身就是共识的结果。

3. 一体原则

所谓一体原则,即坚持酒店管理人员和一线员工之间的关系一体化。坚持一体原则能够有效地建设起组织内部人与人之间相互信赖的关系,为实现价值体系的“一体化”创造条件。那么,如何实行一体原则呢? 最重要的是弱化等级制度的影响。把原来“干部—工人”

“管理者—被管理者”等带有浓厚等级文化色彩的关系转变为一种带有人情色彩的分工协作关系，赋予一线员工更大的权利与责任，建立内部一体化关系。

4. 卓越原则

卓越是一种心理状态，也是一种向上精神，酒店首先应当建立标准，建立反馈和激励机制，营造一种卓越的氛围，使每位员工自觉地追求卓越。其次，造就模范人物也是不可缺少的。企业模范是体现卓越文化的典型代表，这些人曾经为或正在为酒店实现企业理想目标而拼搏、奉献。他们取得的显著业绩会影响许多员工，进而使员工仿效模范人物的行为。

5. 绩效原则

绩效是一项工作的结果，也是下一项工作的起点。在企业文化建设中坚持绩效原则，是要善于根据人们工作绩效大小进行奖励，以鼓励他们以更好的心理状态、更大的努力投入下一轮工作。而且能够改善员工在管理中的被动性增强其主动性及创造精神。

### （二）酒店企业文化建设的主要环节

酒店企业的文化建设应在企业文化理论的指导下，结合酒店的实际情况，制订酒店文化建设的具体方案和实施程序，循序渐进，扎实推进。

案例

#### 部门经理如何营造卓越的部门文化？

小冬刚到一个新的部门工作。下午上班时间到了，小冬还像往常一样陶醉在网上，忽然看到主管站在他面前，拉长了脸：“你怎么还在玩？没事干了？”一个下午，小冬心里忐忑不安。后来，又有几次类似的事件让小冬感到伤了自尊。在和同事们的交往中，小冬得知大家都有一致的感受——这位主管太严厉了。小冬是个个性活泼的人。他忍受不了这位主管的脸色，后来主动提出了辞呈。

以上也许是职场中很常见的案例。然而，一个高绩效的经理人善于在本部门营造一种氛围，带领部属在轻松、和谐、愉快的气氛中实现本部门的目标。快乐工作，是每个高绩效经理人追求的目标。如何才能达到这种幸福的境界？

1. 处理好“区别对待与公平公正”

员工的职位、素质、能力不同，创造的绩效也不同，获得精神和物质的报酬也应该有所不同。一个有健全绩效考核系统的企业，经理人必须要公平公正地给部属作出评价并给予区别对待。公平公正与区别对待两者是矛盾的统一。公平公正指的是在尊重人格、创造机遇、考评程序和工具上的公平公正，绝不应该是平均主义和大锅饭。事实上，在涉及员工利益时不加区别地搞平衡搞平均，是经理人失职和无能的表现。试想，如果给予一个业绩出类拔萃者和业绩平平者相同的报酬，结果必然是挫伤积极上进者的积极性，纵容了消极无为者的惰性。

根据二八原则，20%的骨干往往创造了80%的价值。公平公正地区别对待部属是提高一个部门战斗力的需要。

2. “关心人与关心工作”

通常员工们总认为领导只关心工作，不关心人；而领导总认为员工不关心工作，总是关注个人需求。根据美国管理学家提出的管理方格图理论，最有效的领导行为是既关心人又关心工作的“团队型管理”。实践中的调查表明，领导者对工作和员工都很关心是最受欢迎和最富成效的。管理者最具价值的素质是：耐心、和蔼和体贴别人。对待下属就像经营客户一样，在关心工作时严格要求，精益求精；在关心员工时像员工的亲友，关怀备至，营造一种家的感觉，把权力需求和亲和力需求结合起来，可以有效提升部门的士气。部门经理究竟是更关心工作还是更关心人，往往决定了这个部门的亲和力、凝聚力。

3.“培养自己与培养下属”

在管理学家德鲁克(Peter F. Drucker)看来，经理人最重要的五项职能之一就是培养自己和下属。曾经有一位经理说：“从我上班第一天起，一个重要任务就是培养替代我的人。”后来这位经理取得了很大的成功。

有人说，管理者是通过别人来完成工作，所以，只有先保证别人成功自己才能成功。能够培养自己的下属的经理通常自信心强，胸怀坦荡，富有战略眼光，对企业的长远发展负责，往往更容易受到人的尊敬。而一些“多年媳妇熬成婆”的经理常常用挑剔的眼光对待下属，对表现优秀的下属怀有戒心，担心下属会超过自己，喜欢玩弄权术。这样的经理人，往往只能在其掌权时风光一时，很难赢得部属真正的尊重。

敢于承认下属比自己强，敢于放手让下属去闯的领导，通常会允许部属犯错误，总是用欣赏的眼光看待下属，往往是善于授权的、民主的、开放的、高绩效的，其领导的部门工作更富有创造力和吸引力。而胸怀狭窄、贪恋权欲的领导往往会以“严格要求”为名对待部属犯下的错误，其所领导的部门往往人心惶惶，钩心斗角，尔虞我诈。

部门经理要学会并善于培养自己和下属，这是本部门保持吸引力和创造力的要求。

4.“对上司与对下属”

部门经理如何对待自己的上司，如何对待部门以外的人员，如何处理部门对外关系，往往会成为部属仿效的榜样。

如果一个部门经理与上司、同僚保持着通畅的沟通渠道，通常表明这个部门有较好的外部关系。这时，部门工作更容易开展并获得上下左右的支持。一般地，高绩效的经理人都善于“管理上司”——就是充分了解上司的优势与长处，充分利用上司的影响力来开展工作，取得支持。管理上司并不是谄媚，丧失人格地拍马溜须。如果一个部门经理对待上司总是唯唯诺诺，拍马奉迎，往往他的周围就会聚集一些同样的人而不是人才。这是上行下效，物以类聚，人以群分的结果。如果一个部门经理对上司恭恭敬敬，对下属冷若冰霜，对同僚分为三六九等，其貌似成功，欺上瞒下的两面性不会保证经理总是成功。领导人的影响力尤其是非权力性影响力是靠正直的人格、高尚的品德、诚信的行为得来的，是伪装不来的。部门经理对待上司、同僚、部属的态度差异程度决定了本部门的影响力。

(案例来源：根据酒店管理网络资源改编)

企业文化建设在健全的领导机构领导下，要做好以下四个环节的工作，即对企业文化现状的调查研究与评价，企业文化理念的定格设计，企业文化的传播、推展与实践巩固、企业文化的完善与创新。在实践中，这四个环节构成酒店企业文化建设的一个循环，循环往复，促使企业文化不断升华，趋于成熟。

1. 酒店企业文化现状的调查研究与评价

建设一种新文化，必须对现有文化进行清理。即通过调查研究，把握企业现有的文化状况及影响因素，对现有文化的优势及总体适应性作出适当的评价，为企业文化的科学设计做好准备。调研和评价的主要内容有以下几点。

（1）酒店经营领域及其竞争特点。

（2）酒店管理的成功经验及优良传统。

（3）酒店领导者的个人修养和精神风范。

（4）酒店员工的素质及需求特点。

（5）酒店现有企业文化及其适应性。

（6）酒店发展面临的主要问题。

（7）酒店所处地区的经济与人文环境。

2. 酒店企业文化理念的定格设计

酒店企业文化理念的定格设计，是在分析、总结和评价企业现有文化状况的基础上，充分考虑到酒店内外环境因素的影响，用确切的文字语言，把酒店的价值观、伦理道德表述出来，形成固定的文化理念体系的过程。酒店的企业文化理念的定格设计主要内容有以下几点。

（1）酒店的使命和战略目标。

（2）酒店的价值观。

（3）酒店的伦理道德。

（4）酒店的企业精神。

（5）酒店的企业形象。

（6）酒店经营理念与经营方针。

（7）酒店管理理念及人才观。

（8）酒店的服务观念及服务规范。

（9）酒店员工基本行为准则。

3. 酒店企业文化的传播、推展与实践巩固

酒店的企业文化理念定格后，就要积极推展、创造条件付诸实践，并巩固下来。采用的主要手段有以下几点。

（1）组织编写酒店的企业文化手册。

（2）举办文化理念导入仪式。

（3）强化文化训导。

（4）开展文化演讲和传播活动。

（5）利用或“制造”重大事件。

（6）建立文化网络。

（7）营造文化氛围

4. 酒店企业文化的完善与创新

酒店的企业文化在实践中得到推展和巩固后，尽管其核心和有特色的内容不易改变，但随着企业经营管理实践的发展，内外环境的改变，企业文化还是需要不断充实和完善，以更好地适应酒店变革与发展的需要。酒店可适时地通过组织企业文化研究会进行研讨，组织各种总结会、演讲会等进行交流，开展合理化建议活动积极鼓励部门营造具有特色的部门文化等，接受来自各方的新思维、新建议，从而促进酒店对原有的文化进行完善，推动文化的创新。

酒店企业文化的建设浩繁，应结合不同时期、不同酒店的具体情况，采用不同的方法，系统地开展工作，使企业文化的精神实质融入酒店管理的每一个环节。

## 【任务框图】

本任务从酒店文化的内涵、层次结构和建设三个方面讲述了酒店文化建设管理，主要内容框架如图 5－1 所示。

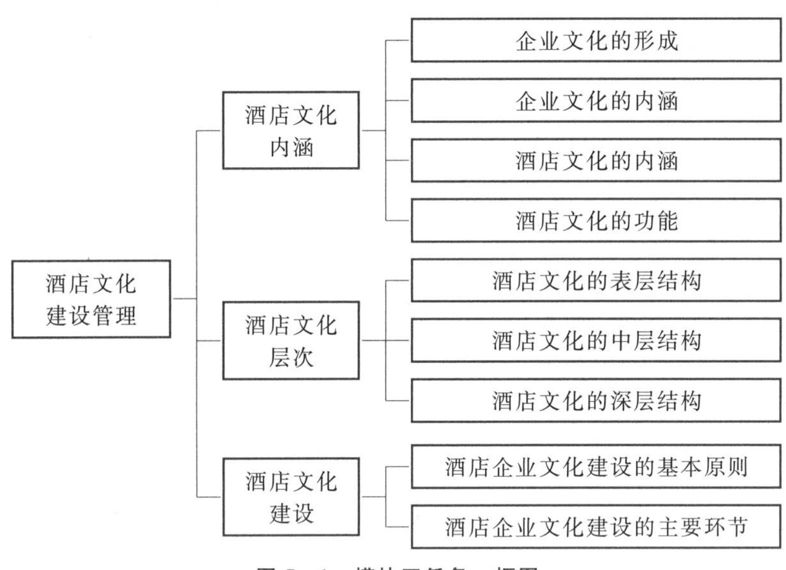


图 5－1　模块五任务一框图

## 【任务拓展】

通过以下一则案例的阅读并思考案例后的思考问题，可以通过相互讨论、网络咨询等方式，检验您对酒店文化建设管理理论知识的掌握情况和对酒店文化建设的实际管理技能。

**案例**

### 以文促商——雅士文人最钟爱

【背景资料】

从不同的角度来考察酒店产品，它具有不同的产品特性。例如从销售来看，酒店产品具有季节性和不可储存性；从质量结构上来看，它具有高度职业化和不稳定的特征；从与其他行业相比，在外观上给人感觉最明显的不同就是酒店是一种对环境细节、人员礼仪素质等要求特别高的高气氛产品。而在这种能给顾客以震撼人心的鲜明感受的气氛中，酒店内在的文化底蕴和积累才是真正的决定性因素。认识到这一点，酒店就应该多从文化营销的角度来考虑酒店的经营政策。事实上，文化营销也已成为继价格战、硬件战之后的新竞争阶段的现实选择。

端州古郡，肇庆新城，这个广东省西部著名的风景城市，其奇山秀水曾赢得许多文人雅士、英雄豪杰的击节赞叹。叶剑英元帅将这里的星湖和七星岩比作："借得西湖水一圜，更移阳朔七堆山。"丰富的文化资源自然也就成了端城酒店业的特色资源。今天的星湖之侧，在造化的杰作之外更添了一重文化奇景：论标准仅属"三星"的端城大酒店，却因

5

其独到的经营策略和高超的文化品位，缔造出一个“五星级”的艺术殿堂。藏逾千幅明清、当代书画及大家精品于一堂，广结海内外墨缘、艺缘，不但知名度辐射至大江南北，吸引来宾客如云，更在当代旅游界、艺术界留下一段佳话。

步入酒店大堂，荡然古意扑面而来，一幅“我有嘉宾”的斗字横幅圆浑苍润，神采秀发，系出自曾任中国书法家协会副主席的黄绮之手；登楼而至艺术中心，300 多平方米的展厅内，琳琅四壁的是赵朴初、朱屺瞻、启功、何海霞、舒同、黄胄、关山月、黎雄才、尹瘦石、张仃、程十发、沙孟海、刘勃舒等艺坛泰斗的题词和作品，如飞鸿戏海，舞鹤游天，令满室生辉；酒店的镇楼之宝是清乾隆皇帝在北宋经文背面手书的《素尚斋》诗轴，此轴保存完好，具有极高的收藏和研究价值，它的重新面世是轰动文化界的一时盛事。端城大酒店珍藏的书画价值远远超出其固定资产，其无形资产之价值更难以估量。

“端城”董事长，当今岭南一代名医梁剑波所书的，嵌于酒店大门两侧的一副楹联“端城千载享嘉名，喜人杰地灵，文采风流传此郡；酒店万邦来雅客，值时和世泰，居停饮宴上斯楼”，道出了“端城”的形象设计和经营策略理念。1988 年，成立才一年多的端城大酒店在激烈的市场竞争中举步维艰，只有确定新的经营策略，才能在竞争激烈的餐旅业中脱颖而出。在这种情况下，出身于书香门第的酒店经理钟汝更以中国传统书画艺术为切入点，以浓厚的艺术氛围树立了酒店的独特形象。书通情韵，画写意趣，书法与国画向来是国人品格与审美情趣的集中体现。钟汝更认为：以书画创造酒店的艺术环境，以酒店作为弘扬传统艺术的窗口，将民族文化的精粹，渗透到生活中去，可以使人们得到更高雅的精神享受。1988 年以来，钟汝更几上北京、上海等地，结识了不少当代书画名家，并先后 10 多次邀请全国各地著名书画家来“端城”研讨、创作，名家即席挥毫，宾客芝兰满堂的盛况是“端城”内的寻常景象。“端城”更辟出一楼大厅中百余平方米的面积作为常年的书画展场，辟出七楼整层数百平方米的地方，轮流展出酒店珍藏的书画艺术品；同时与肇庆电视台合作，每天在黄金时间播出介绍一幅中国书画艺术品，为传统书画艺术在当地的传播与繁荣作出了较大的贡献。而“端城”雅名传四海，肇庆这座旅游名城也借助端城大酒店的文化声誉吸引更多的海内外游客，其社会效益、经济效益都非常可观，正可谓“缘结翰墨中，意在丹青外”。以文促商，以商养文，端城大酒店在文化与经济上的结合为我们提供了新的启迪。

【同行动态】

北京老舍茶馆的特别节目单

老舍茶馆是一家以人民艺术家老舍先生命名的茶馆。始建于 1988 年。这座茶馆京味十足。厅内陈设清新、古朴、典雅。在这里每晚都可欣赏到来自曲艺、戏剧等各界名流的精彩表演。来到老舍茶馆，除了品用各类名茶外，还将为您提供多种宫廷细点及北京风味小吃。

海外酒店的“菜单文学”欣赏

美国艾奥瓦州哈兰市的米歇尔酒家，在欢迎顾客光临的菜单上写道：“……我们高兴，因为我们能为您烹制全市最好的美食；我们感谢，因为您赐予我们机会，让我们展示自己的服务和好客；我们荣幸，因为您挑选我们来满足您的好胃口。感谢您对我们的信赖，我们将永远竭尽全力，不负您的友谊和惠顾。”

法国一家餐馆在他们的菜单上对牛排作了这样的补充描述:"犹如一件跨越时空的艺术品,牛排追求着完美卓越。然而,这种完美唯有训练有素的欧洲名厨,以数十年不懈地探索加上质量叫绝的牛肉,才得以信手创造!结果如何?我们的厨师亲手烹饪的牛排杰作,其中美味,包您品尝之后难以忘怀,直到您再次光临……"

有一家名叫"沙斯卡"的餐馆,在其菜单上有一首这样的赞美诗,文字非常精妙:"生活中可以没有诗歌,没有音乐,没有艺术;生活中可以没有良知,没有心肠;生活中可以没有书刊,没有亲朋;没有厨师,可有人活在世上?没有书刊,我们依然生活,知识只是忧伤;没有希望,我们依然生活,希望只是欺骗;没有情爱,我们依然生活,情爱只是渴望;不吃不喝,可有人活在世上?"

"穷汉理查德酒店"的菜单上则有这样一段文字,它将平淡的内容表述得很有情趣:"致我们尊敬的顾客:首先,我们奉劝各位随意使用各类信用卡。其次,我们恳请各位切莫遗忘衣帽之类随身物品。如有遗忘,我们概不负责。最后,让我们自吹一番:我们提醒各位注意,穷汉酒家是经美国汽车协会批准的定点餐馆,我们的酒家乐见于美孚石油公司编制的东北部旅行指南,而且从福特汽车时代起,就在指南中得到整版的介绍。但是,我们并不经营汽油、汽车,我们只供应超级菜肴。"

【行家点评】

文化营销能出奇制胜

著名经济学家于光远认为,经济发展的深层次是文化,文化是根,经济是叶,根深才能叶茂。越来越多的企业家已认识到高品位高层次的企业文化,正成为企业生存立足的谋求制胜市场的根本。我国北京的"长城"、上海的"新锦江"等国内外知名酒店,无不高举"文化兴店"的旗帜,以文化之"窗口"扬企业之美名,树企业之形象。端城、长城、老舍等都是国内酒店业中响当当的名牌,是通过市场提炼出来的,以其高品位,高附加值,高质量,高文化含量,高服务水平而被广大消费者喜欢的著名品牌。尤为引人注目的是,其文化含量远远高于其产品自身的价值。文化营销的创意和成功进一步证明了,当前经济与文化的关系已经越来越密切,名牌的竞争已经不单纯是经济的竞争,说到底是文化的竞争。名牌立足于市场,必须依赖于文化,只有文化才能对名牌产品有着巨大的推动力。名牌一经确立,本身便是一种文化,并使名牌的诸多外延作用得以发挥,因此,文化又发展了名牌。书画中心只是端城大酒店文化战略的一部分,作为一家三星级的酒店,端城之所以区别于普通酒店,更重要的在于其独特而又深厚的文化个性。美国某著名的广告专家说:"最终决定品牌市场地位的是品牌总体上的个性,而不是产品间微不足道的差异。"端城大酒店以书画收藏为特征,但真正形成书画文化,并把书画文化的优势充分展现出来、创造奇迹,则是酒店科学运用企业文化营销的成果。酒店在市场导向的指导下,在店名和地理特征的基础上创立一套自身精神风貌,"缘结翰墨中",以书画会友,扩大影响,并通过电视专题节目推销自身的文化形象。有了主动塑造整体特征风格的企业文化意识,才会有以书画为特色的五星级艺术殿堂,才会使海内外的名人诗句、江南的工艺品及知名人士的字画统统为我所用,集书画文化之大成,好像打开了一座宝库,取之不尽,用之不竭。企业文化营销必须符合企业竞争战略的要求。不同的企业需要不同的竞争战略，也就要求有不同的企业文化策略。在市场环境相对稳定时期，根据竞争战略的要求搞好企业文化建设，可使竞争实力较强的企业取得良好的经营成果。但是，如果企业的价值观念和行为准则不能促使管理人员根据市场环境变化迅速地改变竞争市场战略，企业就不可能长期保持卓越的经营实绩。国内外许多成功的企业的经验证明，要使企业长期保持卓越的经营实绩，企业文化营销必须强调企业对市场环境的适应性。管理人员应善于预见并密切注视市场，强调企业市场环境中的有关变化，抓住机遇、主动改变竞争战略和经营管理方法，不断地提高企业的竞争实力。

（案例来源：现代饭店经营智慧与成功案例.广州：广东旅游出版社）

案例思考题：

结合本案例，由教师推荐考察当地一家具有显著文化特征的酒店，写一份酒店文化考察报告。

## 【任务测试】

### 一、判断题

1. 酒店文化具备管理功能。 （　　）
2. 酒店的制度文化属于酒店的表层文化结构内容。 （　　）
3. 酒店文化层次越高其文化力量越大。 （　　）
4. 酒店管理者文化与员工文化不应该一体化。 （　　）
5. 酒店的管理经验和优良传统是酒店文化建设和发扬的重要内容。 （　　）

### 二、单选题

1. 酒店文化不具备（　　）。

A. 教育功能　　B. 腐蚀功能
C. 凝聚功能　　D. 导向功能

2. 以下酒店文化表现属于酒店文化深层结构的有（　　）。

A. 建筑装修　　B. 管理制度
C. 服务礼仪　　D. 酒店广告

3. 关于酒店的体制文化，表述不正确的是（　　）。

A. 任何一种酒店体制文化均对酒店管理有积极和消极的影响
B. 经济体制文化是酒店的体制文化的重要组成部分
C. 私有制文化不利于酒店管理
D. “三资”和私有制酒店管理理念先进，代表了时代先进的酒店管理思想

4. 酒店员工文化不包括（　　）。

A. 酒店员工的知识结构　　B. 酒店员工的身体素质
C. 酒店员工的性别血型　　D. 酒店员工的心理素质

5. 企业文化组成的要素不包括（　　）。

A. 企业精神　　B. 企业伦理　　C. 企业形象　　D. 企业领导

5

# 任务二 酒店品牌建设管理

任务引例

## 锦江的酒店品牌建设

锦江国际酒店管理有限公司是中国最大的酒店专业管理公司之一，致力于完美的酒店管理业务，管理实践始于20世纪20年代，核心竞争力近年来迅速提高，专业管理团队具有丰富经验，品牌有很高的知名度，公司有先进的订房系统，管理有完善的政策程序和体系。锦江成功的秘诀之一是其精准的品牌定位和精心的品牌建设和维护。

1. 精准的品牌定位

| 品牌 | 定位 |
| --- | --- |
| 锦江经典型酒店 | 融合不同西方建筑风格，文化传承丰富、气氛独特，多用于款待外国皇室显贵和国际商界巨贾。大部分经典酒店均在上海优越位置、商业和旅游旺区 |
| 锦江五星级酒店 | 酒店装潢华丽、服务周全，为旅客提供现代化的服务设施。邻近商业区、旅游区和交通枢纽，切合高端商务旅客和游客的需要 |
| 锦江四星级酒店 | 价格较豪华酒店偏低，但提供全方位服务 |
| 锦江三星级酒店 | 酒店房价较低廉，主要为国内商务旅客和游客提供较经济的住宿服务 |
| “锦江之星”经济型酒店 | 有限的服务和设施，经济型旅馆，价格低于传统星级酒店 |
| 度假村酒店 | 位于旅游和度假区，为旅游者的休闲和度假提供需要，提供全方位的服务 |
| 酒店式公寓 | 中档价格，面向较长时间居住的旅行者和商务游客，设施齐全 |

2. 精心的品牌建设和维护

(1) 用心塑造鲜明的锦江酒店品牌形象。锦江的企业品牌与产品品牌是一致的，所有的酒店只有“锦江”和“锦江之星”商标。“锦江”品牌在酒店行业中历史悠久、文化积淀深厚，容易被消费者认知和信任。品牌识别的主标志以“锦江”汉语拼音的首字母“JJ”和中国宫殿的飞檐为主要构成元素。该标志以便于国际化人士所识别的字母JJ表达锦江酒店服务全球市场的理念和国际化战略发展方向；同时，依照中国传统，宫殿为尊贵的居所，喻示品牌旗下的酒店以符合国际标准的中国的待客之道，给予客人以嘉宾之礼遇。“锦江之星”坚持品牌发展战略，实行专业化管理、网络化经营，实施统一的管理标准(硬件和软件)和保障体系，确保客人在每一家“锦江之星”消费都能感受到相同的服务。“锦江之星”已成为一个消费者信赖和忠诚的中国经济型酒店品牌的代表。

（2）多途径提高锦江酒店品牌的知名度。首先，锦江采取了不断扩大规模来扩大品牌知名度的发展战略。锦江酒店采取全权管理、特许经营、带资管理、开业管理、顾问管理、租赁经营等多种方式输出资本、品牌、管理和人才，扩张酒店管理版图。启动了旨在拓展全国市场网络的“全国攻略”，以规模提升品牌知名度。其次，利用各种营销媒介，扩大品牌影响力。全面开展酒店品牌立体营销，一方面花费巨额资金在电视广播、旅游杂志、宣传册、海报、户外广告等传统营销媒介上开展品牌宣传。另一方面运用以互联网为核心的高科技营销手段推广酒店品牌。例如“锦江酒店”与美国德尔集团合资成立了锦江德尔互动有限公司，引进先进的GenaRes订房系统，开发中央预订系统（central reservation system，CRS）。集团下属经济酒店品牌“锦江之星”呼叫中心也趋于成熟，因此“锦江酒店”建设并开通了具有中、英、法、日四国语言和实时预订功能的“锦江酒店”电子商务网站，提高了销售业绩。

（3）全方位努力经营品牌，保持良好品牌形象。推进锦江品牌发展的企业文化的核心是价值观，其落脚点是实现企业的品牌发展战略。锦江集团通过不懈努力，结合自己悠久的历史，使锦江企业文化被社会和消费者所认同，由此使锦江形成了具有鲜明服务个性和中华民族文化的企业文化。与此同时，锦江积极探索以国宾接待服务的水准服务于普通宾客的新思路，在总结所属酒店几十年经营管理的基础上，结合国家文化和旅游部规定的酒店星级标准要求，并借鉴国内外同行的专长编辑而成《锦江集团酒店管理模式》，以确保锦江下属酒店服务的高水准和质量的稳定性，初步形成了一整套与国际接轨，适合于中国国情，具有锦江特色的酒店专业化管理规范。正是锦江的独特企业文化和确保服务质量的管理模式培育了忠诚的客人和赢得了市场的信赖，有效地推进了锦江品牌的发展。

（案例来源：根据锦江酒店官网资料改编）

## 【任务执行】

1960年，乔·马克尼提出了“品牌资本”管理理念，从此品牌管理变得越来越重要。品牌管理的思想与模式克服了传统管理模式中“只关注单一产品和市场”的弊端，实现了从战术管理到战略管理的根本转变。在品牌战略管理模式中，品牌的作用不仅仅是增加销售和利润的短期效益，更重要的是在客户心目中建立企业的品牌识别，为企业带来长期效益。

在酒店市场上，企业依靠品牌营销战略获得成功的案例比比皆是。闻名世界的假日、希尔顿、雅高等是早已为人们所熟知的洋品牌，国内近年来也涌现出一大批地方性的乃至影响全国的酒店品牌，如上海锦江、香格里拉、如家等。

## 一、酒店品牌认知

### （一）品牌的定义

美国市场营销学会对品牌的定义是：品牌是一种名称、术语、标记、符号或设计，或是它们的组合运用，其目的是借以辨认某个销售者，或某群销售者的产品及服务，并使之与竞争对手的产品和服务区分开来。品牌是顾客用来区分产品和服务的名称、标志等，通过品牌，顾客可以获得附加利益。

【解疑释惑】

与品牌密切相关的名牌，你能正确理解和区分品牌和名牌的关系吗?

品牌和名牌区别在于主动和被动。品牌是进入知名的第一状态。作为品牌，所有的设计、营销必须针对固定消费者的需要。在这个阶段，厂家还处在被动状态，要去考虑消费者的需要，然后根据需要再提供适合的产品。名牌可以带动消费者，而不再处于被动的阶段。名牌的理念、设计等，可以引导消费者做出相关的反应。消费者的消费理念、喜好都是追随着名牌。这就是说，一个名牌的价值比一个简单品牌的价值高许多，因为它不再是提供价值，而是引导价值，这时候消费者对一个品牌或者名牌的认识就会更加深刻，也会更加忠诚。

**(二) 酒店品牌的内涵要素**

酒店品牌具有丰富的内涵，可分解为品牌属性、品牌利益、品牌价值、品牌文化、品牌个性和品牌使用者六个要素。

1. 品牌属性

酒店品牌能够带给顾客某种特定的属性。例如，丽思卡尔顿酒店以其“最完美的服务、最奢华的设施、最精美的饮食与最高档的价格”被誉为酒店之中的梅赛德斯·奔驰，而不再单单是一个提供食宿的普通机构。

2. 品牌利益

酒店品牌只有转化为相关的利益才能够使顾客的食宿需求以及更高层次的意愿得到满足。例如“最完美的服务、最奢华的设施、最精美的饮食”，这些品牌功能属性可以转化成“我享用了一顿美味而令人难忘的晚餐”情感利益；“最高档的价格”，可以转换成“这顿晚餐表明我是成功人士”的情感利益。

3. 品牌价值

酒店品牌能体现酒店的某些价值观。例如，丽思卡尔顿酒店的座右铭“我们是淑女与绅士为淑女与绅士服务”，传递了一种高质量的同时，更体现了丽思卡尔顿酒店的人与人平等的价值观。

4. 品牌文化

某些酒店品牌代表了一定的企业文化，甚至是一个地区的文化传统。凯宾斯基酒店的品牌创立于一百多年前的德国，是历史最悠久的豪华酒店品牌之一。它所传达的豪华、可靠性和高效率准确地代表了德国文化。此外，还有假日的“热情”、希尔顿的“快捷”、喜来登的“关怀体贴”和香格里拉的“亚洲式”亲情服务。

5. 品牌个性

每一个酒店品牌均具有不同的个性。就像面对一个招待所和一家五星级酒店，或看到一辆面包车和一辆奔驰车，所联想到的事物肯定大不一样。

6. 品牌使用者

酒店品牌除了显现个体特性外，还能透视出其目标顾客。例如经济型品牌的目标顾客是对价格敏感、追求经济实惠的顾客，选择豪华酒店品牌和度假酒店品牌也有自己的特定的顾客群体。

**（三）酒店品牌的外显要素**

任何一种酒店品牌，均可通过名称、标志、商标、建筑设计、室内装修风格和服务特色等外显要素展示给顾客。

1. 名称

酒店的品牌名称是可以用语言表达的部分，例如雅高的豪华酒店品牌索菲特（Sofitel）、高档品牌诺富特（Novotel）、经济型酒店品牌宜必思（Ibis）等。语言在人类文明传播中的重要作用也使酒店名称成为酒店品牌中“最重要的一致性特征”，是服务质量的保证，并直接减少了客人的搜寻成本。

2. 标志

酒店品牌的标志是可以被识别而不能用语言表达的部分，包括酒店品牌的特定符号、图案、专用色或专用字体等。

3. 商标

酒店品牌或其部分经注册核准后就成为商标，注册商标有“@”标记，或“注册商标”字样。商标一经注册，注册人就享有所有权和专用权，并受法律保护。

4. 表现形式

按照使用范围的不同，酒店品牌可分为企业品牌和服务品牌两种形态。企业品牌是以酒店公司或单体酒店的母公司作为整体形象而设计的品牌，如圣达特集团、雅高集团、万豪国际。服务品牌是依托酒店产品最显著的特质设计而成，如香格里拉酒店集团的“豪华”酒店品牌。

**（四）酒店品牌的价值**

（1）对酒店企业来说，品牌是客人认知酒店的重要元素，它是酒店企业一笔巨大的无形资产，有助于维护酒店的竞争优势，有助于酒店实现市场扩张，有助于减少企业的经营风险，有助于提升企业的凝聚力。

（2）对顾客来说，品牌影响着顾客的需求和选择，减少了客人的搜寻所需要酒店的成本，帮助客人树立消费信心，满足了客人更高层次心理需求而获得归属感。

（3）对社会来说，酒店品牌为公众监督提供了有效的工具，成为推动酒店服务产品创新的动力，维护了酒店行业市场的竞争秩序，彰显了酒店所在城市、地区和国家的竞争力。

## 二、酒店品牌定位

酒店的品牌定位就是通过设计一个独特的酒店品牌，使其在目标市场的顾客心中占据一个独特的位置。每一个酒店管理者都希望通过品牌定位树立一个良好的品牌形象，但是如果使用错误的方式表现品牌，或者表现的力度不够，在顾客感受方式的影响下，市场上表现出来的品牌形象也许与我们预期的品牌个性大相径庭。

**（一）酒店品牌定位原则**

1. 创造原则

创造独特性，使自己的品牌与竞争对手的品牌有明显的区别，这无疑是任何产品或服务的品牌定位所应遵循的首要原则。它注重品牌的特点，让顾客感觉产品的与众不同或无与伦比，从而在市场中最先引起顾客的注意，在酒店业等服务行业比较常用。希尔顿酒店公司的宗旨是“为我们的顾客提供最好的住宿和服务”，并广泛宣传其坚持不懈的高质量、高水准的服务。如今，希尔顿的品牌名称已经成为“出色”的代名词了。

2. 信誉原则

有的酒店凭借强大的品牌推广产品，就是用良好的品牌信誉为产品定位。在酒店集团中实行基于酒店信誉的品牌定位战略，可以通过一两个优秀的单体酒店或酒店品牌让新的酒店或品牌获得很高市场地位。

3. 认同原则

认同原则是指品牌的内涵得到顾客的认同，才能够有效地把酒店品牌定位于不同的消费群体。有利于品牌顺利进入并维护客户市场，建立密切的客户关系。

4. 盈利原则

有效的品牌定位应该使酒店获得更多的利益，包括酒店利润增加、市场占有率提高、忠实客户增多等。

### （二）酒店品牌定位方法

1. 需要定位法

这种定位就像用放大镜把我们的产品属性展示给顾客，满足顾客的需要，加强他们对该属性的认知。

2. 竞争定位法

酒店品牌也可以定位于竞争对手所没有的属性或利益，通过对比强烈的广告宣传更可以加深客人对本品牌的印象。

3. 渴望定位法

利用顾客身份地位与威望和自我改善、自我表现的渴望，帮助人们实现这种自我表现的欲望，依托酒店品牌展示顾客的经济实力和个人成就。

4. 价值定位法

价值定位不仅与顾客支付的价钱有关，还包括性价比——酒店能提供给顾客的价值与价格相符，以及情感价值——顾客和品牌之间的情感纽带。后者的重点是价值而非价格，但是如果过于重视价格就会导致产品中心论，不宜于打造知名品牌，获得更高的品牌溢价。

5. 情感定位法

通过情感交流和沟通实现品牌形象。如家的品牌定位“家外之家”就很好地抓住了这一点，它的口号“洁净似月，温馨如家”就具有很强的亲和力，它的设施、服务等都紧紧围绕“家”这一情感定位。

### （三）酒店品牌定位步骤

酒店企业的品牌定位是 个立体的全方位的，要从市场、顾客、竞争和酒店自身等方面来思考。

（1）要研究竞争态势和酒店环境，还要确定顾客对呈现在他们面前的酒店产品的选择依据，明确什么样的产品利益对顾客来说是最重要的，这些利益对不同的顾客群具有何等的重要性。如果顾客需求在这一阶段发生重要差异，则这种基于利益的分化对形成细分市场十分重要。

(2) 要确定与酒店构成竞争的其他品牌和酒店自身在重要属性上的表现，以发现在不同的指标下各品牌所处的市场地位。

(3) 用同样的指标确认顾客的要求，找到顾客认为理想的品牌的各项指标的数值。顾客要求的差异将有助于形成基于不同消费偏好的细分市场。最后将上面所有因素组合起来，选择目标顾客和差异优势，实施定位。

## 三、酒店品牌管理

### (一) 品牌创建期间

酒店在品牌的创建期间可以通过酒店内部设立了专门的品牌管理机构或者外部的品牌专业咨询公司来创建品牌。这个阶段的主要工作是确定品牌定位和品牌个性；确定品牌名称、设计品牌标志(标志字、标志色和标志语等)；完成商标的登记注册；建立品牌识别系统等。酒店还应该建立品牌发展规划，确定在未来的若干年内酒店品牌要达到的目标。

在设计好品牌以后，酒店品牌管理机构需要与采购部门、各使用部门配合，及时与酒店用品供应商联系，订制带有品牌标志的酒店用品，包括办公用品(酒店内部各种单据、标牌、名片、传真纸、便签、信纸、信封、档案袋、文件夹、记事本、手提袋等)，旗帜(管理公司旗帜、成员酒店旗帜、桌旗)，酒店客用品(餐具、矿泉水、房卡、棉织品、洗涤用品等)和户外用品(户外牌匾、导向牌、车体标志等)。由于涉及的酒店用品种类很多，要与多个供应商联系，同时这些酒店用品的生产和安装等也要耗费较长时间，因此，需要考虑哪些用品不必印上品牌标志。

### (二) 品牌运营期间

这个阶段，酒店的品牌管理机构主要负责制定出切实可行的品牌管理制度和质量标准，在酒店内部进行推广实施，加强品牌知识培训，保证品牌在酒店内部能得到深刻理解；制订出品牌推广计划，通过广告、公共关系等方式推广品牌，建立品牌认知度和忠诚度；监控自身的品牌运营情况，研究竞争品牌的特点与竞争战略，为决策层提供信息；发现自身品牌的不足，及时进行品牌更新工作；监督本酒店品牌有无被侵权，联系工商管理部处理相关问题，如涉及法庭诉讼，需要准备相应文件和证据，并聘请律师；及时了解注册商标是否到期，完成将要到期商标的申请续展工作；适时地聘请专业权威的评估机构，对酒店品牌的价值进行评估，申请成为驰名品牌；组织对酒店品牌的相关市场调查，领导酒店品牌的创新和完善工作。

### (三) 品牌扩张期间

品牌的扩张往往是一个酒店扩张的重要形式，主要包括多品牌、品牌延伸、对外的品牌特许经营和管理合同等。如果酒店决定进行品牌延伸，品牌管理部门需要重新进行市场调查，分析其可行性，为酒店高层经理决策提供依据。如果涉及特许经营和管理合同，品牌管理的内容将会进一步增加，这时品牌管理部门需要与负责接管酒店的项目拓展部门合作，使接管的酒店达到统一的品牌标准。

## 四、酒店品牌推广

酒店品牌的创建只是品牌管理的第一步，接下来就需要通过各种途径向外传播品牌，让市场了解并接受该品牌，让品牌接受市场的考验。酒店品牌的推广是一项长期的酒店管理工作，要善于通过推广技术和艺术实现品牌的最大影响力和认同度。

### （一）广告推广

广告作为一种重要而常见的营销工具，是酒店品牌不可或缺的品牌推广方式。酒店可以利用某种广告宣传媒介，如电视、广播、报刊等，向酒店品牌的目标消费群体进行推销，在目标顾客群体中树立品牌形象、刺激消费需求、应对竞争的需要，从而实现市场占有率的提高。

### （二）促销推广

促销可以在短期内刺激顾客或中间商较快地或更多地光临酒店。如果广告在于告诉顾客为什么购买的话，促销则是为了引起顾客的注意，并采取让步、诱导或赠送等方法使顾客获得某些好处，从而激励其购买。越来越多的酒店开始使用促销来推广品牌。酒店促销需要酒店全员参与，更要把握好促销的力度和频率，达到强化酒店品牌的定位，建立顾客的品牌忠诚度的目标。

### （三）公共关系推广

在酒店品牌培育的过程中，公关是一种有效的品牌推广手段。主要的公共关系有新闻界、顾客、员工、政府和行业协会、学术界等。公共关系能为新品牌的推出造势，影响特定的目标群体，能够帮助酒店树立品牌形象和有利于酒店危机的处理。公关活动的主要工具包括出版物、各类活动、新闻、影视和社会服务活动、酒店的标志等。

## 五、酒店品牌提升

### （一）建立品牌知名度和美誉度

通过对品牌现状的调查，可以了解一个酒店品牌的一系列指标情况，突出品牌知名度、美誉度和顾客忠诚度的提升。

1. 品牌知名度的提升

酒店要谨慎进行品牌的开发和设计，建立有效的品牌识别系统；应选择正确的传播工具和传播策略，避免陷入传播的误区；要围绕品牌定位、立足本地市场，提高在本地的知名度；采取提升本酒店的行业知名度和社会知名度来提高顾客知名度。

2. 品牌美誉度的提升

建立良好的企业信誉，履行品牌、承诺品牌对顾客来说，代表着企业的一种承诺。酒店首先要把承诺落到实处，使现实与宣传承诺完全一致，将实际的质量通过各种方式转化为顾客可感知的质量，将酒店服务的无形性通过看得见、摸得着的方式展示出来，围绕品牌定位进行管理和服务创新，形成新的服务和产品竞争优势，在与其他酒店的强烈对比中得到顾客的赞誉。另外，不可忽视顾客投诉和危机事件，努力圆满解决问题以期望顾客的认可，化险为夷，提升企业的美誉度。

### （二）顾客品牌忠诚度提升

品牌忠诚就是顾客对品牌的偏爱和信任，并试图重复购买。忠诚顾客指的就是那些偏爱某个品牌又经常购买的人。品牌忠诚度是衡量品牌忠诚的指标，可以通过顾客重复购买意向和购买次数等来测量忠诚度。提高品牌忠诚度，至少有三个基本条件，即忠诚的顾客、忠诚的员工和优质产品或服务。只有三者协调一致、互相促进，才能共同提高品牌的忠诚度。具体可以从以下几个方面提升顾客的品牌忠诚度。

1. 品牌忠诚度的调查和自检

酒店需要清楚地回答如下问题：酒店品牌的忠诚顾客是谁？酒店品牌为忠诚顾客提供的独特价值是什么？酒店品牌的承诺是否兑现？酒店如何与顾客沟通、建立感情？忠诚顾客的需求是什么？有何变化？忠诚顾客对酒店的新产品是否满意？忠诚顾客喜欢哪种公关、促销活动？为什么？品牌的转换成本如何？竞争对手的品牌忠诚度如何？酒店通过以上自检，就能发现问题，如忠诚度下降的原因、竞争对手品牌的优势等，并提出改进意见，采取相应措施，从而维系老顾客，争取新顾客，更好地与对手展开竞争。

2. 寻找忠诚顾客

通过对顾客资料数据库分析和统计，依据酒店制定的标准，如消费总额或消费次数，确认自己的忠诚顾客。在此基础上，进一步分析这些忠诚顾客的记录，然后得出他们的共同特征，包括地理分布的特征、人口统计的特征、顾客心理的特征、顾客行为的特征，从而可以更好地做出预测，更有针对性地争取潜在的忠诚顾客。

3. 精心设计忠诚顾客的奖励计划

目前，国际知名的酒店集团都有自己忠诚顾客的奖励计划，一般称为常客计划（FP，frequency program）。奖励计划一般采取积分制，酒店一般会与航空公司、旅行社和银行等合作伙伴联合推出，给予顾客更多更好的价值组合。酒店根据客人的消费金额给予相应的积分，当积分达到一定数量时，会有相应的奖励。这些奖励往往是酒店内的免费房间升级、免费房间、免费早餐或是某个航空公司的里程积分、免费旅游度假机会、享受更优惠的折扣服务和更多的额外服务等。同时顾客还会更优先、更便利地享受到酒店服务。得到更高的尊重和礼遇，也是顾客身份的一种象征。

4. 提供个性化的产品和服务

一些研究成果和企业的实践表明，顾客的情感和偏好是提高忠诚度的关键。因此，酒店在确定了它的现有和潜在忠诚顾客后，就应该着重研究他们的需求特点、消费心理和消费行为，并根据这些因素设计更具个性化的产品和服务，让顾客感觉到被真正关注和重视。

5. 培养忠诚的员工

顾客忠诚度与员工忠诚度密切相关，有忠诚的员工才可能有忠诚的顾客。酒店应通过招聘、培训和激励等环节，发现并留住那些具有敬业精神、热爱企业的优秀员工。在招聘过程中，应着重考察应聘者的求职动机、工作态度、工作理念和对本酒店的看法。在培训环节，应着重培养员工对企业的认同感、敬业精神和主人翁责任感。在员工激励方面，可以实行公开透明的管理方式，鼓励员工积极参与管理，给员工适当的授权，对优秀员工及时给予奖励。发现并善待自己的员工，实际就是在维系忠诚的顾客。

6. 开展顾客关系营销

酒店争取和维系忠诚顾客的过程，就是与顾客建立良好关系的过程，这种关系已经超越了简单的或一次性的交易关系，而包含了更多的相互信任、互惠互利、长期合作和情感交流等内容，这是建立和维护顾客忠诚的核心理念。首先，酒店要在企业文化建设上下功夫，在企业文化中提出相应的企业宗旨和服务理念，更好地培训员工，让员工充分理解酒店倡导的顾客关系。其次，要鼓励员工对顾客开展关系营销，与顾客建立长期的合作关系。酒店可以灵活选择具体的方法，唯一的原则就是不要只为了销售而拉关系。最后，酒店需要为顾客提出意见、建议或参与酒店管理提供有效的途径。忠诚的顾客希望发挥主人翁的作用，具体的方法很多，可以利用自己的网站在线收集顾客信息，也可以通过对顾客进行跟踪调查、召开顾客座谈会、定期拜访顾客等方法，不断与顾客沟通。酒店在顾客消费之后更应该发挥关系营销的作用，这是培养忠诚顾客的关键环节。

## 【任务框图】

本任务从品牌认知、品牌定位、品牌管理、品牌推广、品牌提升等五个方面讲述了酒店品牌建设与管理，主要内容框架如图 5－2 所示。

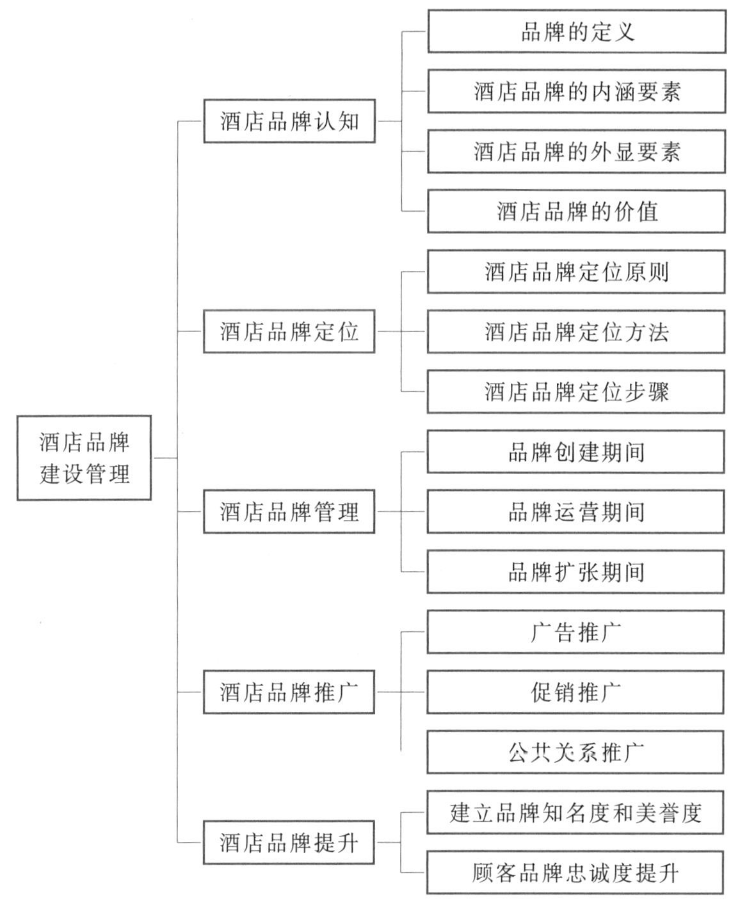


图 5－2 模块五任务二框图

## 【任务拓展】

本任务讲述了品牌的定义、内涵和外显要素，企业的品牌价值，从品牌的定位、不同阶段酒店品牌的管理、品牌推广和维护管理等方面讲述了酒店品牌建设的要求。酒店的品牌建设与每一位酒店员工有着密切的联系，品牌的建设管理需要每一位酒店员工的参与。没有酒店全体员工共同呵护的酒店品牌是没有生命力和竞争力的品牌。

酒店管理初学者，应学习成功酒店品牌的成长之路，从国内外著名酒店品牌内涵中汲取有价值的养分，要善于分析和研究成功酒店品牌成长轨迹，学习成功品牌成功的经验，形成正确的酒店品牌建设和管理理论知识和技能。

请在课后完成以下任务，以提高自己的品牌建设管理能力。

1. 分别收集 10 个国内和国外著名酒店品牌的标志(logo)，并说明其寓意。

2. 分别收集 10 个中高档酒店和经济型酒店的企业品牌名称和服务品牌内涵阐述。

3. 虚拟设计一个酒店品牌及推广维护计划，包括名称、标志、主要产品和特色、推广方案和维护措施等内容。

## 【任务测试】

**一、判断题**

1. 名牌一定是品牌，品牌也一定是名牌。 (　　)

2. 酒店品牌的标志可以被识别而不能用语言表达的部分，包括酒店品牌的特定符号、图案、专用色或专用字体等。 (　　)

3. 品牌影响着顾客的需求和选择。 (　　)

4. 酒店在品牌的创建期间的主要工作是制定品牌管理制度和质量标准以及确定品牌扩展形式。 (　　)

**二、单选题**

1. 如家的品牌定位“家外之家”，口号“洁净似月，温馨如家”，其定位方法属于(　　)。

A. 价值定位法　B. 情感定位法　C. 竞争定位法　D. 渴望定位法

2. 品牌忠诚就是顾客对品牌的偏爱和信任，使顾客(　　)。

A. 拒绝其他产品　B. 形成依赖和依靠

C. 失去比较和选择能力　D. 试图重复购买

3. 品牌定位不应遵循(　　)。

A. 创造原则　B. 信誉原则　C. 垄断原则　D. 盈利原则

4. 以下对酒店品牌的价值描述不正确的选项是(　　)。

A. 对酒店企业来说，品牌是客人认知酒店的重要元素，它是酒店企业一笔巨大的无形资产，有助于维护酒店的竞争优势

B. 对顾客来说，品牌影响着顾客的需求和选择，减少了客人搜寻所需要酒店的成本

C. 对社会来说，酒店品牌为公众监督提供了有效的工具，成为推动酒店服务产品创新的动力

D. 对企业家来说，酒店品牌是其垄断市场、扩大市场占有率和低成本获得顾客资源的法宝

5. 酒店品牌的标志可以被识别而不能用语言表达的部分，不包括(　　)。

A. 酒店特定的符号　　B. 酒店特定的口号

C. 酒店特定的图案　　D. 酒店的专用色

# 任务三　酒店经营战略管理

任务引例

## 山居小栈的经营策略

山居小栈位于一个著名的风景区边缘，旁边是国道，每年有大批旅游者通过这条公路来到这个风景名胜区游览。

罗生两年前买下山居小栈时是充满信心的，作为一个经验丰富的旅游者，他认为游客真正需要的是朴实但方便的房间——舒适的床，标准的盥洗设备以及免费有线电视。像公共游泳池等没有收益的花哨设施是不必要的。而且他认为重要的不是提供的服务，而是管理。但是在不断接到顾客抱怨后，他还是增设了简单的免费早餐。然而经营情况比他预料得要糟，两年来的入住率都维持在55%左右，而当地的旅游局统计数字表明这一带旅店的平均入住率是68%。毋庸置疑，竞争很激烈，除了许多高档的酒店宾馆外，还有很多家居式的小旅社参与竞争。其实，罗生对这些情况并非一无所知，但是他觉得高档宾馆太昂贵，而家庭式旅社则很不正规，像山居小栈这样既具有规范化服务特点又价格低廉的旅店应该很有市场。但是他现在意识到事情并不是他想得这么简单。最近又传来旅游局决定在本地兴建更多大型宾馆的风声，罗生越来越发觉处境不利，甚至决定退出市场。

这时他得到一大笔亲属赠予的遗产，这笔资金使得他犹豫起来。也许这是个让山居小栈起死回生的机会呢？他开始认真研究所处的市场环境。

从一开始罗生就避免与提供全套服务的度假酒店直接竞争，他采取的方式就是削减“不必要的服务项目”，这使得山居小栈的房价比它们要低40%，住过的客人都觉得物有所值，但是很多游客还是转转然后去别家投宿了。

罗生对近期旅游局发布对当地游客的调查结果很感兴趣：

(1) 68%的游客是不带孩子的年轻或年老夫妇；

(2) 40%的游客两个月前就预订好了房间和制订好了旅行计划；

(3) 66%的游客在当地停留超过3天，并且住同一旅店；

(4) 78%的游客认为旅馆的休闲娱乐设施对他们的选择很重要；

(5) 38%的游客是第一次来此地游览。

得到上述资料后，罗生反复思量，到底要不要退出市场，拿这笔钱来养老，或是继续经营？如果继续经营的话，是一如既往，还是改变山居小栈的经营策略？

问题：

1. 导致山居小栈经营不理想的主要原因是什么？

2. 你认为山居小栈的发展前景如何？

3. 如何改变山居小栈现在的不利局面？

## 【任务执行】

“战略(strategy)”一词源于军事术语，指军事统帅指导战争全局的谋略。现代酒店企业广泛运用战略管理理论，在激烈竞争的酒店业市场保持酒店企业的可持续发展。酒店企业战略是指酒店在市场经济、竞争激烈的环境中，在总结历史经验、调查现状、预测未来的基础上，为谋求生存和发展而做出的长远性、全面性的谋划或方案。酒店战略管理就是制定酒店企业战略并付诸实施的过程，由战略分析、战略选择和战略实施三个部分组成。

### 一、企业战略层次和类型

#### (一) 企业战略层次

从战略的指导层面来看，战略有公司战略、竞争战略和职能战略三个层次。公司战略是战略管理的第一层次，是一个企业的整体战略总纲，是企业最高管理层指导和控制企业的一切行为的最高行动纲领。公司战略关系到企业 5～10 年的整体经营活动；竞争战略是战略管理的第二层次，是在公司战略的指导之下，各个战略事业单位制定的部门战略，是公司战略之下的子战略。关系到企业 1～5 年内如何在市场上竞争；职能战略是战略管理的第三层次，是为了贯彻、实施和支持公司战略与竞争战略而在企业特定的职能管理领域制定的战略。关系到企业在 1 年内在营销、融资、生产服务、资源、行政管理、产品开发等方面如何为公司战略和竞争战略服务。

#### (二) 企业战略类型

(1) 按时间长短可以把企业战略分为长期、中期和短期三类。长期战略是制定企业的远景蓝图，具有高度的灵活性，可为 10 年左右，也可长至 15～20 年。中期战略是在估计未来市场及环境变化的基础上，由企业高层制定的投资战略、筹集资金战略、设备更新战略等，一般为 3～5 年。短期战略是由经营事业部或分公司经理制定的各种经营战略及职能战略，一般不超过 3 年。

(2) 按实施效果可以把企业战略分为发展战略、维持战略和撤退战略。发展战略是核心战略，包括企业扩张规模、增加利润和优化人力资源等一系列的开拓型战略；维持战略是应市场变化采取保持现有利润、维持现状的战略；撤退战略是由于某种原因退出某市场、下架某产品从而减少损失的战略。

(3) 按性质可以把企业战略分为稳定型战略、反应型战略、先导型战略、探索型战略和创新型战略。采取稳定型战略的企业着重维持现有产品和市场的状况。采取反应型战略的企业往往对现有的产品进行局部的革新，以保持发展的目标。选择先导型战略的企业着力产品和市场的深度发展，采取系列产品和使用不同市场需求的策略达到最佳的管理目标。使用探索型战略的企业采取超越过去经营范围，推出新的产品和进入新的市场领域。使用创新型战略的企业着重自我创新的服务产品和开发新的市场领域，显然存在很大的风险，一旦成功也将获得丰厚的回报。

## 二、企业经营战略

### (一) 经营战略的定义

经营战略,是指面对激烈变化的环境、严峻挑战的竞争,企业为谋求生存和不断发展而作出的总体性、长远性的谋划和方略,是企业家用来指挥竞争的经营艺术。

### (二) 企业经营战略要素

美国著名战略学家安索夫(H. lgor Ansoff)在其所著《企业战略论》一书中,把企业战略的构成要素概括为四个方面,即产品与市场领域、成长方向、竞争优势和协同作用。他认为这四种要素可以在企业中产生出一种合力,形成企业的共同经营主线。所谓共同经营主线,是指企业目前的产品与市场组合和未来的产品与市场组合之间的关联。企业在制定战略模式时,应当从产品、技术以及市场销售等方面的类似性,为自己确定出一条共同的经营主线。

1. 产品与市场领域

企业经营战略管理的第一步是确定企业的产品与市场领域。这里产品与市场领域不仅包括企业现在所从事的事业活动(即企业"正在做什么"),而且还包括企业将来的事业活动范围(即企业"应该做什么"),以便于企业具有持续和广阔的成长空间。

2. 成长方向

成长方向是指在上述产品与市场领域,企业的经营活动应该向什么方向发展。企业可以采取以下四个方向发展的战略。

(1) 市场渗透战略:由现有产品领域与现有市场领域组合而产生的一种企业成长战略。

(2) 市场开发战略:由现有产品领域和新市场领域组合而产生的一种企业成长战略。

(3) 产品开发战略:这是通过向现有市场投放新产品、改良产品或追加不同规格的产品,实现扩大销售额和市场占有率的成长战略。

(4) 多元化战略。由新产品领域和新市场领域组合而产生的成长战略,它是通过向未曾涉足的新市场投放新产品,开发新的经营领域而使企业获得发展的战略。具体分为以下三种具体形式:① 同心多元化,即企业利用原有的技术、特长、经验等发展新产品,增加产品种类,从同一圆心向外扩大业务经营范围。② 水平多元化,即企业利用原有市场,采用不同的技术来发展新产品,增加产品种类。③ 集团多元化,即大企业通过收购、兼并其他行业的企业,或者在其他行业投资,把业务扩展到其他行业中去,新产品、新业务与企业的现有产品、技术几乎没有关联。

3. 竞争优势

竞争优势是指在特定的产品与市场领域中,企业具有比竞争对手更加优势的特征和条件。它常常表现为企业所拥有的资源与竞争企业相比,在数量上或质量上形成的有利差别。

4. 协同效应

协同效应指若干因素的有效组合可以比各个因素单独作用产生更大的效果,也就是可以取得"1+1>2"的效果。企业中的这种协同效应可以表现在销售、生产、投资和管理等方面的协同效应。

【解疑释惑】

核心竞争力是指某一组织内部一系列互补的技能和知识的结合，它具有使一项或多项业务达到竞争领域一流水平、具有明显优势的能力。酒店核心竞争力是在经营过程中形成的不易被竞争对手效仿、能带来更多利润的独特的能力，包括资源治理能力、组织协调能力、对外影响能力、市场营销能力、市场应变能力和人力资源优势，其本质内涵是让消费者得到真正好于、高于竞争对手的不可替换的价值、产品、服务和文化享受。其中创新是核心竞争力的灵魂，主导产品(服务)是核心竞争力的精华。你知道酒店核心竞争力包括哪些内容吗?

1. 酒店声誉

知名度和美誉度的高度结合形成了酒店声誉，一个酒店的声誉是消费者选择酒店的关键因素，是酒店获得核心竞争力乃至生存的根本。

2. 管理能力

服务产品无形化和劳动力密集是酒店的典型特征，科学的管理和成熟的管理模式成为酒店产品质量和服务质量持续稳定的关键。

3. 企业文化

酒店文化是酒店管理理念和实践的结晶，是全体酒店员工共同的愿景，良好的企业文化是酒店管理高效、迅速扩展市场份额的重要利器。

4. 营销技术

先进的营销技术是酒店竞争力的重要方面，在消费者主权的时代，营销技术是酒店业重要的竞争力因素。

5. 人力资源

员工是企业的财富，酒店的竞争就是人才的竞争，酒店应该通过有效的手段和激励机制，集聚酒店优秀人才，充分调动员工的工作积极性，确保酒店管理水平和服务产品质量不断提升。

6. 服务产品

服务产品是酒店竞争的核心要素，拥有消费者喜爱的特色产品，才能满足消费者的需求，留住顾客。

**(三) 企业经营战略特点**

1. 长期性

经营战略是对企业未来较长时期如何生存和发展通盘筹划的结果。它是着眼于未来的，关注的是企业的长远利益、经营方向和目标。

2. 全局性

经营战略是以企业的全局为对象，根据企业的总体发展的需要制定的。全局性是战略的最根本的特征，舍此，就不能称为战略。

3. 稳定性

企业战略与其他战略一样，要求具有稳定性，不能朝令夕改。这就要做深入细致的调查研究，客观地估量企业在发展过程中可能出现的各种利弊条件，作出科学的预测，使企业战略建立在既先进又稳妥可靠的基础上。

4. 竞争性

企业是在激烈的竞争中求得生存和发展的。经营战略是企业在激烈竞争中如何与竞争对手抗衡的行动方案。

5. 指导性

经营战略是酒店经营思想的集中体现，是酒店发展的根本要求，是酒店制订计划和进行经营决策的基础。

### (四) 企业经营战略内容

1. 战略方向

首先确定企业未来的发展方向。它要求酒店企业要在市场调查和预测的基础上，确定自己的客源市场和经营范围。其次要确定酒店企业开拓市场的发展方向。确定企业开拓市场的发展方向，目标市场的确定是核心。它要求酒店企业要在客源市场需求分析的基础上，结合自己的特点，确定自己的服务对象、服务标准及基本的营业方针。再次确定企业未来的规模和发展水平。企业的领导者应当确定企业在一个相当长的时期里主要干些什么，达到什么样的规模以及协作和联合的程度，在国内外同行业中应居于什么地位，是争取世界一流还是国内一流等。

2. 战略目标

企业的战略目标是以一个或两个目标为主导的一组相互联系和相互制约的目标体系，其核心是以销售额和利润额为主导的战略目标体系。它要求酒店在高效率、低成本、不断扩大市场的基础上，以销售额保证利润额，两者同步增长。因此，可以说酒店的战略目标是实现企业战略的一系列经济指标的总和。确定酒店企业的战略目标应当注意的问题有：研究考虑和预测未来的市场发展趋势。利用过去和现在的数据来推断和预测未来的发展需要；分析酒店内部所具有的发展因素，其中包括可运用的发展资金、酒店员工的素质，同时也要估计酒店的设备情况，检查本酒店是否已经具备了实现酒店战略目标所应具有的条件；酒店的战略目标是一组相互联系和制约的、酒店经营战略制定的目标系统。它是企业的总目标体系和部门的目标体系的结合。确定战略目标，要使部门目标同总目标系统保持一致，并使部门之间的目标得以协调。

3. 战略方针

企业的战略方针，一般是企业在经营战略上的重点，是围绕企业为实现战略目标所制定的行为规范和政策性的决策。它涉及酒店经营的目的和方法，酒店和顾客、员工合作的关系等。战略方针将随着企业内部环境的变化而变化，在不同的时期会采取不同的战略方针。酒店经营的总方针通常是由酒店的最高领导者来制定的。为了能把总方针落实到各项具体工作中去，酒店各个部门也都有自己的一套方针，称为局部方针。局部方针是以总体方针为基础形成的，是对总方针的扩大化和具体化。

4. 战略措施

企业的战略措施是企业为实现其战略目标，在战略方针的指导下，就企业发展中的中短期的、局部的经营问题所采取的各种对策与措施的总称。战略措施是企业经营战略的重要组成部分，是企业经营战略的具体体现和实际运用，是确保战略目标实现的有效手段。战略措施的制定，集中体现在一系列酒店的经营计划和经营决策的制定上。从这一意义上说，酒店的经营计划和经营决策是以酒店的经营战略为基础的，是经营战略的具体化。

### （五）企业经营战略制定过程

如何制定一个好战略

酒店经营战略的制定过程，就是在正确的战略思想的指导下，在对酒店企业所面临的特定环境和内部条件进行分析的基础上，确定酒店的战略目标、明确企业的经营领域，以及酒店对所从事的经营领域采取的经营方针和策略的过程。它一般包括以下几个步骤。

1. 确定企业的使命

这一要素实际上是为了回答战略的核心定位问题，即“我们的酒店应该是什么样的酒店”，只有那些能够正确认识到自己使命的酒店，才能制定出行之有效的战略规划。

2. 研究经营环境和经营能力

在明确了现代酒店的企业使命之后，需要进行经营环境和经营能力的分析，分析其现状和未来趋势，以便为进一步确定企业的战略目标收集各种相关的经济信息，为确定经营战略提供必要的资料和依据。

3. 确定战略目标

确定企业的经营战略目标就是把企业的经营环境和经营能力结合起来，将企业的使命化为一系列具体的经营目标。酒店使命是内在的、永恒的、原则性的；而酒店目标则是外在的、阶段性的、具体化的，并且目标是在酒店使命的指导下设定的。

4. 确定战略行动

当企业的使命、战略目标确定以后，就要考虑如何来实现这些目标，使企业由小到大、由弱到强、不断成长发展。战略行动的确定，要依靠企业全体成员的共同努力。首先，要进行广泛讨论，让企业各级人员畅所欲言，提出自己的见解，使战略行动方案具有群众性、民主性。其次，由企业的方案团，必要时外请一些专家，运用现代科学方法进行系统综合，经过科学论证，提出可行的战略行动方案。最后由企业领导抉择，确定企业的战略行动。

5. 经营战略的总结、评价与修正

经营战略是主观思维活动的产物，它在实践中会或多或少地与客观现实产生一些差距。因此，在经营战略的实施过程中，企业必须对经营战略进行总结、评价，并加以修正。酒店要密切掌握外部环境和内部条件变化的动向，及时地修正战略中不适应的部分，使经营战略始终保持适宜性，保证经营战略对酒店经营活动的指导作用。

## 三、酒店企业基本经营战略

### （一）酒店企业经营成本领先战略

酒店企业力求达到生产成本和分销成本最低化，这样就可以低于竞争对手的价格赢得较大的市场份额。

1. 概念

主要强调以很低的单位成本价格，为敏感用户生产标准化的产品。

2. 实施要求

（1）市场中有很多对价格敏感的用户。

（2）购买者、消费者不太介意品牌间的差异。

（3）存在大量讨价还价的消费者、购买者。

（4）实现产品与服务差异化的途径很少。

3. 实现途径

(1) 规模经济。

(2) 联合成本。

(3) 经验控制。

4. 成本领先战略的优、缺点

(1) 优点：夺取对手的市场份额、承受原材料的涨价、大量采购的优惠、对付买方和客户的讨价还价、建立进入壁垒。

(2) 缺点：投资大、新技术的威胁、后来者的优势、需求的变化、退出壁垒高。

案例

### 经济型酒店如家快捷的总成本领先战略

经济型酒店第一要务就是把价格降下来，达到"经济"的标准。如家酒店有严格的成本控制体系，使得酒店的平均房价控制在200元/天仍然有足够的利润空间。如家快捷的具体做法有以下几点。

1. 降低物业成本，同时发挥规模经济优势

传统的星级酒店一般先购买土地然后兴建酒店，而如家酒店则采用另外一种轻资产的方式——租赁直营。通过租用和改造陈旧学校、厂房等，如家大大缩短了酒店的建造周期，同时减轻快速扩张带来的资金压力。星级酒店的建设一般要2～3年，而如家租用和装修的酒店只要6个月就能开业。为了更好地节约时间和资金，如家酒店的筹备和建设采用的是一种"平行工序"——在改造和装修的同时，市场推广、组织培训和质量检查等各方面的工作同时开展，并且有非常严格的时间约束。

为了更好地发挥单家分店的规模经济优势，如家把每家分店的客房数定在120间左右，同时尽可能地减少其他设施占用的空间：不设宽敞的大堂、没有娱乐中心和购物设施、餐厅面积也尽可能小。这些措施在酒店经营成本控制上起到了重要的作用。

2. 在不降低服务标准的前提下，提供有限的服务

在客房装修成本的控制上，如家比其他经济型酒店品牌做得好一些。锦江之星和汉庭酒店约花费7万元/间，莫泰、格林豪泰约花费6万元/间，如家酒店则花费约5万元/间。相比于传统酒店提供的多样化服务，如家的服务是有限的，它明确地把最好地满足客户的住宿需求作为企业定位。其他超出"住宿"的需求，如桑拿、KTV、酒吧、购物等，如家均不提供。最能体现住宿服务质量的是床和卫生间。如家十分重视客房及卫生间的清洁卫生，而且让顾客享用优质的床及床上用品，并提供叫早服务，致力于提升客户的住宿质量及舒适度。

3. 工作人员占比低，较少人力成本

在人力成本上，如家酒店也比一般星级酒店要低。该酒店实行店长负责制，酒店经营上的大小事务由店长负责，没有部门经理和领班。因此，如家酒店的客房员工比例为1∶0.3到1∶0.35，每100间客房仅需要30～35名员工即可，比一般的高星级酒店节省70%左右的人力。

(资料来源：根据《如家快捷酒店的企业竞争战略分析》改编)

### （二）酒店企业经营差别化战略

企业通过对整个市场的评估找出某些重要的顾客利益区域。集中力量在这些区域完善经营。企业可以在服务、质量、款式、技术等方面成为领先者，以培养在某些效益范围内产生差别化经营利益的优势。

1. 概念

为对价格相对不太敏感的消费者提供独特的产品与服务。

2. 实施要求

（1）企业有较强的创新能力、适应能力、应变能力；

（2）企业在服务、技术、网络等方面的独特性。

3. 实现途径

（1）产品的物质层面（外观、风格）；

（2）核心层面（产品的价值差异）；

（3）附加层（人性化、超值）；

（4）品牌差异。

4. 差异化战略的优缺点

（1）优点：避开对手、形成顾客忠诚、有力地应对供应商的讨价还价、提高顾客的转换成本、有利于对付替代产品。

（2）缺点：顾客对差异化的认可程度下降、顾客对价格的接受程度低、成本较高、竞争对手的模仿和进攻使已经建立起来的差异化缩小或转向。

**案例**

#### 亚朵酒店的差异化超级产品战略

凭借着消费升级的需求、超预期的服务以及亚朵IP矩阵的优质内容，亚朵的差异化超级产品战略，让它在已经是红海的酒店行业内找到了差异化的方向，并迅速扩大规模。而亚朵酒店能够迅速发展的原因，不仅仅是消费升级的市场趋势，用户对高性价比的中端酒店需求有所增加，更是因为它以用户为中心，不断地迭代产品，做好服务，满足用户需求。这就是亚朵酒店的差异化超级产品战略。

从酒店行业内来看，中端酒店的崛起既有经济型酒店依赖自有物业网络向中端发展的“升级版”，又有高端酒店“放下身段”的性价比。而亚朵代表着中端酒店的初创品牌，凭借着差异化超级产品战略，不让自己随波逐流，做到了“与其更好，不如不同”。

亚朵凭借着人文酒店的定位对垒星巴克的第三空间定位，打破了传统酒店行业单纯“卖房间”的方式。在空间上强调文化体验，将优秀的摄影作品放置于房间内，在酒店大堂提供24小时营业，提供免费借阅书籍以及跨店还书的新方式，吸引了第一批用户的关注，尤其是在服务方面，亚朵的超级产品战略强调个性化需求，从客人第一次入住亚朵酒店到再次入住酒店的整个过程分为12个关键节点。

对于一线员工充分授权的亚朵酒店，对每一个节点打磨出一套具有个性化需求的流程和标准。从提高服务效率和个性化需求的体验方面着手，亚朵选择在二线城市、西部市场，在还未饱和且具有商旅资源的西安、重庆等城市切入，在形成一定影响力后逐渐加入竞争激烈的华南、华东以及北京市场。

横向拓展，纵向品牌。亚朵的差异化超级产品战略在初步形成围绕“需求”的小型网络后，探索如何将企业价值进行变现的道路。在关注用户的“非住宿需求”方面，亚朵在平台内引入第三方资源，通过跨界合作打造IP酒店的方式，让亚朵酒店与各领域的头部IP产生强链接，一方面可以扩大企业影响力，另一方面可以将亚朵客房和酒店公共空间作为IP的线下展示场景，形成了亚朵的超级产品战略中的“纵轴”。对门店进行大规模扩张，不仅能够进一步加快亚朵企业的发展速度，还能覆盖到更多的用户群体，针对不同的用户细分出不同的住宿需求并进行布局，例如，亚朵轻居、中长期公寓、度假以及全住宿产业产品，横向拓展亚朵企业的空间场景，形成了亚朵超级产品战略的“横轴”。

亚朵在互联网领域当中，积累了一定的影响力后，就会常常想着如何进行零售变现。基于住宿的零售场景内，亚朵最先落地的并不是客房服务，而是新零售空间，亚朵为进店的顾客提供旅行箱、化妆品套装、U型枕头等具有一定品质且符合住宿场景的高频消费品。

最具互联网精神的莫过于亚朵的“众筹”策略，将酒店项目作为众筹对象，吸引别人来投资，少至一万元，多至好几十万元不等的方式来参与新亚朵酒店的股权融资，并获得经营分红……最有意思的事情是在这些众筹的人数当中，绝大多数都是亚朵的会员，双重身份不仅仅解决了企业的资金问题，更是将用户和企业牢牢连接在一起，既提高了用户黏性，在一定程度上，亚朵会员又成了企业的最佳口碑传播者。

从长期来看，亚朵的超级产品战略维系着它在酒店行业的竞争优势，回归酒店行业的本质：做好服务。随着中端酒店的竞争越发激烈，亚朵如何在运用超级产品战略，不断地迭代产品、做好服务、讲好人文、零售、IP的同时实现企业变现，进一步夯实企业影响力，成为亚朵能否成为业内巨头的关键所在。

（案例来源：根据网络资料改编）

### （三）酒店企业经营集中化战略

1. 概念

酒店企业经营集中化战略即酒店企业将力量集中在几个细分市场上，而不是追求全部市场。企业在选中的细分市场上，运用总成本领先、产品差别或两者兼有的战略，提供满足专一群体需求的产品与服务。

2. 实施要求

（1）所经营的产品与服务有足够的市场规模，有良好的市场增长潜力。

（2）购买者需求上存在差异、没有强大的对手窥视这一战略、企业没有实力关注广泛的目标市场、目标市场有足够的吸引力。

3. 实施途径

（1）市场细分。依据地理因素、人口特征、消费者心理因素、消费行为等对市场进行细分。

（2）市场定位。

4. 集中化战略的优缺点

（1）优点：目标集中和资源集中、以精取胜、高度专业化，实现规模和低成本、避免与对手的正面冲突。

(2) 缺点：适应能力差、强大的对手进入同一细分、市场新技术、替代产品的出现，细分市场过小难以支撑必要的规模，可能带来高成本的风险、需求发生变化。

案 例

**住宿行业的重点集中战略**

Motel 6 和丽思卡尔顿在住宿行业中参与竞争的市场定位恰好相反，但他们都获得了成功。

Motel 6 满足的是那些很注重价格的旅行者的要求，他们想要的是一个干净的没有附加服务的地方来过夜。Motel 6 采取了以下措施。

(1) 选择相对便宜的地点来建筑住宿房间，通常是在州与州的交界和高速公路地段，避免支付高额的黄金地段费用。

(2) 只建设一些基本的设施，没有饭馆和酒吧，也极少有游泳池。

(3) 依靠标准的建筑设计，只需要一些并不昂贵的材料和低成本建筑技术。

(4) 房间设施和布置也很简单。这样一来，既降低了建筑成本，又降低了运作成本。由于没有饭馆、酒吧和各种顾客服务，所以在 Motel 6 一间住房的运作只需要前厅人员、房间清扫人员、房间及地面维修人员就可以了。为了在那些要求简单过夜的旅行者中推广 Motel 6 概念，Motel 6 利用了独特的易于辨认的收音机广告。这些广告是由全国联合的收音机广播名人来制作的。它们描述了 Motel 6 干净的房间，没有附加项目的设施，友好的氛围，以及较低费用。

相反，丽思卡尔顿的对象却是那些愿意支付且支付得起高额的房费并希望享受到一流个人服务的旅行者和度假者。丽思卡尔顿的特色有以下几点。

(1) 黄金地段——从很多房间都能够看到如画的视野风景。

(2) 定制式的建筑设计。

(3) 幽雅的饭店，食物精美、名厨主理。

(4) 雅致的休息间和酒吧。

(5) 游泳池、健身设施以及其他休闲设施。

(6) 高级的房间住宿条件。

(7) 适时适地的顾客服务和娱乐休闲机会。

(8) 大量安排经过专业训练的工作班子，他们会为每一位顾客竭尽全力地提供惬意的服务。

通过本案例，我们可以清晰地看到 Motel 6 和丽思卡尔顿分别采取了适合自己、定位准确的经营战略，正因为他们设计了符合市场需求的经营战略，虽然战略内涵存在差异，但是同样可以获得成功。由此可见，集中化战略对酒店是何等的重要。

## 【任务框图】

本任务从企业战略层次和类型、企业经营战略、酒店企业基本经营战略三个方面讲述了酒店企业的战略管理，主要内容框架如图 5-3 所示。

5

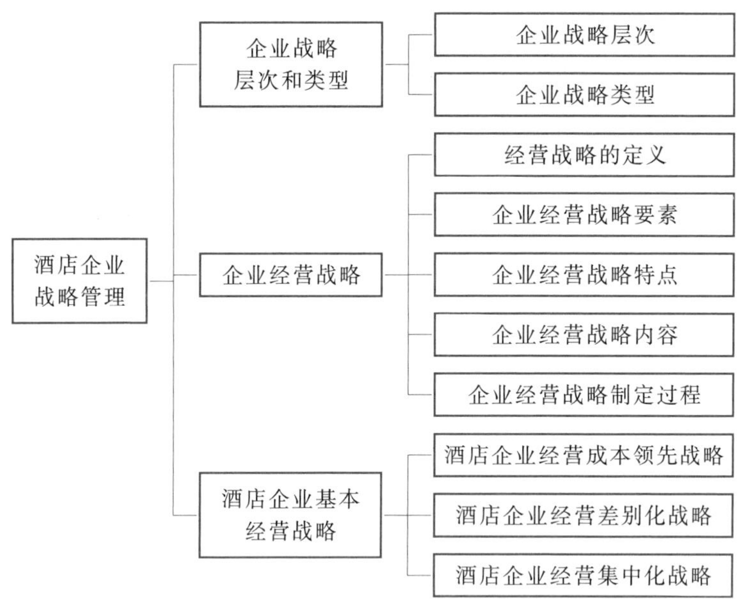


图 5－3　模块五任务三框图

## 【任务拓展】

战略发展的眼光，是每一位酒店管理者应具备的管理思想素质，更是应具备的管理技能。请您从高层经营管理者的视角，思考并回答以下问题：

1. 酒店管理者在酒店战略管理方面应具备哪些基本素质？

2. 酒店管理者具备哪些战略管理的知识和技能？

3. 酒店的战略管理与酒店日常管理运行之间的关系是什么？

## 【任务测试】

**一、判断题**

1. 只有大型企业和企业集团存在战略管理问题，中小型企业不存在战略管理。（　　）

2. 公司战略是战略管理的第一层次，是一个企业的整体战略总纲，是企业最高管理层指导和控制企业的一切行为的最高行动纲领。（　　）

3. 企业经营战略着眼于未来，关注的是企业的长远利益、经营方向和目标。（　　）

4. 酒店企业成本领先战略具有投入小、见效快的特点。（　　）

5. 酒店企业集中化战略的优点是目标集中和资源集中、以精取胜、高度专业化，实现规模和低成本，避免与对手的正面冲突。（　　）

**二、单选题**

1. 把企业战略分为发展战略、维持战略和撤退战略的依据是（　　）。

A. 按战略实施时间的长短　　B. 按战略实施的效果

C. 按战略的性质　　D. 按战略的作用大小

5

2. 以下(　　)不属于企业经营战略的内容之一。

A. 战略方向　B. 战略目标　C. 战略措施　D. 战略评价

3. (　　)是酒店企业实施经营成本领先战略的有效途径之一。

A. 规模经济　B. 小农经济　C. 细分市场　D. 运用品牌差异

4. "成本较高、竞争对手的模仿和进攻使已经建立起来的差异化缩小或转向"等是(　　)的缺点之一。

A. 集中化战略　B. 差异化战略　C. 成本领先战略　D. 薄利多销战略

5. 回答"我们的酒店应该是什么样的酒店"等战略核心定位问题,是酒店企业经营战略的制定过程的(　　)步骤。

A. 确定战略目标　B. 确定战略行为　C. 确定战略使命　D. 进行战略总结

# 任务四　酒店创新管理

## 任务引例

### 华住酒店 DTC 模式创新实现私域增长新引擎

DTC(Direct-to-Consumer)模式是指企业直接向消费者销售产品或服务,而不依赖传统的分销渠道。这种模式允许企业与消费者建立直接的联系,从而更好地了解消费者需求,并提供个性化的产品和服务。

在疫情影响下,华住酒店净利润不降反升,靠的是华住集团早早运营上线的 DTC 模式,以互联网思维打造会员忠诚度,建立稳定可持续的客户关系,加上全场景覆盖的营销和服务,使得华住中国在整个酒店市场脱颖而出,针对各种人群特点提出专属解决方案。而会员计划更是巩固了华住客户的黏性。

一、用互联网思维打造会员忠诚度

稳定的、可信赖的忠诚关系将更有利于品牌的生态化发展,华住认为"忠诚用户"是用户对品牌旗下的产品和服务有比较固定的消费习惯,是用户对品牌本身具有高度的认同感,能够长期关注品牌动态并积极参与品牌活动。

为了激活用户与品牌一起互动,增强用户黏性,华住打破了传统"积分制"相对孤立和古板的模式,用互联网思维将会员积分打造成一种内部流通"货币",可进行多种场景消费或赚取。除了消费积分,华住还设计出多种场景赚取积分,如预定台扫码支付折扣、酒店内消费折扣、趣味互动惊喜折扣等,进一步激活用户活跃度。

积分玩法,给用户带来了"甜头"和新鲜感,增强了用户对华住品牌的信赖,用户也会积极参与到华住的其他活动,形成了"需求—奖励—需求"的闭环。另外,华住也积极拓展跨界合作品牌,建立和运营泛粉丝群体,积极探索"有限服务酒店＋X"跨界合作模式,取得了良好的效果。

对于如何运用互联网思维做好会员忠诚度计划,华住官方总结了四个关键因素,包括满足人性化需求、大数据精准营销、跨界合作、泛粉丝营销。

二、用 DTC 模式为用户打造全场景酒店服务深度交互体验



酒店行业已从粗犷发展阶段迈入精细化运营时代,舒服的床、干净的毛巾、丰富的

早餐和如沐春风的微笑已成行业标配，不再能满足用户的个性化需求。酒店服务如何在由时间、地点、客人和关系构成的特定场景下，满足客人入住前、中、后的情感和态度需求，为客人提供实时、定向、创意的信息和内容服务，对树立品牌形象、提升转化率有良好助益。通过与客人的互动沟通，打造场景化营销是眼下各品牌酒店竞争的发力点。

在打造场景营销的今天，华住充分发掘、追踪和分析消费者的“场景暗示”，在用户行前、中、后每个环节充分挖掘触达用户的机会。“华住会APP”将科技与智能结合，大幅度提升服务效率，以速度提升服务品质；通过和上亿会员的情感深度交互，进一步以DTC模式完善用户体验。

场景1：“Hello华住”打造用户从下单到离店后的一系列服务场景。在入住酒店前，客人可能经历着对陌生地方的焦虑、生活习惯被打破的不安、旅途风尘仆仆的劳累和饥肠辘辘的煎熬，甚至航班取消或晚点的后续麻烦，如果酒店服务是有温度的、有感情的，那么一碗粥、一杯牛奶或许就可以抚慰客人焦躁不安的心灵，让他们游历他乡依然能够感受到家人般的温暖。

场景2：高品质的商务差旅服务。商旅客人追求时间和速度，排队办理入住和退房、等候发票打印，对于分秒必争的商务人士来说，这些无疑是在浪费生命，酒店的速度和效率是一场与时间的赛跑。华住运用数字化技术，优化酒店服务流程，提高华住酒店服务效率，为商旅用户提供便捷的出行体验。

场景3：便捷化线上酒店服务。华住会APP设计简洁时尚、功能全面，以顾客需求为中心，只做对的服务和商品。

三、推出华住会员计划，构建个性化会员尊享服务

华住会会员计划主要包含两个方面。一是会员特权，如积分多一倍、价格优惠、入住随心和礼券；二是会员体系，从星会员到铂金会员，华住会的会员分为5个等级，预订房间享受不同折扣，最高可享受8.5折。

会员权益方面，华住不同级别的会员可解锁不同数量的权益，同时华住会员权益又分为级别会员权益和品牌会员权益。级别会员权益，会员级别越高，可解锁的级别会员权益数量越多，铂金会员是最高级别会员，可解锁所有数量的会员权益，共计16项；品牌会员权益，华住旗下不同品牌酒店给不同级别会员也提供了可区分的权益，如：桔子水晶酒店给铂金会员提供了5项品牌权益（时租立减、退房不收费、客房升级、客房布置和免费咖啡）。

（案例来源：根据华住酒店集团网站资料改编）

## 【任务执行】

在经济发展过程中，企业的出现本身就是一种组织制度的创新。对于酒店企业来说，创新活动与其生存和发展息息相关。在市场经济条件下，随着市场环境、企业内部条件、价值观念、管理理论的发展，没有创新，就没有酒店企业的发展之路。

对酒店企业而言，客人来自世界各地，探新求异是其最本质的消费心理，外在的表现就是消费偏好变化较快。同时，多数酒店产品技术扩散的自然壁垒和市场壁垒都比较低，容易被竞争对手仿效。所以，建立一种使酒店服务产品、经营管理运行过程不断得以创新的战略体系就显得尤为重要。

## 一、创新认知

### （一）创新的含义

沉浸式
智能餐厅

创新是一个古老而宽泛的概念，其原意是引入新东西、新概念，如今创新一词成为被使用最频繁的词汇之一。所谓创新，是指人在认识、利用、改造自然，认识和改造社会，完善自身的过程中，为推进物质文明和精神文明建设首次产生崭新的精神成果或物质成果的思维与行为。创新的内涵包含四层意思。

（1）认识自然，改造自然，认识社会，改造社会，完善自身是创新的对象，推进社会的物质文明、政治文明和精神文明建设是创新的目的。

（2）人是创新的主体，创新是人特定的思维或行为。形式多样的创新活动可以归结为两种主要形式：一种是人的创新思维活动，属于认识的范畴，另一种是创新思维活动的外在表现，即行为，属于实践的范畴。在多数情况下，作为创新的思维活动和行为表现是有机地结合在一起的，相辅相成，难以分割。

（3）创新思维或行为（或两者结合）产生了一定的精神成果或物质成果。创新成果的表现形式多种多样，可以是发现新事物、总结新规律，也可以是建立新理论、提出新观点或创立新学说，可以是发明新技术、提出新方案或新方法（新工艺），也可以是开发新产品、创作新作品等。

（4）创新成果以首次获得为条件，以前所未有、超越以往或推陈出新为特征，其共性是新。新是创新的核心或本质属性。

创新是生产要素的重新组合，其目的是获取潜在的利润。经济中存在着潜在的利润，但并不是人人都能发现和获取的，只有从事创新的人才有可能得到它。从事创新活动，使生产要素重新组合的人称为创新者。在这里，创新者并不是指发明家，而是企业家。企业家必须具备三个条件：一是要有发现潜在利润的能力；二是要有胆量，敢于冒风险；三是要有组织能力。

### （二）创新的特点和类型

1. 创新的特点

（1）新颖性：创新活动是一个前所未有、与众不同的活动。

（2）普遍性：人类需要创新，创新活动存在人类的一切活动之中。

（3）永恒性：从古到今，人类在不断创新，不断推动社会前进，人类社会的发展就是一部伟大的创业史。

（4）超前性：任何一个创新成果都是“第一个”，它超前于社会认识，是创新活动的客观规律。

（5）社会性：任何创新活动离不开社会的现实、社会的需要，脱离社会的创新活动是不可能有生命力的。

（6）规律性：创新的方法很多，但就其本质而言是有规律的。“隔行不隔理”就是指创新具有共同的规律。

（7）实践性：创新是一种实践活动，从实践中来到实践中去，是创新的共性。

（8）无界性：创新没有条条框框，任何创新都是“未完成的创新”，最好的创新是“下一个创新成果”。任何人在任何地方、任何时间、任何部门、任何专业……都可以进行创新活动。

2. 创新的分类方法

创新分类一般有以下两种分类方法。

(1) 按照创新活动中的对象不同可以分为：技术创新、制度创新和知识创新。

(2) 按照创新不同主体之间关系和创新形式可以分为自主创新、模仿创新和合作创新。

### (三) 管理创新

管理是把组织的物质资源、技术力量、人力资源等企业资源要素结合起来，实现组织目标的过程。管理创新是指创造一种新的更有效的资源整合范式，包括提出一种新的经营思路加以有效实施，创造新的组织机构并使之有效运转，提出一种新的管理方式、方法，设计一种新的管理模式，进行一项制度的创新等。

有人认为，酒店经营利润包括五大来源：景气利益、机会利益、创新利益、管理利益和资源整合利益，其中创新利益和管理利益最有潜力可挖。由此看来，面对日新月异的经营环境和竞争环境，酒店要想提高利润率，赢得竞争优势，就要在管理创新方面有新的突破。

**【解疑释惑】**

在酒店，年轻人充满创新激情，也经常得到来自老员工的批评，创新行为成为不脚踏实地、好高骛远等批评借口，你能接受和正确对待这些批评吗?

在酒店企业中，确实存在创新和保守两股力量，年轻员工以创新力量为主，老员工往往偏向保守。年轻人应积极对待，首先要务实，做好本职工作；其次是要理解，理解老员工的批评的出发点，更重要的是要得到老员工们的认同，这就需要沟通，争取被理解；最后要掌握正确的创新方法，通过努力取得成绩。

## 二、酒店企业创新

酒店创新是指把与传统服务产品在功能、结构、技术、规格、实物、符号、服务等方面具有显著差异的产品引入酒店生产经营服务体系的一种过程，它必须不断调整组织活动的内容和目标，以适应酒店经营市场环境变化的要求，或在一定程度上改造酒店经营市场环境，从而为酒店的发展创造更好的条件。

### (一) 酒店企业创新原则

1. 市场导向原则

酒店市场的顾客主导时代已经来临，能够迎合顾客需求的酒店才能做大做强，占据更为广阔的市场空间。因此，酒店业必须树立让顾客满意的经营理念，进行详细周密的酒店的市场调研和可行性分析，再根据调研结果作出创新开发决策。

2. 特色性原则

酒店产品创新要有特色和新意，尽量做到“人无我有，人有我特”，这样才能达到开拓和占领市场的目的。酒店创新具有鲜明的特色和主题，就能使酒店区别于竞争对手，更好地发挥自身的优势，避免或减少同质性的市场竞争，从而有利于酒店产品的市场定位和市场促销。因此，酒店必须充分发挥自身优势，创造被广大消费者甚至竞争对手认可的特色。

3. 文化性原则

酒店是具有高文化附加值的企业，非常注重企业文化的建设，因为一个没有文化内涵的酒店只能提供没有生命力的产品和服务，无法满足日益注重文化消费和精神享受的现代消费者的需求。因此，进行全方位的创新活动，可以不断开发出高文化含量的新型产品和服务，满足酒店顾客和员工的需求，进而满足顾客。

4. 参与性原则

酒店顾客消费心理的一个重要变化就是追求一种令人难忘的独特经历。酒店创新需要有顾客和员工全程参与，因为顾客是最了解自身需求的，而员工长期与顾客接触，除了了解自身需求之外，通常也比较了解顾客的需求。

5. 可行性原则

酒店创新能否获得良好的经济效益，是衡量酒店创新成功与否的重要标志。因此，酒店创新要遵循经济可行性原则。良好的经济效益不只是指能给酒店带来经济效益，而且要有利于整个国家经济的发展和社会的稳定。同时，酒店产品的创新要考虑到酒店的生产和销售能力，便于消费者了解及购买这些新产品。

### （二）酒店创新类型

（1）根据创新的程度分：连续性创新和非连续性创新。连续性创新是指持续发生的小的量变性的创新，它是在原有基础上进行一定程度的改进。非连续性创新则是根本性的变革，是本质上的革命性的变化。由于创新本身具有延续性特征，所以创新的非连续性是相对的，连续性是绝对的。

（2）从创新的规模和涉及的范围分：局部创新和整体创新。局部创新是在酒店的个别部门、个别生产服务环节进行的创新，而整体创新则是由酒店组织所有员工共同参与、涉及整个酒店方方面面的创新。

（3）按创新的组织程度分：自发创新和有组织的创新。自发创新是指由酒店的员工自发进行的创新活动，有组织的创新则是在酒店的统一领导和规划下进行的创新。自发创新比较容易遭到保守势力的反对，而且由于进程、程度和影响难以控制，会使创新结果充满不确定性。有组织的创新则容易得到酒店其他部门以及酒店管理者的支持、配合与协作，因而容易取得成功。由于酒店不同部门或员工对创新的必要性、迫切性的认识不同，创新在最初的时候往往是自发的，而管理者的职责之一就是对出现的创新活动及时予以正确的引导，变自发创新为有组织的创新过程。

### （三）酒店创新内容

1. 理念创新

理念创新是指形成能够比以前更好地适应酒店内外部环境的变化并更有效地利用资源的新概念、新看法或新构想的活动。理念创新是其他一切创新活动的先导或基础。酒店的管理者只有根据内外环境的变化和酒店自身发展的要求不断更新自己的理念，转变自己的认识，才能做出正确的管理决策并付诸管理及运作实践，引导酒店健康发展。

2. 知识创新

知识创新是指通过科学研究，包括基础研究和应用研究，获得新的基础科学和技术科学知识的过程。酒店知识创新就是酒店管理的新思想的产生、演化、交流并应用于酒店实践的过程。知识创新的目的在于发现、探究酒店新的运行规律、创建新的学说和操作方法，从而为酒店谋求更有利的竞争地位创造条件。

3. 组织创新

组织创新是指酒店机构的设置和结构创新重构。酒店组织的创新要受酒店活动的内容、特点、规模、环境等因素的影响和制约。同一酒店在不同时期活动的内容、特点、规模和所处的环境可能完全不同，所以组织的机构和结构也需要不断予以调整。

4. 制度创新

制度创新是指酒店根据内外环境要求、变化和自身发展壮大的需要，对酒店的运行方式、原则、规定等进行的调整和变革。酒店制度创新包括产权制度、经营制度和管理制度的创新。这些制度都直接影响着酒店的正常运行和市场竞争力，因而需要不断优化更新和调整，以适应不断变化的酒店市场。

5. 技术创新

技术创新，就是酒店在生产过程中采用的手段、方式和方法。技术水平的高低往往是酒店实力的重要标志，它在相当程度上决定了酒店的竞争力。因此，酒店技术创新就是酒店在生产服务过程中采用的手段、方式和方法的变革和突破。酒店要在激烈的竞争中胜出，就必须不断进行技术创新，以引导行业的技术进步。

6. 产品创新

产品创新是指创造与原有产品在功能、结构、技术、符号、规格以及服务等方面都有显著差异的产品的过程。包括对现有产品的改良，对竞争者产品的仿制以及对原有产品的重新组合等。酒店只有通过对自己产品的不断创新，才能够满足不断变化的顾客的需求，并获得良好的经济效益，求得生存和发展。

7. 环境创新

环境创新是指酒店与供应商、销售商、顾客、政府以及其他公众的关系创新和市场需求创新，它影响和制约着酒店的正常运行和发展，是酒店创新的重要内容之一。酒店应通过积极的创新活动改造环境，引导环境朝有利于酒店可持续发展的方向变化。

8. 人才创新

人才创新是指在发掘人才、培育人才、开发人才、使用人才、激励人才上采用一系列的创新机制，用以凝聚所有员工的价值共识与创新精神。酒店在人才战略上，首先要有一套新的机制，为旅游酒店引进高素质的人才，并发挥其最大的效力，最后要能将人才留住。

## 三、酒店管理创新实践

酒店管理者与数字素养

### （一）酒店管理理念创新实践例证

观念决定思路，思路决定出路，管理理念的创新已成为酒店业竞争的“软实力”。酒店业的经营管理理念必须以消费者的心理需求为导向，不断地总结、研究、探索和实践，才能保持酒店可持续性发展的良好态势。

**案例**

**现代酒店低碳理念**

低碳经济和低碳生活是酒店低碳理念的核心。对酒店管理者来说，利用一切现有的资源，大幅度降低生产成本，减少对社会资源的损耗，增加企业效益，提升酒店经济效益和市场核心竞争力是酒店业低碳经济理念的重要体现。对员工来说，低碳理念是一种生活态度，用珍惜的态度来对待生命，用俭朴的态度来对待日常生活，用节能的态度来对待日常的生产服务工作，用保护的态度来对待周围的生态环境，用感恩的态度来对待我们社会和行业，要科学、充分地利用好大自然赋予我们的一切资源。

（案例来源：根据网络资料自编）

案例

### 某酒店的人才创新理念

企业只是一个舞台，人才不仅要靠组织去发现，更需要个人充分地表现，只有将具有聪明才智的不同的人才充分地识别、运用、培育，才能形成酒店最大的资源，倡导“知人、容人、用人、做人、育人”的人才理念，才能形成酒店的核心竞争力。

人力资源比财物更重要。人力资源与财物资源是企业资本的两个重要部分，而人力资源比财物资源更为重要。道理其实很简单，财力资本是靠人力资源推动保持增值的，没有人力资源或人力资源不佳时，财物资源也不能发挥作用，所以宁可没有财物也要造就人。

用好人才比选择人才更关键。在实际工作中，选择人才一般能够受到重视，选才是一个动态过程，不光要有胸怀与眼光，还要把人用在最适合的位置上。我们既要选聘优秀人才，又要充分发挥人的才能，用感情、待遇、事业发展空间留人。

物质激励比精神激励更有必要。基于人是经济人、社会人的特性，决定了物质激励是使人发挥才能的基础。在现阶段还不能把我们的事业、酒店的发展寄希望于个人的思想觉悟上，关键还要靠制度约束，其中之一是激励制度的约束。我们需要精神激励，更需要采取多种措施实行物质激励，并使其同强有力的约束机制有机结合起来。

留住人才就是盘活企业资产。人才是我们酒店最重要的资源，我们要用企业愿景留住人才，用职业生涯规划留人，用创业激情留住人才，靠文化留人，靠事业留人。

（案例来源：根据网络资料自编）

### （二）酒店管理方法创新实践例证

经营管理方法是一个酒店个性的体现，是区别于其他酒店、形成市场竞争力的重要法宝。许多著名酒店十分注重经营管理方法创新，并不断完善，形成一套酒店持续发展、获取竞争优势的经典酒店管理方式。

案例

### 喜来登酒店公司的“十诫”

第一诫是不要滥用权势和要求特殊待遇。这是对管理人员的约束。亨德森先生说，他每到一个喜来登酒店，那里的经理总是为他安排最好的客房，像招待贵宾那样送上一篮新鲜水果。他又说，那些经理不理解，其实作为董事长的他，最爱听的话是：“对不起，那间总统套房不巧已被人住上了。”因为这样，那间总统套房每天至少可获得几百美元的收入。

第二诫是不要收取那些讨好你的人的礼物。收到的礼物必须送交一位专门负责礼品的副经理，由酒店定期组织拍卖这些礼物，所得的收益归职工福利基金。这一约束的目的在于防止有人因私人得到礼品好处，在交易中就用酒店的财物去做人情。

第三诫是不要叫你的经理插手装修喜来登酒店的事，一切要听从专业的装潢师玛丽·肯尼迪。这一约束在于强调专家管理。1941 年，亨德森买下了波士顿有名的科普雷广场酒店(Copley Plaza)，决定对它进行重新装修。如何能保证装修效果使顾客满意呢？亨德森请了8位装潢大师，举行装潢竞赛。每人要装潢一套房子，预算费用为3 000美元，要求他们装潢成受客人欢迎的未来型客房。到竞赛结束那天，他举办了一次大型鸡尾酒会，请来了1 000名客人，请他们投票选出每人最喜欢的房间。最后装潢师玛丽·肯尼迪以压倒性多数赢得了这场竞赛。从此，玛丽被喜来登酒店公司聘作酒店装潢的总主持人。亨德森先生规定，各酒店经理不能擅自修改玛丽的装潢方案。

第四诫是不能违背已经确认的客房预订。超额预订是酒店经理为了防止有一部分预订者不如约入住而造成损失的一种方式。如果预订者都到店住了，超额预订就会出现有预订的客人没有客房可住的情况。一旦出现这种情况，喜来登公司规定，送客人一张20美元的礼券，这张礼券可在任何一家喜来登酒店使用，并派车送客人到另一家酒店入住，车费由喜来登承担。

第五诫是管理者在没有完全弄清楚确切目的之前，不要向下属下达指令。亨德森先生认为，如果管理者理解清楚了每一指令的目的，同时又让下属了解指令的目的，就可使下属发挥主动性和灵活性，把工作做得更好。

第六诫是一些适用于经营小旅店的管理方式可能正好是经营大酒店的忌讳。亨德森先生认为，在小旅馆里，老板的长处在于他能统管一切事务，可在大酒店里，必须授权予人。大酒店成功的根本点在于选拔部门经理，发挥他们的才干，靠他们去承担责任和行使权力。如食品、饮料、前厅服务的程序，锅炉与电梯的维修等具体事务要由部门经理去考虑。实践证明，提拔小旅馆经理来掌管大酒店往往会出现许多令人头痛的事。只有那些善于授权的人管理酒店才能取得成功。

第七诫是为做成交易，不能要人家的最后一滴血。亨德森先生认为：在谈生意时，几美元的争执在当时看来似乎事关重大，但实际意义并不大。在一些微小的争执中，不要使用“干就干，不干就拉倒”的语句，要有整体与长远的眼光，小分歧可以通融，不要把大路堵死。

第八诫是放凉的茶不能上餐桌。这一诫虽然是直接针对餐厅服务员讲的，但它的精神适用于一切服务员。这就是要遵循服务的质量要求。如热菜要热，用热盘装盛；冷菜要冷，用冷盘装盛。质量不好，会直接影响酒店的声誉。

第九诫是决策要靠事实、计算与知识，不能只靠感觉。亨德森先生认为，任何决策，首先要把实际情况搞清楚，要认真进行计算，光靠感觉、估计、愿望去办的做法要禁止。

第十诫是当你的下属出现差错时，你不要像爆竹那样，一点就火冒三丈。因为他们的过错也许是由于你没有给予他们适当的指导而产生的；你要从解决问题的角度去思考如何更好地去处理。

（案例来源：根据喜来登官方网站资料改编）

**（三）酒店的服务产品创新实践例证**

好产品是酒店经营制胜的法宝，酒店创新服务好产品更是酒店出奇制胜、赢得市场、保持竞争优势的重要方法。酒店可以通过以下四种方法进行服务产品创新。

（1）改进产品，指采用各种技术改进现有产品的性能，它是酒店产品创新的基本形式和初级形式。

（2）换代产品，指采用新的材料或新技术制成，且性能有重大改进的新产品。这是原产品在市场已经逐渐进入生命周期的衰退阶段，酒店需要对现有产品进行大规模更新时的创新产品。

（3）新用途产品，指为了适应新的市场需求而生产的，其性能有特殊要求的新产品。它往往是为了某种特定需要而开发的，如无烟楼层、单身女性套房等。

（4）全新产品，指在新观念的指导下，采用新原理、新材料、新技术等生产的创新产品。这类产品是酒店以前从未生产过的，创新难度较大，但是这种难度可以形成一种“壁垒”以阻止其他酒店模仿，从而使创新的产品市场相对稳定，使酒店获得最大利益。

案例

### 7天酒店产品创新案例

作为中国连锁酒店行业的领先品牌之一，7天连锁酒店集团秉承让客人“天天睡好觉”的愿景，集团自成立以来，一直从关注客户的核心需求出发，在产品及服务流程的设计上不断整合创新，致力于向客人提供环保、健康、便捷的专业酒店服务；致力于向超过1 300万“7天”会员提供更具人性化的优质会员服务。7天是拥有业内最大忠诚度会员体系的连锁酒店，也是保持业内最快规模发展速度的连锁酒店。它打造了酒店业内第一家电子商务平台的连锁酒店。

以“天天睡好觉”为核心的“加减法”。7天创始人称——“7天的核心理念是做‘加减法’，减去一些不必要的服务，围绕‘天天睡好觉’这个核心理念做增值服务。”入住7天的客人会发现，这个经济型酒店的确看上去够节俭：狭窄的大堂除了前台外，经常还承担着一个简易餐厅的功能，大堂不设报刊架和饮水机的理由是，其前台的高效率根本无须客人等待（按规定，前台办理入住手续的时间不超过3分钟，办理退房的时间控制在1.5分钟内）。

（1）7天对成本控制隐藏在执行力的某些细节中。7天的客房里，桌板代替了抽屉，壁架取代了衣柜，这不仅节约了成本，也节约了服务员整理房间的时间，使得前台在办理退房时速度更快；7天不会在每一个房间都配备吹风机，而是放在每一个楼道的公共区域，供需要者使用。7天另一个令同行望尘莫及的控制成本的方法是，尽可能将窗户开小，以致被人笑话为其窗户可以与监狱的铁窗“媲美”。但7天的解释是，由于酒店一般处于闹市区，客人很少会选择通过窗户欣赏风景，相反，窗户越大意味着越吵。当然，小窗户也为7天省下了大幅窗帘的费用。

（2）7天吝啬的同时却在打造“天天睡好觉”方面不吝投入。7天的商务大床房的枕头达到了五星级酒店的标准，由荞麦制成，而非其他同类型酒店的棉花枕头；所有房间的床垫和某五星级酒店的供应商是同一家；床铺尺寸均大于同级别的酒店；提供营养早餐和防滑功能的拖鞋，并规定，洗澡水要在10秒内做到由凉转热。同时，在商务大床房中，7天取消了一次性用品，提供牙刷牙膏的旅行套装。7天提供的高露洁牙膏，很多客人并不会用一次就扔，甚至有不少客人将牙膏一起带回了家。

（3）7天试图满足的是客人对客房的最基本、最重要的需求：干净、舒适。7天在每一个城市都设立管理中心，将所有的床上用品分类送至洗衣厂，不允许任何污渍或锈迹，并必须达到一定的柔软度。7天还对洗衣厂规定了所用洗涤剂的用量和品牌，并配置人工进行抽检，而非机器。

（案例来源：根据7天酒店官方网站资料改编）

### （四）酒店企业转型升级实践

元宇宙与现代餐厅新体验

不断转型升级已经成为现代酒店业创新发展常态。酒店企业的转型升级是一项系统的创新活动。转型是指事物的结构形态、运转模型和观念的根本性转变过程。酒店企业的转型就是按外部环境变化，对企业体制机制、运行模式和发展战略大范围地进行动态调整和创新，将旧的发展模式转变为符合当前时代要求的新模式。升级是指从较低的级别升到较高的级别，包括规模扩大、程度加深、活动加剧等。一个企业的转型，不一定就是升级，而升级并不一定需要企业转型发展。我国餐饮业在改革开放以来的发展历程中，不断转型升级，使餐饮业持续健康发展。

案例

#### 酒店企业转型升级的主要形式

1. 企业转型的主要形式

（1）市场转型：主要指酒店企业销售市场结构调整情况，如从高端餐饮转向大众餐饮。

（2）经营转型：指酒店企业经营模式的变化，如门店散客销售转向以网络团购销售为主的经营方式。

（3）价值转型：指通过各种途径增加酒店产品的附加价值。价值转型包括产品从低端到高端，也包括产品本身附加值的提高等。如某酒店推出婚宴配套服务，包括婚礼司仪、交通服务、贵宾接待、蜜月旅游等一系列服务。

（4）产业转型：指在专业化水平分工和完善产业链，以及产业多元化程度上的转变。产业转型升级的关键是技术进步，在引进先进技术的基础上消化吸收，并加以研究、改进和创新，建立属于自己的技术体系。产业转型升级必须依赖于政府行政法规的指导以及资金、政策支持，需要把产业转型升级与职工培训、再就业结合起来。如某酒店通过购买甜品新工艺和新技术，从主营中餐正餐转向主营休闲甜品。

（5）管理转型：主要考察企业管理规范化、科学化方面的进展。某酒店废除传统管理方式，全面推行基于网络的智能化管理体系，管理人员减少，管理效率提升，管理质量提高。

（6）绿色转型：主要考察企业提高生产效率和降低污染方面的进展。如某酒店对照明进行改造，全面使用环保节能灯，照明效果提升、能耗降低。

2. 企业升级的主要形式

（1）人才升级：人才的教育程度、能力等综合素质提升。如某酒店集团举办中层管理人员 MBA 班，全面提升管理层的学历层次和决策管理能力。

（2）文化升级：传统饮食文化向特色饮食文化转变。如某酒店推出地域风情自助餐，表演具有鲜明的地域文化色彩的歌舞和民间杂耍等。

（3）产品升级：低端产品向高端产品提升，产品内涵的提升。如某无锡某酒店通过改造普通小吃餐厅为艺术、休闲小吃餐厅，供应无锡本地的名小吃蟹粉小笼馒头和三鲜馄饨，受到欢迎，经济效益和社会效益双赢。

（4）技术升级：新技术、新设备、新能源的应用。如某酒店使用分子技术创新新菜点，吸引了顾客。

(5) 管理升级：管理模式、管理技术等提升。如某酒店已经推行了多年的“六常”管理法，最近与上海某管理公司合作，升级现场管理，全面推行“6T”管理法。

(6) 绩效升级：企业的盈利能力等方面的提升。某酒店对近五年供应的菜点品种进行跟踪统计分析，对部分菜点加工工艺复杂、点击率不高、难以形成规模加工生产的品种进行了调整，三个月后，餐厅的利润率提升了 5 个百分点。

(案例来源：参考网络资料自编)

## 【任务框图】

本任务从创新认知、酒店企业创新和酒店管理创新实践三方面讲述了酒店创新管理理论与实践知识，主要内容框架如图 5－4 所示。

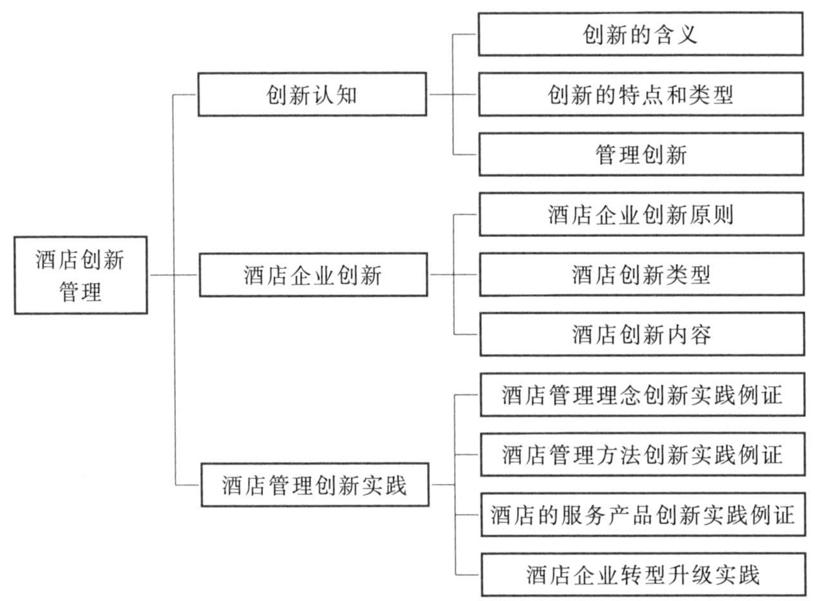


**图 5－4　模块五任务四框图**

## 【任务拓展】

创新已经成为酒店行业的必然选择。面对酒店市场激烈的竞争形势，坚持创新，勇于创新是酒店持续发展的灵魂和不竭动力。本任务讲述了创新的概念和特点，酒店企业创新原则、类型和内容，通过典型案例分析了酒店创新实践过程。通过本任务的学习，在掌握酒店创新的基本理论的基础上，强化创新意识，形成酒店管理创新实践的动力，为今后从事酒店管理活动并积极创新实践奠定基础。

5 请通过网络搜索等途径，每人收集酒店创新服务产品和创新经营管理模式或方法 10 种，以班级为单位举行一次酒店创新案例交流会。

## 【任务测试】

**一、判断题**

1. 人是创新的主体，创新是人特定的思维或行为。（　　）

2. 创新成果不一定是第一个，只要在你所知晓的圈子内是第一个创新成果即可。（　　）

3. 酒店企业的创新活动必须以市场为导向。（　　）

4. 推出一道所有酒店均未供应的新菜肴是酒店典型的技术创新活动。（　　）

5. 某厨师借鉴西餐分子工艺加工技术，将该技术引入到中餐菜肴制作中，形成了具有全新概念的分子菜肴，受到顾客的青睐，这种做法不属于酒店创新范畴。（　　）

**二、单选题**

1. 下列做法不属于酒店产品创新范畴（　　）。

A. 改进产品　　B. 换代产品

C. 引进异国特色菜肴　　D. 全新系列菜肴

2. 某经理新任后，对酒店机构的设置和结构创新重构，属于（　　）。

A. 制度创新　　B. 组织创新

C. 技术创新　　D. 产品创新

3. 酒店企业创新活动不应该遵循（　　）。

A. 市场导向原则　　B. 特色性原则

C. 垄断原则　　D. 文化性原则

4.（　　）是按照创新活动中的对象不同进行分类的。

A. 技术创新、自主创新和合作创新

B. 技术创新、制度创新和知识创新

C. 知识创新、技术创新和制度创新

D. 自主创新、模仿创新和合作创新

5. 关于创新活动，以下理解错误的是（　　）。

A. 任何创新活动离不开社会的现实和需要，脱离社会的创新活动是没有生命力的。

B. 创新的方法很多，但就其本质而言是没有规律的。

C. 任何一个创新成果都是“第一个”。

D. 从古到今，人类在不断创新。

### ◇ 模块学习总结

本模块围绕酒店持续发展的要素，从文化、战略、品牌和创新等四个方面讲述了酒店持续发展管理的相关理论知识和实践案例。先进和优秀的企业文化是酒店企业持续发展的基础，定位精准的战略构架为酒店企业的发展指明了方向，优秀的酒店品牌是酒店在激烈的酒店市场竞争中立于不败之地的法宝，而酒店创新是酒店持续发展永恒的话题。

酒店文化、战略、品牌和创新是相互作用、相互依存、相互促进、相互制约的酒店持续发展体系。优秀的酒店文化为酒店战略的制定实施、酒店品牌的塑造推广、为酒店创新实践活动提供了一个良好的运行环境;在酒店战略影响力、酒店品牌的美誉度和知名度、酒店创新实践活动中渗透和彰显了酒店文化;战略建设为创新和文化建设指明了方向,品牌建设为文化和创新建设提供了舞台。

古人云:开店容易守店难,难在坚持。保持酒店的持续盈利需要坚持正确的经营战略、坚持优秀的企业文化、维护好酒店品牌,持之以恒地创新企业品牌和服务产品品牌。国内外著名酒店的发展过程、成功经验告诉我们,只有坚持正确的发展战略,坚持优秀的企业文化,坚持维护和推广酒店品牌,坚持不断创新和转型升级,酒店才能永葆青春,持续健康发展。

◇ 模块学习链接

(1) 通过浏览中国饭店协会、中国烹饪协会、中国旅游饭店协会等网站,酒店创意、酒店营销创新、酒店创新等公众号,了解酒店业创新活动最新动态,掌握酒店业创新运行管理实战技巧。

(2) 通过阅读《旅游研究》《饭店现代化》等酒店业杂志,阅读《创新原理》《饭店业战略管理》等著作,丰富酒店创新理论知识,扩宽酒店可持续发展管理的实践视野。

# 主要参考文献

[1] 黄震方.旅游饭店管理[M].北京：中国林业出版社，2000.
[2] 齐善鸿.现代饭店管理新原理与操作系统[M].广州：广东旅游出版社，1999.
[3] 丁力.饭店经营管理原理[M].天津：南开大学出版社，2001.
[4] 吴本.饭店服务与管理[M].北京：旅游教育出版社，2000.
[5] 何建民.旅游接待业——理论、方法与实践[M].重庆：重庆大学出版社，2019.
[6] 戴昌钧.人力资源管理[M].天津：南开大学出版社，2001.
[7] 徐桥猛.旅游信息管理技术[M].北京：高等教育出版社，2007.
[8] 蒋丁新.饭店管理概论[M].7 版.大连：东北财经大学出版社，2022.
[9] 李维冰，等.饭店管理概论[M].北京：中国商业出版社，2009.
[10] 蔡日增.创新原理与方法[M].北京：高等教育出版社，2003.
[11] 徐桥猛，等.酒店管理经典案例分析[M].广州：广东经济出版社，2007.
[12] 徐桥猛.餐厅服务员（初级、中级、高级）[M].北京：中国劳动社会保障出版社，2010.
[13] 魏新生.饭店管理[M].北京：科学出版社，2009.
[14] 赵西萍.旅游市场营销[M].天津：南开大学出版社，2001.
[15] 黄文波.餐饮管理[M].4 版.天津：南开大学出版社，2019.
[16] 王成荣.企业文化学教程[M].北京：中国人民大学出版社，2003.
[17] 张宗道.饭店管理知识大全[M].广州：广东旅游出版社，2000.
[18] 冯文昌.酒店管理概论[M].北京：科学出版社，2011.
[19] 饶勇.现代饭店营销创新 500 例[M].广州：广东旅游出版社，2007.
[20] 周三多.管理学原理[M].北京：高等教育出版社，2014.
[21] 邱萍.饭店质量管理[M].北京：科学出版社，2017.
[22] 陆诤岚.饭店设备管理[M].北京：旅游教育出版社，2005.
[23] 蔡树棠.现代旅游服务业督导管理[M].北京：中国旅游出版社，2004.
[24] 师萍.旅游企业财务管理[M].北京：旅游教育出版社，2004.
[25] 王大悟.酒店管理实践案例精粹[M].北京：中国旅游出版社，2009.
[26] 邹益民，等.饭店战略管理[M].北京：旅游教育出版社，2006.
[27] 戴斌.饭店品牌建设[M].北京：旅游教育出版社，2005.
[28] 宋雪鸣.饭店创新经营与策划[M].北京：中国旅游出版社，2004.
[29] 魏小安.中国饭店发展创新之路[M].北京：旅游教育出版社，2011.
[30] 冯玉珠.餐饮产品研发与创新[M].北京：中国轻工出版社，2012.
[31] 李妍.现代酒店管理基础[M].北京：中国人民大学出版社，2021.
[32] 郑向敏.酒店管理[M].北京：清华大学出版社，2019.

**郑重声明**

高等教育出版社依法对本书享有专有出版权。任何未经许可的复制、销售行为均违反《中华人民共和国著作权法》，其行为人将承担相应的民事责任和行政责任；构成犯罪的，将被依法追究刑事责任。为了维护市场秩序，保护读者的合法权益，避免读者误用盗版书造成不良后果，我社将配合行政执法部门和司法机关对违法犯罪的单位和个人进行严厉打击。社会各界人士如发现上述侵权行为，希望及时举报，我社将奖励举报有功人员。

**反盗版举报电话**　（010）58581999　58582371

**反盗版举报邮箱**　dd@hep.com.cn

**通信地址**　北京市西城区德外大街4号　高等教育出版社知识产权与法律事务部

**邮政编码**　100120

高等教育出版社

# 教学资源服务指南

感谢您使用本书。为方便教学，我社为教师提供资源下载、样书申请等服务，如贵校已选用本书，您只要关注微信公众号"高职财经教学研究"，或加入下列教师交流QQ群即可免费获得相关服务。

"高职财经教学研究"公众号

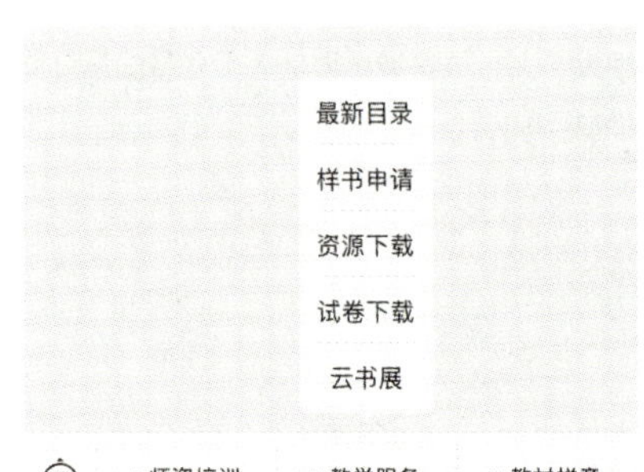


**资源下载：** 点击"**教学服务**"—"**资源下载**"，或直接在浏览器中输入网址（http://101.35.126.6/），注册登录后可搜索相应的资源并下载。（建议用电脑浏览器操作）

**样书申请：** 点击"**教学服务**"—"**样书申请**"，填写相关信息即可申请样书。

**试卷下载：** 点击"**教学服务**"—"**试卷下载**"，填写相关信息即可下载试卷。

**样章下载：** 点击"**教材样章**"，即可下载在供教材的前言、目录和样章。

**师资培训：** 点击"**师资培训**"，获取最新会议信息、直播回放和往期师资培训视频。

## 联系方式

旅游大类QQ群：142032733

联系电话：（021）56961310　　电子邮箱：3076198581@qq.com